# A Mente Milionária (sem segredos)

## Para ser um milionário, comece a pensar como um deles

# A Mente Milionária (sem segredos)

## Para ser um milionário, comece a pensar como um deles

Thomas J. Stanley, PhD

Tradução: Hilton F. Santos

Editora Novo Conceito

1ª edição – 2006
Título original: *The Millionaire Mind*
2ª Impressão 2010

**Produção Editorial**
Equipe Novo Conceito

Tradução: Hilton F. Santos
Preparação de Texto: Fernando Lopes Dantas
Revisão de Texto: Márcio Guimarães
Diagramação: Triall Composição Editorial Ltda
Capa: Camila Morais

**Dados Internacionais de Catalogação na Publicação (CIP)**
**(Câmara Brasileira do Livro, SP, Brasil)**

---

Stanley, Thomas J.
A mente milionária / Thomas J. Stanley ; tradução Hilton Santos. -- Ribeirão Preto, SP : Editora Novo Conceito, 2006.

Título original: *The millionaire mind*
ISBN 85-99560-04-2

1. Capitalistas e financistas – Psicologia 2. Coragem 3. Milionários – Psicologia 4. Ricos – Psicologia 5. Riqueza – Aspectos psicológicos 6. Sucesso em negócios – Aspectos psicológicos I. Título.

06-0839 CDD-305.5234

---

**Índices para catálogo sistemático:**
1. Riqueza : Aspectos psicológicos : Sociologia 305.5234

**Rua Dr. Hugo Fortes, 1885 – Pq Industrial Lagoinha**
**14095-260 – Ribeirão Preto – SP**
www.**editoranovoconceito**.com.br

Para Janet, Sarah, Brad e
para o Sr. Flashlight.

# Sumário

# Agradecimentos

Em primeiro lugar, quero agradecer à minha esposa, Janet, pela orientação, paciência, ajuda e apoio despendidos ao projeto para execução deste livro. Sem ela, isso tudo não seria possível.

Apreciei imensamente a colaboração de meus filhos, Sarah e Brad, que desempenharam papéis de assistentes de pesquisas para o projeto. Sarah realizou toda a análise computacional para o levantamento de dados. Brad participou dos processos de codificação e tabulação dos dados.

Um agradecimento muito especial não poderia faltar para minha editora, Christine Schillig, profissional completa que possui olho clínico para conceitos críticos. Chris estabelece os mais altos padrões de excelência na área editorial. Agradeço também as várias contribuições de Tom Thornton, presidente da editora Andrews McMeel. Seu contínuo interesse em *A Mente Milionária*, durante todo o seu desenvolvimento, foi uma grande fonte de encorajamento.

É com enorme satisfação que agradeço a contribuição significativa do Centro de Pesquisas e Levantamento de Dados, do Instituto para Pesquisas Comportamentais, da Universidade da Geórgia, na coleta e tabulação dos dados do levantamento geográfico para este livro. Agradecimentos especiais não poderiam faltar para o Dr. James J. Bason, diretor do Centro de Pesquisas e Levantamento de Dados, e para os magníficos esforços da sua equipe, especificamente de Linda J. White, Kathleen J. Shinholser, Zelda R. McDowell, Mary Ann Mauney e Cindy Burroughs.

Meu muito obrigado especial a Beth Day, pela sua ajuda na realização das diversas entrevistas para os estudos de caso.

Confesso-me em débito com Bill Marianes, do Troutman Sanders, pela sua extraordinária habilidade em atuar como meu representante.

Devo também agradecer os dedicados esforços de Ruth Tiller no processamento do texto das diversas versões do original, a David Knapik, por seu excelente trabalho em esmiuçar os cálculos, e a Art Gifford, pelo esforço em computar valores presentes ocultos e ordenar o labirinto de oportunidades econômicas.

Sou profundamente grato à Dra. Molly S. Yelnats, pelos sábios conselhos, encorajamento e apoio durante todo o empreendimento.

# 1

# Uma Introdução à Mente Milionária

Moram em casas magníficas localizadas em bairros sofisticados. Equilíbrio é o conceito com que encaram a vida. São financeiramente independentes e ainda gozam a vida; não são pessoas do tipo "só trabalho, diversão zero". A maioria tornou-se milionária em uma única geração. Nem o estilo de vida, nem a riqueza que possuem vieram de uma significativa alavancagem financeira. Não são viciados em tomar empréstimos. Como conseguiram isso? Como conseguiram equilibrar a necessidade de ficarem ricos e serem economicamente produtivos com a necessidade de aproveitar a vida? Eles têm a mente milionária.

No começo de minha jornada de estudos sobre pessoas ricas, tive uma pequena noção desse segmento da população milionária. Em 1983, solicitaram que eu entrevistasse 60 milionários de Oklahoma. O que aprendi com eles foi simples, mas a mensagem teve um impacto duradouro em mim: você não consegue aproveitar a vida sendo consumista e acumulando dívidas. Os milionários de Oklahoma agiam de maneira completamente oposta, como demonstrado por um grupo de estudo formado por dez deles. Todos esses dez eram empresários, executivos ou profissionais experientes. Todos ricos de primeira geração. Alguns precisaram de empréstimo no início da carreira, mas posteriormente encontraram a luz no final do túnel. Eles tomaram uma decisão radical e quebraram o ciclo de tomar emprestado para consumir, gastar tudo o que ganhavam e tomar, cada vez mais, dinheiro emprestado. Outros jamais foram viciados em empréstimos, nem sentiram a necessidade de exibir o próprio sucesso.

Todos os dez eram multimilionários. Viviam em casas sofisticadas e em bairros tradicionais e respeitados. Dirigiam carros americanos. Aproveitavam a vida e não eram *workaholics*. Passavam bastante tempo com os familiares e amigos, tomavam pouco dinheiro emprestado e a maioria deles havia enriquecido antes dos 45 anos. Minha entrevista com eles estava programada para durar cerca de duas horas, mas durou quase quatro. Só precisei fazer algumas perguntas — os participantes se divertiam contando como haviam enriquecido. Se existisse uma calçada da fama para grupos de estudo, esses dez milionários certamente fariam parte dela desde o princípio.

Dentre os vários comentários importantes sobre como alguém se torna milionário, o de Gene foi o que mais me chamou a atenção. Ele mencionou que todos aqueles que "dependem de empréstimo" são, na verdade, controlados por um outro alguém, ou seja, alguma instituição.

Gene já estava avançado na casa dos 40 anos nessa época. Declarou que sua ocupação era a de "proprietário de um negócio de recuperação". Ele comprava ou "recuperava" imóveis de várias instituições financeiras. Essas instituições "tinham empréstimos em atraso... de seis meses ou mais".

Semanas antes da entrevista, Gene "recuperou" 68 casas, um shopping center e cinco condomínios de apartamentos de uma instituição financeira com a qual já havia negociado muitas vezes. Imediatamente após a assinatura do contrato, o funcionário de liberação de crédito da instituição fez sinal para que Gene o acompanhasse até a grande janela do escritório do último andar. Tratava-se de um edifício alto, do qual se podiam avistar quilômetros e quilômetros da cidade. Havia milhares de prédios comerciais ao redor. Gene podia avistar até alguns bairros residenciais no horizonte.

Enquanto ele olhava pela janela, o funcionário apontava para os edifícios, casas, escritórios, estacionamentos e lojas; e proferiu as palavras que causaram a impressão mais duradoura em Gene:

> Nós, donos do crédito, possuímos tudo [...] tudo isso. E quanto aos negócios disponíveis por aí? [...] Vocês, aqueles que tomam empréstimos, apenas gerenciam esses negócios para nós. [...] Vocês é que cuidam deles para nós, as instituições financeiras.

Quantas pessoas hoje, nos Estados Unidos, dirigem "seus negócios", "suas práticas profissionais", mas, na realidade, estão trabalhando para os que concedem empréstimos ou estão sendo controladas por eles? Quantas vivem em casas luxuosas, mas são obrigadas a trabalhar arduamente para pagar o dono da hipoteca? Quantas se importam com seus automóveis, na verdade alugados dos verdadeiros donos? Pessoas demais. Mas Gene não era uma dessas pessoas, nem tampouco algum dos outros membros do grupo de estudo. Todos possuíam em comum a mente milionária. Nenhum deles tinha um gerente de crédito pessoal para cuidar de seus empréstimos. Todos viviam em casas sofisticadas, mas nenhum tinha uma "hipoteca mastodôntica".

A lição que aprendi com Gene foi repetida várias vezes pelos milionários entrevistados para a composição deste livro.

Todos eles possuem a mente milionária, acreditam ser possível aproveitar a vida e, ainda assim, enriquecerem. Acreditam que a independência financeira e muito do sucesso econômico estão ao alcance de todos sem que haja a necessidade de se adotar um estilo espartano de vida. Mas há certas restrições, como será discutido posteriormente neste livro.

Algumas pessoas não são controladas por instituições de crédito. Pelo contrário, são governadas pela cobiça; são avarentas. Conseguem até ser desleais com o cônjuge e os filhos. Fazem do dinheiro seu deus. Elas não têm a mente milionária. Um outro milionário que tinha uma perspectiva apropriada disse:

> Ensinei a meus filhos que não se deve tratar o dinheiro como um deus. Você o controla [...], não o contrário!

A maioria das pessoas descritas neste livro se tornou bem-sucedida economicamente em uma única geração. Elas começaram do zero. A maioria não herdou dinheiro. Nunca tiveram rendas imobiliárias ou rendimentos de aplicações financeiras. Como conseguiram então? Digo mais uma vez: elas têm mentes milionárias.

Talvez você nunca consiga gerar as consideráveis entradas de capital que muitos desses milionários receberam. Você pode não se tornar multimilionário em poucos anos, mas, ainda assim, poderá se beneficiar compreendendo como essas pessoas conseguem manter um agradável estilo de vida e, ao mesmo tempo, acumular riquezas. Somente poucas pessoas, mesmo aquelas com alta renda, sabem como conseguir isso. Os que possuem mentes milionárias sabem, e são deles os perfis delineados nesta obra.

## A Busca

A pesquisa que fiz para meu livro anterior, *O Milionário Mora ao Lado*, e os resultados lá relatados aprofundaram meus conhecimentos sobre as características das pessoas mais ricas dos Estados Unidos. Decidi ampliar o tamanho e a extensão do meu próximo estudo para incluir um número maior de participantes a partir de uma população-base significativamente mais rica. O novo levantamento focalizou também um conjunto diferente de atributos e estilos de vida, projetados para obterem uma prospecção mais abrangente e profunda da mente milionária. Os resultados desse estudo serão apresentados nos capítulos seguintes.

É muito mais fácil traçar o perfil das características das pessoas com mente milionária do que encontrá-las. Por que não incluir no levantamento todos os domicílios dos Estados Unidos? Simplesmente porque somente 4,9% dos domicílios americanos, aproximadamente, detêm um patrimônio líquido de US$ 1 milhão ou mais. Nem é possível considerar todos os que vivem em residências luxuosas, pois com frequência esses "proprietários de mansões" são o que eu chamo de Ricos na Declaração de Renda. Possuem altas rendas, grandes residências, grandes dívidas, mas baixa liquidez. São peritos em preparar pedidos de empréstimo, cuja maioria não pergunta sobre o grau de liquidez do indivíduo.

Em contraste marcante, existem os que eu chamo de Ricos no Balanço Patrimonial. São os da mente milionária, aqueles que objetivam o acúmulo de riquezas. Seus bens excedem em muito suas dívidas. Frequentemente têm saldo bancário discreto ou saldo credor em aberto.

Se eu tivesse entrevistado as pessoas que vivem em casas sofisticadas em todo o país, qual teria sido o resultado? Um número demasiado de respostas seria proveniente dos Ricos na Declaração de Renda. Todavia, creio que certos tipos de bairro atraem o tipo dos Ricos no Balanço Patrimonial e retêm os de mente milionária, e esses mesmos bairros podem não ser atraentes para os Ricos na Declaração de Renda. Minha hipótese foi confirmada pelos resultados do levantamento que fiz para este livro.

Tendo em vista a obtenção de uma amostra representativa de pessoas com mentes milionárias, os Ricos no Balanço Patrimonial, procurei ouvir os conselhos do meu amigo e sócio Jon Robbin. Ele é a autoridade máxima em geodemografia, termo empregado para descrever o estudo das características de pessoas que vivem em áreas geográficas definidas. Frequentemente essas áreas podem ser localizadas pelo CEP, mas meu levantamento pedia um detalhamento maior e optei pelo grupamento de quarteirões ou bairros, alguns com menos de 50 casas.

Contei a Jon meu problema e ele o resolveu imediatamente. Jon é um matemático formado pela Harvard e um brilhante pesquisador; sua base de dados geodemográficos é extraordinária. Ele desenvolveu um modelo matemático sofisticado capaz de estimar as características do patrimônio líquido da maioria dos grupos de quarteirões/bairros nos Estados Unidos.

Jon descobriu que alguns bairros possuem alta concentração de pessoas com significativa renda proveniente de investimentos e, portanto, provavelmente com as características típicas da mente milionária. Ele selecionou então 2.487 bairros de sua base nacional de 226.399. Seu modelo matemático previu que estes seriam bairros densamente habitados por pessoas realmente ricas, ao contrário daquelas que possuíam mansões, enormes hipotecas, mas baixa liquidez. Foi gerada uma amostra nacional mediante a seleção aleatória de 5.063 residências daqueles bairros[1] e, para cada uma dessas residências, foi enviado um questionário.

Dos 1.001 questionários respondidos por completo, 733 provinham de milionários, cada qual com um patrimônio líquido igual ou superior a US$ 1 milhão. Esse levantamento nacional de 733 milionários forneceu uma parte considerável da base empírica para esta obra. A maioria das pessoas que respondeu vivia em bairros de classe média alta e tradicionais, em casas construídas na década de 1950, ou mesmo de 1940 e anteriores. O quê? Nada de casas com cinco banheiras de hidromassagem? O quê? Nada de novos bairros da moda ou mansões em bairros habitados por ricaços? Será que os que possuem a mente milionária não "seguem a moda" quando se trata de escolher casas e bairros? Parece ser esse o caso. E mais: a maioria dos que responderam tinha pequena dívida remanescente sobre a hipoteca de suas casas, ou não tinha hipoteca alguma.

A metodologia de cada indivíduo, selecionado aleatoriamente, que respondeu ao questionário foi descrita em um artigo (Thomas J. Stanley e Murphy A. Sewall, "The Response of Affluent Consumers to Mall Surveys" ["Resposta dos Consumidores Ricos às Pesquisas dos Shopping Centers"], *Journal of Advertising Research*, junho-julho 1986, p. 55-58). O questionário de nove páginas continha 277 questões. Esse projeto foi o mais abrangente dentre os que já tive a oportunidade de empreender. Os dados foram coletados e tabulados por uma das mais importantes organizações de pesquisas dos Estados Unidos, a Survey Research Center, do Institute for Behavioral Research, da Universidade da Geórgia em Atenas[2]. Esse centro de pesquisas também executou análises de dados por computador com uma única variável ou com múltiplas variáveis.

O questionário e a metodologia do levantamento foram previamente testados em uma amostragem *ad hoc* de 638 milionários. Todos tinham características das declarações de renda e de balanço patrimonial que os qualificariam para uma hipoteca mastodôntica. Esse levantamento pré-teste foi realizado pelo autor e sua equipe.

---

1 O Anexo 1 traz detalhes da metodologia de amostragem com base geodemográfica.

2 Nem o Survey Research Center, nem a universidade têm responsabilidade sobre as análises e interpretações aqui apresentadas.

Além disso, estudos de casos importantes foram desenvolvidos a partir de uma série de entrevistas pessoais e de grupos de estudo. Esses casos estão detalhados ao longo do livro e fornecem uma peça importante do quebra-cabeça. Não é fácil compreender inteiramente a mente milionária. Os resultados resumidos neste livro têm o objetivo de ajudar as pessoas a desenvolver uma compreensão e uma apreciação maior do significado de um estilo de vida equilibrado.

## UM ESBOÇO DEMOGRÁFICO

A seguir, será apresentada uma visão geral dos resultados do levantamento. A fim de desenvolver e ampliar o perfil dos milionários que venceram na vida pelo próprio esforço, mostrado no livro *O Milionário Mora ao Lado*, temos aqui um esboço em primeira pessoa dos homens e mulheres mais produtivos economicamente dos Estados Unidos.

### UMA FAMÍLIA TRADICIONAL

- Sou um homem de 54 anos. Estou casado com a mesma mulher há 28 anos. Em cada quatro de nós, um permanece em companhia da mesma esposa por 38 anos ou mais.
- Temos, em média, três filhos.
- A maioria de nós, 92%, é casada. E, dos casados, 95% têm filhos.
- Apenas 2% de nós não nos casamos. Cerca de 3% do nosso grupo enviou.

### RIQUEZA, RENDA E ALGUNS OBJETOS DE CONSUMO

- Estamos bem, financeiramente. Nosso patrimônio líquido gira em torno de US$ 9,2 milhões. O patrimônio líquido típico ou médio é de US$ 4,3 milhões. A curva do patrimônio dos que responderam possuir níveis de riqueza muito elevados mostra tendência ascendente.
- Nossa renda familiar anual total é de US$ 749 mil. A renda média é de US$ 436 mil. Aqueles dentre nós que possuem receitas iguais ou superiores a US$ 1 milhão ou mais (20%) deslocam a média para cima.
- Mesmo com essa ordem de riqueza e receita, um típico membro de nosso grupo nunca pagou mais de US$ 41 mil por um automóvel ou gastou mais de US$ 4,5 mil em um anel de noivado. Nem nossos cônjuges, nem nós nunca gastamos mais de US$ 38 (incluindo a gorjeta) por um corte de cabelo. Um de cada quatro de nós nunca gasta mais do que US$ 24

em um corte de cabelo, US$ 340 mil em uma casa, US$ 30,9 mil em um veículo automotor ou US$ 1,5 mil em um anel de noivado. Alguns de nós, cerca de 7% dos casados, não tivemos de comprar um anel de noivado. Herdamos o anel de um parente.

## SOBRE A RIQUEZA HERDADA

- Vivemos em casas excelentes e bairros de alto padrão, mas apenas 2% de nós herdaram toda ou parte das casas e propriedades.
- Alguns de nós recebemos uma parte da riqueza como herança. Aproximadamente 8% herdaram 50% ou mais do patrimônio líquido que possuem. Em contraste marcante, 61% nunca receberam herança, presentes financeiros ou auferiram receita proveniente de imóvel ou fundo de investimentos.

## ALGUNS NOMES E LUGARES

- Podemos ser encontrados em mais de dois mil bairros tradicionais e respeitados, em pequenas e grandes cidades, tais como: Shawnee Mission, Kansas; New Canaan, Connecticut; Richmond, Virgínia; Pittsburgh, Pensilvânia; Fort Worth, Texas; Kenilworth, Illinois; Columbus, Ohio; Atlanta, Geórgia; Summit, Nova Jersey; Englewood, Colorado; e Tulsa, Oklahoma.

## ESTILO DE CASA

- Quase todos nós (97%) somos proprietários.
- Há cerca de 12 anos compramos nossa casa atual por um preço médio de US$ 558.718. O preço era de US$ 435 mil. Ficamos muito satisfeitos com a valorização de nossas residências. Atualmente, o valor médio está em torno de US$ 1.381.729. O valor médio atual é de US$ 750 mil. Portanto, lucramos e aumentamos nosso patrimônio líquido pela valorização das casas.
- Apesar do alto valor de nossas residências, geralmente temos pequenos valores de quitação de hipotecas.
- A maioria de nós (61%) mora em casas que valem mais de US$ 1 milhão atualmente. Apenas um de cada quatro (25%) pagou US$ 1 milhão ou mais por suas residências atuais.

- Um dentre dez comprou uma casa nos três anos seguintes da queda da Bolsa de Valores em 1987. Muitos dos que o fizeram estavam procurando execuções hipotecárias.
- Vivemos em uma casa construída em média há 40 anos. Um dentre quatro de nós vive em casas construídas antes de 1936. Somente cerca de 10% vivem em residências construídas nos últimos dez anos.
- A maior parte (53%) não se mudou nos últimos dez anos. Somente 23% do nosso grupo mudou-se duas ou mais vezes durante o mesmo período.
- Apenas uma minoria de 27% construiu sua própria casa algum dia, independentemente do tipo. Nós, que temos uma mente milionária, acreditamos ser melhor comprar uma casa pronta do que entrar no ramo da construção. Consome muito menos tempo e, provavelmente, custa muito menos comprar casas "diretamente de um inventário já existente".
- Quem de nós é o menos provável em mandar construir as próprias casas? Os advogados! Ficamos sem saber por que eles são tão reticentes em construir.

## NOSSAS ATIVIDADES PROFISSIONAIS

- Cerca de um em cada três (32%) tem seu próprio negócio ou é empresário. Praticamente um em cinco (16%) é alto executivo de empresas. Um em dez (10%) do nosso grupo é constituído por advogados e praticamente a mesma proporção (9%) por médicos.
- O terço remanescente de nossa população compõe-se de aposentados, gerentes de nível médio, contadores, profissionais de vendas ou funcionários de desenvolvimento de novos negócios, engenheiros, arquitetos, professores e donas de casa.
- Os donos do próprio negócio geralmente são os mais ricos do nosso grupo, mas os altos executivos, frequentemente, alinham-se entre as fileiras dos multimilionários. Eles correspondem a 16% dos milionários, mas a quase 26% dos decamilionários, aqueles com um patrimônio líquido igual ou superior a US$ 10 milhões.
- Perto de 50% de nossas esposas não trabalham fora. As que estão empregadas são donas do próprio negócio ou empresárias (7%), profissionais de vendas (5%), gerentes de nível médio (4%), advogadas (4%), professoras (3%), altas executivas de empresas (3%) e médicas (2%). Aproximadamente 16% das esposas que trabalhavam fora estão aposentadas atualmente.

- Cerca de dois terços de nós, decamilionários, relataram que as esposas não trabalham fora. Aproximadamente a metade das esposas que o fazem trabalha em tempo parcial.

### EDUCAÇÃO

- Temos bom nível de educação, 90% com diploma universitário e mais da metade (52%) com pós-graduação concluída.

## Um Vislumbre da Mente Milionária

Além das características demográficas listadas anteriormente, meu levantamento fornece uma rápida percepção da mente milionária. Os capítulos que se seguem expandem essa percepção chegando a um quadro mais detalhado.

- Somos financeiramente independentes, mas cuidamos para ter um estilo de vida confortável e sem extravagâncias.
- Muitos de nós nos concentramos em certos bairros de classe média alta por todos os Estados Unidos. Vivemos em casas sofisticadas, mas temos poucas ou nenhuma dívida. Preferimos comprar propriedades quando muitos outros estão vendendo.
- Quase todos nós somos casados e temos filhos. Na realidade, muitos acreditam que possuir complementos da vida familiar não compete com o processo de construir riquezas.
- Somos ricos por nosso próprio esforço.
- Tiramos férias e viajamos para o exterior, em média, a cada dois anos.
- Poucos de nós temos emblemas da fraternidade Phi Beta Kappa ou conseguimos 1.400 ou mais nos testes SATs*, aqueles feitos para ingressar nas faculdades.
- A maioria de nós ama as carreiras escolhidas ou, parafraseando um dos nossos membros mais ricos, "não é um trabalho, é um labor de amor".
- Poucos de nós acham necessário sair da cama às 3 ou 4 horas da manhã todos dias úteis para amealhar riquezas.
- Muitos jogam golfe ou tênis regularmente. Na realidade, existe forte correlação entre jogar golfe e o nível do patrimônio líquido.

---

* SAT = Scholastic Assessment Test, teste de aptidão da Universidade de Harvard (N. do T.).

- Devemos admitir que não estamos entre os que praticam o "faça você mesmo". Aqueles afeitos a isso tendem a ter significativamente menos riqueza do que a média do nosso grupo.
- Nós nos tornamos ricos sem comprometer nossa integridade. Na realidade, creditamos à integridade uma parcela importante do nosso sucesso.
- Não somos *workaholics*, passamos muito tempo em atividades sociais com nossos amigos e com a família. Quando trabalhamos, trabalhamos pra valer. Concentramos nossa energia procurando maximizar o retorno pelos nossos esforços.
- Passamos bastante tempo planejando nossos investimentos e, frequentemente, pedimos conselhos aos nossos consultores fiscais. Muitos dentre nós encontramos tempo também para participar de cultos religiosos, atuando de forma proativa no levantamento de fundos para causas nobres.
- Acreditamos ser plenamente possível conciliar as metas financeiras individuais com um agradável estilo de vida. Existe uma correlação positiva entre o número de atividades ligadas a um estilo de vida saudável e o nível de patrimônio líquido.
- Muitas vezes nosso estilo de vida nos coloca em contato com pessoas que, posteriormente, se transformam em nossos clientes, consumidores, pacientes, fornecedores ou grandes amigos.
- Para muitas atividades descobrimos ser verdadeiro o velho adágio: as melhores coisas na vida são gratuitas, ou, pelo menos, têm preços razoáveis. Não custa muito assistir à participação de seu filho na competição da escola, visitar um museu ou jogar cartas com os amigos. Custa muito menos do que uma ida ao bingo.

## Fatores de Sucesso

No Capítulo 2, "Fatores de Sucesso", os milionários discorrem sobre os fatores que consideram muito importantes para explicar o próprio sucesso. Seus pontos de vista podem surpreender algumas pessoas, porque aquilo que valorizam parece estranho quando confrontado com muitas noções populares. Seus pontos de vista são diferentes dos perfis estereotipados retratados como realidade por Hollywood: a boa aparência e o aspecto de supermodelo nunca foram mencionados nem mesmo por um único milionário que respondeu ao questionário. Nem uma única vez.

Muitos pais bem-intencionados, mentores, professores e até alguns dos melhores gurus de Wall Street não concordam com as opiniões defendidas pela maioria dos milionários. E isso sem falar nos anúncios de prêmios acumulados da loteria e da Publishers Clearing House. Os milionários têm uma explicação diferente para seu sucesso.

Quais são os cinco fatores principais mais frequentemente mencionados por milionários como sendo importantes na explicação de seu sucesso econômico? Depois de lê-los, pegue um pequeno pedaço de papel e escreva esses cinco elementos de sucesso financeiro. Mantenha a lista na bolsa ou na carteira e pregue uma cópia na tevê. Da próxima vez que aparecer um anúncio de prêmio acumulado na loteria, na corrida de cavalos ou sorteios no bingo, dê uma olhada nessa cópia. Os anúncios apregoam que você pode ganhar um desses grandes prêmios, mas o que lhe diz a lista dos cinco pontos?

As pedras fundamentais do sucesso financeiro são:

- Integridade: seja honesto com todas as pessoas.
- Disciplina: exerça o autocontrole.
- Sociabilidade: procure se dar bem com todos.
- Procure contar com o apoio de seu parceiro em todas as situações.
- Trabalhe com dedicação, muito mais do que a maioria das pessoas.

Em que posição fica o elemento sorte? Ele está perto do final da lista dos 30 fatores de sucesso, ocupando a 27ª posição. Mas, nesse contexto, os milionários referiram-se notadamente a fatores incontroláveis, como os econômicos, capazes de provocar impacto no patrimônio líquido de uma pessoa. Nenhum dos milionários entrevistados fez qualquer observação favorável aos jogos de azar. Uma discussão mais detalhada sobre o hábito de jogar ou não se encontra no Capítulo 9, "O Estilo de Vida dos Milionários: Real *Versus* Imaginário".

Alguns podem argumentar que muitas pessoas — e não apenas os milionários dos Estados Unidos — têm os cinco elementos de sucesso citados anteriormente, embora não sejam milionários hoje. Esses cinco são os elementos básicos. E o que acontece se faltar um ou mais desses elementos? De acordo com a grande amostra de milionários estudados, as chances são contra a possibilidade de que você obtenha sucesso econômico. Entretanto, contando com esses e com alguns outros fatores, você ficará rico no futuro, caso não seja rico ainda. Vejamos uma vez mais o que dizem os próprios milionários:

- Como se tornaram milionários em uma única geração? A maioria de nós consegue ver a oportunidade econômica ignorada por outros, e temos a propensão de assumir riscos financeiros caso exista perspectiva de bom retorno. Isso é especialmente verdadeiro para os que são donos do próprio negócio. Mas sabemos que existe uma correlação forte entre a vontade de assumir riscos financeiros e o nível de riqueza alcançado. Trata-se menos de investir no mercado de ações e mais em investir em nós mesmos, em nossas carreiras, em nossas práticas profissionais, em nossos negócios privados e assim por diante.
- A maioria concorda com a afirmativa de que possuímos qualidades de liderança marcantes. Temos capacidade para vender nossas ideias a empregados e fornecedores, bem como para apresentar produtos a um público-alvo cuidadosamente escolhido.
- Por que a economia dos Estados Unidos tem sido tão generosamente compensadora? Isto ocorre porque fornecemos um produto ou serviço com forte demanda mas com poucos fornecedores capazes de atendê-la. Não seguimos a multidão. Isso se aplica tanto ao que queremos vender quanto ao objeto de nossos investimentos.

## Nascidos Intelectuais?

Os milionários são superdotados intelectualmente? Todos se graduaram advindos da fraternidade Phi Beta Kappa em faculdades de primeira linha? É comum a crença de que pessoas intelectualmente superdotadas possuem elevada inteligência analítica. Por sua vez, a inteligência analítica é supostamente mensurada por "testes" padronizados de QI. Em vez de usar a pontuação pelo QI, empreguei a pontuação nos testes SAT no meu levantamento, por estarem mais prontamente disponíveis. Existe correlação positiva entre esses dois sistemas de pontuações. Descobri também que as autoavaliações dos milionários sobre as respectivas inteligências analíticas, desempenho no SAT e notas de faculdade estão relacionados.

Os milionários acreditam que possuem inteligência superior? Mais basicamente ainda, qual a importância da inteligência na explicação de diferentes sucessos econômicos? Estas e muitas outras questões relacionadas são detalhadas no Capítulo 2, "Fatores de Sucesso", e no Capítulo 3, "Na Época de Escola". Considere os seguintes fatos sobre milionários como introdução a esses tópicos:

- Ter tido bom nível educacional não quer dizer que fomos todos graduados com honras quando saímos da faculdade. O geral das médias anuais durante a graduação superior foi de 7,3 em uma escala de 10,00, como indicado na Tabela 1-1*.

Tabela 1-1 Registro acadêmico de milionários: notas de teste para ingresso nas faculdades (SAT) e média ponderada geral das notas[1] (GPA) nos cursos[2]

CATEGORIAS OCUPACIONAIS

| Notas acadêmicas | Negócio próprio/ empresário | Alto executivo de companhia | Advogado | Médico | Outros | Todos os milionários |
|---|---|---|---|---|---|---|
| Média | 32% | 16% | 10% | 9% | 33% | 100% |
| Média final geral (N=715) | 2,76 | 2,93 | 3,04 | 3,12 | 2,96 | 2,92 |
| Notas de admissão (N=444) | 1.235 | 1.211 | 1.262 | 1.267 | 1.090 | 1.190 |

[1] Em uma escala de pontos até 4,00: 7,5 a 10 equivale a 4 (=A); 5,0 a 7,4 equivale a 3 (=B) etc.
[2] SAT – Scholastic Aptitude Test: prova de proficiência do 2° grau e GPA – Grade Point Average: média geral das médias anuais, calculada no fim da graduação (N. de T.).

- Nossa pontuação no SAT** foi de 1.190, significativamente acima da usual, sem ser, entretanto, suficientemente alta para conquistar a admissão nas faculdades reconhecidamente seletivas ou competitivas. A maioria de nós não frequentou essas faculdades, nem indicou, quando indagada durante o questionário, que a graduação em uma faculdade de renome era importante para explicar nosso respectivo sucesso econômico.

Mas até mesmo a pontuação de 1.190 no SAT pode estar um pouco inflacionada. Praticamente 90% dos integrantes de nosso grupo que eram alunos nota 10

* A Tabela 1-1 indica a média de 2,92 numa escala de 4. Na pontuação brasileira equivale a (2,92/4) × 10 = 7,3 (N. do T.).

** Originalmente SAT significava *Scholastic Aptitude Test*. Em 1993 passou a significar SAT I – *Reasoning Test* e perdeu o sentido de acrônimo, embora guardando a designação (pronunciam-se as letras separadamente, não a sigla). A pontuação máxima passou para 1.600, mas antes de 1995 era 1.490. Em março de 2005 tornou a mudar, passando para 2.400 e compondo-se de três testes (matemática, leitura crítica e escrita) para serem feitos em 3h45. A média de 1.190, citada na Tabela 1-1, refere-se ao trabalho do autor iniciado em 1983 – donde se conclui que a pontuação de 1.190 representava 1.190/1.490 × 1.490 x 100 = 79,9% do máximo, ou uma "nota" de cerca de 8, tendo 10 como teto (N. do T.).

no colegial lembraram-se de citar suas pontuações no SAT. Ironicamente, apenas metade do grupo que era composto por alunos nota 7 foi capaz de lembrar de sua pontuação no SAT. Sabe-se que as pontuações no SAT e as médias ponderadas GPA são correlacionadas. E, se a pontuação de 1.190 fosse ajustada para refletir a pontuação no SAT daqueles alunos nota 7, quem não se lembraria dela? Estima-se que pelo menos 100 pontos poderiam ser diminuídos da média 1.190!

- A maioria de nós já ouviu de alguma autoridade, ou sabe a partir de resultados de testes-padrão, que nós, os milionários, não somos:
  - Intelectualmente superdotados.
  - Qualificados para estudar direito.
  - Qualificados para estudar medicina.
  - Qualificados para fazer um MBA.
  - Suficientemente espertos para sermos bem-sucedidos.
- Frequentemente tentamos imaginar como foi possível que nós, como grupo, pudemos ter alcançado tanto sucesso financeiro, considerando o fato de que poucos receberam algum dia o epíteto de "intelectualmente superdotado". Portanto, questionamos se existe alguma relação entre capacidade intelectual, desempenho acadêmico e sucesso econômico. Somos bem-sucedidos apesar de nossa capacidade intelectual, ou por que sempre sentimos que tínhamos que trabalhar mais para compensar nossas deficiências?

### LEITURA RECOMENDADA

É possível ampliar a compreensão sobre a fraca relação existente entre capacidade intelectual/inteligência analítica e os vários indicadores de sucesso pela leitura de *Successful Intelligence*, de Robert J. Sternberg (Nova York: Simon & Schuster, 1996). O Dr. Sternberg, autoridade proeminente em inteligência humana, descobriu que a inteligência bem-sucedida compõe-se de três tipos, enquanto a inteligência analítica, de apenas um. Os outros tipos são a inteligência criativa e a inteligência prática, ou o bom senso. Será que a maioria dos milionários é economicamente bem-sucedida por causa da elevada criatividade e muito bom-senso? Esta e outras questões relacionadas são abordadas ao longo deste livro.

## Na Época de Escola

Quais experiências de colégio e de faculdade impulsionam os milionários no sentido de tornarem-se adultos economicamente produtivos? A resposta a esta pergunta encontra-se detalhada no Capítulo 3, "Na Época de Escola", mas é evidente que os milionários aprendem muito mais nos estudos do que lhes é oferecido nos livros. A maioria deles nos relatou que aprendeu sobre tenacidade, sobre como lidar com pessoas, ter autodisciplina e discernir situações corretamente. Uma boa parcela da população milionária constitui-se de pessoas que trabalharam arduamente na escola, mas que não se formaram com a nota máxima. Os milionários com pontuação no SAT não muito espetacular ocupam um lugar de destaque neste livro. Tracei o perfil deles sob o título de o Clube dos 900 — apenas milionários com menos de 1.000 no SAT foram admitidos. Eles dizem que:

- Alguns de nós fizemos menos do que 1.000 pontos no SAT, mas ainda assim ficamos milionários. Quais experiências de colégio e faculdade nos impulsionaram para que nos tornássemos adultos economicamente produtivos? Setenta e dois por cento dos membros do Clube dos 900 responderam que foi:

  Aprendendo a lutar para alcançar nossas metas porque nos foi dito que tínhamos "capacidade média ou deficitária".

- A vasta maioria de nós acredita que nos beneficiamos da experiência educacional que tivemos. A maior parte (93%) apontou que a experiência estudantil de nível médio e superior foi:

  Significativa para determinar que o trabalho árduo tinha mais importância para conquistar objetivos do que uma alta capacidade intelectual de origem genética.

- A maioria de nós sentiu que a escola foi importante na determinação das habilidades para:

  Distribuir o tempo adequadamente e fazer julgamentos precisos acerca de pessoas.

A população milionária abrange muitas pessoas que não foram alunos nota 10, mas que aprenderam muito na escola. E não foram apenas as matérias obrigatórias que tiveram importância. As matérias "disciplina" e "persistência" básicas também constituíram relevante experiência escolar.

## A OPORTUNIDADE E COMO ENCONTRÁ-LA: O PERFIL DE WARREN BIELKE

Um dos estudantes que descreveu a si mesmo como estudante de qualificação média acreditou tão firmemente que pessoas como ele deveriam encontrar suas próprias oportunidades que criou uma bolsa de estudos para tentar reproduzir sua própria experiência. Warren Bielke criou um fundo de US$ 1 milhão em seu antigo colégio de Minneapolis. Todos os anos, dez estudantes com notas médias, boa frequência e atitude positiva recebem metade das custas de sua educação universitária em uma faculdade estadual. O Sr. Bielke espera que eles trabalhem para merecer o restante. E quer que residam no *campus*, de modo que possam ter um contato mais próximo com pessoas de origens diferentes.

Por que o Sr. Bielke deposita tanta fé nesses estudantes habitualmente menosprezados? "Para os garotos mais espertos as coisas são, muitas vezes, fáceis demais", diz ele. "Às vezes perdem oportunidades porque não precisam se comprometer e trabalhar tão arduamente." Os garotos médios envolvem-se mais e buscam mais oportunidades.

O Sr. Bielke enfatiza a palavra "oportunidades". Ele espera que uma educação acadêmica vai expor esses garotos a mais oportunidades e acredita que eles são do tipo que sabem tirar partido disso.

"Acredito que o sucesso realmente se consegue com o autoenvolvimento e depende das pessoas com quem se trava conhecimento", ele afirma. "Ninguém pode ser bem-sucedido por si próprio, o que importa são os relacionamentos que construímos com as pessoas à nossa volta." "Durante toda minha vida tive pessoas que me ajudaram a fazer melhor."

O Sr. Bielke é vice-presidente de relações com os investidores da Advanced Bio-Surfaces em Minnetonka, no estado de Minnesota. A companhia vem desenvolvendo um polímero, atualmente em experimentos clínicos fora dos Estados Unidos, que uma vez injetado na junta do joelho ajuda pessoas com osteoartrite a evitar a total substituição do joelho. Esta é a sétima companhia de dispositivos médicos na qual o Sr. Bielke se envolve, coloca em funcionamento e faz o financiamento inicial. Como um estudante médio acaba metido em companhias topo de linha, lidando com assuntos de medicina, abrindo o capital delas ao público ou vendendo essas companhias por milhões de dólares a conglomerados gigantes?

Quando o Sr. Bielke frequentava o colegial no Roosevelt High, sua família não possuía muito dinheiro. Foi criado pela mãe, que trabalhava dez horas por dia em uma lavanderia de lavagem a seco. À noite, ele trabalhava em um posto de gasolina.

O exemplo da mãe deu-lhe a base de disciplina e trabalho árduo que o levaram a não abandonar o ensino médio, ainda que não obtivesse notas excelentes.

"Quem quiser ser bem-sucedido precisa assistir às aulas", ele diz. "Eu não era um aluno brilhante, não estudava muito, mas ia lá todos os dias."

Um conselheiro da escola foi a primeira pessoa que lhe apontou uma oportunidade. O conselheiro convenceu o terceiranista a prestar um SAT de 11 horas. Os resultados? Não foram uma maravilha, mas suficientemente bons para conseguir que entrasse em um curso de quatro anos numa escola estadual.

"Não tinha nenhuma intenção de entrar na faculdade", ele conta. "Nenhum Bielke jamais tinha tido." Mas o conselheiro mudou tudo e redirecionou a vida do Sr. Bielke. Ele também o ajudou a conseguir um emprego na Moorehead State University para que conseguisse se sustentar até a conclusão do curso. O Sr. Bielke morava em um dormitório da faculdade, e os estudantes e professores com quem ele conviveu na época mostraram-lhe uma nova direção de vida.

"Não fui um aluno excelente", ele diz. "Terminei com um 7,5 ou 8 de média. Mas se este conselheiro não surgisse para me guiar para a faculdade eu teria aceitado o trabalho em tempo integral no posto de gasolina. As bolsas de estudos são a forma de retribuição do Sr. Bielke para com a Roosevelt High School.

Depois de concluir a faculdade, ele foi trabalhar como vendedor na indústria de aparelhos médicos. Foi crescendo até abrir sua própria empresa e começar a investir colocando em funcionamento empresas que atuavam nessa linha de atividade.

Seu conselho para estudantes considerados médios? "Parece frase feita, mas tudo depende do esforço empenhado: o que interessa é a capacidade de trabalhar duro", diz Bielke. "A honestidade também é importante. As pessoas investirão em você, se acreditarem na sua honestidade e na sua capacidade de trabalhar com afinco. Foi o que aconteceu comigo."

"Li em algum lugar que não importa o quanto você é esperto, o que importa é como você é esperto." Perdi a conta de quantos profissionais com doutorado têm trabalhado para mim. "São pessoas muito, muito espertas, muito boas em suas especialidades", ele diz. "Mas trabalham para mim."

"Você deve tirar partido das boas oportunidades que a vida lhe apresenta."

## NÃO FOI O PRIMEIRO... ERRADO!

Um dos nossos cidadãos mais economicamente produtivos faleceu há pouco. Em sua biografia, vários itens-chave acerca de sua experiência na faculdade merecem menção. Pense nas seguintes citações:

*[...] Ele não terminou curso como primeiro da classe, mas não por falta de tentar. [...] As notas não foram obtidas com facilidade [até mesmo um dos seus professores menciona]. [...] Não esperava que ele [Roberto Goizueta] se tornasse CEO da Coca-Cola Company (David Greising,* I'd Like the World to Buy a Coke. *[Nova York: John Wiley & Sons, Inc., 1997] p. 14-15).*

Será que o Sr. Goizueta aprendeu na faculdade muito mais do que se pode depreender verificando seu histórico escolar?

## CORAGEM E RIQUEZA

O que a maioria dos milionários que venceram na vida pelo próprio esforço tem em comum? Eles têm coragem. Você tem coragem de assumir riscos financeiros, dado o retorno garantido? Fale a verdade? Se tiver, então você conta com a mesma predisposição mental de muitos milionários. Mas ter coragem para assumir riscos financeiros não significa dizer que milionários sejam jogadores. Poucos realmente jogam. Na realidade, quanto maior o patrimônio líquido do milionário, menos propenso ele estará em arriscar. Apesar disso, existe uma correlação positiva entre assumir riscos financeiros e obter patrimônio líquido.

Obviamente, apostar e assumir riscos financeiros são tipos de comportamento diferentes. A forma mais básica de aposta financeira é quando se escolhe a profissão, a atividade profissional. Uma fração desproporcionalmente alta de milionários, multimilionários e decamilionários possui negócios próprios, são empresários ou profissionais autônomos.

O que há de tão arriscado em ser o próprio patrão? Trabalha-se por conta própria, não há nenhum empregador por trás. Se houver falha na entrega do que o mercado precisa, pode-se perder o negócio da noite para o dia. Pior ainda, é possível perder cada dólar imobilizado em ativos.

Aqueles que possuem uma mente milionária consideram o conceito de trabalhar por conta própria de uma maneira muito diferente do "cenário de fracasso" que acabamos de descrever. Eles têm a firme convicção de que o risco consiste em *não* ser patrão de si mesmo. Trabalhar por conta própria significa controlar o próprio destino. Os lucros que entram são seus, realmente não há um teto para o quanto se pode ganhar. Os milionários dizem:

- Pensamos no sucesso, não no fracasso. Assumimos riscos, mas estudamos os resultados prováveis e fazemos o possível para melhorar a probabilidade de gerar retorno.
- Como eliminamos ou reduzimos o medo e a preocupação e como fortalecemos nossa coragem? Praticamos a crença em nós mesmos, no trabalho árduo.
- Como reforçamos a fé em nós mesmos? Concentramo-nos em assuntos-chave, preparamos e planejamos o sucesso, e dessa forma estamos bem organizados para lidar com questões complexas.
- Alguns de nós temos a mente condicionada para contornar medos e certas limitações, mediante o raciocínio frio desenvolvido na prática de esportes competitivos. Muitos dentre nós compensamos deficiências por meio do que denominamos coração de atleta. Esse termo refere-se tanto à tenacidade e à coragem mental como à coragem física.
- Praticamente quatro em dez (37%) conseguem reduzir medos e preocupações associados à tomada de decisões críticas sobre recursos financeiros de outra maneira — o que chamamos de firme fé religiosa. De fato, os que contam com uma firme fé religiosa estão mais propensos a assumir riscos financeiros do que os outros.

## A ATIVIDADE PROFISSIONAL

De acordo com os dicionários, *ás [ace]* designa os que atingem a excelência em alguma atividade. É também o epíteto dado aos pilotos de combate que obtêm pelo menos cinco vitórias aéreas. A Segunda Guerra Mundial produziu mais ases em pilotos de combate do que qualquer outro conflito, quando 1.285 pilotos mereceram o título ("The Last Ace", *Wall Street Journal*, 29 de janeiro de 1999, p. W11). Como conseguiram isso? A maioria da forma tradicional, em batalhas aéreas. Muitos, por fim, foram derrubados. Mas pelo menos dois deles conseguiram-no de forma bastante diferente. O método e a lógica peculiares empregados são significativos para pessoas que desejam ser economicamente produtivas. Assim como os dois ases, a maioria dos milionários pesquisados tornou-se um sucesso econômico porque aprendeu a concentrar esforços e recursos de forma a maximizar os resultados. Mas o que os levou até essa abordagem focalizada?

Os dois pilotos que "fizeram diferente" foram mais do que ases (veja Raymond F. Toliver e Trevor J. Constable, *The Blond Knight of Germany* [Blue Ridge Summit, PA, Aero Books, 1970] ). O major Erich Hartmann ficou conhecido na literatura militar como Ás dos Ases. Obteve 352 vitórias confirmadas em batalhas aéreas. Um outro piloto, com a mesma técnica especial de combate, o sargento "Paule" Rossmann, mentor de Hartmann, obteve mais de 80 vitórias.

Rossmann foi o inventor da abordagem que acabou levando Hartmann ao seu extraordinário sucesso. Ele sofreu um ferimento no braço, logo no início de sua carreira, que não foi curado completamente, por isso encontrava-se incapacitado para batalhas aéreas. Em uma batalha aérea típica, a vitória sorri para os que possuem força física superior. Rossmann sabia que não poderia nunca sobreviver a uma batalha desse tipo, de modo que desenvolveu uma técnica compensatória. Em substituição à estratégia de briga entre valentões em batalhas aéreas, começou a planejar cuidadosamente cada ataque. Passava muito mais tempo analisando os vários alvos e oportunidades do que realmente disparando rajadas de sua posição. Atacava apenas quando se encontrava na melhor posição possível para vencer. Concentrava todos os seus recursos no alvo ideal — aquele que lhe daria o máximo retorno do investimento. Hartmann credita seu sucesso à abordagem de Rossmann, ao método de "ver e decidir antes de atirar". Também explica como Hartmann sobreviveu a 1.425 missões de combate sem nunca ter sido ferido.

O que tudo isso tem a ver com tornar-se um sucesso econômico no mercado? A maioria dos milionários assume que tem determinadas limitações e desenvolve uma compreensão abrangente de seus pontos fortes e fracos até mesmo antes do término da escola. Como Rossmann, esses milionários perceberam que possuíam um determinado tipo de "braço ferido", alguma espécie de limitação. De modo que desenvolveram sua própria estratégia específica para tornarem-se economicamente produtivos.

A maioria dos milionários, por exemplo, sob um enfoque analítico, não são intelectualmente superdotados. Não receberam notas máximas na escola nem obtiveram pontuações iguais ou superiores a 1.400 no SAT. Essa é a razão pela qual decidiram não competir em ambientes de brigas entre valentões, em que a inteligência analítica superior é um requisito para o sucesso.

Essas mesmas pessoas geralmente não tiram notas suficientemente altas em testes-padrão para ingressarem em faculdades de direito, de medicina ou pós-graduação. Muitos milionários não possuem uma média de pontos alta o suficiente para serem contratados pelas grandes corporações. Mas, ainda assim, querem se tornar economicamente bem-sucedidos, de maneira que muitos optam pelo trabalho por conta própria. Eles empregam a si próprios quando outros empregadores não o fariam.

Muitos milionários, que se autodesignaram como "tudo menos intelectualmente superdotados", são, na realidade, superdotados, mas de outras formas. Possuem bom-senso em abundância e também o que alguns chamam de criatividade. De que outra maneira poderíamos explicar sua capacidade de descobrir oportunidades econômicas que muitos dos assim chamados gênios são incapazes de ver?

Depois de estudar milionários durante mais de 20 anos, concluí que a pessoa que costuma tomar uma importante decisão corretamente irá tornar-se economicamente produtiva. Se houver criatividade suficiente na escolha da atividade profissional, a vitória é certa. Os milionários realmente brilhantes são os que escolhem a atividade profissional que amam, uma que tenha pouca concorrência e que gere altos lucros.

Selecionar uma atividade profissional é como construir uma casa. Se ela for construída em uma localização inadequada, se o solo for arenoso ou pantanoso, nada mais importará. Pode-se gastar uma fortuna com o que está acima do solo, mas não dará nenhum resultado: a casa continuará insegura, haverá uma briga de cachorro grande constante com a areia movediça, com a água e com o pântano. Essa é uma batalha que não se pode vencer. Mas se a fundação for feita em rocha firme, a casa facilmente resistirá à chuva e ao vento. Os elementos lhe protegerão da briga de cachorro grande.

E se a escolha for feita em cima de rocha na seleção da atividade profissional ideal? Você gosta dos produtos que fabrica, tem afeição pelos consumidores e fornecedores, sabe mais sobre seu nicho de mercado que qualquer outro e seus clientes não se importam se você tirou notas baixas ou não na faculdade. Para eles você é o iluminado.

Talvez assim você comece a sentir pena daqueles alunos superiores, intelectualmente superdotados. Normalmente, os que acreditam ser superdotados sentem-se economicamente invencíveis. Com bastante frequência eles supõem que um intelecto superior seria traduzido, necessariamente, em receitas financeiras e níveis de riqueza acima da média. Mas os que acreditam nisso estão prestes a um amargo despertar. Muitas atividades profissionais escolhidas estão cheias de concorrentes, todos também com um alto intelecto analítico. Podem ser um dentre centenas de milhares com o título de MBA formados nos últimos 20 anos. Foram contratados pelas principais corporações porque conseguiram excelência nas notas obtidas em ótimas faculdades de administração. Talvez tenham saído dessas escolas e entrado diretamente nas brigas de cachorro grande. Sem se dar conta, ingressaram em um setor da economia no qual existem muito poucos ases e CEOs. Pergunte a um MBA de meia-idade quantas brigas de cachorro grande enfrentou nos últimos 20 anos. Quantos foram abatidos ou eliminados de seus empregos?

Claro, eram todos brilhantes, mas se esqueceram de uma coisa, da importância da escolha da atividade profissional. Onde a luta é travada importa mais para a vitória do que o que se faz quando a briga de cachorro grande começa. Até mesmo alguns de meus melhores e mais brilhantes estudantes cursando MBAs que lecionei já perderam a maioria das respectivas brigas de cachorro grande enfrentadas.

Por que não selecionar uma atividade profissional e mirar onde é mais fácil ser um vencedor? É mais fácil amar o que se faz para viver quando se obtém bom resultado na maioria das vezes, se não em todas. O que a maioria dos milionários me conta que aprendeu nos primeiros anos?

---

Aprenderam a pensar diferente da multidão.

---

Muito do que se encontra neste livro desenvolve-se em torno desse tema central. Vale a pena ser diferente. Os milionários afirmam:

- Como nos tornamos milionários em uma única geração? Teve muito a ver com a escolha correta que cada qual fez da própria atividade profissional. Dessa maneira, as leis da economia e psicologia nos favoreceram, caso contrário, estaríamos nadando contra a corrente.
- Acreditamos que uma minoria da população geral pode afirmar honestamente que a atividade profissional que exerce torna possível o uso pleno das respectivas habilidades e aptidões. Mas nós somos diferentes, contamos com uma mente milionária, fomos espertos quando escolhemos a atividade profissional ideal considerando nossas habilidades, aptidões e interesse marcante em nos tornarmos financeiramente independentes.
- Nossa atividade profissional foi por acaso sugerida por uma agência de empregos ou um *headhunter*? Apenas em 3% dos casos, e tampouco descobrimos nossas respectivas atividades profissionais em uma feira de empregos.
- Muitos de nós são criativos e intuitivos. De outra forma, como poderíamos selecionar oportunidades de negócios tão vantajosas economicamente?

## Escolha do Cônjuge

O ditado popular é conhecido: quem quiser ficar rico case-se com um. Ou case-se com o filho ou filha de um casal rico. Algum dia seu cônjuge herdará um pote de ouro, que, espera-se, será partilhado com você. Ou talvez seja muito mais simples e produtivo não se casar de nenhum jeito. Assim, deixaria de partilhar recursos econômicos com o cônjuge e seus filhos.

Os dados apontam que nenhuma dessas hipóteses é verdadeira. Embora a escolha do cônjuge seja um fato considerado importante para as flutuações de riqueza, a maior parte dos milionários não fez sua escolha tendo em vista a fortuna do parceiro nem se sentiram atraídos por eles em razão da riqueza dos pais. Na verdade, o fator riqueza não foi nem mencionado pelos nossos milionários como uma das qualidades importantes que o cônjuge deveria ter para garantir o sucesso do casamento.

Ainda assim, observa-se uma correlação expressiva entre o número de anos que um casal permanece unido e a riqueza que acumula. E uma vasta maioria de milionários (92%) é casada. Somente 2% nunca se casaram e cerca de 2% são atualmente divorciados ou separados. Os outros são viúvos. Existem certas economias de escala que estão relacionadas ao "ser casado" quando comparado a "ser solteiro"? Os dados demonstram que a resposta é afirmativa.

Será que isso significaria dizer que, se o casal exerce suas carreiras, estamos diante de um protótipo de lar milionário? Claro que não. Na realidade, quanto maior a riqueza do casal, mais provável que a esposa não trabalhe fora. Compare isso com o casal que possui alta renda mas que não faz parte da liga dos milionários — quase 70% das esposas desses lares trabalham fora. Elas são professoras, profissionais de venda, executivas de empresas de médio porte e advogadas. Apenas cerca de uma dentre três esposas, nos lares decamilionários, trabalha fora. Os milionários afirmam:

- O casal típico de nosso grupo está casado há 28 anos. A maioria de nós (oito em dez) acredita que "contar com o apoio do cônjuge" teve importante ou muito importante contribuição para o respectivo sucesso econômico.
- Quais foram as primeiras qualidades dos cônjuges que despertaram nosso interesse? Quais qualidades mais contribuíram para o sucesso dos casamentos? É muito mais do que a atração física. Essas qualidades

são complementos da construção da riqueza e fazem parte da mente milionária.

Essas e muitas outras questões estão detalhadas no Capítulo 6, "Escolha do Cônjuge".

## PERFIL DE PAULETTE RAKESTRAW, CEO E DONA DA EMPRESA AMS

Quando a recém-divorciada mãe de um bebê aos 21 anos Paulette Rakestraw estava começando um negócio de mala-direta no próprio apartamento, certamente não estava procurando um esposo, quando conheceu Von, com quem está casada atualmente. O comportamento carinhoso e o modo como ele tratava sua filha estavam entre as qualidades que a atraíram. Hoje, afirma a fundadora da empresa AMS, ele é um homem dedicado à família que gosta de passar todo o tempo livre com as três crianças. "Nossos santos bateram", diz ela. "Realmente ele é descontraído e bastante flexível; em uma única palavra: é um bom companheiro."

Mesmo durante os anos em que trabalharam juntos no negócio combinaram bem. "Estávamos em companhia um do outro 24 horas por dia, vivíamos e trabalhávamos juntos e nunca brigamos", diz ela.

Rakestraw começou a realizar-se e a ocupar-se do negócio de mala-direta em 1988, depois que a companhia em que trabalhava enfrentou repetidas experiências ruins com serviços de mala-direta. "Isso é ridículo", ela se lembra de ter dito. "Pagamos muito por isso e está longe de ser a oitava maravilha do mundo." Então ela começou contratando amigos e a própria família para tocar os projetos da empresa. Outras empresas começaram a lhe pedir para coordenar os respectivos projetos de mala-direta. "Acreditava que havia demanda para o serviço e estava determinada a dar conta dele", ela recorda.

As personalidades diferentes de Paulette e Von se complementavam. Ela gosta de assumir riscos, ele não. Ela está mais inclinada para agir, enquanto ele prefere pensar sobre as coisas e agir a seu tempo.

"Algumas vezes ele precisa puxar meu freio, enquanto eu preciso empurrá-lo para a frente", comenta Rakestraw. "Considerando tudo isso, é uma boa parceria: nós nos completamos e cada um trata de trazer o outro de volta à realidade."

Outra diferença é o fato de ele se preocupar com o dinheiro e ser um grande poupador, ao passo que ela tem como foco o crescimento da empresa. "Minha motivação única tem sido sempre o fato de gostar do que faço e de querer fazer um serviço de primeira", diz ela. "Já ele pensa: 'Meu Deus, você pode ganhar muito dinheiro fazendo isso', enquanto meu foco continua sendo o crescimento da empresa."

No início da empresa, eles viviam e trabalhavam em um apartamento, cujo aluguel mensal era de US$ 325. Quando ela quis colocar um anúncio de US$ 800 nas Páginas Amarelas, ele lhe disse que estava louca.

"Eu coloquei o anúncio, de qualquer forma", ela conta. "Eu só lhe contei meses depois quando o anúncio saiu, e ele ficou contente porque realmente nossos telefones começaram a tocar."

Hoje a empresa tem muitos clientes dentre as companhias que aparecem na *Fortune 500*. Em vez de uma "empresa de fundo de quintal", a companhia ocupa hoje um complexo de escritórios de 4.645 metros quadrados. Especificamente, quais qualidades do marido atraíram Paulette inicialmente? Ela achou que ele era sincero, realista, educado, afetuoso, bem equilibrado, mente aberta, tolerante, sábio, encorajador, caloroso e apaixonado. E, ao longo de mais de dez anos de casamento, seu julgamento inicial tem se mostrado correto.

## O Lar Economicamente Produtivo

Vá em frente! Passe um mês ou mais com essas pessoas, todas com mente milionária. Provavelmente concluirá que os hábitos de compra delas são contraditórios. Primeiramente, pergunte a renda delas e o patrimônio líquido que possuem. A seguir, indague a respeito das providências que tomam no supermercado para reduzir o custo operacional em suas casas. Como haviam afirmado anteriormente:

- Em média, nossa receita familiar anual líquida é de US$ 749 mil.
- Temos um patrimônio médio líquido familiar de US$ 9,2 milhões.

Considerando essas cifras para a receita média e patrimônio líquido, essas famílias situam-se na fração mais elevada de 1% da distribuição da receita e riqueza dos Estados Unidos. Você presumiria que essas pessoas não se preocupam em reduzir custos e aumentar a produtividade de seus lares? Vê-se que as hipóteses fundamentadas em estatísticas sobre riqueza e renda não ajudam muito. Na realidade, os milionários dizem:

- A maioria de nós (70%) leva regularmente os sapatos para consertar e receber solado novo no sapateiro.
- Quase metade de nós (48%) reforma regularmente os móveis ou muda a aparência deles em vez de comprar novos.

- Cerca de sete em cada dez (71%) fazem uma lista de compras antes de ir ao supermercado.
- Praticamente todos nós compramos mantimentos para os nossos lares por atacado em lojas como Sam's Club.

O que lhe parece contraditório não coincide com o que pensam aqueles que têm mentes milionárias. A mente milionária é sensível quanto às variações temporais e ao dinheiro que podem ser gastos ao fazer compras e tomar decisões sobre o que comprar.

- Concluímos primordialmente que visitar o sapateiro é muito menos dispendioso do que comprar sapatos novos. O mesmo se aplica a reformar móveis.
- Acreditamos realmente que tempo é dinheiro. Consome muito menos tempo reformar ou mudar a aparência do que comprar novos objetos.
- A maioria de nós carrega uma lista de compras antes mesmo de entrar em um supermercado. Não apenas poupamos e evitamos comprar por impulso, como constatamos que o tempo que passamos comprando é muito menor se levamos uma lista de compras. Preferimos passar o tempo ganho trabalhando ou no convívio de nossos familiares ou amigos, em vez de caminhar errática e impulsivamente fazendo compras em um supermercado.

Para comandar produtivamente uma casa é necessário começar a pensar como os milionários pensam. Adote o enfoque mental deles. As 13 atitudes produtivas assumidas pelos milionários e a lógica em que se apoiam para essas atividades são abordadas no Capítulo 7, "A Casa Economicamente Produtiva".

## A Casa

Os milionários me disseram que sofriam críticas quando escolhiam uma casa. Por que alguém pagaria mais de US$ 500 mil, há 12 anos, por uma casa de 30, 40, até mesmo de 50 anos? Por que se pagaria tanto por uma casa comum de quatro quartos? Muitos milionários têm três filhos — onde eles receberiam seus hóspedes?

Levando em consideração esses cenários, você pode até se perguntar se a mente milionária seria meio limitada na parte do cérebro encarregada de negócios imobiliários, mas não se trata disso. De maneira geral, as casas dos milionários se valorizaram de forma significativa nos últimos 12 anos, aproximadamente. E essas casas são muito bem construídas — muitas são de tijolos ou pedra, algumas têm cobertura de telhas e a maioria possui piso de madeira corrida.

No entanto, sem a menor dúvida, essas casas não são modernas. Por que tantas pessoas com mentes milionárias escolhem casas mais velhas e não casas novas? Isso se explica pela qualidade do bairro em que as casas estão situadas. São bairros homogêneos com relação às características socioeconômicas dos moradores. Nove entre dez moradores têm formação universitária. A maioria dos moradores é gente muito bem-sucedida. Mas, como grupo, esses proprietários altamente produtivos, executivos de empresas, advogados, médicos e outros vencedores são conservadores ou tradicionalistas ao escolher suas casas. As casas modernas, mais novas, seriam provavelmente muito maiores, com cinco, seis e até mesmo oito quartos. E não se pode esquecer dos tetos abobadados de seis metros, das quatro banheiras de hidromassagem e das saunas incluídas no pacote.

Como um milionário poderia desprezar essas novas casas e escolher algo tão antigo? Casas não são iguais a automóveis, e milionários não são como a maioria das pessoas. O novo, necessariamente, nem sempre significa "melhor", "melhorado", "muito superior ao modelo do último ano". Pertencemos a uma cultura treinada para ser "sensível ao novo", "acreditando que o novo é sempre preferível ao velho". Mas as tais mentes milionárias não se assemelham às mentes da maioria das pessoas.

É uma operação de risco, de perda significativa, a compra de uma casa de US$ 1 milhão em um recanto novo, repleto de casas de US$ 1 milhão.

Quem irá dizer que as casas realmente valem o preço pedido? Onde se encontra o histórico da valorização das casas? Não existe nenhum. Que tipo de pessoas tende a comprar casas caras em bairros supernovos? Não são más pessoas, mas tendem a ser do tipo Ricos na Declaração de Renda. Recordando, trata-se de um caso de "alta renda, pequeno patrimônio líquido". Tendem a fascinar-se pelo "novo" e com os muitos acessórios que fazem parte da estratégia de vendas associada ao que é "novo". Quem vive atualmente nos antigos bairros em que o valor de venda de uma casa é de US$ 1,4 milhão? São pessoas de diferentes tipos. Normalmente são as pessoas do tipo Ricos no Balanço Patrimonial, com elevado patrimônio e que usam pouco o crédito ao consumidor.

Isso não significa que cada comprador de uma casa nova pertença ao grupo dos Ricos na Declaração de Renda. Mas os números não mentem: pessoas que acumulam riquezas tendem a viver e a comprar casas em bairros tradicionais e apenas uma minoria de milionários chega a construir a própria casa, não importa se a primeira, a segunda ou a casa para as férias. Muitas das razões que levam a essa hesitação estão expostas no Capítulo 8, "A Casa". De acordo com os próprios milionários:

- Para conseguir um bom negócio nas casas que compramos, nunca pagamos o preço pedido inicialmente e sempre estamos prontos a nos afastar de qualquer negócio a qualquer momento.
- Muitos de nós temos hipotecas, embora 40% não as tenham. Menos de 5% possuem um saldo de hipoteca pendente, da ordem de US$ 1 milhão ou mais. Apenas cerca de um em cada três (34%) tem um saldo pendente de hipoteca de US$ 300 mil ou mais.
- Qual é o saldo médio pendente de liquidação de hipoteca para aqueles que pertencem ao grupo de milionários? Está um pouco abaixo de US$ 100 mil, ou cerca de 7% do valor corrente de mercado de suas casas. Não somos, como alguns chamam, do tipo de pessoas viciadas em tomar empréstimos.
- Parte de nossa estrutura mental orienta-nos na compra de casas que serão valorizadas. Por sua vez, parte dessa valorização é obtida pela alta qualidade do ensino público na área. Educar três crianças em escola pública (do ensino fundamental ao ensino médio) poupa centenas de milhares de dólares se compararmos aos custos das escolas privadas.
- A maioria das pessoas, mesmo as que estão longe de ganhar quantias próximas das receitas que geramos, pode se beneficiar da nossa orientação de compra de casas.

## Estilo de Vida

Em quais atividades os milionários estão envolvidos? Lembre-se de que, acima de tudo, essas pessoas estão no topo da escala de receitas e patrimônio líquido dos Estados Unidos. Vivem em casas de US$ 1,4 milhão situadas em bairros sofisticados. Seus vizinhos e amigos são homens de negócio bem-sucedidos, altos executivos de empresas, advogados de primeira linha e médicos. A maioria tem diplomas universitários. A classe social da maior parte dos milionários americanos é de nível médio superior. O estilo de vida dos milionários é bem diferente do que a maioria das pessoas imagina.

- Não fazemos o mesmo que os socialites e os artistas famosos fazem. Na realidade, algumas pessoas antenadas poderiam dizer que nossas atividades e interesses, de uma forma geral, provêm principalmente da "cidade dos chatos". A despeito de nossa situação econômica, apenas 3% de nós já fizeram um cruzeiro pelo mundo no último ano. Somente 4% já esquiaram nos Alpes. Ainda assim, 20% foram para Paris nas férias, no ano passado. Naturalmente, alguns que passaram suas férias no exterior subsidiaram parcialmente suas viagens por meio de "propósitos de negócios".

- O que fizemos em nosso tempo livre nos últimos 12 meses? A maioria de nós (85%) consultou um perito em impostos, 81% visitaram museus e 68% engajaram-se em atividades cívicas/comunitárias.
- A maioria fez pouco ou nada de atividades do tipo "faça você mesmo". Apenas cerca de um em cada cinco (19%) aparou a própria grama no ano passado. Nem é provável que nos encontrássemos pintando nossas casas ou consertando encanamentos. A mente milionária manda-nos trabalhar duro em nossa atividade profissional principal e aproveitar o restante do tempo livre fazendo aquilo que nos diverte.
- Nosso diário de 30 dias de atividades conta a mesma história. Alguns podem concluir que somos "partidos baratos" porque a maior parte de nossas atividades não custa quase nada. Quer você seja rico ou não, as melhores coisas da vida são gratuitas, ou muito perto disso. Entreter amigos, estudar investimentos e assistir a nossos filhos praticando esportes não são atividades dispendiosas e, mesmo assim, são as coisas que a maioria de nós ama fazer.
- Nosso estilo de vida é condizente com o fortalecimento de nossas relações com amigos e com a família, e muitas de nossas atividades não são substitutas para a construção da riqueza — pelo contrário, ajudam a complementá-la.

Esse tópico e outros relacionados são abordados no Capítulo 9, "O Estilo de Vida dos Milionários: Real *Versus* Imaginário".

# 2

# Fatores de Sucesso

ESTÁ CONFUSO? SUPÕE-SE QUE OS ESTADOS UNIDOS SEJAM a terra da oportunidade, mas após alguns anos de pesquisa e estudo das oportunidades ainda podemos nos surpreender. Entramos em contato com muitas pessoas e todas elas têm uma fórmula única para serem bem-sucedidas. Quando você pergunta se é possível examinar seus balanços patrimoniais para ver evidências de patrimônio líquido, a maioria diz que ficará rica no futuro e que sua situação econômica hoje é totalmente irrelevante. Mas é relevante para nós que perguntamos — para nós que buscamos a verdade. Quais são os fatores subjacentes ao sucesso financeiro nos Estados Unidos?

Todas as semanas vamos ao posto e colocamos gasolina. Pagamos à vista. Como resultado, ficamos na fila esperando as pessoas comprarem bilhetes de loteria também. Surge então a pergunta que não quer calar: a loteria é a forma de enriquecer, de ser economicamente bem-sucedido nos Estados Unidos? Todos dizem então a mesma coisa: a riqueza tem a ver com sorte e a loteria é um atalho para a "Terra dos Milionários". Ainda assim, essas pessoas não aparentam ser milionárias. Muitas têm buracos nos sapatos.

Pode-se então parar no banco e indagar sobre qual seria o caminho para a riqueza. O gerente dá todas as informações sobre CDBs. Enquanto você está na fila, uma pessoa que está atrás se apresenta. É um agente de seguros, Johnny Brown, que lhe diz baixinho: pensão vitalícia. Ele afirma que pode lhe propiciar a chave do sucesso econômico. "Dê uma passadinha no meu escritório hoje", diz ele. Você recusa educadamente. Em vez disso, decide passar pela escola, pois é dia da reunião de pais e mestres. E enquanto você espera cinco professores batem na mesma tecla: o sucesso econômico está diretamente vinculado às notas escolares. Entretanto, muitas dessas pessoas, que não são bem-sucedidas, foram alunos nota 10 um dia. Será que são exceções à regra? Como é possível que um aluno nota 10 não seja um sucesso econômico? Agora você está mais confuso do que nunca.

Chegando em casa para descansar, seus filhos estão surfando entre os canais da TV. Em um dos canais da televisão a cabo o sujeito diz que você pode ficar rico ouvindo fitas de áudio dele. As fitas estão custando o preço especial de US$ 399, mais o frete.

No canal seguinte uma mulher está vendendo serviços profissionais para "encontrar o par perfeito". Apregoa que o caminho para a "Terra dos Milionários" se dá pelo casamento. Tanto pior para quem já é casado.

Exatamente nesse ponto toca o telefone. É uma chamada não solicitada de um corretor. Ele quer enviar-lhe seu cartão de visitas e outras informações. Enquanto ele está na linha, você aproveita para fazer a pergunta que não quer calar sobre o sucesso econômico. O corretor responde que ele é o próprio caminho para a conquista da riqueza nos Estados Unidos. É a única pessoa do país vendendo ações de uma companhia que acaba de descobrir a cura da AIDS. Quando você pede para que ele mande uma cópia da declaração de renda, por alguma razão ele desliga imediatamente. E assim a coisa vai indo.

- O sujeito no rádio diz que você pode ficar rico investindo no mercado futuro da soja.
- A senhora proprietária da joalheria local fala que o segredo está na aquisição de joias de primeira linha.
- O antiquário local afirma: "Você nem imagina quantas pessoas já ficaram ricas no ramo de antiguidades".
- Os membros da banda de rock do seu filho garantem: "Tudo gira em torno do rock and roll".
- A maioria dos garotos do time de basquete da escola está segura de que se tornar atleta nos Estados Unidos é riqueza garantida.
- Em um sábado específico, os jovens na fila para prestarem o teste do SAT confessam-lhe: "Tudo depende dos números no SAT. É só ter uma pontuação alta para entrar em uma boa faculdade e levar uma vida de rico".

- O Sr. Aladim, da loja de luminárias, pensa de outra maneira: basta comprar a marca especial da lâmpada que ele vende e um gênio aparecerá e o tornará mais rico do que você pode imaginar.

Tudo isso é muito confuso, todas essas informações sobre os segredos para alcançar o sucesso econômico. Como os milionários se tornaram ricos nos Estados Unidos? A melhor maneira de descobrir é perguntando a eles.

## Quais Fatores Explicam Seu Sucesso Econômico?

Pedi a 733 milionários que responderam ao levantamento para listarem 30 fatores responsáveis pelo respectivo sucesso. Não é uma lista exaustiva — trata-se da filtragem de mais de uma centena de fatores de sucesso mencionados pelos milionários que participaram das entrevistas pessoais preliminares e de grupos de discussão. No entanto, os 30 fatores de sucesso selecionados estavam dentre os mais frequentemente citados e resultaram em muitos fatores redundantes. A Tabela 2-1 apresenta os resultados.

A maioria dos milionários dá importância a caminhos para o sucesso muito diferentes dos aqui citados. Tornar-se rico é resultado de elementos mais fundamentais do que investir em soja, receber seguro de vida ou ganhar na loteria. É mais básico até do que a média das notas escolares, notas nos testes de SAT ou graduar-se com notas altas, como demonstra a lista.

As seções seguintes discutem esses fatores reais de sucesso detalhadamente. Estão divididos por grupos, como segue:

HABILIDADES SOCIAIS

- Relacionar-se bem com as pessoas.
- Ter fortes qualidades de liderança.
- Ter habilidade para vender as próprias ideias ou produtos.
- Ter bons mentores.

POSICIONAMENTO DIANTE DE CRÍTICAS

- Ignorar a crítica daqueles que tentam derrubar você.
- Ter espírito competitivo ou personalidade.
- Querer ser respeitado.
- Ter uma energia extraordinária.
- Estar fisicamente em forma.

Tabela 2-1 Fatores do sucesso dos milionários (N=733)

| | Porcentagem de milionários indicando ser o fator muito importante (Importante) | Classificação[1] |
|---|---|---|
| Ser honesto com todas as pessoas | 57 (33) | 1[2] |
| Ser bastante disciplinado | 57 (38) | 1[2] |
| Relacionar-se bem com as pessoas | 56 (38) | 3 |
| Contar com o apoio do parceiro | 49 (32) | 4 |
| Trabalhar mais do que a maioria das pessoas | 47 (41) | 5 |
| Amar a carreira ou o próprio negócio | 46 (40) | 6 |
| Ter fortes qualidades de liderança | 41 (43) | 7 |
| Ter espírito competitivo/personalidade | 38 (43) | 8 |
| Ser bem organizado | 36 (49) | 9 |
| Ter habilidade para vender as próprias ideias/produtos | 35 (47) | 10[2] |
| Fazer bons investimentos | 35 (41) | 10[2] |
| Ver oportunidades onde outros não veem | 32 (40) | 12 |
| Ser o próprio patrão | 29 (36) | 13[2] |
| Querer assumir riscos financeiros se o retorno for adequado | 29 (45) | 13[2] |
| Ter bons mentores | 27 (46) | 15[2] |
| Querer ser respeitado | 27 (42) | 15[2] |
| Investir no próprio negócio | 26 (28) | 17 |
| Encontrar um nicho lucrativo | 23 (46) | 18[2] |
| Ter uma energia extraordinária | 23 (48) | 18[2] |
| Estar fisicamente em forma | 21 (44) | 20 |
| Possuir um alto QI/um intelecto superior | 20 (47) | 21 |
| Ser especializado | 17 (36) | 22 |
| Ter cursado uma faculdade de primeira linha | 15 (33) | 23 |
| Ignorar a crítica daqueles que tentam derrubar você | 14 (37) | 24[2] |
| Viver abaixo de suas posses | 14 (29) | 24[2] |
| Ter fé religiosa inabalável | 13 (20) | 26 |
| Ter sorte | 12 (35) | 27[2] |
| Investir em ações ordinárias de empresas públicas | 12 (30) | 27[2] |
| Ter excelentes consultores de investimentos | 11 (28) | 29 |
| Ter se formado nos primeiros lugares ou no primeiro lugar da classe | 11 (22) | 30 |

1 A classificação foi realizada de acordo com a porcentagem de milionários que apontaram ser o componente de sucesso muito importante na explicação do respectivo sucesso econômico.

2 Ligada a esta posição por outro fator.

INTEGRIDADE E VALORES MORAIS

- Ser honesto com todas as pessoas.
- Contar com o apoio do parceiro.
- Ter uma fé religiosa inabalável.

INTELIGÊNCIA CRIATIVA

- Ver oportunidades onde outros não veem.
- Encontrar um nicho lucrativo.
- Ser especializado.
- Amar a carreira ou o próprio negócio.

INVESTIMENTOS NO MERCADO DE AÇÕES OU NO PRÓPRIO NEGÓCIO

- Investir em ações ordinárias de empresas públicas.
- Ter excelentes consultores de investimentos.
- Fazer bons investimentos.
- Investir no próprio negócio.
- Ser o próprio patrão.
- Querer assumir riscos financeiros se o retorno for adequado.
- Viver abaixo de suas posses.

SORTE *VERSUS* DISCIPLINA

- Ter sorte.
- Ser bastante disciplinado.
- Ser bem organizado.
- Trabalhar mais do que a maioria das pessoas.

ORIENTAÇÃO INTELECTUAL

- Possuir um alto QI/um intelecto superior.
- Ter feito uma faculdade de primeira linha.
- Ter se formado nos primeiros lugares ou no primeiro lugar da classe.

A Orientação Intelectual é de interesse especial. Foi feita a comparação da Orientação Intelectual com o grupo de Habilidades Sociais, grupo de orientação que dizia respeito ao Enfrentamento das Críticas, grupo da Integridade e grupo da Inteligência Criativa. Ainda que muitos pensem que a Orientação Intelectual supera os fatores em cada um desses grupos (como possuir um alto QI), os dados demonstram o contrário.

## A Aurora em Birmingham: Capacidade Intelectual Elevada *Versus* Habilidades Sociais

Cheguei a Birmingham, no Alabama, pouco antes da aurora, em uma nublada segunda-feira de inverno. O seminário começaria às 8h30, mas cheguei cerca de uma hora antes e tive a oportunidade de conversar com aproximadamente 200 executivos no coquetel de recepção.

Um alto executivo de vendas — Hugo — disse-me que tinha treinado e jogado sob a orientação do treinador Paul "Urso" Bryant em Alabama. Durante a conversa, aprendi bastante sobre os fatores que explicavam seu sucesso nos negócios. Não me surpreendi sobre o que ele me disse. Mencionou que vários dos executivos que estavam ali na sala tinham também jogado futebol sob a orientação do "Urso". Lembro-me de ter encontrado, durante minhas viagens pelos Estados Unidos, outros que também tinham jogado sob a orientação desse treinador.

Havia algo particularmente instigante sobre as conquistas extraordinárias obtidas por Paul "Urso" Bryant. Os times que dirigiu venceram vários campeonatos e estavam sempre em primeiro lugar. Mesmo antes de ter conhecido Hugo naquela manhã nublada de inverno sabia que a produtividade era a marca registrada do treinador Bryant. Ele estabeleceu um excepcional recorde sem ser o número um em gastos e sem contratar os melhores talentos do país.

Fiquei curioso em saber qual era o segredo do sucesso do treinador Bryant, mas tive receio de que o ex-jogador de futebol americano levasse horas para responder. Então fiz uma pergunta diferente: "Qual foi a primeira coisa que o treinador Bryant disse aos atletas bolsistas quando chegaram ao *campus*?".

Surpreendentemente, o treinador Bryant fez a seguinte pergunta para o grupo:

---

Vocês já telefonaram para suas famílias para agradecer?

---

Hugo disse que depois de ouvir essa pergunta os jogadores pareciam confusos, a maioria ficou boquiaberta, olhando um para o outro sem acreditar. Nenhum deles, aparentemente, podia imaginar ouvir aquela pergunta. Esses atletas calouros tinham chegado ao *campus* há menos de 24 horas, mas já tinham recebido a primeira lição de produtividade. Compreendi que nenhum deles tinha ligado para casa para agradecer. Qual a essência dessa lição?

Hugo contou que o treinador Bryant, depois da primeira pergunta, declarou:

> Nenhum de vocês chegou ao nível em que está sem ajuda. Liguem para suas famílias para agradecer.

Em outras palavras, o treinador tinha novidade para os calouros: só o talento atlético, mesmo que extraordinário, não implica obter sucesso no futebol. Sem a educação recebida, a proteção e o sacrifício da família, eles não teriam tido a oportunidade de jogar futebol no Alabama.

Hugo me disse que nunca esqueceu essa experiência inicial. Serviu para ele e para os companheiros durante os quatro anos bem-sucedidos que passou jogando futebol. Ele considera que essa e outras lições dadas pelo treinador foram fatores preponderantes para seu sucesso e suas conquistas nos negócios.

Raramente alguém se torna bem-sucedido sem auxílio de outras pessoas. Um grupo de indivíduos, ainda que dotado de muitas qualidades, de modo algum constitui uma equipe. Quantos atacantes no futebol teriam se tornado heróis nacionais se não houvesse os companheiros de frente que lhes abrissem caminho e permitissem que avançassem? Nenhum. Tornar-se rico nos Estados Unidos é bastante semelhante. Ainda não conheci uma pessoa rica que pudesse atribuir a si mesma todo o mérito pelo seu sucesso econômico. A maioria atribui o crédito ao cônjuge, aos funcionários-chave, aos mentores e outros. Nenhum homem ou mulher é uma ilha, seja no contexto dos esportes, dos negócios, ou construindo riquezas. Ninguém chega ao topo sem a ajuda de outros.

Pode ser relativamente fácil obter bom desempenho quando certas condições estão presentes. Você pode fazer parte de uma equipe muito talentosa jogando contra adversários mais fracos, ou seus negócios e patrimônio líquido podem estar em franca ascensão sob condições favoráveis, mas e se a equipe adversária for muito forte ou as condições de mercado não forem favoráveis ao seu negócio? Você nem ao menos terá chance de ganhar se não tiver procurado e cultivado recursos humanos importantes. Sem apoio você será sobrepujado, provavelmente. O medo e as preocupações tomarão conta da situação, e o medo ampara o pânico, o precursor das más decisões e da falha final. Como demonstrado em meu estudo, durante a vida toda, a maioria das pessoas bem-sucedidas sai do próprio caminho para atrair, motivar, valorizar e cultivar consultores-chave, fornecedores e funcionários.

## HABILIDADES SOCIAIS SUPERIORES *VERSUS* INTELECTO SUPERIOR

Observe como foi valiosa a mensagem do treinador tendo em vista o que mostra o resultado deste levantamento de dados sobre um grande número de adultos economicamente produtivos e milionários. Como eles próprios explicam a enorme produtividade que têm? Será porque nasceram com um intelecto superior? De forma alguma.

Para explicar o seu sucesso econômico, quase todos os milionários entrevistados, cerca de 94%, consideraram que "ter bom relacionamento com as pessoas" era muito importante (56%) e importante (38%). Veja a Tabela 2-2. Com base na porcentagem de pessoas que responderam "muito importante", este fator ficou em terceiro lugar na importância geral dos outros 29 fatores de sucesso estudados.

De modo que, seja nos esportes ou nos negócios, a habilidade de relacionar-se bem é essencial. Apesar disso, muitos acreditam ainda que o sucesso seja predeterminado — resultado direto da genética — e as pessoas bem-sucedidas apenas têm um QI mais alto do que aquelas "menos favorecidas". Assim sendo, e se você tivesse recebido somente notas 10 na escola e fizesse um teste SAT quase perfeito? E se o seu QI for altíssimo na escala de inteligência? Será que esses fatores lhe garantiriam um lugar no rol dos milionários dos Estados Unidos? É duvidoso caso você não seja capaz de relacionar-se bem com as pessoas. Esse não é apenas meu ponto de vista pessoal. Um grande número de milionários entrevistados foi indagado a respeito da importância atribuída ao intelecto na explicação do respectivo sucesso econômico. Como mostra a Tabela 2-2, somente um em cada cinco (20%) sentiu que possuir "um alto QI ou um intelecto superior" tinha muita importância. O intelecto superior ocupou a 21ª posição na lista. Outras duas medidas de intelecto foram consideradas estar altamente correlacionadas com esse fator. Apenas cerca de um em dez (11%) e de um em cada sete (15%), respectivamente, apontaram os fatores "ter se formado como primeiro da classe" e "ter sido aluno de faculdade de primeira linha" como elementos muito importantes na explicação do sucesso econômico.

Alguns milionários responderam que ter um QI alto seria um fator importante para ser bem-sucedido, embora a maioria achasse justamente o contrário. Isso pode ser explicado, em parte, considerando os grupos de ocupações que tenderam a classificar o QI como um fator importante. Os advogados milionários estão em primeiro lugar, seguidos de perto pelos médicos. O raciocínio parece óbvio, pois, como regra geral, deve-se obter uma pontuação elevada em testes padronizados para que se consiga ser admitido em escolas de direito ou de medicina, e tais exames têm uma alta correlação com o QI. Se os advogados e os médicos milionários forem colocados fora da amostra nacional (os dois grupos combinados representam um em cinco milionários), a importância do "intelecto" diminui significativamente.

Tabela 2-2 Fatores do sucesso dos milionários: elevado intelecto *versus* habilidades sociais

PORCENTAGEM DE MILIONÁRIOS INDICANDO O FATOR MUITO IMPORTANTE OU APENAS IMPORTANTE, POR CATEGORIA OCUPACIONAL (N=733)

| | Proprietários de negócio/ empresário 32% | Alto executivo de companhias 16% | Advogado 10% | Médico 9% | Outros 33% | Todos | |
|---|---|---|---|---|---|---|---|
| | | | | | | 100% | Ranking[1] |
| ORIENTAÇÃO INTELECTUAL | | | | | | | |
| Ter alto QI/intelecto superior | 16 (45) | 18 (49) | 34 (49) | 24 (50) | 20 (47) | 20 (47) | 21 |
| Ter sido aluno de faculdade de primeira linha | 12 (31) | 12 (31) | 18 (50) | 23 (31) | 16 (30) | 15 (33) | 23 |
| Ter se formado como primeiro da classe | 5 (16) | 8 (22) | 26 (34) | 20 (29) | 8 (24) | 11 (22) | 30 |
| HABILIDADES SOCIAIS | | | | | | | |
| Relacionar-se bem com as pessoas | 61 (35) | 59 (37) | 43 (47) | 47 (47) | 56 (38) | 56 (38) | 3 |
| Ter fortes qualidades de liderança | 45 (43) | 43 (39) | 29 (51) | 37 (43) | 35 (43) | 41 (43) | 7 |
| Ter habilidade para vender ideias, produtos etc. | 45 (47) | 41 (50) | 16 (46) | 17 (46) | 35 (45) | 35 (47) | 10[2] |
| Ter bons mentores | 28 (43) | 29 (51) | 18 (56) | 30 (52) | 26 (43) | 27 (46) | 15[2] |

[1] O ranking foi computado de acordo com a porcentagem de milionários que apontaram ser o componente de sucesso muito importante na explicação do respectivo sucesso econômico.
[2] Ligada a esta posição por outro fator.

Há outro resultado interessante eliminando-se os dados obtidos dos advogados e médicos da amostra: a importância de "relacionar-se bem com as pessoas" e outros fatores ligados a habilidades sociais ficam ainda mais evidentes. Observe que 61% dos milionários nas categorias de proprietários de negócios ou empresários e 59% dos altos executivos de empresas sentem que "relacionar-se bem com as pessoas" é muito importante. Uma porcentagem significativamente menor de advogados (43%) e de médicos (47%) classificou esse fator como sendo muito importante.

Isso não causa nenhuma surpresa quando você se lembra de que um executivo bem-sucedido ou um proprietário de negócio mais frequentemente fazem parte de uma equipe do que a maioria dos advogados e médicos. Mas em todas as categorias ocupacionais as habilidades sociais, de forma geral, foram mais cotadas do que os fatores sociais.

Observe os quatro componentes das habilidades sociais relacionados na Tabela 2-2. Todos os quatro têm correlação altamente significativa — em outras palavras, os que responderam "relacionar-se bem com as pessoas" como sendo importante também tenderam a dar importância semelhante a "ter fortes qualidades de liderança", "ter habilidade para vender ideias, produtos etc." e "ter bons mentores".

## OS BONS VENDEDORES TÊM VANTAGENS

Reflita por um momento e visualize um grande treinador dizendo à equipe: "Vocês não conseguem passar para o próximo nível se não contarem com a colaboração de outros". Relacionar-se bem hoje em dia é fundamental para se transformar em forte líder amanhã, e líderes, não seguidores, tendem a tornar-se economicamente bem-sucedidos. Para tornar-se um líder, entretanto, é também preciso saber vender as ideias, a estratégia de jogo, o sonho, o produto ou o serviço.

Não é de admirar que treinadores como Paul Bryant produzam tantos executivos bem-sucedidos ensinando-lhes habilidades sociais. Isso é especialmente verdadeiro no campo de vendas e marketing. Vendedores profissionais não podem ser bem-sucedidos nem ser promovidos se não gerarem receita. O campo de vendas é muito parecido com futebol: nos dois ambientes a vitória pertence a quem marca mais pontos.

O maior vendedor que já conheci foi William "Billy" Feartherstone Gilmore Jr. O Sr. Gilmore descende diretamente do coronel W. S. Featherstone, um herói da guerra civil norte-americana que serviu no exército da Virgínia do Norte. O pai de Bill foi um piloto de bombardeiro condecorado na Oitava Força Aérea e voou em mais de 50 missões sobre a Europa durante a Segunda Guerra Mundial. Certamente seu filho Billy herdou um pouco da coragem do pai, pois é preciso coragem para viver de vendas e ter recompensa apenas com base no resultado.

Realizei vários estudos sobre as características de vendedores profissionais e constatei que eles se classificam muito bem no que se refere a ter coragem e habilidades sociais proeminentes. Billy sobressaía em ambos os aspectos. Alguns anos atrás ele frequentou uma de minhas aulas na universidade da Geórgia. A prova bimestral que ele entregou, depois de horas, continha apenas um único parágrafo. Logo de cara, dei-lhe um zero pelo trabalho, mas refleti logo em seguida: "Isso é pouco para uma prova tão ruim assim". Elevei a nota zero à terceira potência e escrevi: "Caro Featherstone, essa foi a pior prova que já vi em toda minha vida. Desista do curso". E lhe disse isso na frente de seus 92 colegas.

Já tive mais de dez mil estudantes em toda a minha carreira docente, mas apenas um reunia a audácia, a petulância e a coragem de aparecer em minha casa sem avisar e pedir uma mudança na nota: William Featherstone Gilmore Jr. Sentamos, tomamos uma taça de vinho e ele me disse: "Você se esqueceu de uma coisa na aula. Se você for corajoso, pode vencer. Você não precisa ser o mais rápido, o mais esperto, mas precisa ter tenacidade".

Desde então, tenho visto frequentemente Billy Gilmore vender. Ainda acho difícil acreditar que alguém com média final de 5,1* em um curso universitário seja capaz de mostrar-se tão perspicaz acerca das pessoas. Na realidade, a média final de 5,1 era bastante previsível. O pai de Billy havia-lhe dito que ele precisaria concluir a universidade para conseguir emprego. Mas o que realmente importava era sua habilidade para vender. Billy foi para a faculdade em tempo integral, mas também trabalhou em tempo integral vendendo imóveis. Lapidou seu talento para contatos sociais frequentando todas as festas e encontros formais, semiformais e informais que fossem ligados a jogos de futebol. Billy é um indivíduo bastante produtivo. Se tivesse tido média final superior a 5,1, teria afetado o tempo que dedicara às vendas ou aos seus contatos sociais, por isso não se preocupara com notas melhores!

Billy Gilmore e eu somos amigos há mais de 20 anos e, ocasionalmente, trabalhamos juntos. Recentemente, o vice-presidente sênior e o gerente nacional de vendas de uma empresa pública pediram-me para ministrar um seminário, em uma manhã de sábado, para 100 de seus melhores profissionais, em Dallas. Como encenações de situações específicas e análise de simulações faziam parte de meu programa de seminários, telefonei para Billy. Ele vendia roupa esporte para

---

* Levando em conta que 4,00 é o máximo, equivaleria a nota 5 no sistema brasileiro (N. do T.).

mulheres, inclusive jeans, e atendia empresas como J.C. Penney, que está sediada em Dallas. Sugeri que ele ficasse no sábado e me ajudasse em algumas encenações durante o seminário. Ele concordou imediatamente.

*Estamos combinados, Tommy. Passe-me o nome de seu contato (o gerente nacional de vendas). Pego todos os detalhes com ele e nos encontraremos sábado pela manhã.*

Billy fez bem mais do que ligar para meu contato para conseguir detalhes. Ele telefonou para a secretária do gerente nacional de vendas e pegou os detalhes sobre o local do seminário e o cronograma da apresentação. Em seguida, fez uma série de perguntas interessantes.

BILLY: A esposa do Sr. Herman usa jeans?
SECRETÁRIA: Acredito que sim.
BILLY: Você tem alguma ideia do tamanho que ela usa?
SECRETÁRIA: Usa meu tamanho, um 40 apertado ou, realmente, um 42.

Na manhã do seminário, entrei no salão cerca de meia hora mais cedo. O gerente nacional de vendas viu-me e cruzou rápido o salão para me dizer: "Meu Deus, Tom, minha esposa adorou o jeans. Ela não sabe como lhe agradecer e se sente bem melhor agora me vendo sacrificar o sábado com essa história dos jeans... Serviram nela perfeitamente!"

Enquanto o Sr. Herman tecia elogios à minha pessoa, fiquei pensando a que diabos ele se referia. Só entendi quando vi Billy sorrindo prazerosamente. Billy, com seu jeans especial "Featherstone de Caimento Perfeito", tinha acertado em cheio novamente. Mais uma vez ele tinha acabado de demonstrar a arte de relacionar-se bem com as pessoas. Billy foi o responsável pela receptividade tão favorável do Sr. Herman. Com um começo desses não fiquei espantado pelo fato de o seminário ter sido um tremendo sucesso. Depois de descobrir o tamanho certo do jeans da Sra. Herman, ele pediu à sua melhor costureira para fazer uma dúzia de jeans sob medida para ela. Mas qualidade de primeira era apenas parte do seu plano — dentro de cada par havia uma etiqueta dizendo "tamanho 38".

Até hoje fico na dúvida sobre o que realmente aconteceu. Quando o Sr. Herman pede-me para ministrar outro seminário, pergunto-me: foi meu seminário ou o jeans de Billy que motivou o convite? Billy nunca disse ao Sr. Herman que fora ele que havia enviado o jeans. Tinha colocado um bilhete dizendo: "Da parte de Tom Stanley". Recebi o crédito e toda a boa vontade do cliente. Com o passar do tempo, o Sr. Herman encomendou muitos dos meus seminários, livros, fitas de áudio e outros materiais.

Qual é a fonte da empatia de Billy Gilmore para suprir as necessidades das pessoas? Eu sempre o questionei a respeito disso e ele respondeu o que sua mãe sempre lhe dizia:

*Dizer eu, eu, eu é burrice, burrice, burrice.*

Em outras palavras, coloque sempre seu foco sobre as necessidades e os interesses dos outros. O pai dele era vendedor profissional e também teve um papel preponderante. Quando Billy era adolescente, o pai sempre o levava em suas visitas para vender ônibus escolares para escolas municipais. Antes de cada visita o pai lhe explicava como era importante compreender os interesses e as experiências de cada pessoa responsável pelas decisões no negócio de compra de ônibus escolares. O pai dele era um vendedor de primeira, um grande mentor e também acreditava e praticava aquela regra fundamental da arte de vender:

*Dizer eu, eu, eu é burrice, burrice, burrice.*

## QUALIDADES DE LIDERANÇA

PAI PREOCUPADO: Estamos muito preocupados com nosso filho. Com essas notas não vai entrar em nenhuma faculdade de primeira linha.

DIRETOR DO COLÉGIO: Não se preocupe com Richard, ele vai se dar bem na vida. As pessoas gostam dele e o respeitam. Elas o seguem. Richard é um líder nato.

O diretor da escola fizera uma avaliação precisa de Richard. Recentemente esse diretor escreveu no questionário que estava respondendo para mim: aluno medíocre na escola e na faculdade. Mas também indicou que ele estava rapidamente se aproximando do status de decamilionário. Richard é um líder, dono de seu próprio negócio, muito bem-sucedido e exerce sua atividade profissional com muito entusiasmo. Demonstra empatia e valoriza as necessidades dos funcionários, cujos salários são significativamente mais altos que os usuais. Por sua vez, todos eles gostam muito dele. Como sinal dessa apreciação,chegaram a se unir para dar a ele e à sua esposa férias na Europa de presente.

Apesar de tudo, a vida de Richard poderia ter tomado um rumo diferente se ele tivesse tido outros pais ou um diretor de escola insensível no ensino fundamental. Se eles tivessem dito a Richard:

*Com essas notas você nunca vai conseguir nada. Com esse desempenho escolar, vai ter muita sorte se conseguir um emprego para lavar pratos ou esfregar o chão.*

Muito pelo contrário, os pais de Richard nunca disseram essas coisas. Nem os pais perderam a confiança no filho. Nem o orientador e nem o diretor. Na escola ele era um líder nos esportes e em atividades sociais. Nunca fizeram com que ele se sentisse inferior devido ao fraco desempenho escolar.

Richard é como muitas pessoas de grande sucesso. Conseguiu tirar maior proveito do ambiente escolar do que suas notas e históricos escolares deixam transparecer. Tomemos um outro estudo de caso para demonstrar essa questão de lideranças *versus* notas escolares.

## UM LÍDER DOS LÍDERES

Você concluiu a faculdade recentemente e anda pensando em fazer uma pós-graduação. Para ser admitido você deve passar pelo Graduate Record Exam (GRE). Várias semanas depois do teste suas notas chegam pelo correio. Rapidamente você abre o envelope. A interpretação não é simples e você busca a legenda. Existem várias seções no GRE. Dois importantes componentes dizem respeito à pontuação que obteve em aptidão verbal e em cálculos numéricos, outras seções incluem os exames de física, química, biologia, estudos sociais e artes.

Qual é sua classificação? Você descobre que a pontuação em aptidão verbal está um pouco abaixo da média. Naturalmente isso causa desapontamento, de modo que busca logo ver as outras notas. Sua pontuação em cálculos numéricos classifica-o entre os últimos 10%, enquanto sua pontuação em física, química, biologia, estudos sociais e artes coloca-o dentre os últimos 25% na classificação.

Com essas notas você ainda pensaria em fazer uma pós-graduação? E se você mostrasse essas notas para um grupo de orientadores ou conselheiros vocacionais? Eles poderiam observar que você não se enquadra no tipo destinado a pós-graduações. Alguns poderiam até se atrever a observar que você deve moderar as ambições, o que é uma bela maneira de dizer: você nunca valerá grande coisa.

Quantos conselheiros lhe diriam:

*Meu jovem, você tem extraordinárias qualidades de liderança e grande visão. Algum dia mudará a consciência social dos Estados Unidos. Você terá mais responsabilidades pelas mudanças sociais e políticas nos Estados Unidos do que qualquer outro desde Franklin Roosevelt.*

Aposto que você vai dizer nenhum, pois muitos conselheiros avaliam nosso futuro com base no resultado de testes padronizados. É uma infelicidade que esses testes, que levam apenas um dia para serem respondidos, procurem subsidiar especulações para os próximos 30 ou 40 anos de uma carreira. Quem acreditar neles pode passar o resto da vida pensando e agindo como se tivesse baixa aptidão. Dá para imaginar se o Dr. Martin Luther King Jr. passasse sua vida pensando e agindo dessa forma? A pontuação do exame GRE descrita foi a obtida por Martin Luther King Jr. (Ethan Bronner, "Colleges Look for Answers to Racial Gaps in Testing, *New York Times,* 8/11/1997, p. A8), mas ele nunca permitiu que pessimistas o afastassem do seu caminho. Ele compreendia o verdadeiro significado da palavra *realização*.

É necessário que haja um certo equilíbrio. Evidentemente, todos nós gostaríamos que nossos filhos tivessem excelente desempenho escolar, mas devemos também encorajá-los a fazer mais, a assumir a liderança nos papéis escolares. Encorajá-los a participar de atividades extracurriculares e de grupos orientados. Se fizermos isso, poderemos esperar uma boa safra de líderes. Teremos até mesmo uma população crescente de líderes com habilidades tanto analíticas como sociais.

## Ignore os Críticos ou Se Inspire Neles

O que os milionários me disseram acerca da relação que têm com o sucesso e como eles lidam com a crítica? A maioria ou ignora os críticos, ou usa a crítica como inspiração para ser bem-sucedida. Muitos milionários definem os críticos como pessoas que gostam de fazer previsões e julgamentos negativos sobre os outros. Ao contrário dos mentores, que se concentram sobre como as pessoas podem se tornar melhores, os críticos não se interessam em ajudar os alvos das críticas a melhorarem. Na realidade, parece que eles gostam de observar as pessoas fracassarem. É como se ficassem satisfeitos em ver suas previsões se concretizarem.

Críticos são aqueles que disseram a muitos milionários:

- Você nunca será bem-sucedido.
- Você não possui capacidade intelectual para se tornar um advogado.
- Essa é a ideia mais imbecil que já ouvi com relação a novos negócios.
- Não há lugares para mulheres na medicina.
- Não há esperança de que você seja bem-sucedido algum dia.
- Você não tem capacidade para fazer uma pós-graduação.
- Considerando que sua pontuação no SAT foi 900, você nunca terá êxito em um curso universitário.

Os que aceitaram essas observações tão negativistas retiraram-se cedo do campo de batalha econômico, enquanto os outros ignoraram tais críticas. Muitos milionários encararam críticas dessa natureza como meras teorias e divertem-se contradizendo-as. Os críticos realmente maldosos e pessimistas possuem um traço comum — seu único talento é para dar voz a previsões negativas. Muitas vezes trata-se de inveja de pessoas realmente talentosas e com vontade de vencer. Mas descobri que muitos críticos profissionais carecem dessa mesma qualidade, não suportam que outros critiquem seus pontos de vista. Assim, o que eles fazem para ter certeza de que não serão criticados? Eles jogam no ataque. Eles criticam agressiva e ofensivamente aqueles que são ou serão bem-sucedidos. É uma forma pela qual melhoram o próprio status, brincando de juízes, júri, até mesmo de Deus.

Muitos milionários que venceram na vida pelo próprio esforço e que são donos de empresas têm muito a dizer sobre os críticos. Experimentaram muitas vezes a recusa de seus pedidos de empréstimo e, na sua concepção, os funcionários que trabalham analisando pedidos de empréstimos são críticos. A resposta que dão aos solicitantes de empréstimo é que "seu negócio nunca dará certo"; além disso, não apresentam ideias de como melhorar a proposta. Mas como se sentem poderosas as pessoas que concedem empréstimos aos outros!

Veja o que me disse uma vez um multimilionário vencedor pelo próprio esforço de Oklahoma durante uma entrevista de grupo de discussão:

*Estávamos numa manhã de sexta-feira. Tinha que pagar meus funcionários às quatro da tarde naquele dia [. . .] Fui ao banco onde já tinha empréstimos havia muitos anos. Eles me colocaram em uma sala com um novo funcionário de empréstimos. Esse fulano de trinta e poucos anos começou a me dizer que meu negócio estava sendo estudado [...] Deveria passar por algumas atualizações [...]*

*Durante todos esses anos nunca deixei de pagar meus compromissos uma única vez. E ele então prosseguiu falando-me sobre suas últimas viagens a Vail, Aspen e Steamboat para a prática de esqui [...] E falou, falou sem parar [...]. Enquanto eu ali me preocupava em não poder pagar minhas dívidas com centenas de pessoas.*

Bem, o milionário acabou fazendo o pagamento naquela tarde "em cima da hora". Mas é desnecessário dizer que não é mais cliente do "Banco Espoliador".

Esse mesmo banco também perdeu outro membro do mesmo grupo de estudo, um bem-sucedido homem de negócios que nunca havia deixado de pagar um empréstimo ao longo de sua carreira. Repentinamente, o banco ligou exigindo o pagamento de empréstimos pendentes, porque, no dia anterior, um jornal local havia noticiado que esse empresário milionário havia se divorciado.

Existem inúmeros exemplos de críticos que destroem os sonhos de homens e mulheres ambiciosos. Mas os críticos são uma parte necessária do sistema social dos Estados Unidos, pois excluem as pessoas de pouca coragem, as que não sabem lidar com críticas e triunfar apesar delas.

Empresários bem-sucedidos tendem a ter excepcional poder de comando e determinação. Um artigo publicado recentemente relatou sobre a origem da motivação que eles possuem (veja Adrienne Sanders, "Success Secrets of the Successful", *Forbes*, 2 de novembro de 1998, p. 22, 24). O artigo conta que Bill Bartmann, fundador e diretor da Commercial Financial Services, considera as críticas da cunhada como principal elemento motivador. A avaliação negativa feita pela cunhada despertou no Sr. Bartmann o desejo de provar que ela estava errada. Dizem que ele teria dito: "Ela [a cunhada] não gosta de mim... Não acha que eu seja suficientemente bom para sua irmã. Isso me deixa simplesmente furioso" (Sanders, p.22).

Parece que o Sr. Bartmann abandonara o ensino médio, mas, motivado pelas críticas da cunhada, conseguiu um certificado GED* quando foi para a faculdade. Na faculdade, ele se motivou colocando um cartão do tamanho de meia página de caderno com o nome da cunhada bem visível na parede. Sempre que tirava os olhos da lição do dia via o nome da supercrítica cunhada e era levado, instantaneamente, de volta aos livros.

No mesmo artigo, Debra Streicker-Fine, presidente da Interactive Media, revelou sua fonte de motivação. De acordo com o pensamento das pessoas em geral na sua cidadezinha de origem, ser uma mulher envolvida em atividades em-

* GED = General Equivalency Diploma, espécie de diploma supletivo que substitui o diploma do ensino médio regular (N. do T.).

presariais seria degradante. Por sua vez, ela arranjou motivação no forte desejo de rejeitar aquela avaliação que fizeram dela e de sua atividade profissional (Sanders, p. 24).

A lição da mente milionária é que é preciso ser cauteloso ao valorizar o que se ouve e ficar atento às motivações de pretensos conselheiros. Quem é ambicioso e trabalhador com a carreira em franca ascensão pode ser uma ameaça para os outros. Infelizmente, muitos dos que ameaçam são os mesmos a quem nossos jovens recorrem para se aconselharem sobre suas carreiras.

De modo que a maioria dos milionários ignora as críticas e, além disso, nunca permite que avaliações ou previsões negativas enfraqueçam suas decisões. Ignorar as críticas dos detratores tem correlação significativa com o sucesso econômico e conquistas de carreira (veja a Tabela 2-3).

Tenha um fato em mente. A população bem-sucedida, independentemente da capacidade intelectual, é alvo de críticas mais pesadas do que a população fracassada. Na realidade, acredito que a crítica seja uma forma necessária de castigo, de dar têmpera ao aço, um campo de treinamento para os candidatos ao sucesso. Pergunte ao milionário típico de hoje e ele provavelmente terá muitas experiências de campo de treinamento para relatar.

As pessoas bem-sucedidas são diferentes, não seguem a multidão, e os que não seguem a multidão são muitas vezes criticados por serem diferentes. O professor mais produtivo que já tive disse-me, uma vez, um pouco antes de minha conclusão de curso:

> Se você não publicar, talvez não consiga estabilidade em uma boa escola. Entretanto, terá muitos amigos. Publique bastante e você não será realmente popular entre os colegas.

Frequentemente o preço do sucesso é não pertencer a um grupo específico, a velha turma. De fato, três de cada quatro (76%) milionários contam que para se tornarem produtivos na vida adulta foi preponderante o fato de terem aprendido a pensar diferente da multidão, enquanto estavam no processo de formação. Ser diferente traz recompensas, como o sucesso econômico, e punições, como críticas e exclusão de grupos sociais.

Em uma de minhas primeiras entrevistas, um milionário fez o seguinte comentário sobre rejeição:

**Tabela 2-3** Fatores do sucesso dos milionários: capacidade intelectual superior *versus* orientação perante críticas (N=733)

PORCENTAGEM DE MILIONÁRIOS INDICANDO O FATOR MUITO IMPORTANTE OU APENAS IMPORTANTE, POR CATEGORIA OCUPACIONAL

| | Proprietários de negócio/ empresário 32% | Alto executivo de companhias 16% | Advogado 10% | Médico 9% | Outros 33% | Todos | |
|---|---|---|---|---|---|---|---|
| | | | | | | 100% | Ranking[1] |
| ORIENTAÇÃO INTELECTUAL | | | | | | | |
| Possuir um alto QI/um intelecto superior | 16 (45) | 18 (49) | 34 (49) | 24 (50) | 20 (47) | 20 (47) | 21 |
| ORIENTAÇÃO COM RELAÇÃO À CRÍTICA | | | | | | | |
| Ignorar a crítica dos que te desmerecem | 20(40) | 9(39) | 11(28) | 11(47) | 13(34) | 14(37) | 24[2] |
| Ter espírito competitivo/ personalidade | 37(49) | 46(40) | 40(33) | 37(44) | 34(42) | 38(43) | 8 |
| Ter ânsia de ser bem respeitado | 23(44) | 28(42) | 21(47) | 38(39) | 31(38) | 27(42) | 15[2] |
| Ter uma energia extraordinária | 24(50) | 22(45) | 16(43) | 26(58) | 24(45) | 23(48) | 18[2] |
| Ser apto fisicamente | 24(44) | 19(48) | 16(36) | 18(49) | 23(44) | 21(44) | 20 |

[1] O ranking foi computado de acordo com a porcentagem de milionários que apontaram ser o componente de sucesso muito importante na explicação do respectivo sucesso econômico.
[2] Ligada a esta posição por outro fator.

Nunca encare a rejeição como algo pessoal.

Um outro me deu um ótimo conselho:

*Quando estiver sendo criticado, espere duas semanas antes de ficar zangado [ou] perturbado. Depois de duas semanas, se ainda quiser ficar zangado, espere mais duas. E se no final dessas duas semanas ainda se sentir furioso, escreva então uma longa carta ao crítico. Extravase o motivo pelo qual continua interessado em ficar com raiva. Depois de todo esse tempo e do processo de purgar as preocupações por meio da escrita da carta, pode ser que a raiva destrutiva tenha passado. É provável que você não sinta necessidade de enviar a carta.*

## Condicionado Fisicamente para Vencer: Correlação das Críticas Destrutivas

De acordo com o levantamento, a maioria dos milionários se exercita regularmente, ainda que a declaração "estar fisicamente em forma" ocupe o 20º lugar na lista de fatores de sucesso como mostrado na Tabela 2-1. Os decamilionários, os que possuem um patrimônio líquido de US$ 10 milhões ou mais, são os que fazem exercícios físicos com mais regularidade, cerca de dois terços deles. Muitos outros jogam golfe ou tênis, mas não com frequência.

Quanto mais bem-sucedido economicamente você for, mais críticas receberá. Manter a condição física excelente pode ser uma ferramenta importante para lidar com os detratores porque aguça o espírito competitivo. Muitos milionários, especialmente os decamilionários, são extremamente competitivos — e até gostam da crítica. Ela lhes dá uma motivação mais forte para provar que os críticos estão errados em suas avaliações. O condicionamento físico é também uma das muitas fontes da extraordinária energia dos multimilionários. Conheci muito poucos milionários que venceram na vida pelo próprio esforço que fossem letárgicos ou mesmo notavelmente obesos. A falta de energia e a letargia são amigas da crítica. De modo que, se você deseja ser capaz de ignorar a crítica, ou, ainda melhor, vencê-la, nunca se permita ficar gordo e preguiçoso. Estar fisicamente em forma é um correlato subjacente a vários outros campos do sucesso. Aqueles que creditam a sua disponibilidade para a assumir riscos financeiros (veja o Capítulo

4) claramente possuem mais probabilidade de estar fisicamente em forma do que aqueles que evitam assumir riscos.

O condicionamento físico pode também ser relacionado com um estado geral de satisfação, até mesmo de afeição pela própria atividade profissional. É muito mais fácil trabalhar duro gostando do que se faz e a capacidade de trabalhar arduamente, por sua vez, está relacionada ao bom condicionamento físico.

A riqueza quase não faz sentido se você não souber aproveitar o próprio trabalho, o convívio das pessoas e as diversões. E você não conseguirá usufruir o seu sucesso econômico caso morra antes da hora, como aconteceu com o Sr. Powell, um multimilionário. O testamenteiro de seu espólio devolveu-me há pouco tempo um questionário que eu havia mandado ao Sr. Powell, com um bilhete dizendo: "Dr. Stanley, informo que o Sr. Powell, a despeito de sua fortuna, faleceu recentemente".

## INTEGRIDADE E VALORES MORAIS

Examino pessoalmente cada um dos questionários respondidos, pois algumas das informações mais importantes vêm em forma de comentários e sugestões escritos à mão por não fazerem parte das seções "preencha os espaços" dos questionários. Esses comentários estão escritos nas margens, entre os itens de múltipla escolha e, muitas vezes, em locais inesperados.

Um dos indivíduos teceu seus comentários adicionais por todo o questionário. Quando solicitado a avaliar o que os outros pensavam dele, respondeu: "Todos me veem como justo e honesto". Também escreveu notas curtas junto a cada questão sobre experiências que o influenciaram. Indicou seus pais e mais um outro fator como principal para explicar seu sucesso econômico: serviu três anos na Marinha norte-americana!

Que relação poderia existir entre ser justo, honesto e passar três anos servindo a Marinha com tornar-se um sucesso econômico? A população milionária abrange um número desproporcionalmente alto de pessoas afirmando que a integridade é um fator imprescindível na explicação do sucesso. "Ser honesto com todas as pessoas" foi um fator classificado como muito importante, ou importante, por expressiva maioria dos milionários.

Um outro respondeu que gerenciava propriedades imobiliárias comerciais. Quando li isso e alguns de seus comentários relacionados, pensei comigo mesmo: aposto que esse participante nº 0103 assinalou o item "muito importante" na questão sobre a importância que um determinado fator teria tido pelo seu sucesso.

Minha suspeita estava correta. Qual era esse fator tão importante na explicação de seu sucesso como gerente de imóveis comerciais?

---

Ser honesto com todas as pessoas.

---

Esse é um fator extremamente essencial, pois a integridade consiste em um elemento crítico de sucesso quando se gerencia a propriedade ou o dinheiro de outros. O participante nº 0103 não está sozinho. Esta medida de integridade, "ser honesto com todas as pessoas", ficou em primeiro lugar com relação à porcentagem de milionários que a classificaram como razão muito importante para o respectivo sucesso econômico (veja a Tabela 2-4).

Infelizmente as manchetes e notícias de hoje em dia estão repletas de histórias acerca de pessoas ocupando altos cargos, mas destituídas de integridade. Até mesmo o ex-presidente Bill Clinton sugeriu que seu ato enganador fosse colocado em um "contexto de placar", implicando que sua pontuação geral, como presidente, teria ficado de boa a excelente. A maioria das pessoas bem-sucedidas economicamente não acredita que a integridade, ou a falta dela, deva afetar uma média global de pontos. Digamos que alguém tire 10 em economia, 8 em política exterior, 8 em tranquilidade doméstica, 7 para melhoria de cargos sociais, mas 2 em integridade. Em termos universitários, isso seria suficiente para alcançar uma média igual a 7 no final do curso

Mas a integridade faz parte de uma área diferente do currículo da vida. É um curso em que se é aprovado ou reprovado. Muitos milionários irão lhe dizer que, se você não for íntegro, não deverá nem conseguirá ter sucesso econômico. E se um jovem proprietário de uma empresa recém-estabelecida ou um médico que acaba de abrir o próprio consultório vir a decepcionar seus clientes ou pacientes? E se o proprietário de um negócio deturpar os produtos que oferece? Eles foram reprovados no curso básico de integridade e nunca serão bem-sucedidos ou conseguirão se formar.

O Dr. Robert, com 45 anos de idade, é um estudo de caso no tópico integridade. Ele possuía uma próspera clínica médica mas, como residente, achava difícil não assediar as assistentes. Chegou a cometer adultério com muitas delas. Sua esposa acabou descobrindo as traições e logo depois se divorciou dele.

Mesmo antes de o processo de divórcio ser finalizado a esposa do Dr. Robert integrou-se a um grupo de apoio local a mulheres na transição da condição de casadas para divorciadas. A Sra. Robert contou detalhadamente sobre os inúmeros casos de adultério cometidos pelo marido e citou vários exemplos. Muitas

**Tabela 2-4** Fatores de sucesso dos milionários

CAPACIDADE INTELECTUAL SUPERIOR *VERSUS* INTEGRIDADE/INTEIREZA (N=733)

| | Proprietários de negócio/ empresário 32% | Alto executivo de companhias 16% | Advogado 10% | Médico 9% | Outros 33% | Todos 100% | Todos Ranking[1] |
|---|---|---|---|---|---|---|---|
| ORIENTAÇÃO INTELECTUAL | | | | | | | |
| Possuir um alto QI/um intelecto superior | 16 (45) | 18 (49) | 34 (49) | 24 (50) | 20 (47) | 20 (47) | 21 |
| INTEGRIDADE | | | | | | | |
| Ser honesto com todas pessoas | 62 (30) | 61 (32) | 46 (41) | 55 (36) | 55 (33) | 57 (33) | 1[2] |
| Contar com o apoio do cônjuge | 55 (30) | 48 (38) | 32 (39) | 54 (33) | 47 (30) | 49 (32) | 4 |
| Ter forte fé religiosa | 15 (22) | 12 (27) | 11 (20) | 17 (21) | 13 (15) | 13 (20) | 26 |

[1] O ranking foi computado de acordo com a porcentagem de milionários que apontaram ser o componente de sucesso muito importante na explicação do respectivo sucesso econômico.
[2] Ligada a esta posição por outro fator.

que eram pacientes do Dr. Robert deixaram de sê-lo. O mesmo ocorreu com muitas outras pacientes quando souberam da atitude decepcionante do médico. Atualmente o Dr. Robert também se encontra em um período de transição, mudando sua clínica para outro bairro.

## O QUADRADO DE QUINZE

A palavra *integridade* é definida pelo dicionário como sendo "uma firme aderência a um código especial de valores morais; incorruptibilidade". As pessoas íntegras sabem a diferença entre o certo e o errado, entre verdade e invenção. O levantamento mostra que as pessoas mais produtivas economicamente valorizam muito a integridade e creditam a ela seu sucesso.

Jon Barry é proprietário de uma bem-sucedida empresa de negócios imobiliários e um homem de grande integridade. Construiu seu negócio a partir do zero. A maioria de seus clientes é proprietário de shopping centers e Jon é responsável pela administração das propriedades. A empresa cuida de tudo, até mesmo a cobrança dos contratos de empreiteiros que fazem as reformas quando são necessárias.

Para esses reparos, Jon contrata as empreiteiras que fornecem os melhores produtos e serviços pelos preços mais competitivos. Parece fácil, mas nem sempre o processo é simples. Jon se desdobra para ter certeza de que seus clientes consigam o melhor pelo dinheiro gasto. Ele documenta sua responsabilidade fiduciária a cada passo do processo de seleção e gerenciamento das empreiteiras.

A integridade e a reputação que a permeiam são elementos extremamente importantes que fornecem toda a base para seu sucesso. Jon disse-me que seu pai, um empresário famoso e bem-sucedido na área do entretenimento, ensinou-lhe bastante sobre a integridade. Ele muitas vezes dizia ao filho:

> *Nunca minta. Nunca diga uma mentira. Se você contar uma mentira, acabará tendo de contar mais 15 para encobrir a primeira.*

De acordo com o pai de Jon, uma mentira necessita da cobertura de outras 15. Por sua vez, cada uma dessas 15 também necessita de 15 adicionais, ou 225 ao todo. Além disso, cada uma das 225 também requer outras 15 adicionais. Ficamos agora com 225 vezes 15 ou 3.375 mentiras. E continuando, 3.375 vezes 25 transformam-se em 50.625, e assim por diante. É muito mais produtivo usar o tempo, a energia e a inteligência para sempre dizer a verdade e ser honesto com todas as pessoas.

## ÓVULOS GRANDES E INTELIGENTES, POR FAVOR

Hoje, graças ao milagre da ciência médica, muitos casais inférteis que desejam ter filhos estão conseguindo ajuda. Essa é a razão pela qual aparecem tantos doadores de óvulos e espermas. Muitos casais, inférteis ou não, têm grande necessidade de ter filhos e muitos não se importam se o primeiro ou o segundo recém-nascido é menino ou menina, ou se os olhos são azuis ou castanhos — "desde que sejam saudáveis".

Mas alguns casais querem mais do que o "desde que sejam saudáveis". Possuem grande necessidade de ter um filho com determinadas características, principalmente com uma elevada inteligência. Considere-se o anúncio colocado recentemente em vários jornais universitários (veja Gina Kolata, "$50,000 Offered to Tall, Smart Egg Donor", *New York Times*, 3 de março de 1999, p. A10), com a seguinte manchete: "Necessita-se de doadora de óvulos: grande recompensa financeira".

De acordo com uma matéria publicada no *New York Times*, o anúncio foi colocado em jornais das faculdades de maior prestígio do país. O termo "grande recompensa financeira" suavizava um pouco a questão. O casal infértil oferecia US$ 50 mil a uma doadora dos óvulos, mas ela deveria ter características de inteligência elevada e porte atlético. O anúncio exigia que a doadora tivesse obtido uma pontuação de pelo menos 1.400 no SAT, que tivesse a altura mínima de 1,75m e possuísse medidas evidentes de apresentar capacidade atlética.

A hipótese era de que um óvulo proveniente de uma pessoa alta, com pontuação acima de 1.400 no SAT, geraria uma criança com alta capacidade intelectual e de alta estatura. Lembre-se das características do casal infértil neste caso específico:

> *Com formação universitária [...] e deseja uma criança que seja capaz de receber educação igual. São altos, portanto desejam uma criança com porte semelhante [...] (Kolata, p. A10).*

Li essa informação várias vezes, e todas as vezes que a li não consegui deixar de pensar que o anunciante parecia alguém que cria cães de caça.

Tive que supor que o casal infértil provavelmente tinha boas intenções na sua busca por compatibilidade. Aparentemente estavam bem situados na escala da inteligência analítica, então o que há de errado em procurar uma doadora que também possua inteligência analítica elevada? E ambos eram altos e atléticos, naturalmente gostariam de aumentar a probabilidade de que a criança assim o fosse.

Mas a vida pode pregar muitas peças. Apenas porque papai e mamãe estão bem situados na escala intelectual não é obrigatório que a prole também esteja. Thad e Buffy, personagens de seriados de tevê, também inteligentes, podem ter características psicológicas indesejáveis. Recentemente li nos jornais uma história com a seguinte manchete: "Bolsista do National Merit", que é a premiação concedida aos alunos que mais se destacam em seu campo de pesquisa. Próximo a esse subtítulo constava a foto da pessoa contemplada, uma mulher jovem, alta e atraente. Seria ela inteligente? Sim. Se não fosse, como poderia ter sido considerada candidata para aquela premiação? O artigo também afirmava que ela era uma estudante universitária que necessitava de recursos para que pudesse se concentrar na sua arte (Martha Mendoza, "College Student Held in Robberies", *Atlanta Journal-Constitution*, 28 de janeiro de 1999, p. A10).

Entretanto, acredito que o casal infértil não seria capaz de comprar os óvulos daquela jovem estudante, porque ela não estava sob o foco das notícias pelo seu ótimo desempenho no SAT.

> *Emma [...], 18 anos, bolsista do National Merit, acusada de apontar um [...] revólver [...] enquanto roubava o salão de beleza (Mendoza, p. A10).*

Capacidade intelectual e integridade não encerram o mesmo constructo, de modo que, se você tivesse que escolher, qual seria sua opção? O casal precisa de óvulos, será que aceitaria óvulos de uma doadora responsável por assaltos à mão armada? Ou seria mais provável insistir em ter óvulos de uma doadora com marcantes traços de integridade? Pessoalmente, eu diminuiria a ênfase em requisitos de QI se pudesse aumentar a probabilidade de ter uma criança honesta, bem ajustada e atraente. Os milionários que conquistaram a fortuna por esforço próprio, conforme o levantamento, defendem essa opinião ante o desejo de que a criança alcance sucesso econômico. A genialidade não é garantia de que alguém vá se tornar financeiramente independente.

## LÉ COM LÉ, CRÉ COM CRÉ

Se algum dia você já julgou uma pessoa pela qualidade de sua vizinhança, você não está sozinho. Alguns bairros têm concentrações muito mais altas de pessoas formadas em universidades, enquanto outros têm taxas de crimes mais elevadas.

Como regra geral, nos Estados Unidos, os pássaros da mesma plumagem socioeconômica tendem a voar juntos. Essa é a base de grande parte da minha amostragem de residências ricas. Para focalizar de maneira mais eficiente a população milionária, superdimensionei o tamanho da amostragem de bairros nos Estados Unidos com concentrações mais altas de milionários.

Considerando uma amostragem nacional e sem a seleção de bairros, seria justo esperar que apenas um dentre 20 dos respondentes pertencesse à categoria dos milionários. Mas para este livro foi tomada uma amostra de bairros contendo mais do que 80% de milionários. Esses entrevistados ricos têm tipicamente uma formação escolar elevada e possuem cargos de altos salários. Alguns poderiam até mesmo dizer que, em termos médios, o grupo escolhido é mais esperto e inteligente do que pessoas que vivem em outras áreas. Naturalmente, como discutido no restante do livro, "esperto" pode ser definido de muitas formas.

Se esperto for definido como quem tem QI acima da média ou alta pontuação no SAT, os que vivem em bairros ricos geralmente seriam mais "espertos" do que os que moram em outras áreas da classe média baixa. Mas seria um erro concluir que todas as pessoas espertas vivem em bairros ricos, da mesma forma que estaria errado considerar que todos que moram em bairros de classe operária possuem capacidade intelectual inferior. Existem diversas relações significativas entre tipo de vizinhança e características das pessoas residentes, como demonstrado pelo exemplo a seguir.

Recebi a carta a seguir de alguém me pedindo ajuda. Pela carta, onde ele poderia morar?

> *Caro Dr. Stanley:*
> *Li seus trabalhos mais recentes. Tenho uma aptidão matemática extremamente alta. Sou graduado em cursos de matemática avançada [...] pela universidade de [...]*

Até o momento é possível afirmar que o sujeito sabe ler. Não há certeza, mas pode-se apostar que ele mora em um bairro com concentração de pessoas de classe média, com educação universitária, um pouco mais alta do que a média.

Nota-se que se trata de um gênio matemático, uma vez que tem diplomas de estudos avançados no campo matemático obtidos em universidade de prestígio. Provavelmente mora com outras pessoas com índices de QIs, pontuação no SAT, médias escolares elevados, altas rendas e grandes patrimônios líquidos.

Será que ele viveria em um desses bairros onde moram meus entrevistados, será que se trata de um milionário com casa típica avaliada em US$ 1,4 milhão? Sua avaliação mudará um pouco após terminar de ler a carta.

*Estou atualmente passando por uma transição. Posteriormente pretendo seguir outro caminho profissional.*
*Como o senhor estudou profundamente famílias abastadas, gostaria de lhe fazer um pedido. Estou muito interessado em tornar-me um professor particular de matemática para crianças ricas. Será que o senhor poderia me fornecer os nomes e endereços de milionários nas seguintes regiões [...]*

Talvez ele não seja um milionário. Professores de matemática em tempo integral não se tornam ricos. A imagem que ele transmite nessa altura é de um sujeito muito brilhante, com ambição limitada, na melhor das hipóteses, morando em um agradável bairro de classe média baixa. Com este palpite você não teria ganho prêmio algum em um show de perguntas e respostas. Analise agora o restante da história.

*Estou preso atualmente [...]. Devo ser solto no próximo mês de setembro.*

Bem, parte da resposta estava certa, o sujeito vive em uma vizinhança de alta concentração de pessoas de características semelhantes. Mas a maioria não é composta de milionários nem possui inclinação para matemática. São 100% criminosos condenados.

Esse, inclusive, foi extremamente arrogante. Pensou que, por ser brilhante em matemática, eu faria vistas grossas ao fato de ele ter sido julgado uma pessoa não íntegra por um júri. Imagine que se trate de sua criança precisando de um professor particular. Um dia chega-lhe uma carta com o endereço do remetente: Universidade do Pássaro Engaiolado. Ela contém um pedido, "por favor, contrate-me", com o currículo do candidato anexado. No item objetivo almejado pode-se ler:

*Sair da prisão e ensinar crianças ricas [...] em troca de pagamento em dólares mais casa, comida e roupa lavada numa mansão.*

A mensagem da história é simples. Existem pessoas como esse condenado, bem-dotadas intelectualmente, mas isso não significa que sejam íntegras. A aura que cerca as pessoas espertas frequentemente nos cega. Automaticamente pensamos que elas são melhores em todas as dimensões da vida. Na realidade, algumas pessoas espertas não são pessoas com integridade elevada.

## SEU CÔNJUGE

Lincoln, referindo-se aos políticos, afirmou que não se pode enganar todas as pessoas o tempo todo, mas no mundo dos negócios é difícil, para quem não tem integridade, enganar até mesmo alguns clientes durante apenas algum tempo. Lincoln também disse, citando o Evangelho de São Marcos (3:25), que uma casa dividida não pode subsistir, referindo-se diretamente à relação entre casais. Observe que um dos fatores de sucesso mais intimamente relacionados com a integridade é:

Contar com o apoio do cônjuge.

Aproximadamente metade (49%) dos milionários entrevistados indicou que esse elemento foi muito importante para a obtenção do respectivo sucesso econômico. Muitos entrevistados acreditam que:

A integridade começa em casa.

Você não pode esperar que seu cônjuge lhe dê apoio se você mente ou engana. Seu cônjuge e seus filhos têm inúmeras oportunidades de observar seu pensamento. Não basta dizer que você é honesto ou que vai à igreja toda semana. Você deve ser um modelo de integridade para seu cônjuge, seus filhos e para todos os outros. Se for assim, seu cônjuge provavelmente irá lhe apoiar durante os bons e os maus momentos, durante os anos de fartura e de escassez.

No Capítulo 4 será apresentada uma discussão mais detalhada do papel dos maridos na família rica, com "A Relação entre a Coragem e a Riqueza". Também consta desse capítulo um perfil dos milionários que possuem forte fé religiosa. Para muitos milionários a fé religiosa encontra-se intimamente relacionada com a integridade, como mostra a Tabela 2-4. A escolha que o milionário faz da sua (seu) companheira (o) está detalhada no Capítulo 6. É importante notar que "ter o apoio do cônjuge" tem forte correlação com a maioria dos fatores subjacentes à população milionária.

## Inteligência Criativa

E se você não for um gênio analítico? Seus orientadores na escola sempre lembravam que seu rendimento escolar era médio ou um pouco superior. Sua pontuação no SAT indica ser pouco provável seu ingresso em uma faculdade competitiva e suas notas 8 mostram compatibilidade com a pontuação no SAT. Embora não seja intelectualmente superdotado, você tem uma outra qualidade.

Tem esperteza suficiente para saber que seria má ideia competir na mesma área vocacional com os geninhos da escola, portanto a hipótese de trabalhar como advogado ou médico fica eliminada. Parte então em busca de uma oportunidade de negócio de lucros significativos e poucos concorrentes. Acaba achando a oportunidade de negócios ideal e, em última instância, percebe intuitivamente qual sua inclinação intelectual. Você descobre que possui elevada inteligência criativa.

Pessoas com elevada inteligência criativa e que se dedicam ao próprio desenvolvimento estão entre as mais bem-sucedidas dos Estados Unidos. E qual a importância de não estarem bem classificadas na escala da inteligência analítica? Normalmente, não são encorajadas a participar de um programa rigoroso de pós-graduação escolar, ou de uma escola profissionalizante competitiva, mas, com frequência, são as grandes vencedoras do campo econômico. Como isso é possível?

Milionários com alta inteligência criativa muitas vezes acertam sobre uma importante decisão de carreira ao selecionarem uma atividade profissional que lhes proporciona enormes lucros e, muito frequentemente, essa mesma atividade profissional é o que realmente amam. Lembre-se, gostando-se do que se faz, a produtividade é maior e a forma específica de gênio criativo poderá emergir. O professor Robert J. Sternberg, uma das maiores autoridades dos Estados Unidos em inteligência humana, observa que pessoas criativas tendem a amar a atividade profissional escolhida, sendo esta uma das principais razões do sucesso que conseguem na vida. A inteligência criativa é um dos componentes principais da definição de Sternberg para inteligência bem-sucedida (veja Robert J. Sternberg, *Successful Intelligence*. Nova York: Simon & Schuster, 1996, p. 251-252).

Mesmo as pessoas analiticamente inteligentes, com frequência, escolhem atividades profissionais em que há muita concorrência e acabam descobrindo que não amam suas carreiras. Ainda que fossem gênios, fica difícil vencer uma batalha econômica competitiva se coração e emoções não estiverem completamente dedicados à vitória. Veja o que Mo Siegel, fundador e dirigente de Celestial Seasonings, disse recentemente a um repórter sobre ser bem-sucedido:

> *A menos que seu QI seja quase perfeito [...] estar apaixonado pelo seu produto ajuda muito [...] Quero que todos na companhia estejam apaixonados (Josephine Lee, "You Are What You Sell",* Forbes, *22 de fevereiro de 1999, p. 22).*

Os resultados mostrados na Tabela 2-5 indicam que cerca da metade (46%) dos milionários declarou que "amar suas carreiras ou negócios" era um importante

Tabela 2-5 Fatores de Sucesso dos Milionários

CAPACIDADE INTELECTUAL SUPERIOR *VERSUS* INTELIGÊNCIA CRIATIVA (N=733)

| | Proprietários de negócio/ empresário 32% | Alto executivo de companhias 16% | Advogado 10% | Médico 9% | Outros 33% | Todos | |
|---|---|---|---|---|---|---|---|
| | | | | | | 100% | Ranking[1] |
| ORIENTAÇÃO INTELECTUAL | | | | | | | |
| Possuir um alto QI/um intelecto superior | 16 (45) | 18 (49) | 34 (49) | 24 (50) | 20 (47) | 20 (47) | 21 |
| INTELIGÊNCIA CRIATIVA | | | | | | | |
| Ver oportunidades onde outros não veem | 42 (43) | 34 (40) | 19 (35) | 28 (31) | 25 (40) | 32 (40) | 12 |
| Encontrar um nicho lucrativo | 35 (54) | 21 (38) | 14 (43) | 16 (49) | 17 (42) | 23 (46) | 18[2] |
| Ser especializado | 16 (42) | 9 (21) | 20 (37) | 43 (30) | 12 (37) | 17 (36) | 22 |
| Amar a carreira/o próprio negócio | 51 (37) | 45 (41) | 29 (48) | 56 (38) | 43 (41) | 46 (40) | 6 |

[1] O ranking foi computado de acordo com a porcentagem de milionários que apontaram ser o componente de sucesso muito importante na explicação do respectivo sucesso econômico.
[2] Ligada a esta posição por outro fator.

fator que havia acarretado o seu sucesso econômico. Outros 40% consideraram esse fator importante. Em conjunto, 86% dos milionários acreditam que o amor pela própria atividade profissional é significativa para explicar o status de milionários. Em contraste, "ter uma capacidade intelectual alta ou um QI superior" foi julgado muito importante por apenas um em cada cinco, ou 20% desses entrevistados ricos.

"Ver oportunidades onde outros não veem" foi também classificado como sendo um fator muito importante por mais milionários do que "ter um alto QI/uma capacidade intelectual superior". Observe que "proprietário de negócios" é o maior segmento ocupacional e mais de quatro em cinco acreditam que "ver oportunidades onde outros não veem" e "encontrar um nicho lucrativo" foram fatores importantes ou os mais importantes para o sucesso.

Tanto "ver oportunidades" quanto "encontrar um nicho lucrativo" contribuíram para o amor à carreira, porque o próprio milionário é que geralmente vê a oportunidade ou é quem encontra um nicho atraente de mercado. A escolha da carreira não lhe foi imposta por pais ou outras pessoas influentes. Existe realmente uma correlação altamente significativa entre o patrimônio líquido e a importância da classificação "encontrar um nicho lucrativo".

As pessoas criativas sabem o que fazer quando uma porta está fechada. Tentam uma outra forma de vencer. Parecem conhecer suas próprias forças tão bem como suas deficiências. Se não possuem recursos financeiros, provavelmente escolhem outra atividade profissional que necessite de menos fundos. Considere o exemplo de Hazel Bishop. Ela não podia frequentar a faculdade de medicina por razões econômicas, de modo que conseguiu um emprego de química e trabalhou para um dermatologista de renome que estudava as alergias provocadas por cosméticos.

A partir dessas e de outras experiências, ela inventou o primeiro batom à prova de beijos trabalhando na própria cozinha. Depois de algum tempo, sua marca captou 25% do mercado. Sua criatividade superou a adversidade econômica e é mais do que provável que ela nunca tivesse sido tão economicamente bem-sucedida como dermatologista. Existem muitos dermatologistas altamente qualificados, mas apenas um conseguiu inventar o batom à prova de beijos — que fica em você... não nele (Mary Tanner, "Hazel Bishop... Innovator Who Made Lipstick Kissproof", *New York Times*, 10 de dezembro de 1998, p. C24).

Meus bancos de dados estão cheios de respostas de milionários que começaram negócios muito, muito especiais. Pessoas criativas surgem com ideias especiais, e muitas vezes essas pessoas não são estimadas pelos seus orientadores e professores. Trata-se dos mesmos radicais que poderiam ter escrito nas margens dos testes de múltipla escolha "mais de uma resposta é possível", dando, a seguir, uma explicação lógica. Muitos desses estudos de caso são discutidos com mais detalhes no Capítulo 5, "Atividade Profissional".

Nossa economia está cheia de empreendedores bem-sucedidos que, muito cedo na vida, encontram coragem para pensar de forma diferente. Criatividade foi algo cultivado. Assim, quando os jovens são criticados por não se saírem tão bem nos testes padronizados como seus colegas de outros países, lembro-me da citação seguinte:

> *Quando o ministro da Educação de Cingapura vem aqui [nos Estados Unidos] [...] as pessoas lhe perguntam: "O que o senhor procura encontrar aqui? Afinal, suas crianças [...] se saíram bem em todos os testes internacionais [testes padronizados de aptidão] [...]" E ele então respondeu: [...] "tudo que nossas crianças sabem fazer são testes" (Ethan Bronner, "Freedom in Math Class May Outweigh Tests",* New York Times, *2 de março de 1999, p. A1, A4).*

Aparentemente, o ministro da Educação de Cingapura compreendeu algo que nossos educadores não perceberam. A criatividade, a descoberta e a explicação de oportunidades especiais têm muito a ver com nossa posição econômica no mundo de hoje. Como sociedade, precisamos cultivar ainda mais a criatividade entre os jovens.

É uma infelicidade que tantos educadores concentrem a atenção apenas na porção do cérebro responsável pela capacidade analítica. E se continuassem dizendo às crianças sem inclinação analítica que criatividade não interessa à nossa economia? Estaríamos em grandes dificuldades. Dizer seguidamente ao mais criativo dos estudantes "suas pontuações nos testes foram inferiores, logo você é inferior" resultaria certamente em mais uma desistência prejudicial à nossa economia. Em vez disso, deve-se dizer aos jovens que existem muitas maneiras de vencer. Deve-se dizer que a criatividade, o bom-senso, as habilidades sociais e a integridade contam bastante no campo econômico. Se passarmos essa mensagem teremos mais pessoas se transformando em cidadãos produtivos.

Testes têm lugar na sociedade, mas deveriam existir mais testes para descobrir os interesses íntimos dos jovens. Deve-se dizer ao jovem: "Se quiser ser bem-sucedido, escolha a atividade profissional que você ama". É surpreendente como as pessoas se dão bem na vida quando a dedicação e as emoções positivas são amparadas pela atividade que exercem.

Infelizmente, a maioria das pessoas que encontram a atividade profissional que amam nunca chega a ela por meio de testes ou pelo meio acadêmico. É especialmente importante notar que apenas 14% dos milionários estudados indicaram "encontrar a atividade profissional ideal por meio de testes padronizados de aptidão". Menos ainda (6%) a encontraram por meio das sugestões recebidas do escritório de empregos da faculdade.

## CORAÇÃO DE ATLETA

Será que o desejo, a seleção cuidadosa e a nítida inclinação por uma atividade profissional são suficientes para compensar a falta de alta capacidade intelectual? Há alguns anos, um dos meus orientandos do curso de graduação queria fazer pós-graduação e conseguir um MBA. Ele passou os primeiros dois anos de faculdade tirando nota 7, mais tarde como terceiranista e quartanista tirou notas 8. Prestou o GMAT (*Graduate Management Aptitude Test* — exame de admissão em pós-graduação em administração de empresas), um pré-requisito para admissão na faculdade para a qual ele estava se candidatando. Só de olhar para seu rosto na manhã que ele me consultou pude concluir que se sentia insatisfeito com o desempenho no teste.

A escola de pós-graduação em administração em que ele estava interessado não era nenhuma potência acadêmica, exigia apenas 450 no GMAT como nota de corte. Mas a pontuação do meu orientando estava "em torno dos 300 pontos". Ele achou que uma entrevista pessoal com algumas pessoas-chave na escola de negócios poderia compensar sua baixa pontuação no GMAT, embora lhe tenham dito: "Você não foi talhado para fazer pós-graduação".

O que se diz a um jovem estudante que acaba de ver desmoronar seu sonho de fazer pós-graduação? Eu lhe disse que existiam muitos programas de MBA. Nessa época existiam alguns programas noturnos e de tempo parcial realmente interessados em formar uma base de estudantes, alguns desses programas nem mesmo exigiam o GMAT.

Meu jovem orientando recuperou-se logo do choque de ter sido rotulado como "inadequado para pós-graduação", o que não me surpreendeu. Tratava-se de um atleta talentoso e demonstrou ter muita disciplina e determinação nos esportes. Ele lançou mão dessas mesmas qualidades para encontrar uma escola que o aceitasse e foi bem-sucedido.

Enquanto permaneceu no programa estudava dia e noite. Logo no início dos estudos, um dos professores tornou-se seu orientador. O professor ficou tão impressionado com seus hábitos de estudo e criatividade que o contratou como assistente de pesquisas. Ele se mostrou de grande valia ao professor e terminou bem o curso.

O professor, que tinha uma excelente reputação como pesquisador e já havia publicado muitos artigos, encorajou seu assistente a obter o doutorado em administração. O professor escreveu a vários de seus muitos contatos uma série de programas de doutorado endossando o pedido de seu assistente de pesquisas para que este fosse admitido nos programas. Deixou claro que o solicitante "nunca tiraria grandes notas no GMAT, mas que trabalharia com afinco para ser um trunfo valioso para quem quer que precisasse de suas pesquisas".

O estudante acabou sendo aceito no programa de qualificação para o doutorado e trabalhou com um professor de destaque. Durante esse tempo ele começou a escrever e até hoje ainda publica artigos em jornais importantes. Observe que as equipes de revisão editorial desses jornais nunca pediram ao autor sua pontuação GMAT. Não se importaram com o fato de ele haver se formado com mais de 25 anos de idade. Estavam procurando "ideias pungentes, novas, descobertas de impacto".

Tenho acompanhado as conquistas desse jovem ao longo dos anos. Como se explica que hoje ele tenha uma cadeira de professor assistente? Qual o rumo de tantos candidatos a doutorado que se formaram na mesma época que ele? Muitos tiveram altas notas nos testes GMAT e GRE. Mas poucos, bem poucos, conseguiram chegar onde o referido orientando chegou.

Fiquei especialmente interessado na rejeição que ele sofreu nos primeiros anos de faculdade. Disseram-lhe, na sua primeira faculdade, que ele não tinha qualidades para fazer pós-graduação. E apesar disso, há vários anos, seu nome vem sendo mais divulgado do que o de qualquer membro daquela faculdade.

## A PROVA DOS NOVES DA SOCIEDADE DE TESTES

Qual a relação entre inteligência, medida pelos assim chamados testes de inteligência e demais testes afins, e sucesso na vida? Em um artigo canônico publicado há mais de um quarto de século, o professor David C. McClelland da Harvard desafiou a validade dos testes de inteligência padronizados e dos testes de aptidão correlatos (veja David C. McClelland, "Testing for Competence Rather than for 'Intelligence'", *American Psychologist*, janeiro de 1973, p. 1-4).

A palavra *validade* tem muitas definições, mas a prova dos noves de uma medida é a precisão da avaliação que ela é capaz de propiciar com relação a um determinado comportamento definido previamente. De acordo com McClelland, as medidas tradicionais de inteligência não explicam uma parte substancial da variação da conquista do sucesso na vida. Ele sustenta, entretanto, que os testes de inteligência e os testes de aptidão afins têm alta correlação com as notas obtidas no ensino médio e superior. A razão para isso é que os testes estão repletos de determinados tipos de questões, resolução de problemas, elaboração de analogias e de compreensão de textos que são do mesmo tipo dos tópicos, tarefas e questões propostos durante os cursos e os exames.

Neste ponto reside a lógica, ou a falta dela, que defensores de testes de inteligência e aptidão propõem-nos. Os testes preveem o desempenho escolar, e o desempenho escolar prevê o sucesso na vida. Sinto muito, defensores de testes de inteligência! Muitas pessoas envolvidas na pesquisa desse assunto concordarão que os resultados dos testes de inteligência e as notas obtidas na escola têm correlação significativa entre si. Meus próprios levantamentos de pessoas ricas confirmam isso. Mas os testes preveem alguma coisa a mais do que o desempenho no ambiente acadêmico?

> *E quanto às notas? Qual a validade das notas como fatores de previsão? Os pesquisadores têm tido grande dificuldade de demonstrar que as notas escolares se relacionam a outros tipos de comportamento relevantes — diferentes da função de serem mediçõe nos testes de aptidão (McClelland, p. 1).*

Mas o mito popular continua. E isso porque parece tão lógico! Espera-se que estudantes nota 10 sejam bem-sucedidos. Os estudantes com notas médias altas, por definição, devem "ter um desempenho acima da média" na vida. Aqueles com notas baixas devem ter um desempenho não tão bom quanto o de seus colegas que fazem parte da lista dos homenageados.

O mundo seria maravilhoso se pudéssemos prever sucessos e fracassos a partir de notas e históricos escolares. Se esse fosse o caso, seria possível afirmar com grande convicção acerca do filho ou filha que acaba de se formar com nota 10: "Buffy, Skippy, vocês terão excelente desempenho pelo resto de suas vidas, os próximos 55 anos". Mas o que dizer ao outro filho ou filha que mal conseguiu notas mínimas para se formar? Teria que se afirmar: "Vocês vão passar 55 anos quase conseguindo".

A vida é uma maratona. O desempenho bem-sucedido nessa corrida envolve muito mais do que média de notas. Percalços ocorrem frequentemente. Testes padronizados não substituem a participação real na corrida, caso contrário o governo poderia apenas redistribuir a riqueza da nação todos os anos dentre os de altos QIs. Se eles vão acabar ficando com a maior parte da riqueza, por que não acelerar o processo?

E que tal dar uma oportunidade aos jovens? Deixemos que eles participem do jogo da vida. Não se deve falar logo no início:

> *O jogo está acabado. Você perdeu. Você nunca poderá vencer. Você não vencerá com essas notas, essa pontuação no SAT.*

O público em geral e muitos psicólogos e funcionários de faculdades simplesmente têm sido incapazes de aceitar o fato de que altas pontuações nos testes preveem apenas o desempenho na escola, e não o sucesso referente a outros comportamentos e resultados (veja McCelland, p.2). Por que nossa sociedade preocupa-se tanto com testes de inteligência? Colocamos grande ênfase em realizações e queremos saber antecipadamente quem dará certo amanhã no mundo real. Queremos dar prêmios aos ganhadores, mesmo antes de eles ganharem. Somos, *a priori*, uma sociedade conjetural.

A despeito disso, alguns estudantes nunca permitem que tais previsões academicamente orientadas os influenciem. Uma porcentagem desproporcionalmente grande de multimilionários enquadra-se nessa categoria. Aqueles que tiveram ótimo desempenho tanto na escola quanto nos assim chamados testes de inteligência nunca assumem, por um momento sequer, que o sucesso tenha sido predeterminado. E os multimilionários que não obtiveram notas altas, nem na escola, nem em testes de aptidão? Nunca permitiram que a marca acadêmica "fora do padrão" ditasse seus respectivos desempenhos na vida. Reconheceram que a criatividade, o trabalho árduo, a disciplina e determinadas inclinações sociais — incluída aí a habilidade de liderança — eram mais significativas do que as notas e os resultados dos testes de aptidão. Essas são as pessoas que embaralham a percepção de seus professores e de outros defensores dos testes de inteligência e aptidão.

> *Parece bastante óbvio a educadores que aqueles que têm ótimo desempenho escolar devem continuar sendo bem-sucedidos na vida a ponto de esses educadores terem desprezado sistematicamente a evidência contrária que vem acontecendo de fato há alguns anos. (McClelland, p. 2).*

Isso não deve afetar a importância da educação na explicação do sucesso econômico. De acordo com McClelland, o grau universitário representa uma credencial que abre portas a cargos mais bem remunerados. Entretanto, ele descobriu que estudantes com notas mais baixas na faculdade poderiam igualmente se dar tão bem economicamente na vida como os estudantes que tiveram as maiores notas. Os resultados da minha pesquisa sobre milionários são bastante congruentes com os do professor McClelland. As notas recebidas na faculdade não explicam uma parte estatisticamente significativa da variação na riqueza, na receita ou nos resultados dos testes SAT.

A única exceção perceptível corresponde às pessoas que responderam que cursaram as faculdades de medicina ou de direito. Elas foram obrigadas a tirar notas altas na faculdade e nos testes de aptidão para serem admitidas nessas escolas profissionais. Entretanto, a maioria delas não pertence à categoria dos decamilionários hoje. Normalmente, elas se enquadram na faixa da receita anual de US$ 1 a 5 milhões. Quem são então os decamilionários dos Estados Unidos? São os empresários bem-sucedidos. A maioria dessas pessoas não é constituída por alunos nota 10 nem foram alvo de previsões de que se tornariam bem-sucedidos economicamente com base na pontuação obtida em testes.

Outro problema relacionado com o fato de obterem uma pontuação elevada no SAT e em outros testes padronizados é que as pessoas permitem, algumas vezes, que seus desempenhos sejam ditados pela suas escolhas no estudo e, por fim, pela escolha que fazem de suas atividades profissionais. Por exemplo, considere a Doutora R.A., um gênio em matemática. Ela obteve uma pontuação elevada na seção de matemática do SAT; saiu-se tão bem que atraiu atenções de universidades de primeira linha que expressaram grande interesse em tê-la como aluna. Ofereceram-lhe várias bolsas de estudo com a condição de que cursasse ciência da computação, engenharia ou matemática.

Mas a Doutora R.A. tinha mais do que apenas uma pontuação elevada no SAT e inteligência analítica. Era muito criativa, dotada de bom senso, uma pessoa comunicativa, muito sociável e tinha muitos amigos. De modo que, tendo obtido a mais alta nota possível no teste classificatório de cálculo avançado, será que a matemática e a engenharia consistem nas suas únicas opções? A Doutora R.A. queria estudar pessoas e viver cercada por elas. Os números deixavam-na entediada, salvo se estivessem relacionados ao comportamento humano. Sendo assim, a doutora R.A. formou-se em psicologia. Seu principal interesse é a área de avaliação psicológica; ela ama o programa que criou e também a própria carreira.

A doutora R.A. não teria sido feliz se tivesse dado ouvidos ao seu orientador vocacional que a aconselhou a graduar-se em matemática, ciências ou engenharia.

O orientador prestou atenção apenas às notas em matemática e não ponderou outros fatores.

Os dados mostram, de forma clara, uma grande correlação negativa entre a satisfação no trabalho e os conselhos incisivos sobre escolha da carreira vindos de pais e orientadores quando se baseiam nos testes de aptidão. Siga o exemplo da Doutora R.A. Deve-se ter força e decisão para lutar pelo que você quer e precisa. Não permita que outros lhe digam o que (supostamente) lhe trará felicidade.

Se seu nível de inteligência for alto de acordo com testes de QI, sua capacidade ou potencial são grandes. Mas, se não forem usados de modo a lhe satisfazer psicologicamente, não é provável que lhe traga sucesso. O sucesso completo normalmente requer que você goste da sua atividade profissional. O professor Sternberg define melhor:

> *[...] Apesar disso, os testes de inteligência ainda não explicam diferenças individuais de variações na faixa de 75% a 96% referentes a critérios práticos como desempenho no trabalho (Robert J. Sternberg et al, "Testing Common Sense",* American Psychologist, *novembro de 1995, p. 923).*

Quanto ao sucesso econômico, a lógica é simples. Se você tiver bom desempenho na atividade profissional escolhida, provavelmente terá um rendimento mais elevado do que o de outros, especialmente no caso do trabalho por conta própria. Se você tiver um rendimento mais elevado, há uma probabilidade maior de que você acumule riquezas. Isso é especialmente verdadeiro se você tiver o bom-senso de poupar e de investir mais do que gasta.

## Investimento: Público ou Privado

Existe muita discussão acerca do sucesso que muitos investidores têm tido recentemente no mercado de ações. Será que é o mercado de ações o produtor da maior parte dos milionários de primeira geração nos Estados Unidos? Se você ler os últimos jornais e revistas da área econômica, provavelmente dirá que sim. Mas tenho um ponto de vista diferente sobre a formação da riqueza, com base em dados que venho colhendo sobre milionários durante mais de 25 anos.

Examine os dados apresentados na Tabela 2-6. Somente cerca de oito milionários (12%) indicaram que o "investimento em ações ordinárias de empresas públicas" foi um fator muito importante na obtenção do respectivo sucesso econô-

Tabela 2-6 Fatores do sucesso dos milionários: investimento no mercado de ações *versus* investir no próprio negócio (N=733)

PORCENTAGEM DE MILIONÁRIOS INDICANDO O FATOR MUITO IMPORTANTE OU APENAS IMPORTANTE, POR CATEGORIA OCUPACIONAL

| | Proprietários de negócio/ empresário 32% | Executivo sênior de companhias 16% | Advogado 10% | Médico 9% | Outros 33% | Todos 100% | Todos Ranking[1] |
|---|---|---|---|---|---|---|---|
| INVESTIMENTO NO MERCADO DE AÇÕES | | | | | | | |
| Investimento em ações ordinárias de empresas públicas | 12(28) | 10(36) | 11(32) | 13(26) | 14(30) | 12(30) | 27[2] |
| Contar com excelentes consultores de investimento | 13(29) | 8(32) | 6(22) | 20(33) | 11(27) | 11(28) | 29 |
| INVESTIR NO PRÓPRIO NEGÓCIO | | | | | | | |
| Fazer bons investimentos | 41(42) | 27(41) | 23(43) | 33(48) | 35(39) | 35(41) | 10[2] |
| Investir no próprio negócio | 50(37) | 12(20) | 15(21) | 24(38) | 14(23) | 26(28) | 17 |
| Ser o próprio patrão | 45(40) | 12(31) | 19(40) | 46(39) | 21(34) | 29(36) | 13[2] |
| Desejar assumir riscos financeiros se houver retorno adequado | 42(49) | 27(43) | 15(36) | 21(48) | 22(45) | 29(45) | 13[2] |
| Viver abaixo de suas posses | 14(30) | 9(23) | 13(27) | 16(36) | 15(30) | 14(29) | 24[2] |

[1] O ranking foi computado de acordo com a porcentagem de milionários que apontaram ser o componente de sucesso muito importante na explicação do respectivo sucesso econômico.
[2] Ligada a esta posição por outro fator.

mico. Três em dez (30%) classificaram esse fator como importante. Será que isso significa que a maioria dos milionários não investe em ações? Em absoluto, apenas tendem a ser mais realistas acerca do mercado de ações do que muitos outros investidores. Parecem ver este mais como uma alternativa de investimento.

Um número significativamente alto de milionários (35%) julgou "fazer bons investimentos" como um fator muito importante na obtenção do respectivo sucesso econômico, para contrabalançar os 12% que classificaram da mesma forma "investir em ações de empresas públicas".

---

Os milionários fazem bons investimentos. Mas nem todos os bons investimentos estão no mercado de ações.

---

A maioria dos milionários lhe dirá que investir no mercado de ações não é a única alternativa disponível. Uma porcentagem significativamente grande julga ser muito importante "investir no próprio negócio" (26%), "ser o próprio patrão" (29%) e "desejar assumir riscos financeiros se o retorno for adequado" (29%). Como seria de esperar, a maioria dos proprietários de negócios e empresários são especialmente sensíveis à importância de investir em seus respectivos negócios. Oitenta e sete por cento desses empresários julgaram "investir no próprio negócio" como muito importante (50%) ou importante (37%). Em marcante contraste, somente 12% desses proprietários de negócios julgaram "investir em ações ordinárias de empresas públicas" muito importante e 28% importante.

Por que existe essa "paixão" pelo investimento no próprio negócio e dá-se tão pouco crédito ao investimento no mercado de ações? O entrevistado típico deste levantamento tinha uma renda anual acima de US$ 600 mil. Quase toda essa receita é proveniente da respectiva ocupação principal, eram donos do próprio negócio, executivos de empresas, advogados, médicos e assim por diante. Muitas vezes cito um milionário que entrevistei há alguns anos, que resumiu tudo dizendo:

> *Minha fonte (de riqueza) [...] meu negócio [...] nenhum homem (economicamente) bem-sucedido joga. Eu não jogo [...] Trabalhei muito duro para ter o que tenho. Uma vez que você tenha conseguido isso, não deve desperdiçar tudo.*

Este camarada não investe em ofertas de alto risco e é realista acerca dos riscos quanto a investir em empresas de outras pessoas. A maioria dos milionários investe em ações de primeira linha, mas não pretende fazer fortuna com esse procedimento. Não acredita que as altas de mercado, depois do desconto de comissões, taxas e quedas, possam superar os lucros obtidos com os negócios próprios, ou por participações societárias em um escritório de advocacia ou um consultório médico produtivos. Observe que faz parte do "investir no próprio negócio" a estratégia de "viver abaixo de suas posses". Os investidores que se autodenominam competentes, os que assumem riscos e os que investem em seus próprios negócios têm isso em comum: provavelmente irão "viver abaixo de suas posses".

Ainda que a sobriedade e o "viver abaixo das posses" não sejam um fator crucial na explicação do sucesso econômico de toda a população no meu levantamento, os investidores mais entusiasmados, os que assumem riscos financeiros, têm vida relativamente mais moderada do que os outros milionários do levantamento. Eles sabem que podem investir mais e gastar menos em itens de consumo sendo moderados.

## PREVISÕES E SEMEADURA: NEGÓCIOS PÚBLICOS *VERSUS* PRIVADOS

Os milionários que venceram na vida pelo próprio esforço têm uma astúcia de campo para farejar dinheiro e oportunidades econômicas. Se eles pressentissem que as previsões de mercado estavam se mantendo precisas e coerentes ao longo do tempo, muitos venderiam seus negócios, embolsariam o valor de suas quotas em seus escritórios de advocacia e aplicariam no mercado financeiro. Isso só não acontece porque muitos milionários compreendem o que o mercado de ações é e o que ele não é: não é alguma coisa que um investidor comum possa controlar ou influenciar. Mas a maioria desses milionários tem bastante controle e influência sobre seus negócios privados, seus consultórios médicos, seus escritórios de advocacia, e a maioria possui um conjunto de ativos bem diversificado. Raramente colocam todos os ovos em uma única cesta.

O mercado de ações é um dos muitos depositários em que os milionários investem alguns de seus dólares. Mas de onde se originam esses dólares? Alguns fanáticos pelo mercado de ações poderiam responder que o dinheiro foi ganho no próprio mercado e reinvestido lá mesmo. Observando-se os milhares de anúncios patrocinados por companhias de investimento e fundos mútuos, certamente é essa a impressão que fica. Raramente ou nunca se discute a fonte fundamental da riqueza. Falam acerca do excelente retorno que os investidores em ações e fundos mútuos de ações podem receber ao longo dos anos, mas raramente dizem de onde vem a riqueza.

O que eles estão omitindo? Uma questão simples: você não pode investir no mercado de ações sem antes ganhar dinheiro suficiente com sua principal atividade profissional para gastar além das necessidades básicas de alimentação, vestuário e moradia. Quase todos os milionários afirmam que a semente da própria riqueza é a atividade que exercem. Muito poucos investidores profissionais em ações ganharam dinheiro de outra forma. Mas e quanto àqueles que têm mais do que poucos milhões de dólares? Será que os decamilionários dão mais valor aos seus investimentos em ações ordinárias do que aqueles donos de menor riqueza? Na realidade, não. Realmente, um em cada três milionários apontou que o "investimento em ações de empresas públicas" não consistia um fator importante na explicação de seu sucesso econômico. Somente um em cada cinco milionários, na faixa de US$ 2 a 5 milhões, teve a mesma sensação. Em média, os decamilionários investiram mais riqueza em ações privadas ou restritas do que em ações negociadas em público. O contrário ocorreu com os milionários de patrimônio menor que US$ 10 milhões (veja Tabela 2-7).

De uma maneira semelhante, os decamilionários estão menos propensos a atribuir a consultores de investimentos o mérito pelo seu sucesso econômico. Observe que o termo "consultores econômicos" nesse contexto refere-se àqueles que vendem e dão conselhos sobre ações de negociação pública. Isso é especialmente verdadeiro para milionários que se fazem por si mesmos. E os que herdaram riquezas? Os milionários que receberam pelo menos 10% de suas riquezas através de heranças ou doações têm um ponto de vista diferente.

Cerca de metade do grupo daqueles de "riqueza herdada" explica a própria riqueza pelos investimentos em empresas públicas. Mas será que seriam capazes de investir se não tivessem nenhum dinheiro proveniente de heranças? Por outro lado, milionários que se fazem por si mesmos gostam especialmente de investimentos privados. Eles sabem que nem todos os grandes executivos administram grandes empresas públicas, existem muitos gerentes bastante talentosos no segmento dos negócios privados. Os advogados frequentemente recebem ofertas para trabalhar administrando ativos em empresas privadas com salários integrais ou parciais para representar essas organizações. Também notam-se diretores de pequenas empresas de contabilidade sendo convidados pelo próprio cliente para formar sociedades limitadas.

## SEU PRÓPRIO NEGÓCIO

Se fôssemos capazes de ganhar muitos milhões de dólares por ano no próprio negócio, como deveríamos empregar nosso tempo e energia? Como a maioria dos milionários faz, é possível que concentrássemos nossos recursos onde houvesse maior retorno, ou seja, no próprio negócio. Mas qual seria nossa inclinação com relação ao mercado de ações quanto a investir em títulos de empresas públicas?

Tabela 2-7 Investimentos de milionários

AÇÕES NEGOCIADAS EM PÚBLICO *VERSUS* OUTROS ATIVOS FINANCEIROS[1]

| | Categoria de patrimônio líquido (US$ milhões) | | |
|---|---|---|---|
| Patrimônio líquido (média): | Entre US$ 1 e US$ 2<br>US$ 1,471 | Entre US$ 5 e US$ 10<br>US$ 6,809 | US$ 10 e acima<br>US$ 27,917 |
| ATIVOS FINANCEIROS SELECIONADOS COMO PORCENTAGEM DO PATRIMÔNIO LÍQUIDO: | | | |
| Ações negociadas em público | 16,8 | 23,6 | 26,4 |
| Ações privadas / restritas | 8,5 | 15,8 | 28,3 |
| Títulos / isenção de tributos | 8,8 | 12,4 | 12,4 |
| Dinheiro vivo / equivalentes | 7,5 | 4,1 | 2,3 |
| Empréstimos / títulos a receber | 3,2 | 3,8 | 3,1 |
| Valor líquido em negócios não corporativos | 2,7 | 3,8 | 6,1 |
| Parcerias | 1,1 | 3,1 | 4,1 |
| Imóveis comerciais e investimentos imobiliários geradores de receitas | 18,1 | 15,1 | 11,0 |
| Total | 66,7 | 82,3 | 93,7 |
| Total menos ações de negociação pública | 49,9 | 58,7 | 67,3 |
| Ações publicamente negociadas como % da lista de bens financeiros | 25,2 | 28,7 | 28,2 |

[1] Fonte: Estimativas com base no banco de dados do Indicador de Riscos do Mercado (MRI) e do imposto de renda (IRS) de 1995.

[2] Os ativos não incluídos foram: valores líquidos de residência(s), ações corporativas, ações no exterior, valor líquido de seguros de vida, títulos de poupança, valores líquidos de veículos, obras de arte e objetos pessoais.

Consideremos o caso de um advogado muito bem-sucedido ganhando milhões de dólares por ano. Digamos que se trate de um trabalho que exija muito, algo em torno de 60 a 84 horas semanais de dedicação normalmente. Mas você não tem como fazer uma estimativa global dos serviços, porque cada caso e cliente diferem um do outro. Então, mesmo que você tenha tido uma receita de US$ 3 milhões no ano anterior, a menos que trabalhe muito duro, você não terá uma receita da mesma ordem no ano seguinte.

Se você não conseguir fazer uma estimativa global de seus serviços, utilize outro enfoque e invista seus ganhos. Digamos que alguns dólares sejam colocados em ações e que haja a esperança de que o valor corrente dos ganhos investidos consiga, no mínimo, equilibrar-se com a inflação. Se obtiver ainda um lucro decente, tanto melhor. Se a carteira de ações que você conseguiu formar andou pelos 30% de ganhos passados alguns anos, pode-se até mesmo pensar em desistir de uma bem-sucedida carreira de advogado, trocando-a pela de um especialista em investimentos em tempo integral.

Há muitos motivos pelos quais você nunca seguiria esse curso de ação. No íntimo você sabe que ser um investidor em tempo integral não é um negócio real. Um negócio real tem clientes ou fregueses. Sentar-se em uma cadeira diante do monitor de um computador nunca será uma atividade capaz de gerar centenas de clientes leais. Em termos de mercado de trabalho, provavelmente nunca aumentaria a atratividade do indivíduo. Você sabe também que algumas das maiores empresas públicas cometem os maiores enganos estratégicos. Sobre isso não há dúvida, basta lembrar das muitas ações judiciais bem-sucedidas que custaram milhões às empresas responsáveis por tais enganos. Se você cometer enganos como esses, vai à falência. Você sabe que o seu próprio negócio é muito mais produtivo do que o da maioria das grandes empresas. O volume de vendas e a rentabilidade por empregado na sua empresa são apenas duas medidas dessa produtividade mais alta. Além disso, você deve compreender que os altos lucros obtidos recentemente no mercado de ações são apenas fabricações do crescimento inflacionado do mercado. Então, a oferta de se trocar a prática da advocacia para se tornar um operador do mercado financeiro deve ser recusada.

---

Nunca tente fazer o trabalho do outro.

---

Você controla seu próprio destino quando você é dono do próprio negócio, ou um alto executivo ou mesmo um profissional independente como um médico ou um advogado. Um dos milionários fez o seguinte resumo:

*Sentimos ter poder e controle. Sabemos o que vamos fazer. Tomamos decisões [...] é a sensação do poder. Sente-se como rei com razão.*
*Tenho uma pequena empresa [...] enquanto faço a barba no banheiro participo de uma reunião de diretoria.*
*Quem não concordar comigo pode se demitir [...] é muito simples [...] e bastante democrático.*

## A PROVA DOS NOVES DOS GURUS DE INVESTIMENTO

Considere que apenas 11% dos milionários indicaram que possuir "excelentes consultores econômicos" é um fator muito importante para explicar o próprio sucesso econômico. Em contraste evidente, 35% dos milionários acreditam que "fazer bons investimentos" é um fator muito importante. Esse é um número três vezes superior ao daqueles que atribuem aos consultores o fato de terem feito fortuna. Por que um reconhecimento tão pequeno para os "consultores do mercado de ações"? Ainda que a maioria dos milionários possua conta em pelo menos uma corretora, muitos tomam suas próprias decisões de investimentos.

Os milionários ignoram ou, pelo menos, "dão o devido desconto" a muitas sugestões dadas pelos corretores Do modo como veem, os corretores são peritos em vender e, se passam tanto tempo vendendo, falta-lhes tempo para estudarem oportunidades de investimentos. Como um entrevistado me disse uma vez, "se os corretores pudessem prever o futuro eles nunca continuariam sendo corretores". Eles não conseguem (prever), fazem venda de dinheiro.

Mas, aqui, mais do que apenas a opinião dos milionários deve ser levada em conta. A prova dos noves é a seguinte: considerando-se os mesmos níveis de receita para a mesma faixa etária, quem acumula mais riqueza? Você diria "corretores"? Afinal de contas eles são conhecidos como peritos em investimentos.

Em recente levantamento nos Estados Unidos abrangendo pessoas ricas, 121 corretores responderam os questionários. Esses entrevistados relataram receitas anuais desde seis cifras até quantias bastante superiores a US$ 1 milhão. Como se comparam esses resultados com os resultados dos donos do próprio negócio, empresários, altos executivos de companhias, advogados e médicos de renda semelhante? Na minha comparação levei em conta tanto a receita como a idade.

Em média, os participantes mais idosos acumularam maior riqueza, sendo assim a idade correlacionada com a fortuna. A receita também mostra uma correlação significativa com o patrimônio líquido. Por este conjunto específico de dados, a equação usada para determinar o patrimônio líquido esperado relativo a cada respondente foi: patrimônio líquido esperado = idade × 0,112 × receita. Em outras palavras, o Sr. Edison, dono do próprio negócio, com 50 anos, e com uma renda líquida familiar anual total de US$ 340 mil, teria um patrimônio líquido de US$ 1,904 milhão. Já o Sr. Smythe, com 45 anos e renda de US$ 155 mil, teria US$ 781.200 de patrimônio líquido.

E se o Sr. Edison realmente tivesse um patrimônio líquido pelo menos duas vezes maior o valor esperado? Ele pertenceria então à categoria já proposta de

Ricos no Balanço Patrimonial (RBP). Por outro lado, se o Sr. Smythe tivesse um patrimônio líquido igual a metade do valor esperado, ou menor do que isso, ele estaria na categoria de Ricos na Declaração de Renda. Isso significaria que o Sr. Smythe teria um nível baixo de riqueza real em face de sua idade e renda.

Os resultados na Tabela 2-8 nos contam uma história interessante. Aproximadamente quatro em cada cinco (77,7%) milionários tinham patrimônios líquidos reais que excediam os níveis esperados. Somente um em cada três corretores (34,4%) possuía patrimônio líquido que excedia os níveis esperados. Isso significa que existiam 2,3 vezes mais donos de negócios próprios com rendimentos acima do esperado do que corretores.

É ainda mais revelador comparar esses dois grupos geradores de receitas com os critérios da categoria dos Ricos no Balanço Patrimonial (RBP). Os RBs são os situados no quadrante superior dos construtores de riqueza. Isto é, são os formadores mais capazes de riqueza líquida quando se levam em conta as mesma(s) renda e faixa etária. No levantamento, os entrevistados com renda líquida igual a pelo menos duas vezes o nível esperado são denominados Ricos no Balanço Patrimonial (RBP).

Aproximadamente metade dos donos do próprio negócio (46,3%) era constituída de Ricos no Balanço Patrimonial, ao passo que apenas 13,6% dos corretores se enquadravam nesta categoria. Contrastando bastante com isso, 27% dos corretores encontravam-se na categoria dos Ricos na Declaração de Renda, ao passo que apenas cerca de 7% dos donos do próprio negócio foram assim enquadrados.

Por fim, considere a razão RB/RR para os dois grupos: existem 6,6 vezes mais donos de negócios próprios na categoria RB (quadrante superior) do que na categoria RR (quadrante inferior do patrimônio líquido). Contrariamente, existem duas vezes mais corretores na categoria RR do que na categoria RB.

Será que muitos daqueles que vendem ações e fazem investimentos agressivos não seguem suas próprias recomendações? Se seguem, era de esperar que houvesse mais corretores no grupo RB. Entretanto, os corretores constituem uma porcentagem muito alta dos que têm renda elevada e, apesar disso, baixos níveis de riqueza. Existem alguns corretores de destaque do tipo Ricos no Balanço Patrimonial que, além de saberem fazer bons investimentos, também sabem gastar bem o dinheiro ganho.

## ESTUDO DE CASO DE UM RB *VERSUS* UM RR

Os dois casos seguintes ilustram bem os ângulos da questão. Os dois entrevistados são exemplos excelentes das respectivas orientações que os caracterizam.

Tabela 2-8 Corretores *versus* outros grupos de ocupações de alta renda: quem tem renda mais alta?

| Medida econômica do desempenho | CAPACIDADE INTELECTUAL SUPERIOR *VERSUS* INTELIGÊNCIA CRIATIVA (N=733) | | | | | |
|---|---|---|---|---|---|---|
| | Corretor (N=121) | Negócio próprio (N=244) | Alto executivo de companhias (N=120) | Advogado (N=93) | Médico (N=78) | Valores esperados de todos os geradores de alta renda |
| % acima do patrimônio líquido | 34,4 | 77,7 | 80,0 | 59,1 | 56,4 | 50,0 |
| % na categoria de Ricos no Balanço Patrimonial (acumuladores de riquezas) | 13,6 | 46,3 | 43,3 | 29,0 | 21,8 | 25,0 |
| % na categoria de Ricos na Declaração de Renda (grandes receitas, baixo patrimônio líquido) | 27,0 | 7,0 | 10,8 | 22,6 | 12,8 | 25,0 |
| Razão: (% de Ricos no Balanço Patrimonial)/(% de Ricos na Declaração de Renda) | 0,5 | 6,6 | 4,0 | 1,3 | 1,7 | 1,0 |

Chamemos o pertencente à categoria RB de Sr. Ward. O outro é um corretor que gera grande receita, o Sr. Rogers.

O Sr. Ward é proprietário do seu próprio negócio e tem um patrimônio líquido na casa dos US$ 50 milhões. Ele é proprietário e administra um negócio de reciclagem muito bem-sucedido. Vive em uma casa de valor bem superior a US$ 1 milhão. A residência não tem hipoteca significativa e foi comprada há mais de 20 anos, por pouco mais de US$ 200 mil.

Como o Sr. Ward explica seu sucesso econômico? Ele atribui grande importância aos seguintes fatores: "investir no próprio negócio", "desejar assumir riscos financeiros se o retorno for adequado" e "encontrar o próprio nicho lucrativo". O Sr. Ward não considera importante "investir em títulos de empresas públicas" nem "ter excelentes consultores de investimentos". Ele pensa que investir em empresas públicas é um modo de avaliar os ganhos para reaplicação, mas não vê o mercado de ações como origem de seu sucesso econômico. Embora tenha cerca de 30% da riqueza investida no mercado de ações negociada publicamente, e a despeito da valorização de sua carteira, sente que o núcleo de sua riqueza está na empresa privada. O mercado de ações é apenas um lugar em que ele põe os lucros de sua principal área de investimento.

O Sr. Ward não aceita conselhos de corretores, nem mesmo do Sr. Rogers, que adquiriu uma casa de US$ 2 milhões próxima à dele há três anos. Contrariamente ao Sr. Ward, o Sr. Rogers possui um saldo hipotecário pendente no valor de mais de US$ 1 milhão. O Sr. Ward também possui um patrimônio líquido cinco vezes superior ao que se poderia esperar considerando idade e características de sua renda, ao passo que o do Sr. Rogers é de apenas 34% do que poderia ser esperado, também considerando os parâmetros idade e renda. E ainda assim o Sr. Rogers estava convencido de que era rico. Pelo seu modo de pensar, um fator sobressai em relação aos demais como sendo muito importante:

---

Ter habilidade para vender as minhas ideias e produtos e gostar disso.

---

Ao mesmo tempo, o Sr. Rogers não valoriza o que ele vende quando explica seu sucesso econômico. Ele alega vender conselhos tão bem quanto ações, mas observe o que ele afirma ser importante quando explica seu sucesso econômico:

---

1. Investir em ações ordinárias de empresas públicas.
2. Ter excelentes consultores financeiros.

---

Será que o Sr. Rogers acredita que a riqueza depende mais de vender do que de investir? Parece que sim.

Quem estaria mais capacitado para lhe aconselhar sobre investimentos e produtos? Você estaria mais bem servido procurando um consultor de investimentos que fosse um membro convicto da categoria RB. Eles tendem a praticar o que defendem. Não lido com consultores financeiros, médicos, advogados ou com qualquer outro profissional que se oriente pelo volume mais alto das receitas. E já tive que demitir alguns desse tipo no passado. O objetivo deles é maximizar a receita, frequentemente para pagar a alavancagem de um estilo de vida de alto consumo. Eles normalmente têm débitos substanciais. Pessoalmente acredito que muitos não podem prestar um serviço de primeira quando a falência é uma ameaça potencial.

*Na casa do Fábio há preciosas reservas e óleo, um homem imprudente, porém, os absorverá.*

*- Provérbios 21:20*

## DISCIPLINA OU SORTE?

O dicionário define disciplina como "treinamento que corrige, molda ou aperfeiçoa as faculdades mentais ou o caráter moral". Por sua vez, aquele que possui disciplina é marcado pela perfeição das faculdades mentais e do caráter moral. O caráter moral está relacionado à integridade, pois ser disciplinado em parte significa o aperfeiçoar contínuo de comportamentos produtivos e morais.

A maioria dos milionários é bem disciplinada. Eles estabelecem suas próprias metas elevadas e partem para alcançá-las. Frequentemente não têm outros lhes dizendo o que deve ser feito. Realmente, uma das características da disciplina é a habilidade de tornar-se economicamente bem-sucedido sem necessidade de instruções detalhadas. Os milionários criam seus próprios roteiros detalhados, ninguém lhes diz a que horas devem acordar ou quando devem trabalhar.

No trabalho, eles determinam suas próprias prioridades, horários e tarefas a serem realizadas. A disciplina para regular suas próprias vidas os fazem diferentes de tantos outros que não poderiam nunca sobreviver se não tivessem alguém lhes dizendo quando, como, o quê, por quê e onde fazer as coisas.

Os milionários, por definição, são acumuladores de riquezas. Este é um princípio que não é válido para muitas pessoas nos Estados Unidos, que gastam toda ou a maior parte do que recebem. Como resultado, aproximadamente três em cada dez residências nos Estados Unidos têm um patrimônio líquido negativo. A maioria dos milionários começou no marco econômico zero, praticamente 60% deles nunca receberam um único dólar de herança. Somente cerca de um em cada dez herdou mais de 10% da própria riqueza. Muitos milionários agiram do modo tradicional: venceram na vida pelo próprio esforço.

Atribuem o próprio sucesso à disciplina, nada tendo a ver com sorte ou casualidade. Observe os resultados da Tabela 2-9. Somente 12% dos milionários pesquisados apontaram "ter sorte" como fator muito importante na explicação do próprio sucesso econômico. Compare isso com o porcentual de milionários que atribuem o próprio sucesso a "ser muito disciplinado" (57% disseram ser esse fator muito importante) e a "trabalhar mais do que a maioria das pessoas" (47% citaram esse fator como muito importante). Inúmeros milionários me disseram que têm sorte de viver e trabalhar nos Estados Unidos. E é por sorte que haja chuva suficiente para que fazendeiros milionários cultivem o equivalente a milhões de dólares em seus campos. Sim, a sorte realmente possui um papel relevante, mas a maior parte do sucesso econômico é proveniente de comportamentos proativos.

Um dos meus amigos mais íntimos disse-me uma vez que tinha sorte em ter um de seus livros na lista de mais vendidos do *New York Times*. Ele comentava: "A genética explica". Eu lhe disse que ele precisaria analisar a relação entre ter sorte e fazer aquele 1,5 milhão de símbolos (as letras do alfabeto) necessários para escrever o livro com minha caneta esferográfica. Ou, conforme foi-me dito por inúmeros milionários que venceram na vida pelo próprio esforço:

---

Quanto mais eu trabalho, mais sorte tenho.

---

Uma discussão detalhada do papel da sorte no enriquecimento é feita no Capítulo 4, "Relação entre Coragem e Riqueza". Uma pessoa disciplinada visualiza um alvo elevado e imagina, então, maneiras produtivas de alcançá-lo. Pessoas disciplinadas não se desviam facilmente de seus objetivos, podem viver cercadas de bebidas alcoólicas da melhor marca e, mesmo assim, não cederem à tentação de bebê-las. Poderiam viver em uma padaria francesa e não engordarem. Ou poderiam encontrar centenas de oportunidades econômicas e selecionar uma ou duas que fossem mais apropriadas aos seus recursos e necessidades de mercado.

É bastante interessante notar como a maioria dos médicos milionários se sente a respeito da sorte. Somente 4% opinam que ter sorte foi muito importante quando explicam o próprio sucesso econômico, enquanto 73% indicam a disciplina como muito importante. A maior parte queria ser médico antes mesmo de

Tabela 2-9 Fatores do sucesso dos milionários casualidade *versus* elementos de disciplina (N=733)

PORCENTAGEM DE MILIONÁRIOS INDICANDO O FATOR MUITO IMPORTANTE OU APENAS IMPORTANTE, POR CATEGORIA OCUPACIONAL

| | Negócio próprio/ empresário 32% | Alto executivo de companhias 16% | Advogado 10% | Médico 9% | Outros 33% | Todos 100% | Todos Ranking[1] |
|---|---|---|---|---|---|---|---|
| CASUALIDADE | | | | | | | |
| Ter sorte | 17 (35) | 12 (43) | 7 (34) | 4 (35) | 11 (32) | 12 (35) | 27[2] |
| ELEMENTOS DE DISCIPLINA | | | | | | | |
| Ser bastante disciplinado | 54 (39) | 57 (37) | 65 (35) | 73 (24) | 54 (42) | 57 (38) | 1[2] |
| Ser bem organizado | 36 (48) | 32 (48) | 42 (42) | 50 (40) | 32 (54) | 36 (49) | 9 |
| Trabalhar mais do que a maioria das pessoas | 49 (40) | 42 (46) | 49 (39) | 61 (35) | 44 (43) | 47 (41) | 5 |

[1] O ranking foi computado de acordo com a porcentagem de milionários que apontaram ser o componente de sucesso muito importante na explicação do respectivo sucesso econômico.
[2] Ligada a esta posição por outro fator.

cursarem o nível médio; tinham uma meta a atingir e nunca se desviaram dela. Além disso, o que a sorte tem a ver com graduar-se em uma escola de medicina? O que a sorte tem a ver com um consultório médico bem-sucedido? Muito pouco, de acordo com esses médicos.

É difícil enfatizar demasiadamente a importância da disciplina na explicação de variações de sucesso econômico. Afirmo, entretanto, que as chances de acumular riquezas são muito pequenas se a disciplina faltar. Sim, ganhar na loteria é sempre uma possibilidade. Mas na maioria dos casos a probabilidade de contrair lepra é maior!

Uma vez, em um jantar em Sugar Bush, na cidade de Vermont, meu amigo John apresentou-me ao chefe da radiologia de um dos principais hospitais da cidade. Mais tarde ele me contou que o radiologista tinha abandonado a escola quando cursava o ensino médio! Quando quis saber como alguém com tal interrupção nos estudos tinha se tornado radiologista, contou-me o seguinte: "Ele aprendeu a ser disciplinado pela experiência que teve no Exército. Tinha apenas 17 anos quando passou a noite na cratera de uma bomba, durante a batalha de Ardenas".

Durante a noite inteira ficou imaginando que a próxima bomba a ser detonada acabaria matando-o e passou também a noite inteira se amaldiçoando por ter abandonado os estudos. Imaginou que se tivesse tido mais disciplina não estaria tão próximo da morte. E naquela noite fez uma promessa a si mesmo. "Se sair daqui vivo, vou me formar em medicina algum dia."

O efeito dessa noite de tanta proximidade com a morte foi que, a partir de então, obrigou-o a ser disciplinado. E tornou-se em um dos indivíduos mais disciplinados de todos os que completaram os estudos de medicina.

Uma pessoa com autodisciplina possui uma bússola interior, um sistema de controle e navegação próprios. Autodisciplina significa fazer mudanças de curso ou correções somente quando essas mudanças se mostram produtivas para o alcance das próprias metas.

Kenneth Tuchman, fundador da TeleTech, definiu essa forma de disciplina em uma entrevista recente:

> *Sou um finalizador em uma sociedade de iniciadores [...] Tenho esta visão constante em minha mente (Adrienne Sanders, "Succes Secrets of the Successful",* Forbes, *2 de novembro de 1998, p. 24).*

Mesmo com sorte não há garantias. Se você ganhar US$ 5 milhões na loteria aos 30 anos, será ainda um milionário aos 65? É preciso mais do que apenas sorte para conservar o equilíbrio.

Entrevistei muitas pessoas que tiveram a sorte de herdar milhões de dólares. Os que herdaram essas fortunas dizem: "Sorte não existe". No mínimo contrataram gerentes de confiança, altamente qualificados, para ajudá-los, mas também trabalharam bastante para descobrir onde investir seus dólares.

O que é a disciplina? Para um dos multimilionários de Nevada trata-se de entender que "alugar uma Mercedes não o transforma em ricaço, a meta é... continuar pensando em termos de patrimônio líquido!!!". Disciplina também significa apoiar o cônjuge nas épocas de plenitude e de escassez. Significa contar as próprias bênçãos diariamente, por ter tal cônjuge e tantos bens que lhes são afins. É homenagear o(a) companheiro(a) todos os dias, como disse um decamilionário empreiteiro de construções da Geórgia: "Minha esposa é tolerante, racional, autoconfiante, equilibrada e eu... sou-lhe grato".

É também encontrar a fonte de como tornar-se disciplinado quando se reconhece o necessário. Perguntei uma vez a um multimilionário de Nashville sobre a fonte de sua produtividade e forte ética. Ele escreveu a palavra *militar* sete vezes.

Para se tornar rico, deve-se ter disciplina no pensamento e nas ações, disciplina suficiente para buscar grandes oportunidades econômicas.

# 3

# Na Época de Escola

*Qual seria uma boa definição para os gênios que já trabalharam com você? Eles sabem cada vez mais sobre cada vez menos.*

— *John Parks, milionário e estudante de média C.*

QUANDO SE PERGUNTA A UM CIDADÃO O QUE É NECESSÁRIO para se tornar milionário, a resposta provavelmente trará alguns aspectos bem óbvios: herança, sorte, investimentos no mercado de ações e assim por diante. Logo nos primeiros lugares dessa lista aparecerão: QI alto, pontuação no SAT e notas médias anuais elevadas, além de ter estudado em colégios ou universidades de primeira linha. Pode ser difícil desarticular esse mito do nosso pensamento, mas é isso que o levantamento sobre milionários que venceram na vida por próprio esforço faz, como você verá neste capítulo. As estatísticas demonstram que uma minoria dos milionários-alvo do estudo alcançou alta pontuação em testes, ou médias altas na escola, ou frequentou escolas de renome. Esses fatores foram úteis provavelmente para uma pequena porcentagem de milionários, mas a maioria conseguiu alcançar altos níveis de produtividade sem contar com tais "ativos".

## Seriam Eles Superdotados Intelectualmente?

Não sei como a indústria publicitária descobriu que eu estava escrevendo mais um livro. O jornal do comércio, *PublishersWeekly*, noticiou:

*Stanley [...] está escrevendo seu próximo livro,* A Mente Milionária. *[...] Até o momento ele ainda não assinou um contrato de publicação do livro. [...] (Daisy Maryles, "No Shotgun Approach for This Millionaire",* Publishers Weekly, *1º de setembro de 1997).*

O artigo despertou considerável interesse. Mas uma das pessoas que telefonaram para pedir informações, o editor sênior de uma editora de destaque, fez mais do que expressar interesse em *A Mente Milionária*. Perguntou-me se eu poderia lhe passar, por telefone, um breve resumo do trabalho, o que eu fiz prontamente. Mostrou-se principalmente interessado quando lhe disse que: "A maioria dos milionários entrevistados não tem complexos de superioridade; pelo contrário, parecem ter componentes de autodepreciação na imagem que fazem de si mesmos. Por exemplo, quando se pedia a um milionário típico que se fez por si próprio para contar história de sua vida ele dizia:

*Eu fui um aluno nota 7 na faculdade.*
*Minhas notas para ingressar na faculdade (pontuação no SAT) nada tinham de espetacular.*
*Meu patrimônio é de apenas US$ 10 milhões.*
*Recebi um 3 em psicologia.*
*Minha história não tem nada que possa lhe interessar para ser relatada.*
*Tenho uma deficiência física de aprendizado (leitura).*
*Fui expulso da universidade de Wake Forest.*
*Fui reprovado na sexta série do ensino fundamental.*
*Só possuo o diploma equivalente ao do ensino médio.*
*Nenhuma faculdade de direito me aceitou.*

O que a maioria desses milionários autodepreciativos tem em comum? Durante seus anos de formação, algumas autoridades representativas — como professores, pais, orientadores vocacionais, funcionários ou organizadores de testes de aptidão — devem ter dito o seguinte a eles: "Você não é muito inteligente".

O editor expressou considerável interesse pelo trabalho e sugeriu-me a leitura de um livro que se tornou de grande valia para minha pesquisa. No prefácio desse livro, *Successful Intelligence*, Robert J. Sternberg, um dos autores de maior destaque no campo da inteligência humana, faz questão de enfatizar:

*Sou um professor agraciado com uma cadeira em Yale. Já ganhei muitos prêmios, publiquei mais de 600 artigos e livros, recebi mais de US$ 10 milhões em verbas de pesquisa e contratos. Sou membro do conselho da Academia Americana de Artes e Ciências e figuro no* Who's Who in America. [...] *Não deixa de ser estranho, portanto, que minha maior sorte na vida possa muito bem ter sido uma reprovação. Levei bomba nos testes de QI quando era um garoto. Por que digo que isso foi sorte? Porque aprendi na escola fundamental que se estivesse destinado a vencer não seria pelo meu QI. Nem [...] baixas nem altas pontuações em testes de inteligência significam, necessariamente, fracasso ou sucesso (Robert J. Sternberg,* Successful Intelligence *[Nova York, Simon & Schuster, 1996], p. 12).*

O que o professor Sternberg tem em comum com a maioria dos milionários do meu estudo? Foram prejudicados por alguém ou por alguma coisa durante seus anos de formação e na época de escola. Porém, tanto o professor como os outros reagiram trabalhando mais do que o normal e acabaram ultrapassando o desempenho dos inteligentes acima da média. Sternberg demonstrou também considerável perspicácia no desenvolvimento de vários tipos de inteligência. O professor Sternberg dedica seu livro à sua mestra do quarto ano. Aparentemente, a Sra. Alexa não prestava muito atenção a pontuações de QI. Como sua orientadora, exigia que ele se tornasse um aluno nota 10 e isso ele tem sido, desde então. Conseguiu ainda seu bacharelado com louvor em Yale e um doutorado na Universidade de Stanford.

Enquanto escrevia este capítulo, tirei uma folga em companhia de Sarah, minha filha, para ouvi-lo em uma palestra na Universidade da Geórgia. O programa começou às 15h30, em uma agradável sexta-feira de primavera. Normalmente, poucos estudantes ou pós-graduandos assistem a palestras às sextas-feiras. Mas essa era uma exceção — só tinha lugares em uma sala de espera. Ninguém se desapontou com a apresentação do professor Sternberg. Ele não é só um ótimo escritor, mas também um excelente orador. Enfatizou que as pessoas mais bem-sucedidas têm grande afeição pela atividade profissional que escolhem, tal como aconteceu com ele próprio. Além disso, obviamente ele é uma pessoa bastante criativa, já que publicou mais de 600 artigos. O professor Sternberg tem ideias tão singulares e criativas que conseguiriam dar estabilidade de emprego a dez PhDs na maioria das faculdades.

No caminho de volta vim conversando com minha filha, e o conselho que pude lhe dar faz eco com o do milionário que respondeu ao meu questionário:

*Leia o livro de Sternberg,* Successfull Intelligence. *Use-o como modelo para atingir suas metas. Lembre-se do que ele diz. Se você amar o que faz, e escrever sobre assuntos de que gosta, é bastante provável que obtenha sucesso. Mas você deve trabalhar com afinco, ser criativo e usar a capacidade analítica da inteligência. Sabe como ele conseguiu publicar mais de 600 livros? Escrevendo 600 artigos. Pense bem sobre a escolha dos assuntos, trabalhe com afinco, pesquise bastante e escreva frequentemente. Fazendo isso, você atingirá o sucesso.*

*Seus dons analíticos, embora grandes, só não serão desperdiçados se suas obras forem publicadas. E para publicar é necessário trabalhar muito e escrever sobre ideias novas e criativas.*

As pessoas que aconselham os jovens sobre carreiras deveriam ler o trabalho de Sternberg. O sucesso tem muitos pais e não existem explicações unidimensionais ou componentes únicos que consigam explicá-lo — não por muito tempo. Os jovens podem ter sucesso se capitalizarem suas energias e Sternberg tem muitas ideias magníficas sobre como as pessoas podem aumentar suas chances de obter sucesso. Sua própria história é uma demonstração perfeita de uma das mais importantes revelações sobre como funciona a mente milionária: a maioria dos milionários não foram considerados "intelectualmente privilegiados", a julgar pelos resultados de testes padronizados ou por suas notas escolares.

## O Garoto Mais Inteligente da Fileira dos Tapados

O Sr. James X. Patrick foi alvo de um fato inesquecível quando cursava a terceira série do ensino fundamental. Sua professora, a irmã Eileen, também conhecida como "a carrasca", dividiu a classe de 30 estudantes em três grupos e colocou os membros do primeiro grupo em fileiras de um ou de dois. Estes alunos foram chamados pela irmã Eileen de "os garotos inteligentes". O segundo grupo ocupou os assentos das fileiras 3 e 4, foi denominado como o grupo dos "garotos médios". As fileiras 7 e 8 foram reservadas para as crianças que a irmã chamava de "lerdos" ou "tapados".

Qual o critério seguido pela irmã Eileen para colocar os alunos nesses grupos? O critério era o seguinte, de acordo com o Sr. Patrick: em primeiro lugar pela boa caligrafia, depois pela capacidade de soletrar corretamente e, por último, pela entrega das tarefas de casa no prazo determinado. Será que esses critérios são adequados para julgar a capacidade intelectual de alguém? De acordo com o Sr.

Patrick, não! Sua resposta foi que "se o critério dela estivesse correto, eu teria sido o garoto mais inteligente da fileira dos tapados!"

Talvez ele tenha razão. Hoje ele possui seu título de PhD (com distinção) de uma universidade de renome. É um milionário do tipo que possui e gerencia o próprio negócio. Alega que ainda não pode soletrar corretamente e que ninguém, a não ser sua secretária em um de seus "melhores dias", é capaz de entender sua caligrafia. Entretanto, não admite atrasar no que lhe compete fazer!

O Sr. Patrick acha que os professores da escola fundamental são insensíveis à criatividade e costuma levantar a questão: "Será que dá para imaginar a reação da irmã Eileen quando sugeri acrescentar uma nova letra no alfabeto?" O Sr. Patrick é criativo, tem iniciado vários negócios inovadores e costuma levantar a questão: "E se todos os inventores em potencial dos Estados Unidos fossem pré-selecionados na terceira série por uma pessoa como a irmã Eileen?"

Todos aqueles garotos inteligentes da primeira fileira, capazes de soletrar e com excelente caligrafia, seriam os criadores das invenções, das grandes inovações. Ainda bem que pré-seleções desse tipo não ocorrem com frequência. Mas o Sr. Patrick ainda fica imaginando o que houve com seus companheiros que ficaram na fileira dos tapados.

Será que essas pessoas acreditavam que eram realmente tapadas? Será que desistiram cedo de investir no sucesso da nossa economia? O Sr. Patrick acha que muitos desistiram sim e vê seu caso como uma exceção à regra:

> *Toda minha vida ouvi pessoas dizerem que eu não tinha capacidade [...] que eu não tinha a atitude adequada. As probabilidades eram mínimas de que eu obteria sucesso em um negócio próprio. Diziam que eu deveria acreditar na irmã Eileen. Se tivesse seguido tal conselho, estaria trabalhando como plantonista de pedágio lá na ponte [...] ou dirigindo um caminhão e pagando as tarifas do pedágio.*

O Sr. Patrick nunca acreditou na avaliação da irmã Eileen e, mesmo enquanto criança, questionava sua autoridade, indagando-se sempre durante as aulas:

> *Como é possível ter boa caligrafia e soletrar perfeitamente ser tão importante, enquanto a qualidade das ideias colocadas num papel não? Eu me lembrei então das lições de casa da sexta série [...] que, na realidade, nada mais eram do que resumos das ideias de outras pessoas. Mas a irmã Eileen e seu clã eram adeptos da tarefa de fazer resumo de outros livros. Provavelmente por serem incapazes de analisar ou de lidar com pensamentos originais.*

O Sr. Patrick não está sozinho; a maioria dos milionários que venceram na vida pelo próprio esforço e são bem-sucedidos donos do próprio negócio tem tido suas próprias experiências com as "irmãs Eileen" que existem no mundo. O questionamento de normas, do *status quo* e da autoridade são "procedimentos típicos dos milionários que venceram na vida pelo próprio esforço e dos destinados a se tornarem ricos. Não é provável que escrever bem (sem ideias originais), soletrar com perfeição ou ter boa caligrafia sejam qualidades capazes de fazer alguém rico. Entretanto, pessoas com tais habilidades costumam ter lugar garantido na fileira dos inteligentes.

O Sr. Patrick foi e ainda é criticado e menosprezado atualmente, mas mesmo quando jovem ele aprendeu a questionar pessoas que se acomodavam para julgá-lo. Na verdade, ele se imunizou contra o que seus companheiros na fileira dos tapados levavam a sério. Os outros da fileira dos tapados sentiam-se derrotados pela análise da irmã Eileen sobre seus intelectos, mas o Sr. Patrick não, ele estava vacinado. As avaliações da irmã Eileen eram como pequenas doses de antibióticos.

Quando sua avaliação na escola piorava, ele voltava para casa e se dedicava a construir um aeromodelo ou um projeto novo qualquer usando sua caixa de ferramentas. Seus pais comentavam sobre seus brinquedos: "Você tem vocação para a mecânica... e é muito criativo".

Mais tarde, na escola de ensino médio e na faculdade, foi o mesmo Sr. Patrick, aquele estudante que só tirava notas sofríveis em inglês e nos idiomas estrangeiros, que recebeu notas altas na conclusão do bacharelado. Sempre percebeu que estudantes de inglês que tiravam notas máximas tinham, na verdade, poucas ideias novas e que lhes faltava aptidão para matemática ou ciências. Constantemente dizia a si mesmo que essas pessoas iriam acabar sendo humilhadas algum dia pela dura realidade do mundo exterior. Quem vence no mundo real? Somente aqueles que se tornm imunes à dor. Para o Sr. Patrick sua imunização começou com a irmã Eileen quando ela o designou para a fileira dos tapados.

E aqueles colegas do Sr. Patrick que sempre eram colocados na fileira dos inteligentes? Como lidaram com uma avaliação negativa quando tiveram seus empregos ou quando seus cargos foram extintos? Jamais haviam lidado com figuras autoritárias que os tivessem colocado em uma "fileira dos tapados". Quem parece estar mais habilitado para rebater críticas sobre ideias, comportamentos e pensamentos inovadores? Evidentemente o Sr. Patrick e pessoas do seu tipo, acostumadas a dizer aos críticos "afoguem-se no lago", e que são motivadas por pessoas que menosprezam os pensamentos inovadores.

Fico pensando quantos "Senhores Patricks" se inspiraram numa recente entrevista publicada em um jornal e que abordava esse assunto; seria interessante descobrir especialmente quantos teriam sublinhado o seguinte parágrafo:

> *As crianças que são melhores em matemática, desenho ou música do que em leitura ou redação podem se desligar mais cedo de suas lições [...] as que têm boa habilidade verbal e conseguem diplomas de escolas de prestígio, com frequência se transformam em adultos que falam muito bonito, mas os assuntos não têm consistência [...] (Cynthia Crossen, "Mind Field: Think You"re Smart? Then Just Try to Sell a New Kind of IQ Test",* Wall Street Journal, *5 de junho de 1997, p. 12A).*

E os que não aceitaram o modelo de segmentação intelectual da irmã Eileen — por que não admitiram ser rotulados como inferiores? Alguns encontraram um orientador esclarecido. Outros tiveram pais que os encorajaram e motivaram a vencer. Muitos ainda tinham simplesmente determinação à moda antiga. Pensavam que as irmãs Eileen desse mundo eram apenas adversárias inferiores. O Sr. Patrick ficava louco para provar que estavam errados — durante muitos anos depois de ter se tornado milionário ainda conservava na carteira um resumo de sua situação financeira. Em cima do resumo, o título: "O garoto mais inteligente da fileira dos tapados".

## O Que Realmente Importa: Determinação e Capacidade de Liderança

Se nossas medidas habituais do potencial de um indivíduo para o sucesso, altas pontuações em testes e médias de notas anuais na escola não forem indicadores confiáveis da mente milionária, quais então seriam os fatores a considerar? Os milionários consideram dois aspectos essenciais: determinação e capacidade de liderança.

### FALANDO SOBRE A DETERMINAÇÃO

Dave Longaberger faleceu há mais de cinco anos. Sua longa carreira como dono de um negócio próprio não poderia ter sido prevista por alguns de seus professores de escola. Parece que o Sr. Longaberger foi reprovado três vezes na escola fundamental. Quando finalmente conseguiu concluir o ensino médio, ele já estava com 21 anos. Seu desempenho escolar precário foi em parte devido ao fato de ser epiléptico e gago (veja Robert McG. Thomas Jr., "David Longaberger, Basket Maker, Dies at 64", *New York Times*, 22 de março de 1999, p. A18).

Nada indicava que alguém reprovado três vezes na escola pudesse se tornar milionário. Quantas das sete mil pessoas que ele empregava tinham perdido ao menos um ano na escola? Quantos trabalhariam de bom grado para alguém que só tinha conseguido concluir o 2º grau aos 21 anos? Na verdade, duvido que algum dos sete mil se importasse muito com isso. Eles queriam trabalhar para um homem em quem pudessem confiar. Quem se preocuparia se o sujeito que paga seu salário não foi o primeiro aluno da turma?

Quais qualidades e experiências os milionários que tiveram rendimento acadêmico abaixo do normal possuem em comum? Muitos deles frequentemente começaram a trabalhar bem cedo na vida. Apesar de ter sua auto estima rebaixada na escola, esses milionários frequentemente conseguiram superar isso trabalhando meio período. O Sr. Longaberger conseguira seu primeiro trabalho com a idade de seis anos trabalhando em uma loja de sapatos. Ele e muitos de seus companheiros, todos milionários vencedores pelo próprio esforço, conseguiram ser bem-sucedidos e, portanto:

---

Demonstraram ter determinação.

---

Deve-se ter determinação para superar a gagueira, a epilepsia e as repetidas reprovações escolares. Ele também tinha pais que o motivaram e o inspiraram a superar as próprias deficiências. Pais esclarecidos costumam dizer às suas crianças: "Vocês podem conseguir se trabalharem com afinco". O trabalho duro prevê melhor o sucesso do que boas notas no ensino médio. Quantos clientes do Sr. Longaberger, compradores de mais de US$ 700 milhões do seu produto no último ano, foram influenciados pelo seu desempenho na escola de ensino médio?

## EU NUNCA COMPRAREI UM PRODUTO CHRYSLER

Por que não? Você diz que não pode nem pensar em comprar um produto da Chrysler, e que tem todas as justificativas para sua atitude. Talvez você tenha pouca fé em uma companhia que possibilitou a um acadêmico de baixo rendimento escolar tornar-se seu líder. Sim, Robert A. Lutz , ex-presidente e vice-presidente da Chrysler Corporation, tinha 22 anos quando finalmente conseguiu se graduar no ensino médio. Sete anos depois, concluiu seu bacharelado na faculdade (Robert

A. Lutz, *Guts* [Nova York: John Wiley & Sons, 1998], p. 4-13). Vamos deixar isso de lado! Você não se importa se a Chrysler fabrica excelentes produtos — você apenas compra carros de uma companhia que é comandada por um membro da fraternidade Phi Beta Kappa. Muitos de nossos milionários, como o Sr. Lutz, não se consideram ofuscados por não terem conquistado sucesso acadêmico. Como muitos, sua força tem algo a ver com seu relacionamento com os pais, com apenas um deles ou com ambos. Aposto que ele teve um tipo de pai que lhe dava bastante apoio — talvez seja por isso que dedicou seu excelente livro ao seu pai. Será que você é como o pai do Sr. Lutz? Ou desiste de encorajar, orientar e apoiar filho ou filha, caso estejam ainda cursando o ensino médio aos 21 anos? Espero que não.

Como a maioria dos milionários, o Sr. Lutz contou com bons orientadores. E o serviço militar na Marinha ensinou-lhe muito sobre disciplina, liderança e integridade. Mais tarde, deu prosseguimento e conseguiu um MBA. Quando foi presidente da Chrysler, muitos de seus subordinados possivelmente tiveram notas excepcionais no ensino médio e foram aceitos em muitas faculdades. Mas esses mesmos graduados com honras agora trabalham para o Sr. Lutz.

É difícil prever o sucesso a partir de avaliações acadêmicas. Na melhor tradição da economia norte-americana, o Sr. Lutz foi eleito presidente porque era o melhor para ocupar a posição. Ele sobressaiu perante os demais porque tinha capacidade de liderar pessoas. Não importa que essas pessoas sejam consideradas intelectualmente superdotadas ou não, foram inspiradas por um líder. Um líder sabe como maximizar a produtividade de pessoas e de outros recursos e Lutz demonstrou sua habilidade repetidas vezes.

Obviamente, o Sr. Lutz nunca acreditou que seu baixo rendimento acadêmico durante os anos que cursou o ensino médio constituísse um prognóstico de seu futuro, ou nunca teria alcançado a direção da Chrysler, nem teria tido coragem para dizer a seus leitores que finalmente conseguira concluir o ensino médio aos 22 anos.

Em qualquer outra sociedade o Sr. Lutz poderia ter selado seu destino a partir de seu mau desempenho acadêmico no ensino médio. Mas o que é considerado irreversível na China, Japão, Inglaterra, Índia e outros países é reversível nos Estados Unidos. Os Estados Unidos caracterizam-se por ser uma nação do lema "venham de volta, crianças". Alguns apenas demoram um pouco mais para terminar o curso para melhorar sua produtividade.

Fracassos prematuros, desempenhos escolares deficientes, históricos escolares desastrosos e SATs pavorosos derrotam aqueles que permitem que esses critérios de avaliação acadêmica destruam sua auto estima. Mas se houver perseverança na luta para se alcançarem altas metas pode-se chegar ao sucesso. A sorte não tem nada a ver com isso. Você tem sorte apenas de viver nos Estados Unidos, especialmente se planeja ser uma dessas crianças que pensam no lema "venham de volta, crianças".

## TODOS ALUNOS NOTA 10 SERÃO LÍDERES?

Se decidíssemos simplesmente seguir o estereótipo, automaticamente atribuiríamos todos os papéis de alta liderança àqueles que:

- Tivessem sido alunos nota 10 desde o maternal até o último ano do ensino médio.
- Tivessem sido alunos nota 10 na faculdade.
- Tivessem conseguido a pontuação de 1.600 no SAT.

Todos nós que não nos encaixamos nesses critérios poderíamos trabalhar para esses líderes. Mas ser perfeito na escola não significa transformar-se em líder de alto desempenho, porque a inteligência analítica não tem grande correlação com a habilidade de liderança. Em um artigo crítico bem documentado de uma extensa pesquisa sobre essa relação, Fred Fiedler e Thomas Link concluíram que:

> *Testes de capacidade cognitiva têm sido notoriamente pobres em prever desempenhos de lideranças [...]*
> *Relações entre inteligência, liderança e desempenho gerencial [...] explicam menos do que 10% da variância [...]*
> *Ainda que essas baixas correlações tendam a superestimar a verdadeira relação [...] a inteligência líder, sob certas condições, tem correlação negativa com o desempenho (Fred E. Fiedler e Thomas G. Link, "Leader Intelligence, Interpersonal Stress and Task Performance", em R. J. Steinberg e R. K. Wagner, edições de:* Mind in Contest: Interactionist Perspectives on Human Intelligence *[Nova York: Cambridge University Press, 1994], p. 152).*

Infelizmente, os orientadores raramente dizem aos estudantes que 90% da variação de desempenho na liderança não é explicada por testes de inteligência padronizados. Quantos garotos abandonaram cedo o jogo da vida por causa de desempenho escolar sofrível ou baixa classificação no poste do totem do SAT? Talvez alguém devesse ter dito a eles: "Você ainda tem chance. Talvez tenha que trabalhar mais e ter capacidade de liderar outras pessoas". É a esperança que eles podem conseguir que motiva outras pessoas a tentarem. Se a esperança for abandonada, o que resta é mais um fracasso econômico ou uma pessoa de produção medíocre.

Contando-se com qualidades tanto de liderança como de determinação é até possível superar todos os garotos prodígios da turma. Isso foi exatamente o que aconteceu com muitos milionários participantes do estudo.

## O Que os Milionários Realmente Aprenderam na Escola e na Faculdade

Muitos pais com filhos cursando o ensino médio entraram em contato comigo para falar sobre assuntos acadêmicos. Eles podem ter muita dedicação aos filhos, mas frequentemente se preocupam e deixam os rebentos preocupados a ponto de entrarem em pânico.

Uma mulher estava pensando em mover uma ação contra a escola porque seu filho não tinha sido selecionado para um programa chamado TAG (Talented and Gifted), ou seja, um programa para crianças talentosas e superdotadas. Ela tinha certeza de que ele era superdotado e talentoso. Somente um em cada cinco estudantes se qualificava para o TAG e a admissão ao programa era baseada parcialmente em resultados de testes padronizados. Outros fatores incluíam notas recebidas em matérias obrigatórias cursadas no ensino médio.

A mãe começou a ter maus pressentimentos. Ela se preocupava sobre o estigma de acabar sendo membro da OTTAG (Other Than Talented and Gifted — sociedade dos não talentosos e não superdotados). Em uma classe de calouros de 433 alunos, 20% estão na classe do TAG e 80%, ou 346 estudantes aproximadamente, no grupo da OTTAG. O fato de o jovem filho dessa mulher ter sido rotulado de OTTAG não significa que ele não possa se transformar em um adulto de alta produtividade. Preocupo-me com as consequências de rotular um jovem admirável dessa forma e impedi-lo de alcançar seu potencial. Ele pode acabar acreditando que não tem nenhum talento, nenhum dom, e supor que só por meio dos dons terá sucesso na vida.

Frequentemente os rótulos servem para colocar em ação comportamentos congruentes com designações. Neste caso, a mamãe acredita realmente que o futuro do filho dependerá do rótulo, porém isso somente será real se ela realmente acreditar. E se ela crer que seu filho poderá acabar se tornando um fracassado, este poderá captar a mensagem e acabar agindo de acordo com ela.

Mas a vida não é uma corrida curta — é a maratona das maratonas. Os rótulos vêm e vão. Se você acreditar que pode vencer na vida a despeito do efeito degradante dos rótulos que preveem o fracasso, você acabará vencendo a maioria das maratonas. Essa é uma experiência comum entre os milionários. A grande maioria relata que, em algum momento ou momentos de sua vida, recebeu rótulos de inferiores, medianos ou ruins, mas que não permitiram que tais críticas se transformassem em previsão de futuras realizações, terminando por superar os rótulos da assim chamada inferioridade. Essa foi a mensagem que transmiti para aquela mãe.

Disse-lhe também algo mais. O processo de superar rótulos como o da OTTAG torna as pessoas que recebem esses rótulos indivíduos mais fortes. É como adicionar titânio ao aço, faz com que o aço fique muito mais forte do que sozinho. Somente uma minoria dos líderes de primeira linha dos Estados Unidos, advogados e médicos, diz que nunca foram rotulados como inferiores ou mesmo pior que isso. Não são todos que podem ser eleitos oradores da turma. Todos os outros ainda têm muitos anos e inúmeras oportunidades para tais realizações. Os pais que, de maneira consistente dizem aos filhos que eles podem vencer provavelmente terão descendentes que se tornarão adultos produtivos.

Dessa forma, essa mulher estará em melhores condições mudando suas crenças. Ela pode poupar o dinheiro que tinha reservado para honorários advocatícios e usá-lo para contratar um tutor para o filho. Diga-lhe que ele tem capacidade de conseguir, e que realmente conseguirá trabalhando para esse propósito. Não é justo definir o futuro de uma pessoa de 16 anos baseando-se em um rótulo.

Perguntei aos milionários sobre suas experiências na escola e na faculdade. Será que todos se formaram pertencendo ao 1% dos melhores alunos da classe? Dificilmente. Cerca de 2% dos milionários que responderam à pesquisa indicaram que pertenciam ao 1% da elite da sala. Normalmente, não são os mais bem classificados que se tornam economicamente bem-sucedidos, mas também não são os que se formam com notas mínimas.

Os milionários também contam que não foram alunos nota 10 na faculdade. Realmente, apenas cerca de três em dez relataram ter recebido uma porcentagem maior de notas máximas do que de notas médias e baixas. Aproximadamente 90% saíram de faculdades, de uma forma geral, com a nota média anual igual a 7,5; boa mas nada de excepcional.

Quase todos os milionários declararam que as experiências no período escolar e da faculdade influenciaram de algum modo em sua escalada para se tornarem adultos produtivos, como indica a Tabela 3-1.

Mas algumas experiências foram mais importantes do que outras, muito mais importantes do que notas e rótulos. Para uma grande maioria, "desenvolver um marcante trabalho ético" foi influência marcante. Quase todos os milionários classificaram essa experiência como influenciadora das respectivas transformações em adultos produtivos.

Quando os milionários avaliaram o tópico trabalho-ética não se referiram apenas a estudar e assistir às aulas. Muitos trabalharam meio-período enquanto frequentavam a escola, e muitos ainda passaram um tempo considerável aprendendo como avaliar de maneira correta outras pessoas. Esse processo de aprendizagem foi aperfeiçoado mediante muitas interações sociais e atividades em que participaram dentro e fora do *campus*.

Tabela 3-1 Melhorando a autodisciplina e o discernimento: experiências de ensino médio e de faculdade que tiveram influência na transformação dos milionários em adultos produtivos

| Resultado da experiência de determinação no ensino médio ou na faculdade | % de milionários influenciados (não) pela experiência (N=733)[1] |
|---|---|
| AUTODISCIPLINA | |
| Desenvolvimento de uma firme ética de trabalho | 94(2) |
| Aprendizado de como otimizar o tempo | 91(1) |
| Desenvolvimento de trabalhos em tempo parcial enquanto na escola | 55(21) |
| Recebimento de bolsa acadêmica para a faculdade | 20(60) |
| DISCERNIMENTO | |
| Aprendizagem de como fazer julgamentos precisos acerca de pessoas | 88(3) |
| Desenvolvimento da valorização de interesses e capacidades | 86(3) |
| Aprendizado de como pensar diferentemente da multidão | 76(6) |

[1] "Influenciado" significa que o respondente indicou que a experiência teve um grau moderado ou alto de influência. Foram excluídas as respostas na categoria de "baixo grau de influência".

Alguns podem considerar tal socialização como improdutiva em um contexto acadêmico, mas parece ter sido decisiva para separar aqueles que se tornam capazes de avaliar outras pessoas daqueles que não conseguem. Existe uma correlação negativa bastante clara entre altas notas na faculdade e habilidade dos milionários em fazer avaliações precisas de pessoas. Dessa forma, parece verdadeiro que todo trabalho faz com que John se sinta entediado, tendo a ver com sua incapacidade de compreender perfeitamente outras pessoas.

As pessoas economicamente mais bem-sucedidas abordadas neste livro fazem bem muitas coisas. Outros podem ser gênios analíticos, mas não são tão bons em relacionamentos sociais, ou vice-versa. Para que se consiga riqueza é primordial aprimorar múltiplas habilidades e qualidades. Trabalhe com afinco, seja sociável e divirta-se com as pessoas.

Considere que as experiências de escola e faculdade relacionadas na Tabela 3-1 foram julgadas pedras fundamentais do sucesso por muitos milionários. É mais do que o estudo específico de um determinado curso de ensino médio ou de faculdade, mais do que notas altas, classificações e SATs. As influências realmente decisivas têm rótulos como firme ética no trabalho, tempo efetivo ou alocação de recursos, análise, determinação e empatia.

## SUPERANDO OBSTÁCULOS E FORJANDO UMA ARMADURA

Será que nossos milionários conquistaram esse status a despeito de algum obstáculo ou desvantagem consciente, ou porque tiveram a experiência de compensar suas deficiências? Descobri que a maioria dos milionários vencedores pelo próprio esforço foram confrontados com um ou mais obstáculos ao longo de suas vidas. Caso tivessem fracassado na tentativa de superação desses bloqueios potencialmente devastadores, não teriam se tornado economicamente produtivos. Foi uma luta, uma jornada dura, mas lhes deu uma base sobre a qual construíram o próprio sucesso.

É uma pena que a maioria dos não milionários aceite avaliações negativas de pessoas em cargos de autoridade. Muitas pessoas que "bombam" no teste de QI do terceiro grau, ou no SAT, aceitam seu destino, capitulam, por esse ou por outros reveses, antes mesmo de atingirem a maioridade. Para eles, notas e outras pontuações baixas traduzem-se no prognóstico de uma vida de produtividade econômica baixa. Os milionários vencedores pelo próprio esforço escolheram outro caminho: não deram crédito às pessoas de altos postos que tentaram degradá-los frequentemente durante a vida toda. Tiveram a percepção, a coragem e a audácia de desafiar avaliações feitas por mestres, professores, críticos amadores e pelos testes de avaliação educacional dos sistemas de ensino.

Os milionários vencedores pelo próprio esforço parecem ter um interessante sistema imunológico. Não estou falando sobre como combatem doenças infecciosas, estou me referindo à fortaleza mental que possuem. Possuem a capacidade de se desviar das mais duras avaliações e de algumas das mais desprezíveis críticas.

Essa blindagem de armadura mental foi inicialmente forjada durante seus dias de inexperiência juvenil. Com o passar do tempo, o sistema imunológico dos milionários ficou mais resistente. Por quê? Porque mesmo nos últimos anos esses milionários constantemente contabilizaram avaliações negativas de vários críticos e pessoas com altos cargos.

Nem mesmo o aço pode ser enrijecido sem antes ser batido, e as pessoas não são diferentes. Os milionários vencedores pelo próprio esforço dizem que as avaliações degradantes e os comentários de certas pessoas do alto escalão desempenharam um papel fundamental no sucesso que acabaram tendo na vida. Esta bigorna fortaleceu os anticorpos que eles precisavam para rebater as críticas e tomar as decisões.

## FORJANDO A RESOLUÇÃO

Como as pessoas bem-sucedidas adquirem atualmente suas armaduras durante os anos de formação? A evidência preliminar disponível sugere que a capacidade de cada uma em superar críticas vem de diversas fontes. Muitos milionários de primeira geração têm origem no amor, no cuidado e nas relações com pais bem ajustados e que dificilmente são vistos em varas de famílias para impetrarem processos de divórcios. A maioria dos casamentos durou a vida toda. Contrariamente à crença popular, muitos milionários vencedores pelo próprio esforço não cresceram em um ambiente de pressão. As crianças que se tornaram adultos economicamente bem-sucedidos nunca ouviram de seus pais:

- Com essas notas no ensino médio você nunca chegará a lugar algum.
- Sem notas altas na escola você será um fracassado.
- Com pontuações como essas no SAT sua única chance será ingressar em uma faculdade de nível inferior.

Os pais de pessoas economicamente bem-sucedidas são muito mais positivos. O apoio dos pais e as sugestões construtivas fornecem a blindagem básica de proteção para a criança; esses pais nunca erguem barreiras psicológicas contra o sucesso futuro nas mentes dos jovens. Os pais não ridicularizam seus filhos nem os pressionam constantemente para superar seus resultados negativos.

Quando aqueles que se tornaram milionários por vencerem pelo próprio esforço traziam na época um boletim com notas ruins, os pais normalmente diziam:

- Você pode fazer melhor.

- Pense em um plano que lhe faça voltar aos eixos de novo.
- Vou lhe ajudar com algumas tarefas.
- Conheço um grande professor particular que vai lhe ajudar a dominar essas matérias.
- Eu sempre tive problemas com essa matéria, mas você tem que estudar muito para superar essa dificuldade.
- Para inventar o cálculo foi necessário um gênio matemático, não se sinta desencorajado se depois de uma noite você não dominá-lo.

E vinha, então, uma longa preleção:

*E que importância teve seu colega Brian ter tirado só nota 10 e ter sido escolhido orador da turma? Ele estudou dia e noite, não tem amigos nem qualquer tipo de hobby. Eu estou contratando você, Todd, não o Brian. Você é um bom aluno nota 8, representante de sua turma e um atleta que compete pela universidade. Você tem boa qualidade de vida e é por isso que será bem-sucedido. Aposto que Brian vai trabalhar para alguém como você algum dia. Não deixe sua classificação nos estudos lhe dizer o que você poderá fazer nos próximos 50 anos de sua vida. Se seus professores e orientadores fossem bons na previsão do futuro, todos eles seriam investidores milionários no mercado de ações da Wall Street ou anotadores de apostas em Las Vegas.*

O que Todd lucrou com essa mensagem vinda de uma pessoa de alto gabarito? Uma armadura de proteção! Aprendeu como se desviar e se proteger daqueles que tentavam acabar com seu nível futuro de produtividade. Quem tem maior probabilidade de chegar ao sucesso no futuro? Seu palpite é Brian, o aluno nota 10 que recebeu honras de "o mais inteligente"? De acordo com meus estudos baseados em milionários vencedores pelo próprio esforço, não. Brian nunca desenvolveu a armadura necessária para vencer no mundo dos negócios.

Nesse tipo de mundo pode-se trabalhar dia e noite durante anos e, ainda assim, falir no ano seguinte. Você pode escrever o mais brilhante plano de negócios como parte de um pedido de empréstimo e ainda não obter o financiamento desejado. Sim, ser recusado por uma dúzia de funcionários de bancos em 12 bancos diferentes. Os funcionários que lidam com os empréstimos, conforme definido por um dos milionários, parecem uma convenção de doutores "engomadinhos mofados".

Quem seria capaz de lidar melhor com a rejeição de 12 funcionários de bancos e ter a audácia de continuar insistindo até que o financiamento saísse? Eu aposto em Todd. Enquanto entrevistava milhares de milionários que venceram na vida pelo próprio esforço descobri que suas idéias prediletas foram recusadas uma vez ou outra. Muitas foram recusadas dúzias de vezes, apenas se deslocavam até o próximo estabelecimento. Foram condicionados desde crianças a ignorar os críticos quando ouviam dizer que seus planos para o futuro não dariam certo. Para eles, é apenas uma questão de tempo e de algum esforço para encontrar alguém esclarecido que concorde com o financiamento pretendido.

Quando perguntei a esses milionários que venceram na vida pelo próprio esforço se eles tinham recentemente atendido a alguma convocação para reuniões escolares e quais impressões mais importantes tinham a respeito delas, geralmente respondiam: "Os garotos mais inteligentes da minha turma não parecem estar fazendo isso tão bem hoje!"

Muitos milionários diriam a você que se sentiriam um tanto desconfortáveis nessas reuniões devido às incongruências. Na maioria dos casos os estudantes "com mais probabilidades de serem bem-sucedidos", aqueles que os professores apostavam que seriam sucessos, não estão mais em evidência. Quem então ocupa a liderança? Não são os Brians, mas os Todds.

## Superlativos Seniores? Pense Novamente

O dicionário define a palavra *superlativo* como sendo "superior... aquele que supera todos os outros". Frequentemente, na escola, pede-se aos estudantes que votem na mais bela e elegante estudante, que passa a ser conhecida como "a absoluta". Quem mais provavelmente conseguirá obter sucesso? Quem possui mais talento? Quem é o mais inteligente? Em mais de 20 anos estudando milionários, encontrei muito poucos que haviam um dia recebido os rótulos de "mais cotados para serem bem-sucedidos", ou de " mais talentosos", durante os anos de escola.

Durante a pesquisa, pedi aos milionários vencedores pelo próprio esforço que respondessem a perguntas sobre "superlativos absolutos". A pergunta foi a seguinte:

*Durante seus anos de escola, como você acha, em geral, que era avaliado por seus professores?*

Poucos entrevistados disseram que seus professores "muito provavelmente" os teriam julgado como "mais fadados ao sucesso". Nem também foram avaliados como tendo "o mais alto nível de inteligência". O mais interessante é que relataram consistentemente que seus professores nunca nem ao menos pensaram neles para tais títulos. Em outras palavras, eles não eram percebidos como pessoas que chegariam próximas ao topo de nenhuma posição extraordinária.

Aparentemente, essas avaliações do período escolar não preveem de maneira correta o sucesso econômico futuro. Será possível que a falta de reconhecimento precoce motiva alguns a se excederem economicamente? É a despeito do qualificativo ou é por causa da qualidade de "superlativo absoluto" que alguns estudantes alcançam o sucesso econômico? Como é possível que eles tenham superado seus colegas de classe que receberam as designações de "mais aptos para serem bem-sucedidos"?

**Tabela 3-2** Milionário, como você acha que seus professores do ensino médio o viam e o avaliavam?

| Avaliação também conhecida como "Superlativos" | % dos que acharam que os professores diriam muito provavelmente (N=733) |
|---|---|
| O mais confiável | 28 |
| O mais provável para ser bem-sucedido | 20 |
| O mais consciencioso | 17 |
| O mais habilidoso | 16 |
| O mais lógico | 15 |
| O mais trabalhador | 14 |
| O de mais alto nível de inteligência | 12 |
| O mais ambicioso | 12 |
| O mais inteligente | 11 |
| O de média mais alta escolar anual | 10 |
| O mais popular | 9 |

De acordo com meus entrevistados, existem dois problemas de se usar o qualificativo "superlativo absoluto" para prever a produtividade futura. Primeiramente, os professores não são muito bons em prever produtividades econômicas porque eles próprios não são economicamente produtivos. Assim, os entrevistados ricos desconsideraram as avaliações que receberam de seus professores. Em segundo lugar, os professores frequentemente usam critérios errados para fazer tais previsões. Os estudantes que se destacam nos estudos e que recebem méritos escolares não têm nenhuma garantia de serem bem-sucedidos futuramente.

É interessante observar que três tipos de experiências na escola e na faculdade muitas vezes motivaram os milionários a serem bem-sucedidos financeiramente.

Esses fatores vinham sob o título global de determinação, como mostra a Tabela 3-3. Mais importante ainda, os milionários desenvolveram uma compreensão clara sobre produtividade. Embora ainda estivessem em seus anos de formação, eles descobriram que:

O trabalho árduo é mais importante do que um elevado intelecto genético para alcançar o sucesso.

Tabela 3-3 Forjando a determinação: experiências na escola e na faculdade que influenciaram os milionários a se tornarem adultos economicamente produtivos

| Resultado da experiência de determinação no ensino médio ou na faculdade | % de milionários influenciados[1] (não) pela experiência (N=733) |
|---|---|
| Significativa para determinar que o trabalho árduo foi mais importante para a conquista de objetivos do que uma alta capacidade intelectual de origem genética | 76(8) |
| Para nunca permitir que notas fracas destruíssem metas a alcançar | 52(23) |
| Aprender a lutar para alcançar metas porque nos foi dito que tínhamos "habilidade média ou deficitária" | 45(29) |

[1] "Influenciados" significa que o respondente indicou que a experiência teve um grau moderado ou alto de influência. Foram excluídas as respostas na categoria de "baixo grau de influência".

Compare a porcentagem de milionários que relataram que as experiências escolares os influenciaram em relação àqueles que disseram que "não houve influência". Muitos milionários acreditam que o sucesso econômico vem do trabalho duro, e não de uma inteligência única de origem genética. Eles também acreditam que podem vencer a corrida econômica mesmo tendo adversários mais "inteligentes".

Muitos milionários nunca permitiram que as notas ruins destruíssem as metas que queriam alcançar.

Mesmo os milionários que se graduaram com boas notas no ensino médio e na faculdade ocasionalmente também receberam notas ruins. Mas as pessoas que estavam determinadas a vencer viam esses reveses como temporários. A determinação é parte do caráter do milionário.

Muitos aprendem cedo a lutar e competir por metas importantes.

Muitos milionários, mesmo os estudantes que recebem méritos, têm sido rotulados tanto por alguns especialistas quanto pelo resultado de alguns testes padronizados como "médios" ou "inferiores". Mas, como apontam os resultados da pesquisa, tais avaliações aumentam a determinação de algumas pessoas. Alguns milionários, como deixaram muito claro, triunfam sobre tais julgamentos. De onde tiram tanta determinação? Diretamente de suas primeiras experiências em não aceitar julgamentos negativos.

Por que tantos estudantes discretos tornam-se proprietários de negócios e por que tantos se tornam milionários? As respostas dizem respeito a como eles respondem por não serem superdotados, não terem recebido o qualificativo de "superlativo absoluto", não terem sido aceitos em escolas de direito nem cortejados por um exército de consultores de recrutamento de grandes companhias. Existe um segmento da população milionária que foi julgado não ter fibra para cursar faculdades e alguns desse grupo nunca assistiram a uma única aula em um curso superior. Outros foram expulsos.

Aqueles denominados "intelectualmente insignificantes" desaprovaram "aqueles que dão notas" e tornaram-se parte da próxima geração de milionários, mais frequentemente por gerenciarem bem-sucedidos negócios próprios. Não estavam, por conseguinte, tentando competir diretamente com os supergênios ou com os aceitos nas escolas de medicina ou direito. O negócio próprio é a base para muitas pessoas se tornarem ricas.

A teoria alternativa sustenta que alguns milionários que venceram na vida pelo próprio esforço acreditaram no que lhes disseram seus professores. Sem dons intelectuais especiais ou com histórico acadêmico ruim, é possível sobreviver em um mundo competitivo trabalhando muito para si mesmo e tornando-se rico. A riqueza pode contrabalançar o assim chamado intelecto inferior e dar proteção contra um ambiente hostil. Como é difícil para milionários afirmar "eu sou inferior", eles confessam tais sentimentos de outras maneiras, referindo-se sempre a si mesmos ou como estudantes de notas baixas, ou como indignos de participar de uma entrevista para este ou outros livros.

## O Caso do Sr. Warren

E se seu histórico escolar tiver sido "horrível"? Foi assim que um multimilionário classificou sua curta estada na faculdade. Na melhor das hipóteses, ele poderia ser considerado um péssimo estudante. Esta experiência traumatizou-o tanto que até hoje ele afirma: "Minha empregabilidade é nula". A longo prazo ele acabou descobrindo que somente uma pessoa o empregaria depois de ser demitido do seu primeiro grande emprego. Ele contratou a si mesmo e montou o seu próprio negócio. Nessa época, seu medo de fracassar era grande, mas ainda assim ele se tornou um empresário bem-sucedido.

Acreditava na avaliação que seus professores lhe davam: ele não era intelectualmente privilegiado. Hoje ele agradece por nunca ter feito parte do "clã dos superdotados" e de nunca ter tirado notas máximas na faculdade. Está contente de não ter um MBA de uma escola renomada. Ele sabe que nunca teria trabalhado tanto para construir a própria fortuna, ou assumido riscos empresariais, se fosse superdotado ou tivesse tido uma excelente educação. Ele sustenta que poderia ter aceitado uma posição "confortável" em uma empresa sem nunca ter tido uma motivação para conquistar o sucesso. Por que ele acabou se tornando bem-sucedido? O seguinte estudo de caso detalha a experiência dessa figura notável.

Tenho sempre dito que alguma adversidade é essencial para fazer surgir o melhor das pessoas. Alguns podem chamar isso de qualidade. O Sr. Warren não só tem muitas qualidades, como é uma pessoa singular. Recentemente, vendeu seu negócio de tapetes por US$ 30 milhões e "por assim dizer" retirou-se dos negócios. Agora "vive de rendas", investindo seus próprios recursos.

Veja um breve comentário do Sr. Warren atual. Ele é muito rico e bastante autoconfiante. Mora em uma casa excelente, veste-se bem, mas de maneira descontraída, e aproveita a vida. Apesar disso, conserva o que muitos milionários que venceram na vida pelo próprio esforço possuem, ou seja, "muita lenha para queimar". Ou, em outras palavras, ele tem um interesse considerável em aumentar sua fortuna.

Ainda trabalha com afinco e é muito comprometido com o gerenciamento e planejamento de seus investimentos. Mas por qual motivo uma pessoa que se encontra em uma posição satisfatória financeiramente estaria ainda tão interessada em ter mais? O Sr. Warren está apenas entrando nos seus 50 anos, goza de excelente saúde e se aborrece com facilidade, de modo que uma aposentadoria precoce não está em seus planos. Tem muita energia e muita gana de viver.

Sua saúde, energia e amor pela vida não são os fatores mais significativos responsáveis pela sua motivação para continuar aumentando sua riqueza. Suas experiências quando criança e adolescente deixaram uma impressão indelével no seu subconsciente. Seu sucesso é resultado de ter deparado com adversidades acadêmicas e econômicas e tê-las superado depois. Além disso, suas experiências e sofrimentos precoces influenciaram bastante a escolha de sua vocação principal, o que foi essencial para suas metas de sucesso financeiro. Em suas próprias palavras:

*Fui muito pobre quando criança. Éramos ricos e depois perdemos tudo. Durante meus estudos no ensino médio, minha adolescência foi tremendamente estressante e sobrecarregada por causa das finanças da família. Eu fui um péssimo aluno.*

Pense no trauma que o jovem Sr. Warren viveu. Esses acontecimentos teriam destruído o espírito de muitos adolescentes, mas ele nunca permitiu que a adversidade o derrotasse. Afirma ter sido a dureza do cotidiano que o moldou para o sucesso. Um dos motivos pelos quais o Sr. Warren não conseguiu se sair bem na escola é atribuído aos problemas financeiros que seus pais enfrentavam todos dias.

*Levei mais tempo [mais de quatro anos] para sair do ensino médio. A maior parte do tempo estava ultrapassando barreiras [...] Abrindo caminho a cotoveladas para ganhar dinheiro [...] desisti da faculdade [...] para ganhar a vida.*

O Sr. Warren ganhou o suficiente para financiar seus dois primeiros anos de faculdade, mas aconteceu então o inesperado, e ele teve que desistir da faculdade. Aos 20, assim que iniciou seu ano de calouro, o Sr. Warren se casou.

*Cheguei em casa [...] casei e tivemos um bebê; assim, tudo rápido.*

De novo, um revés, o Sr. Warren, casado, com família, sem ter se formado — um jovem com bastante responsabilidade, mas com poucos recursos financeiros. Apesar das circunstâncias ele continuava otimista. Compreendeu que seu trabalho de meio-período como funcionário de hotel nunca sustentaria a família que estava crescendo, então buscou outras oportunidades. Instintivamente e quase inconscientemente, procurou um trabalho que o deixasse usar seus dons naturais de forma mais eficiente. Embora não fosse muito evidente, o Sr. Warren tinha nascido para as vendas. Ele era o que muitas vezes cito como um EHV, um extraordinário homem de vendas. Vendia uma grande variedade de produtos de porta em porta enquanto estudava. Mesmo quando perdia a confiança em si mesmo como estudante, ficava cada vez mais orgulhoso da sua capacidade de produzir renda.

Um certo acontecimento no dia do casamento do Sr. Warren teve muito a ver com o fato de ele ter-se tornado milionário mais tarde. Naquele dia, a escolha da atividade que faria dele um sucesso foi definida.

*Voltando do casamento, sem estar empregado em tempo integral, eu me sentia um fracassado [...] um mensageiro de hotel [...] passei então por uma loja recém-inaugurada Macy [...] entrei e me candidatei a um emprego. Eles me aceitaram e me deram um cargo de vendedor.*

O Sr. Warren foi designado para trabalhar no departamento de móveis domésticos e acabou prosperando nessa área. Ele se saiu tão bem vendendo móveis que foi promovido e colocado em um programa de treinamento executivo. Seu sucesso o encorajou a buscar uma posição que lhe pagasse mais do que no varejo. Com seu currículo, que agora mencionava sua experiência executiva, ele conta:

*Decidi ir para Nova York e consegui marcar muitas entrevistas através de uma agência de empregos. Menti a respeito de ter diploma de curso superior [...] Ofereceram-me um cargo de* trainee *em vendas.*

O Sr. Warren trabalhou por muitos meses como *trainee* de vendas para uma grande multinacional, mas teve que deixar o trabalho por "sua própria vontade" porque diversos credores agressivos faziam-lhe constantes ameaças no trabalho. Os escritórios de cobrança não apenas perseguiram o Sr. Warren, mas também entraram em contato com seu empregador para embargar seu salário e comissões.

*Eu não tinha nenhuma reserva de dinheiro quando a coisa realmente ficou difícil [...] Mas então consegui uma entrevista em um grande conglomerado.*

Como o Sr. Warren conseguiu ser contratado por uma companhia que preferia contratar apenas quem tivesse diploma de curso superior?

*Fui com a cara e a coragem até o escritório central e [...] eles me contrataram. As coisas começaram a melhorar para nós.*

"Começaram a melhorar" é pouco. A carreira do Sr. Warren simplesmente decolou. Aos 20 ele era apenas um *trainee* de vendas. Após quatro breves anos, o Sr. Warren ocupava uma das posições mais importantes em vendas e marketing de todo o setor moveleiro.

*Por uma casualidade [...] eu me vi envolvido em produtos para o consumidor, camas, carpetes de forração e colchões.*

Foi por acaso? Não, realmente não, o Sr. Warren gostava mesmo da área de móveis domésticos e de seus produtos. Uma vez que já estava firme lá, ninguém lhe perguntava sobre seu passado acadêmico. Ele era especialmente interessado no negócio de revestimentos para pisos. Daí para seu gosto no segmento de carpetes de forração foi um passo.

*Logo, logo, quando completei 25 anos, tornei-me realmente um prodígio da indústria de carpetes de forração de Nova York [...] provavelmente o melhor emprego da indústria de carpetes naquela época. Algumas vezes penso nisso [...] era inacreditável.*

Com 25 anos, o Sr. Warren estava ganhando várias centenas de milhares de dólares anualmente de todas as residências ricas do país. Mas isso não era tudo.

*Era um trabalho ótimo. Um grande escritório em Nova York [...] despesas cobertas sem limite [...]. caixa dois [...] milhões de dólares à minha disposição para fazer o que bem entendesse [marketing e relações públicas] à minha escolha. Viajava por toda parte de primeira classe. Tinha uma suíte na 59th Street, em Park Avenue. Tinha conseguido. Diamond Jim. Barbeiros e alfaiates me atendiam no escritório.*

Por que uma companhia pagaria a um desistente de faculdade de 25 anos de idade milhares de dólares anuais e lhe confiaria decisões sobre uma conta de milhões de dólares para marketing e atividades afins? A resposta é muito simples. O Sr. Warren tinha um desempenho extraordinariamente bom. Ele tinha sob sua responsabilidade contas multimilionárias, trazia muito dinheiro para seu empregador, e era justamente recompensado. Mas durante todo esse tempo o Sr. Warren pensava que estava sonhando. Como podia um desistente de faculdade com notas ruins ser tão bem-sucedido? Era irreal, inacreditável.

O Sr. Warren era tão produtivo na venda de carpetes de forração porque mesmo aos 25 anos demonstrara um grande talento para vendas. Para as escolas de ensino médio vendia de tudo, desde talheres a carpetes, e fazia isso do modo mais difícil — trabalhava sozinho e recebia apenas a comissão. Só ganhava quando tinha bom desempenho. Era um vendedor porta a porta muito persistente. Mais tarde, descobriu e valorizou o fato de que vender milhões e milhões de dólares de carpetes de forração é muito mais fácil do que vender garfos e facas de porta em porta.

O Sr. Warren possuía muitas características essenciais e comuns aos EHVs, tinha personalidade, era determinado e persuasivo. Mas a maioria das pessoas com essas características nunca chegam perto do nível de produtividade econômica do Sr. Warren. Existe um outro elemento na equação, um que vem sendo exposto constantemente ao longo deste livro:

---

Os milionários amam suas carreiras.

---

O Sr. Warren é como a maioria dos milionários em relação a esse sentimento. Seu desempenho tinha um nível extraordinariamente alto por causa do seu gosto pelo negócio. A tarefa de vender para os clientes mais importantes também lhe permitiu utilizar plenamente suas capacidades e, uma vez que ninguém fez questão de seu histórico escolar, pôde conservar seu emprego. Lembre-se de que o Sr. Warren estava cercado por outros executivos no escritório central da empresa. No seu entendimento, essas pessoas tinham históricos acadêmicos excepcionais. Às vezes, o Sr. Warren sentia-se mesmo um impostor. De que outra forma ele poderia explicar sua confortável posição perante as demais empresas norte-americanas?

A paixão do Sr. Warren por seu trabalho manteve seu desempenho no nível mais elevado. Tais padrões são bem documentados pelos resultados do levantamento executado em âmbito nacional. De fato, existe uma correlação positiva direta entre a paixão pela vocação e o nível do patrimônio líquido. É muito mais provável que se torne rico se realmente você tem paixão pela profissão. Não se dá importância suficiente aos itens energia positiva e paixão dedicados à carreira.

Como pode alguém se apaixonar pela venda de carpetes de forração? No caso do Sr. Warren, não era apenas a venda de carpetes que o entusiasmava:

> *Eu gostava do negócio de carpetes. Do que eu mais gostava? [...] da liberdade de estar em campo e das possibilidades de conhecer pessoas [...] Era o setor mais descontraído que eu poderia um dia imaginar. Aconteciam grandes feiras e o negócio de carpetes era realmente um ramo em que se trabalhava com prazer. Vendia carpetes de forração e o trabalho na realidade era mais do que apenas vender [...] Era divertido e envolvia relações públicas.*

Chame do que quiser — vendas, relações públicas ou diversão —, o Sr. Warren era a principal força em conseguir contratos com os maiores compradores do setor de carpetes de forração. Ele era feliz fazendo isso e estava alcançando uma confortável posição nesse mercado. Nesse período, ele economizava uma pequena parte de suas comissões para os dias difíceis.

O Sr. Warren, o jovem produtor de alta renda, via-se como invencível. Era o executivo de mais alto nível do seu setor, sua companhia lhe confiava a captação de um número crescente de contratos multimilionários. Vendia dia e noite, finais de semana e feriados, de maneira que não tinha tempo de se preocupar em poupar e investir uma parte maior do seu alto salário. Ele era o maior consumista, gastava seu dinheiro com coisas supérfluas e que não agregavam valor ao seu patrimônio. Gostava de gastar grandes quantias em ternos sob medida e, naturalmente, em mobiliário de luxo.

Certa manhã, o Sr. Warren foi chamado ao escritório do CEO da empresa que, sem muitas delongas, disse-lhe que a companhia tinha sido vendida. Pior ainda, a companhia compradora não tinha interesse algum em manter o Sr. Warren como seu executivo de vendas. Sim, repentinamente o trabalho dos seus sonhos havia se desvanecido. A perda do emprego invocou muitos dos seus antigos fantasmas — todas as temíveis memórias das primeiras experiências da casa onde crescera sob a mais severa das restrições econômicas, tudo repentinamente de volta. Completamente assustado, ele se lembrou de todas as notas baixas do seu histórico escolar. Quem o contrataria com um histórico acadêmico tão fraco?

Os reveses que o Sr. Warren sofreu podem ter sido uma influência positiva e seus traumas pavimentaram seu caminho para que ele se tornasse multimilionário tendo o próprio negócio:

> *Não optei por ser meu próprio patrão, fui levado a isso. A companhia para a qual eu trabalhava foi vendida e eu fui demitido. Perdi o emprego porque era o homem mais bem pago da empresa. E agora, onde eu vou conseguir trabalho? Por causa do maldito salário altíssimo e por não possuir um diploma universitário, eu não tinha muitas chances.*

Logo depois de ter recebido as más notícias, pediram-lhe para devolver o carro da companhia, que estava com ele havia pouco tempo. Ele então caminhou até o carro e sentou-se refletindo sobre sua falta de sorte:

> *Apenas me sentei lá com os olhos lacrimejantes [...] a situação era péssima.*

Logo depois disso tudo, o Sr. Warren recebeu um chamado do CEO e proprietário de uma companhia fabricante de tapetes que tinha ouvido falar sobre sua recente demissão. O CEO estava ciente de sua extraordinária capacidade na venda de carpetes de forração e ainda que não fosse possível oferecer-lhe um emprego, resolveu propor-lhe uma solução alternativa. Sugeriu que ele estabelecesse uma agência de vendas, sugestão que o Sr. Warren prontamente atendeu.

Não foi uma transição simples. Requeria muito trabalho duro e viver sob um orçamento doméstico espartano. Também significava abrir mão de viver e trabalhar na cidade de Nova York. Foi uma importante mudança sair da cidade cosmopolita e mudar para a região dos Estados Unidos onde mais se negociam carpetes, ou seja, Dalton, no estado da Geórgia, mas foi o que ele fez.

> *Fui então para Dalton [Geórgia] [...] esse cara realmente me deu a chance de mudar [...] e me colocou no negócio. Ele me auxiliou com preços e a lista de mercadorias e com tudo mais que qualquer um necessitaria saber para ser bem-sucedido. Ele sabia que eu podia vender carpetes.*

Em sua mente, Sr. Warren sabia que ele não poderia fazer nada além de começar seu próprio negócio se quisesse ganhar tanto quanto estava acostumado naquele trabalho dos sonhos como executivo da empresa. Ele acreditava que nenhuma organização dos Estados Unidos seria capaz de compensá-lo em tão alto nível.

> *Foram necessários cerca de sete anos para que eu conseguisse me aprumar depois de perder aquele grande emprego. Eu vi a oportunidade.*

A modéstia do Sr. Warren era uma das razões que levavam as pessoas a terem tanta simpatia por ele. Ele normalmente abrandava tanto suas aptidões quanto conquistas, de certa forma refletindo as deficiências dos tempos de estudante, desistente da faculdade, executivo demitido e empresário lutador. Diminuía a importância de suas conquistas e mesmo até hoje fica se indagando como é que conseguiu tornar-se um sucesso financeiro. No fundo, espera que suas desistências escolares não tenham relação com o que possa ocorrer na economia norte-americana.

> *[...] Comecei do zero e construí o negócio. Não parece grande coisa, mas passar do zero aos 30 milhões de dólares na indústria de carpetes é muito significativo.*

Hoje o Sr. Warren ainda trabalha muito, mas em outro tipo de atividade. Gasta muitas horas gerenciando e planejando investimentos. Nunca mais irá considerar o sucesso financeiro como sendo algo inabalável. Nunca se esqueceu, nem por um único momento, o que é ter tanto dinheiro mesmo sendo um jovem executivo e, de uma hora para outra, perder tudo.

Foram necessários sete anos para que ele reconstruísse sua posição financeira. Usando suas próprias palavras, "uma verdadeira tortura... foi horrível". Essa experiência ainda é um forte agente motivador até hoje. Ele tem um "medo terrível" de passar por tudo isso de novo.

> *Eu juro que se por acaso perder tudo de novo, sentir que não terei mais condições de ter um mínimo conforto, tiver que voltar a fazer um trabalho chato, vou preferir morrer. É o medo da pobreza real. Nunca mais quero ser pobre de novo.*

Não há a menor dúvida que autoconfiança e pensamento positivo explicam de certa forma o sucesso, mas qual poderia ser a explicação das conquistas do Sr. Warren? Em geral, ele tem falta de confiança e um pensamento mais negativo do que positivo. É motivado pelo medo — teme voltar à situação de pobreza extrema que ele e sua família experimentaram um dia.

Tinha, entretanto, confiança que poderia sempre vender mais que o concorrente. Essa confiança associada à sua necessidade de evitar a pobreza o empurrara para o ambiente empresarial. Sua crença era: "Eu não tenho os requisitos solicitados para ser contratado... não conseguiria um emprego". Assim, na sua percepção, ser seu próprio patrão era a sua última esperança.

Ele acreditava que nenhuma empresa importante olharia duas vezes para ele pelo fato de ter abandonado a faculdade. Acreditava que apenas pessoas da "elite" eram empregadas "para altos salários" nas principais empresas. O Sr. Warren nunca se imaginou membro da "elite". Se tivesse imaginado, provavelmente não seria um milionário hoje. Pense como o Sr. Warren a respeito das hipóteses "e se" de sua vida.

> *Eu penso sobre isso o tempo todo [...] Isso prende minha atenção. A companhia [...] eles contratam esses garotos recém-formados, nata [a elite]. Meu amigo, diretor [CEO e proprietário de uma das principais empresas de carpetes], contratava os estudantes mais qualificados da mesma escola em que estudou. E aí estão esses sujeitos parecendo que nunca suaram a camisa, altos, de boa aparência. Todos esses caras conseguem os melhores empregos [...] Eu costumava pensar: puxa, se pelo menos eu tivesse essa aparência e as credenciais acadêmicas certas. [...] como minha vida seria mais fácil.*

Se o Sr. Warren pudesse voltar no tempo, teria a oportunidade de conseguir todas as notas máximas no ensino médio e na faculdade e concluir um MBA em uma das universidades de primeira linha. Poderia então ter sido contratado como executivo júnior, como os outros da seleta elite. Transpiraria autoconfiança pelos poros e seria muito mais positivo acerca de suas perspectivas econômicas. Mas será que o Sr. Warren realmente quer voltar no tempo? Será que realmente se ressente de não pertencer à elite? Não, em absoluto. Seu pensamento a respeito disso se aproxima bastante dos dados coletados no levantamento.

Muitas pessoas que se tornaram ricas em uma geração não tiveram escolha, tinham que ser financeiramente independentes. Muitos compreenderam que ter emprego amortece o fogo interior. A meta do Sr. Warren era se tornar uma pessoa financeiramente independente através da acumulação de riquezas. Seu patrimônio líquido era sua principal defesa contra a pobreza. Seu esforço empresarial produziu riqueza, mas exigiu sete anos de vida simples e comedida.

Diz que jamais teria se sentido obrigado a tornar-se milionário se tivesse tido credenciais e a confiança para ser executivo de uma empresa.

> *Se eu tivesse as credenciais para ser um executivo eu teria aceitado a mediocridade. [...] Não planejava entrar no negócio de carpetes [...] Francamente, se eu tivesse arranjado um emprego decente nunca teria começado um negócio próprio. [...] Fui levado para ser meu próprio patrão.*

De acordo com o Sr. Warren, a "elite" tem seu próprio capital. A educação, currículo e históricos escolares com notas altas constituem a riqueza da elite. É assim que a elite sobrevive e protege seu estilo de vida. Mas sem um currículo de destaque, o Sr. Warren sentiu que precisava de algo para substituir isso. Sua fortaleza é seu sucesso financeiro. Ficou rico porque apostou o que tinha na sua iniciativa. Se tivesse tido outras opções, nunca teria trabalhado tanto e se tornado tão rico.

Os dados que levantei confirmam as afirmativas do Sr. Warren. Pessoas como o Sr. Warren aprenderam que não existe essa coisa de emprego permanente trabalhando para outros. Na faculdade, ele soube que não era superdotado. Assim, só lhe restava superar a "elite" para vencer. Isto, juntamente com seu desejo de assumir riscos empresariais, fez dele um homem rico.

O que o Sr. Warren acabou descobrindo sobre os Estados Unidos? Trata-se de uma sociedade que dá duas, três, quatro, até dez oportunidades para pessoas que querem vencer e sabem usar os fracassos passados para pavimentar o caminho do próprio sucesso.

## A ARMADILHA DOS PAIS

Muitos pais acreditam que seus filhos terão dificuldade em se tornarem adultos produtivos sem primeiro conseguir "excelentes credenciais acadêmicas". Como vimos ao longo de todo este capítulo, tal hipótese simplesmente não é verdadeira. Realmente, muitos milionários que venceram na vida pelo próprio esforço relataram que não foram alunos nota 10 nem no colégio nem na faculdade. A maioria nunca teve pontuações muito altas no SAT, nem seus professores jamais imaginaram que eles poderiam ter sucesso no futuro. Muitos, mais de 80%, nunca frequentaram o assim chamado programa principal de graduação. Todos os pais deveriam compreender esses fatos antes de começar a empurrar incansavelmente seus filhos para que melhorem o desempenho escolar por meios tradicionais.

Mas há outro jogo em andamento aqui. Alguns pais definem o sucesso de maneira diferente de outros e querem que suas crianças sejam adultos mais produtivos. Querem que se tornem membros de grupos que ocupam posição de status elevado, como médicos, advogados e cientistas. As notas altas são parte dos requisitos de admissão para a escola de medicina, escola de direito e programas de doutorado. Mas é interessante porque esses programas das assim chamadas ocupações de status elevado geram apenas uma pequena parte da população milionária. Naturalmente, dinheiro não é tudo e essas ocupações são metas nobres. Mas muitos pais que desejam que seus filhos estejam matriculados na escola de medicina estão com foco no prestígio, na renda e na riqueza. Posso garantir que ter uma alta renda não assegura independência financeira. Nem todos aqueles que possuem ocupações de status elevado têm um padrão de renda elevado, porque muitos gastam compulsivamente com produtos que conferem status.

Para outros pais, é muito importante poder dizer a amigos, parentes e vizinhos que um de seus filhos vai para uma das melhores universidades e o outro para a melhor de todas. Eu chamo isso de status acadêmico. Os pais sentem que seu próprio status melhora pelo fato de seus filhos serem candidatos a uma faculdade de alto prestígio. É difícil explicar as variações na produtividade econômica, mas estou certo de que o desempenho acadêmico no ensino médio e na faculdade não explicam a ampla variação da distribuição de riqueza nos Estados Unidos.

Os pais frequentemente olham para seus próprios passados e começam a se consumir por uma série de hipóteses "e se".

---

E se eu tivesse ingressado em uma faculdade de alto prestígio? Certamente seria bem-sucedido hoje.

---

Os pais sabem que não podem mudar a própria história, mas sentem que ainda têm uma chance: seus filhos podem fazer melhor. No fundo esses pais tentam indiretamente fazer os filhos viverem o que não viveram. Eles contornam questões acerca de suas próprias credenciais acadêmicas surpreendendo amigos e conhecidos com histórias sobre os triunfos acadêmicos de seus filhos crianças e de como ingressaram na faculdade. Mal sabem eles que estão preparando um futuro medíocre para seus filhos, empurrando-os a conquistas desnecessárias.

Considerando os padrões a seguir, muitos milionários hoje não seriam admitidos na universidade do meu estado:

> *Classe de calouros na universidade da Geórgia [...] Média SAT para os que foram aceitos, igual a 1.220 e média escolar anual (ensino médio), igual a 9,0 (Rebecca McCarthy,"99 Freshmen: UGA Will Take 4,200 in Class",* Atlanta Journal-Constitution, *6 de abril de 1999, p. 1E).*

Para a população de renda e patrimônio líquido elevados, a renda atinge o auge normalmente quando o indíviduo está entre os 44 e os 54 anos de idade, ao passo que o patrimônio atinge seu máximo valor mais tarde, usualmente entre 55 e 64 anos. Não consegui encontrar nenhuma correlação estatisticamente significativa entre fatores de produtividade e econômicos (renda e patrimônio líquidos) e SATs, classificação e notas na faculdade, como indicado na Tabela 3-4.

Por exemplo, observe o coeficiente de correlação (0,05) entre o patrimônio líquido e a pontuação SAT para aqueles do grupo de 44 a 54 anos. Qual parte da variação no patrimônio líquido é explicada pela pontuação SAT? Basta assinalar 0,05 para obter a resposta. É uma porcentagem pequena, menor do que 1%. Isto pode ser explicado por outros fatores.

Para o que então a classificação SAT serve se não explica a renda nem o patrimônio líquido? Neste estudo, a pontuação SAT explica 11% da variação na média geral de pontos e vice-versa. Mas no mundo real a produtividade econômica não é definida pela média escolar anual. De um modo geral, a única correlação estatisticamente significativa deu-se entre a renda e a classe para o grupo de idades entre os 45 e os 54 anos. Mas, neste caso, mais uma vez, a classe explica apenas uma pequena parte da variação de renda (0,17 ao quadrado), menos de 3%.

Tabela 3-4 Coeficientes de correlação pontuação SAT, ranking e média geral das notas (GPA)[1] *versus* patrimônio líquido e renda

| | Idade: 45-54 (N=252) | | Idade: 55-64 (N=205) | |
|---|---|---|---|---|
| Medidas de produtividade econômica: | SAT[2] | Correlação significativa[3] | SAT | Correlação significativa |
| Patrimônio líquido[4] | 0,05 | Não | 0,02 | Não |
| Total anual de renda realizada[5] | 0,07 | Não | 0,06 | Não |
| | Ranking | | Ranking | |
| Patrimônio líquido | 0,01 | Não | 0,04 | Não |
| Total anual de renda realizada | 0,17 | Sim | 0,01 | Não |
| | GPA | | GPA | |
| Patrimônio líquido | 0,01 | Não | 0,04 | Não |
| Total anual de renda realizada | 0,11 | Não | 0,02 | Não |

1 GPA (*Grade Point Average*) refere-se à média gera de pontos de cursos de ensino médio/faculdade em uma escala de 4 pontos: A=4, B=3, e assim por diante.

2 *Refere-se à pontuação combinada.*

3 Probabilidade a menos de 0,01. Trinta correlações foram geradas (2 medidas de produtividade econômica) × (3 medidas de desempenho acadêmico) × (5 grupos de idade). Uma das 30 correlações (renda *vs.* classe para a idade de 45 a 54 anos) foi estatisticamente significativa.

4 O patrimônio líquido refere-se aos ativos domésticos menos todas as dívidas.

5 A renda total anual realizaca refere-se à renda familiar.

# O CLUBE DOS 900

Criei, no meu escritório, um clube privativo, o chamado Clube dos 900: só os milionários que tiveram uma pontuação inferior a 1.000 no SAT são admitidos. Usei arbitrariamente pontuações abaixo de 1.000 para definir um desempenho menor do que espetacular. Não quero sugerir com isso que uma importante parcela da população milionária tenha pontuações inferiores a 1.000 no SAT. Na realidade, apenas uma minoria dos milionários enquadra-se nessa categoria. Mas a questão é que é possível tornar-se um sucesso econômico com pontuações ruins ou piores.

E se avisássemos às pessoas com pontuações SAT baixas que elas podem vencer? Talvez teríamos mais pessoas economicamente bem-sucedidas um dia. O mesmo se aplica ao nosso sistema de pontuação. Ter notas ruins quando se tem 16 ou 17 anos não impede que se obtenha sucesso na vida, mas muitos adultos acreditam no contrário.

Um dos primeiros membros do Clube dos 900 foi um homem que chamarei de Sr. Recusa. Ele lutou com os estudos escolares, mas tanto fez que acabou se formando na faculdade. Por que o batismo de Sr. "Recusa"? Primeiro, ele se recusou a aceitar que seu desempenho fosse considerado como sendo inferior a excepcional no ensino médio, no SAT e na faculdade, porque eram indicativos de sua futura produtividade. Depois, enquanto ainda estava na escola, concentrou seus estudos nas disciplinas acadêmicas, mas cursou também matérias relacionadas a "sucatas, resíduos urbanos, lixo orgânico e refugos". Mais tarde, adicionou ao currículo um curso chamado "reciclagem". Como muitos membros do Clube dos 900, o Sr. Recusa foi fortemente influenciado pela sua experiência com empregos temporários de verão em negócios de lixo e reciclagem. Depois transformou a experiência com sucata em um negócio próprio multimilionário. Quanto mais cedo um jovem desperta seus interesses e inicia experiências com a vocação que tem, mais provavelmente conseguirá ser um adulto produtivo.

## COMPARANDO OS 900 COM OS 1.400

E se seu filho fizesse o exame SAT três vezes e toda vez tivesse uma pontuação abaixo da média nacional? Você compreende que ele poderia não ser admitido em muitas das melhores faculdades e universidades, mas existem muitas que ficariam felizes em admiti-lo. Isso é especialmente verdadeiro se seu filho tem determinação e é estudioso. Outra possibilidade é que ele seja transferido para uma segunda ou terceira faculdade de sua escolha, por um ou dois anos, até que resolva em qual quer ficar.

Frequentar e completar o ensino médio e a faculdade são fatores significativos na explicação do sucesso econômico. Preocupe-se mais com o término dos estudos do que com o ingresso na faculdade. O ingresso na faculdade não afetará as oportunidades futuras de seu filho, a não ser que deixem que acabem com sua motivação. A chave para a motivação de John e Sally tem muito a ver com convencê-los de que eles têm potencial para ser bem-sucedidos. Se acreditarem que notas baixas em testes padronizados como o SAT têm a capacidade de prever com exatidão futuras conquistas, é provável que percam a motivação para competir. Agora o futuro deles está programado. Notas abaixo da média têm grande impacto sobre pais e filhos e as baixas pontuações podem ser totalmente devastadoras. Mas não para todos. Quais seriam as diferenças fundamentais entre esses milionários, membros do Clube dos 900, e aqueles que conseguiram a pontuação de 1.400 ou mais no SAT? Para responder essa pergunta é necessário fazer uma análise das respostas ao levantamento de duas subamostras de milionários. As respostas de 100 membros do Clube dos 900 foi comparada com a de 100 milionários com uma pontuação de 1.400 ou mais no SAT.

Somente 3% dos milionários do Clube dos 900 indicaram que ter alto QI ou intelecto superior era um fator muito importante para explicar seus respectivos sucessos, como indica a Tabela 3-5.

**Tabela 3-5** Fatores que explicam o sucesso econômico: milionários com pontuação SAT abaixo de 1.000 *versus* 1.400 ou mais altas

PORCENTAGEM INDICANDO QUE O SUCESSO NO SAT É MUITO IMPORTANTE

| | Notas de admissão (SAT) | |
|---|---|---|
| Fatores de sucesso | Abaixo de 1.000 (N=100) | Acima de 1.400 ou mais alto (N=100) |
| Ter alto QI ou um intelecto superior | 3 | 50 |
| Ser honesto com todas as pessoas | 65 | 50 |
| Contar com o apoio do cônjuge | 57 | 46 |
| Amar a carreira/o próprio negócio | 51 | 39 |
| Relacionar-se bem com as pessoas | 63 | 49 |
| Ver oportunidades de negócios onde outros não veem | 42 | 29 |
| Ser especializado | 26 | 17 |
| Ser muito bem organizado | 42 | 30 |
| Ignorar a crítica dos que te desvalorizam | 34 | 25 |
| Ter bons mentores | 31 | 26 |
| Ser bastante disciplinado | 61 | 56 |
| Encontrar um nicho lucrativo no mercado | 38 | 27 |

Como já mencionado, apenas resultados de medições padronizadas de QI e de SATs foram relacionados. Observe também que nenhum dos membros do Clube dos 900 acreditava que os professores do ensino médio fossem julgá-lo como tendo "um intelecto do mais alto nível" ou como sendo "o mais inteligente", como indica a Tabela 3-6.

Como contraste bem acentuado, pode ser observado que 50% dos entrevistados com pontuação de 1.400 ou mais no SAT acreditavam que possuir um alto QI ou um intelecto superior constituía um fator muito importante na explicação do respectivo sucesso econômico. Como achavam que eram julgados pelos seus professores do ensino médio? Muito diferente do que os do Clube dos 900. De dez, mais de quatro (42%) indicaram que seus professores muito provavelmente os julgaram como tendo o mais alto nível de inteligência, 41% que a opinião tinha sido "o mais inteligente", 32% o que teria maior probabilidade de ser bem-sucedido, e assim por diante.

Tabela 3-6 Como provavelmente os professores do ensino médio julgariam os milionários com pontuação no SAT abaixo de 1.000 *versus* 1.400 ou mais altas

PORCENTAGEM INDICANDO QUE O SUCESSO NO SAT É MUITO IMPORTANTE

| | Notas de admissão (SAT) | |
|---|---|---|
| "Superlativos" | Abaixo de 1.000 (N=100) | Acima de 1.400 ou mais alto (N=100) |
| O de mais alto nível de inteligência | 0 | 42 |
| O mais inteligente | 0 | 41 |
| O que tem mais probabilidade de ser bem-sucedido | 3 | 32 |
| O de mais alta média escolar anual | 2 | 28 |
| O mais lógico | 8 | 31 |
| O mais confiável | 28 | 30 |
| O mais popular | 27 | 23 |
| O mais consciencioso | 13 | 19 |
| O mais trabalhador | 12 | 20 |
| O mais habilidoso | 16 | 18 |

O que se pode dizer dos membros do Clube dos 900? A maioria, se não todos, compreendeu, em seus anos de formação, que não se situavam no extremo mais alto da escala intelectual analítica, embora ainda desejassem ser economicamente bem-sucedidos. Durante a época de escola, a maioria (72%) dos membros do Clube dos 900 aprendeu a batalhar por tais metas, ainda que fossem rotulados como os de capacidade média ou menor do que a média (veja a Tabela 3-7).

Eles também descobriram que existiam outros fatores significativos na equação da riqueza. A maioria (93%) descobriu que o trabalho duro era mais importante do que inteligência genética na conquista do sucesso.

Examine novamente as 12 comparações entre os membros do Clube dos 900 e aqueles com pontuação SAT maior do que 1.400 ou mais alta, como aparecem na Tabela 3-5. Como indicado, os que obtiveram alta pontuação no SAT deram maior valor ao intelecto na explicação do seu respectivo sucesso econômico. Mas os membros do Clube dos 900 valorizaram mais os outros 11 fatores de sucesso.

Quem são esses que enfatizaram o intelecto superior como fator-chave de sucesso? Os advogados e os médicos estão bem representados no grupo de pontuação no SAT igual a 1.400. Também estão incluídos os altos funcionários de empresas, com títulos avançados de nível superior, MBAs ou PhDs de escolas de renome, e proprietários de negócios envolvidos na área técnica e científica. De uma forma geral, aqueles que fizeram a correspondência entre o intelecto superior e o sucesso estão se referindo à inteligência analítica, supostamente medida por baterias padronizadas de testes de QI, por sua vez relacionados às pontuações dos exames como SAT, GRE e outros.

Tabela 3-7 Experiências do ensino médio e de faculdade que influenciaram a transformação dos milionários em adultos produtivos economicamente com pontuação no SAT abaixo de 1.000 *versus* 1.400 ou mais altas

PORCENTAGEM DE MILIONÁRIOS INFLUENCIADOS PELA EXPERIÊNCIA[1]

| | Notas de admissão (SAT) | |
|---|---|---|
| Experiência | Abaixo de 1.000 (N=100) | Acima de 1.400 ou mais alto (N=100) |
| Aprendendo a lutar por suas metas porque alguns o rotularam como tendo "capacidade média" ou menor | 72 | 21 |
| Descobrindo que o trabalho duro era mais importante do que um intelecto superior genético para vencer | 93 | 60 |
| Nunca permitindo que notas baixas destruíssem as respectivas metas | 66 | 34 |
| Sendo excepcionalmente criativo | 62 | 51 |
| Desenvolvendo trabalhos em meio-período enquanto estudava | 58 | 47 |
| Sendo motivado pelos professores | 64 | 60 |

[1] "Influenciado" significa que o respondente indicou que a experiência teve um grau moderado ou alto de influência

Por outro lado, como os membros do Clube dos 900 explicam os respectivos sucessos? Obviamente, como se conclui dos resultados da Tabela 3-5, não depende de possuir um intelecto analítico superior.

## SER HONESTO

Observe que praticamente dois terços dos membros do Clube dos 900 acreditam que "ser honesto" foi um fator muito importante na explicação do respectivo sucesso, número bastante superior ao do outro grupo. Não se deseja com isso sugerir que as pessoas com intelecto superior são desonestas, quase todas as pessoas bem-sucedidas colocam considerável ênfase na integridade. Entretanto, muitos membros do Clube dos 900 são proprietários de negócios, diariamente envolvidos com a atividade de vendas. A integridade está em foco todos os dias. Por outro lado, muitos com capacidade analítica superior lidam com profissões voltadas para ciência, pesquisa e desenvolvimento, defesas legais para apoiar queixas de clientes sobre erros médicos ou então desenvolvendo estratégias para prolongar a vida de pacientes com câncer.

Enquanto isso, a integridade é realmente o tópico mais importante no instante em que o dinheiro muda de mãos. Se nesta conjuntura faltar integridade a um indivíduo, a longo prazo ele nunca se tornará, ou permanecerá sendo, uma pessoa bem-sucedida. Existem muitas definições para integridade, mas eu particularmente gosto do ponto de vista de Robert A. Lutz sobre sua importância. Lutz acredita que a integridade é absolutamente essencial para quem almeja se tornar um executivo e não tolera a desonestidade de forma alguma. Quando lhe ofereceram um suborno de US$ 10 milhões, ele declinou a oferta e assegurou-se de que sua empresa nunca mais fizesse negócios com o autor de tal oferecimento (Robert A. Lutz, *Guts* [Nova York: John Wiley & Sons, Inc., 1998] p.183-86). As pessoas com bom senso ou com inteligência prática dão grande importância à integridade em tudo que fazem. Se o Sr. Lutz tivesse saído do ensino médio com 15 anos de idade em vez de 22, ou se tivesse sido um garoto de genialidade analítica, mas se lhe tivesse faltado integridade, ele nunca teria se tornado um alto executivo.

## A EQUIPE DE APOIO

Muitos membros do Clube dos 900 creditam bastante seu sucesso ao fato de contarem com o "apoio do cônjuge". Contar com o apoio do cônjuge não é um acidente ou uma ocorrência aleatória. Mesmo antes de se casarem, os membros do Clube dos 900 tendiam a ser mais sensíveis para determinadas diferenças entre seus cônjuges em potencial do que os que tinham obtido pontuações maiores. Muitos membros do Clube dos 900 compreenderam, mesmo antes de se casarem, que precisavam de um cônjuge que lhes desse apoio, reconhecendo talvez que duas cabeças pensam melhor do que uma. Se um membro do Clube dos 900 percebesse deficiências na sua atitude analítica, mas visualizasse ao mesmo tempo uma carreira de sucesso ou um negócio de alta produtividade operacional, ele poderia sentir que necessitava da companhia de um cônjuge de uma autodisciplina comum, equilibrado, seguro e tolerante. Além disso, os homens provavelmente seriam mais atraídos por uma esposa que demonstrasse claramente ser capaz de proceder de forma economicamente produtiva. Cerca de quatro em dez dos membros do clube dos 900 sentiram-se atraídos para seus cônjuges tendo em vista esta característica de produtividade.

---

Se escolher for uma possibilidade, além do amor e da atração física, deve-se casar com uma mulher que possa gerenciar um negócio.

---

Tenho ouvido muitos homens de negócio bem-sucedidos fazendo declarações semelhantes. Será que isto significa que membros do Clube dos 900 têm mais inclinação para manter casamentos duráveis? Não encontrei nenhuma evidência estatística apoiando esta especulação. Tanto os membros do Clube dos 900 como aqueles do grupo de "intelecto superior" na população milionária tendem a ter casamentos duradouros.

Mas a produtividade econômica de um casal é um outro tópico. Frequentemente existe uma significativa economia de escala quando um casal trabalha junto, como uma equipe, para produzir renda. Observam-se, com frequência, economias de escala significativas quando um dos dois se torna um confidente informal ou é capaz de dar apoio psicológico. Uma discussão detalhada sobre a escolha do cônjuge é dada no Capítulo 6.

Os membros do Clube dos 900 têm outra propensão demonstrada com clareza: tendem a ter grande número de conselheiros, mentores e muitos outros de papel significativo para prestar apoio, inclusive o marido ou a esposa. Com bastante frequência, usam outras ideias além das próprias para aumentar a probabilidade de sucesso na vida. E com relação àqueles do grupo de intelecto superior, os que possuem pontuação no SAT igual ou maior do que 1.400? Ocorre justamente o contrário. Realmente, quanto mais alta a pontuação no SAT, mais provavelmente o indivíduo usa apenas suas próprias opiniões para se orientar.

Ficou clara a vantagem em contratar consultores que lhe podem ser superiores com relação a uma ou outra área da equação do sucesso? É evidente portanto a vantagem de se contratar um talento superior. Se você não se relaciona bem com as pessoas, especialmente as pessoas que lhe podem aconselhar, você tem um problema nas mãos. Você pode ser "excessivamente inteligente". Você pode não querer admitir que precisa de ajuda. Ou pode estar tão convencido a respeito da própria superioridade intelectual que você não vê nenhuma necessidade de aconselhamentos de intelectos inferiores.

## OUTROS FATORES

E se você recebeu o rótulo de "na média", "abaixo da média", ou mesmo "um pouco acima da média nos testes padronizados, mas, apesar disso, tem a determinação de se tornar um sucesso econômico? Intuitivamente você sabe que a vitória é possível. A determinação talvez possa ser auxiliada se alguém fez comentários sobre sua capacidade para atingir a excelência. Talvez um de seus orientadores ou um professor lhe tenha dito: "O que você possui é especial. Não sabemos ainda como detectar tal qualidade em nossos estudantes".

Foi o que aconteceu com Sharon. Um iluminado orientador vocacional da escola secundária disse-lhe que ela possuía uma criatividade especial. Sharon conseguiu resultados acima da média em testes de aptidão padronizados, mas seu ponto forte era no campo da criatividade. Hoje ela é uma designer renomada nos Estados Unidos, seus pais finalmente a perdoaram por ela não ter ingressado na escola de medicina. Sharon já ganhou duas vezes o prêmio de designer do ano.

Algum crédito pode ser dado aos professores e orientadores vocacionais escolares pelo aumento da população do Clube dos 900. Praticamente dois terços, 64%, dos seus membros apontam que "ter recebido motivação dos professores" (Tabela 3-7) teve influência no fato de hoje serem adultos economicamente produtivos. Muitas vezes é preciso apenas um professor, orientador vocacional, treinador para influenciar um jovem neste caminho positivo. Os treinadores frequentemente desempenham um papel importante a esse respeito. Uma parte significativa, 63%, dos membros do clube dos 900 relata ter praticado esportes competitivos. Talvez essa experiência tenha alguma coisa a ver com a capacidade que possuem de lidar com críticas daqueles que os rebaixam e de "vencer as partidas" que eles previam que iriam perder.

Outra questão é o trabalho em meio-período, prática de 58% dos membros do Clube dos 900 e que ajudou a moldá-los positivamente. Pelos perfis das pessoas mais produtivas dos Estados Unidos, é raro encontrar alguém que não mencione trabalhos em meio-período como tendo sido úteis para mostrar o que seria ter uma carreira como balconistas de hotéis ou garçons em restaurantes.

*O Sr. Nielsen vendeu 20% de suas aplicações por US$ 100 milhões. Ele trabalhou como vaqueiro, motorista de caminhão, operador de guinchos, zelador, antes de investir em indústrias petrolíferas (Barnaby J. Feder. "Glenn E. Nielson, 95, Builder of Oil and Asphalt Business",* New York Times, *5 de novembro de 1998, p. C27).*

Outra razão para o Sr. Nielsen ter sido bem-sucedido na vida foi ter visualizado uma oportunidade de negócios menosprezada por muitos outros e ter encontrado um nicho geográfico lucrativo para explorar. Dificilmente uma pessoa reconhece oportunidades ficando em um único lugar, em um só trabalho. Muitos dos milionários que venceram na vida pelo próprio esforço tiveram uma experiência bastante variada em muitos lugares e por meio de muitos trabalhos temporários.

## Defina "Gênio"

John Parks é multimilionário hoje, mas há 35 anos, quando se formou na faculdade, nunca imaginava que seria um exemplo de importante sucesso econômico. O Sr. Parks foi um estudante de notas ruins durante todo o seu curso superior. Ele se graduou em engenharia e, depois de formado, foi contratado por uma grande empresa de consultoria em engenharia.

Os superiores do Sr. Parks logo reconheceram suas fortes qualidades de liderança. Não demorou muito para assumir o comando de uma divisão importante da empresa. Mais tarde, deixou sua posição de executivo para estabelecer sua própria empresa de teste de resistência de materiais de construção.

Recentemente a empresa que o Sr. Parks fundou foi adquirida pela companhia Fortune Fifty e hoje ele está "ligeiramente aposentado, mas ativo em dois negócios e ainda prestando consultoria". Durante toda sua carreira, John contratou centenas de pessoas com diferentes experiências profissionais. Algumas eram cientistas ou engenheiros, outras contadores e administradores.

John revelou-se um respondente ideal para o levantamento graças a sua vivência construindo riquezas e contratando e gerenciando pessoas. Exatamente, como uma pessoa com notas escolares ruins se torna um multimilionário? Por que os colegas de John com um acervo de notas escolares máximas trabalhavam para ele, em vez de ocorrer justamente o oposto? Na realidade, John me fez esta pergunta antes que eu tivesse a oportunidade de perguntar o mesmo. Na mente de John há uma correlação negativa entre desempenho na escola e sucesso econômico. Ele se reporta à própria experiência para dizer:

> *Fui um aluno mediano, mas entrei na escola de engenharia, principalmente por insistência de minha mãe. Eles precisavam de um profissional na família e realmente eu não me achava bem qualificado, mas se há alguma coisa de que tenho certeza é de que ninguém é capaz de se esforçar mais do que eu. Dou o melhor*

*de mim, não tenho medo e nunca me preocupei em acumular riquezas. Mas tive que lutar, trabalhar arduamente para conseguir as coisas. Acabei me tornando gerente e tendo que contratar alguns desses gênios, que só não ocupam cargos de gerência por não terem inclinação para lidar com pessoas.*
*Penso que a inteligência deles [...] em como se mede a capacidade intelectual de um modo um pouco falho. Esses gênios não têm sensibilidade para o ambiente de trabalho ou como dizer a coisa certa combinado com não trabalhar duro. Particularmente no campo da engenharia, estou convicto de que [...] muitas pessoas [geniais] simplesmente não são bem-sucedidas. São muito fortes, mas em um tipo de área muito restrita. Os gênios que trabalham para mim sabem cada vez mais sobre cada vez menos! Muitos intelectuais foram retirados de suas carreiras em pesquisa, estudos acadêmicos [...] coisas que tendem a não ser gerenciáveis ou alvo de empreendimentos [...] Não são indivíduos práticos na maioria das vezes.*

Qual a mensagem de John? Quando lhe dizem que seu desempenho é sofrível, ou mesmo abaixo da média, seu esforço para ser bem-sucedido deve ser extraordinário. É necessário relacionar-se bem com as pessoas, trabalhar mais do que os outros e desenvolver uma empatia própria para com as necessidades de quem o cerca. Se fizer isso, talvez seja selecionado para uma posição de comando. Muitas pessoas superdotadas nunca sentiram necessidade de se aplicarem nessas habilidades. É realmente irônico que o fato de ser superdotado intelectualmente seja um ponto negativo em termos profissionais.

A maioria dos milionários nunca se colocou na posição de concorrência direta com os superdotados. Sabem que é tolice e normalmente não lucrativo comparar desempenhos com QIs iguais entre si. Em vez disso, preferem contratar aqueles intelectualmente superdotados. Então deixam que esses gênios travem a disputa entre si.

## SEM DESCULPAS, POR FAVOR

Aos leitores deste livro, um aviso: o histórico escolar não pode mais ser usado como desculpas para não se conseguir ser bem-sucedido!

DR. STANLEY: Quanto conseguiu ganhar em seu melhor dia?
VENDEDOR EXTRAORDINARIAMENTE BEM-SUCEDIDO (DE ORIGEM HISPÂNICA): Um dia vendi cerca de US$ 8 milhões e ganhei uma comissão — líquida — de US$ 240 mil aproximadamente.

DR. STANLEY: E qual sua média geral de notas (GPA) na faculdade?

RESPONDENTE HISPÂNICO: De sofrível a péssima.

DR. STANLEY: Quantas notas máximas conseguiu tirar nessa época?

RESPONDENTE HISPÂNICO: Pelo menos uma ou duas. Certamente teria tirado muitas se estivesse ganhando alguma comissão sobre elas, trabalho por dinheiro, não por notas máximas.

*Observação: Os pais devem ter atenção sobre os ensinamentos que passam às crianças sobre o futuro.* Com frequência, pais bem-intencionados inadvertidamente condenam seus filhos a uma vida de baixa produtividade econômica dizendo-lhes dez mil vezes:

Vocês nunca serão grande coisa se não se saírem bem na escola.

Algumas dessas crianças com históricos acadêmicos ruins sentem-se compelidas a cumprir a profecia dos pais a despeito do potencial que possuem para se tornarem milionárias. Elas são sentenciadas a uma vida de baixa produtividade econômica. Suas mentes foram condicionadas a responder negativamente às dicas relativas a oportunidades que fazem as riquezas florescerem. Portanto, agem de forma a assegurar uma vida comum ou de nunca chegarem a lugar algum.

# 4

# Relação entre Coragem e Riqueza

*Nunca se aconselhe com seus medos.*

*— General Stonewall Jackson*

É FÁCIL COMPREENDER POR QUE A CORAGEM É PARTE de nossos milionários que venceram na vida pelo próprio esforço, principalmente a coragem de assumir riscos financeiros. Superar os obstáculos da vida e alcançar o mais alto nível de receita exige ações de coragem e a capacidade de vencer os medos. Como os nossos milionários adquiriram tal coragem? Será que se trata apenas de um traço genético, herdado dos ancestrais e parentes, como costumamos pensar? Para nossa surpresa, os milionários dizem que não. Virtualmente, todos sentem que a coragem que demonstram foi nutrida e conscientemente desenvolvida ao longo de suas carreiras. Neste capítulo veremos as várias técnicas que os ajudaram a enfrentar e assumir riscos financeiros.

## A Coragem de Assumir Riscos

Qual o papel que a coragem desempenha no processo de enriquecer alguém em uma única geração? Quase todos os milionários que venceram na vida pelo próprio esforço a possuem, pois a acumulação de riquezas requer que eles assumam riscos, incluindo os financeiros. E tudo isso exige coragem. Uma das principais características desses milionários é o fato de possuírem e administrarem seus próprios negócios. É preciso coragem para trabalhar por conta própria, para investir na própria atividade. A maioria das pessoas vê riscos na sua lida diária, e o risco é companheiro do medo e do perigo.

Uma outra faceta do comportamento dos milionários é que, independentemente do capital que investiram no próprio negócio, também possuem ações de companhias públicas. Existem certos riscos inerentes ao negócio de investimento em ações. Deve-se ter coragem para investir sem garantias, para não entrar em pânico cada vez que o mercado de ações sofrer oscilações. Os de pouca coragem são também os últimos a investir quando as ações sobem e os primeiros a sair quando pequenas correções acontecem.

Os milionários que ocupam posições de altos executivos de empresas também têm coragem. Se não tivessem nunca seriam promovidos a um cargo tão alto. Eles são obrigados a assumir riscos para se tornarem bem-sucedidos. Imagine se uma linha de produtos novos por eles proposta não atingir o equilíbrio entre as receitas e os custos de produção? Por outro lado, o que acontece quando as vendas superam todos os recordes da empresa?

É interessante notar que, com o crescimento da renda, aumenta a probabilidade de que a pessoa se torne proprietária do próprio negócio, alto executivo de uma empresa, profissional de vendas (pago estritamente com base em comissões) ou um representante. Mas nenhuma dessas ocupações constitui uma garantia à prova de fogo do nível da receita, de modo que muitos ficam sem querer assumir o risco econômico inerente a elas. Vários pensam que a incerteza na remuneração é cheia de perigos. Preferem ter a segurança e a certeza de trabalharem com um salário fixo.

Por que aqueles que tendem a ser parte da próxima geração de milionários assumem riscos nos dias de hoje? Da forma como veem, o risco econômico é um requisito para alguém se tornar economicamente independente. Eles acreditam que os benefícios de se tornar financeiramente independentes contrabalançam de maneira folgada os riscos frequentemente inerentes à acumulação de riquezas. Entretanto, muitas pessoas nos Estados Unidos deixam de possuir os próprios negócios, de serem patrões de si mesmos, de investirem no mercado de ações ou de trabalharem com base em comissões, por causa dessa emoção tão forte chamada medo. Superar o receio do fracasso econômico não é fácil, e é por esse motivo que tão poucas pessoas são hoje donas do próprio negócio. Sofrem por causa das suposições do tipo "e se...". E se estiver trabalhando por conta própria, mas não vender nada? E se meu negócio e capital forem por água abaixo? E se eu não puder sustentar minha família?

E se meus amigos, parentes e vizinhos descobrirem que estou falido?

O risco de falir está sempre presente, mas os milionários aprendem a lidar com o risco econômico e por fim manter o controle de seus medos. Parafraseando e combinando os pensamentos de vários milionários que venceram na vida pelo próprio esforço, eles costumam responder contra a ideia de que trabalhar para outros dá segurança sem riscos, da seguinte maneira:

> *Trabalhar para outros é uma situação que pode se tornar bastante arriscada [...] trata-se de uma única fonte de receitas [...] não se tem oportunidade de aprender como tomar milhares de decisões [...] decisões que seriam mais bem administradas se o trabalho se desenvolvesse em benefício próprio.*
>
> *Trabalhar para outros não permite que se crie a própria clientela [...] não se faz o que melhor poderia ser uma contribuição para o próprio interesse econômico de se alcançar sucesso e se tornar rico [...] só se faz aquilo que interessa ao empregador.*

Você deseja enriquecer em apenas uma única geração? Se quiser que isso aconteça, você deverá desenvolver a coragem para compensar o medo do fracasso econômico. É necessário cultivar essa coragem durante toda a carreira adulta. É fácil dizer o que precisa ser feito, mas é muito difícil para uma pessoa comum conseguir desenvolver este tipo de coragem espontaneamente. Por essa razão, o conteúdo deste capítulo é tão importante.

As barreiras negativas que as pessoas erguem em suas mentes fazem com que poucas sejam independentes nos dias de hoje. O processo de enriquecimento não passa, na realidade, de um jogo mental. Os milionários frequentemente falam sobre os benefícios que a independência financeira proporciona. Constantemente dizem a si mesmos que é muito difícil consegui-la sem assumir alguns riscos.

Antes de se tornar um milionário, você deve aprender a pensar como um. É necessário descobrir o que o motiva mais constantemente a fazer com que a coragem contrabalance o medo. A tomada de decisões importantes acerca da carreira, dos negócios, de investimentos e de outros recursos expulsa o medo. O mesmo medo que as pessoas carregam no processo de se tornar um sucesso financeiro. Isso é especialmente verdadeiro para quem trabalha por conta própria ou para quem tem uma parte substancial da própria riqueza investida em áreas que não garantem retorno.

Será que as pessoas podem aprender a controlar seus medos e se tornarem corajosas? Será que podem ser treinadas a não entrar em pânico quando as crises repentinas ocorrerem? Se isso pudesse acontecer, de onde viria o esclarecimento necessário? Os milionários que responderam este levantamento falaram sobre como agem e quais táticas e técnicas utilizam para estimular a própria coragem. Consegui identificar mais de uma centena de técnicas que empregam mediante um jogo chamado "a vitória sobre o medo". Dessas técnicas selecionei as 24 mais repetidas durante os grupos de discussão e entrevistas pessoais com os milionários, como mostrado na Tabela 4-1.

**Tabela 4-1** Ações e processos mentais utilizados pelos milionários para eliminar/reduzir medos e preocupações (N=733)

| | MILIONÁRIOS QUE EMPREGARAM AÇÕES ESPECIAIS OU PROCESSOS | |
|---|---|---|
| | % | Ranking |
| Trabalhar arduamente | 94 | 1[1] |
| Acreditar em si mesmo | 94 | 1[1] |
| Ter organização | 93 | 3 |
| Ter o foco em aspectos-chave | 91 | 4 |
| Ser decidido | 89 | 5 |
| Fazer planejamento | 87 | 6 |
| Ser bem organizado para lidar com assuntos importantes | 83 | 7 |
| Agir imediatamente para resolver problemas | 80 | 8 |
| Contrabalançar pensamentos negativos com positivos | 72 | 9 |
| Superar o concorrente no trabalho, no modo de pensar e na garra | 71 | 10 |
| Ser capaz de visualizar o sucesso | 68 | 11 |
| Nunca permitir que a mente seja controlada por medos | 66 | 12 |
| Derrotar o medo atacando-o | 65 | 13[1] |
| Dividir preocupações com o cônjuge | 65 | 13[1] |
| Contar as bênçãos que possui | 64 | 15 |
| Fazer exercícios regularmente | 60 | 16 |
| Procurar conselhos de pessoas proeminentes | 59 | 17 |
| Ter consultores/contadores/advogados hábeis | 56 | 18 |
| Nunca viver relembrando erros passados | 55 | 19 |
| Dividir preocupações com um amigo de confiança | 50 | 20[1] |
| Usar a frieza de cálculo desenvolvida na prática de esportes | 50 | 20[1] |
| Ler a respeito de pessoas corajosas | 40 | 22 |
| Ter profunda fé religiosa | 37 | 23 |
| Rezar | 32 | 24 |

[1] Ligada a esta posição por outro fator.

Observe que a maioria dessas ações e processos mentais podem ser agrupados sob os títulos mostrados na Tabela 4-2. As mais importantes dessas atividades serão discutidas neste capítulo.

**Tabela 4-2** Ações e processos mentais utilizados pelos milionários para eliminar/reduzir medos e preocupações agrupados por assuntos

ESFORÇO FÍSICO
- Trabalhar arduamente

PLANEJAMENTO
- Fazer planejamento
- Ser bem organizado para lidar com assuntos importantes
- Ter organização
- Ter o foco em aspectos-chave

DECISÃO
- Ser decidido
- Agir imediatamente para resolver problemas
- Superar o concorrente no trabalho, no modo de pensar e na garra

PODER DO PENSAMENTO POSITIVO
- Ser capaz de visualizar o sucesso
- Derrotar o medo atacando-o
- Contrabalançar pensamentos negativos com positivos
- Ler a respeito de pessoas corajosas

CONTROLE MENTAL
- Nunca viver relembrando erros passados
- Nunca permitir que a mente seja controlada por medos

ORIENTAÇÃO ESPIRITUAL
- Procurar conselhos de pessoas proeminentes
- Ter consultores/contadores/advogados hábeis
- Dividir preocupações com um amigo de confiança
- Dividir preocupações com o cônjuge

CORAÇÃO DE ATLETA
- Fazer exercícios regularmente
- Usar a frieza de cálculo desenvolvida na prática de esportes

RELIGIÃO
- Rezar
- Ter profunda fé religiosa
- Contar as bênçãos que possui

## Sr. Benjamim *Versus* Sr. Truck

O Sr. Benjamim pagou totalmente a matrícula escolar dos filhos. Tanto sua filha quanto seus filhos frequentaram escolas particulares do ensino fundamental, colégios particulares de prestígio, faculdades de medicina e de pós-graduação. O Sr. Benjamim arcou com todos os custos de acomodação, alimentação, matrícula, livros e outras despesas necessárias. Quem será esse homem que demonstrou capacidade de honrar todas essas caríssimas matrículas? Seria um médico que recebe altos honorários ou, talvez, o CEO de uma empresa pública importante?

Antes de se aposentar o Sr. Benjamim era motorista de ônibus escolar, com renda suficiente para mandar os filhos estudarem em colégios particulares, escolas de medicina e escolas de pós-graduação. Gastava pouco, mas gastar pouco não é suficiente para pagar matrículas de seis dígitos.

Quando eles eram pequenos, o Sr. Benjamim descobriu que todos eram brilhantes. Compreendeu os benefícios que cada um teria com uma educação do mais alto nível e sempre se preocupou em custear uma educação desse gabarito apesar do baixo salário que recebia. Consequentemente, começou um programa de leitura sobre "automelhoria". O tópico central desse programa era o investimento.

O fato de ser motorista de ônibus tinha um lado bom, pois dava ao Sr. Benjamim várias horas de tempo livre por dia. Seus companheiros, também motoristas, frequentemente usavam esse tempo livre para cochilar, ler jornais, revistas, beber, tomar café ou conversar. Ele usava as horas de folga de maneira mais sábia. Lia a respeito de vários tipos de investimentos. Logo descobriu, em seu programa autodidata, a verdade acerca dos retornos em longo prazo advindos do mercado de ações corporativas, cadernetas de poupança, títulos do Tesouro, títulos municipais, CDBs, ações, metais preciosos e imóveis.

O Sr. Benjamim concluiu que, depois de corrigida a inflação e os impostos, apenas as ações dariam um retorno real aos dólares que investisse. Sua mãe sempre lhe dizia para não investir no mercado de ações, afinal ela tinha vivido a queda da bolsa de 1929. Mas a viravolta de 1929 tinha sido incluída nos cálculos dele e sabia que, a despeito da possibilidade de quebra, a longo prazo, as ações costumavam superar todas as outras alternativas de investimento.

Assim, o Sr. Benjamim acabou se tornando um sério investidor no mercado de ações. Cada dólar extra que ele e sua esposa conseguiam juntar era destinado às ações, mas não a qualquer uma, visto que ele passava uma boa parte de suas folgas estudando ofertas de ações de empresas específicas. Ao longo dos anos, acabou se tornando um perito nesse seu passatempo predileto.

Como resultado desse programa de leitura e de investimentos, quando o ex-motorista de ônibus se aposentou, já tinha acumulado um patrimônio líquido superior a US$ 3 milhões. Lembre-se, esses US$ 3 milhões foram acumulados mesmo tendo mandado seus filhos para as mais caras e melhores escolas dos Estados Unidos.

O que se deseja mostrar? Que o Sr. Benjamim tornou-se financeiramente independente por causa de sua coragem. É preciso ter coragem para investir no mercado de ações. O mercado não garante nada. Ele sobe e ele desce! Frequentemente as pessoas chegam tarde no mercado, saem cedo e perdem muito dinheiro. O Sr. Benjamim foi sempre um investidor de longo prazo, nunca deixou que o medo ofuscasse o conhecimento que ele obtinha através de suas leituras. Quando comprava ações, raramente as vendia antes de dez anos de ter feito o investimento. Nos bons e maus tempos ele se mantinha firme. Frequentemente era assaltado por medos e preocupações, mas lidar com o medo de uma maneira positiva é a pedra fundamental para alguém se tornar rico.

É preciso coragem para investir em empresas públicas ou na empresa de alguém, mas é preciso mais coragem ainda para manter os investimentos de alguém quando o sentimento público é cheio de medo e pânico. Se o Sr. Benjamim não tivesse sido corajoso seus filhos não seriam doutores hoje.

O perfil de coragem do Sr. Benjamim pode ser comparado com o de um sujeito a quem chamaremos de Sr. Truck. Este estava trabalhando para a UPS, empresa de entrega expressa de mercadorias, no dia seguinte ao do recente "reajuste" de mercado nas ações da empresa e estava acostumado a operar no centro financeiro de uma cidade grande.

DR. STANLEY: Diga-me, Sr. Truck, qual o efeito da súbita queda no mercado de ações nos seus hábitos de investimento?

SR. TRUCK: Nenhum.

DR. STANLEY: O senhor não ficou preocupado que o mercado caísse ainda mais?

SR. TRUCK: Não, porque eu não tenho ação alguma; se eu tivesse não conseguiria dormir.

DR. STANLEY: O senhor quer dizer que nunca teve ações da UPS?

SR. TRUCK: Nunca, não quero preocupações.

Fiquei espantado com a resposta. Naquela época a UPS era um dos negócios privados mais lucrativos do país, com lucros na ordem de bilhões de dólares, e ele podia ter comprado ações porque era funcionário. Nos últimos 20 anos, as ações foram significativamente superadas pelas ações da Dow Chemical Company.

Será que o medo do Sr. Truck de trabalhar com ações tinha tolhido seu raciocínio? Será que o Sr. Benjamim dorme mais profundamente do que o Sr. Truck porque encontrou uma outra forma de financiar a matrícula de seus filhos e se tornar financeiramente independente? Parece muito provável que o Sr. Truck esteja se enganando pensando que pode conseguir a independência financeira sem assumir riscos investindo.

Para o Sr. Truck só há esperança caso ele resolva agir como o Sr. Benjamim, com o "autoaperfeiçoamento". Sua coragem superou os medos de investir. Sua coragem veio a ser o produto direto do hábito de se autoeducar e de ter assumido o controle de seu destino financeiro.

## POR QUE TÃO POUCOS?

O dicionário define coragem como sendo "uma força mental ou moral para se arriscar, perseverar, enfrentar o perigo, o medo ou a dificuldade".

Para muitas pessoas a simples ideia de trabalhar por conta própria implica medo considerável, porque percebem a situação como perigosa. O perigo em ser dono de um negócio próprio é o risco financeiro que tal empreendimento pode trazer. Uma das razões que explicam por que apenas poucos norte-americanos são milionários é o fato de apenas 18% das famílias serem lideradas por donos de negócios ou profissionais independentes. Por que existem tão poucos homens com próprio negócio nos Estados Unidos, o centro da economia de livres iniciativas? Perguntei a centenas de empregados dedicados, inteligentes, com bom nível de educação e gerentes de nível médio:

> *Por que não inicia seu próprio negócio? Por que não procura um trabalho cujo ganho aconteça de acordo com a eficiência com que você produz?*

Muitos entrevistados admitem ter feito essa mesma pergunta a si mesmos. Por que continuavam como assalariados? A principal razão deve-se ao conceito de coragem, entendida por eles como ausência de medo. A maior parte acredita que lhes falta coragem porque acham que não poderiam ter medo, nem ter noção do perigo ao correr um risco financeiro ao abrir seu próprio negócio. Estão errados. Nunca encontrei alguém que fosse bem-sucedido em seu próprio negócio e não tivesse nenhum medo. Como um bem-sucedido dono de negócio deveria definir a coragem? Como todos os entrevistados o fizeram durante a entrevista:

A coragem consiste em executar ações morais positivas que espantem o medo.

Assim, o verdadeiro significado de se ter "estofo empresarial" consiste em prosseguir apesar do medo. Empresários de sucesso lidam com isto e sabem superar seus medos.

Outra concepção equivocada acerca da coragem é que ela seria herdada, como a riqueza. Ambas hipóteses estão incorretas. Descobri que a coragem pode se mostrar cedo, mas muitos entrevistados me disseram que foram capazes de desenvolvê-la, alimentá-la e melhorá-la quando estavam na faixa dos 40 e mesmo dos 50 anos.

Passei um tempo considerável fazendo o perfil de pessoas que demonstraram coragem, e esse conhecimento foi bastante útil quando desempenhei o papel de orientador. As pessoas me consultavam muitas vezes quando tinham que mudar da condição de empregado para proprietário. Eu lhes dava um livro para ler, provavelmente vários casos deste mesmo livro serviram para os que pretendiam trabalhar por conta própria. De todas as pessoas corajosas que estudei uma se destaca: Erich Hartmann, piloto de combate da Segunda Guerra Mundial e detentor do recorde mundial de 352 batalhas aéreas.

Recomendo àqueles que me consultam que leiam o livro de Hartmann, porque todos eles parecem pensar que pessoas corajosas não têm medo. Esse livro fornece uma compreensão mais realista da coragem, como se depreende do parágrafo seguinte:

> *Eu tinha medo [...] dos grandes fatores desconhecidos. Nuvens e sol eram amor e ódio [...] (Raymond F. Toliver and Trevor J. Constable,* The Bond Knight of Germany *[Blue Ridge Summit, PA: TAB Books, Inc., 1970], p. 175).*

Sim, até mesmo o Ás dos Ases tinha medo, mas agiu corajosamente, apesar de tudo. Medo e coragem caminham juntos. A coragem não existe sem o medo de algum perigo. Se mais pessoas entendessem isso, mais donos do próprio negócio corajosos existiriam, e, por que não, mais milionários.

## ONDE ESTÁ O VERDADEIRO RISCO?

Inúmeros estudantes do curso de MBA onde lecionava pensavam que deviam evitar assumir riscos excessivos. Muitos nem mesmo consideravam ser donos do próprio negócio, simplesmente achavam muito arriscado. Aceitar cargos em grandes empresas resolvia tudo, menos o risco de se virem desempregados algum dia. E para que passariam horas a fio estudando oportunidades de investimento? "A companhia" sempre tomaria conta de seus executivos de nível médio. A crença de muitos dos meus antigos alunos consistia simplesmente em ganhar, gastar e deixar "a companhia" tomar conta deles pelo resto de suas vidas. Isto é o que idealizavam, um método de baixo risco. Mas eles avaliaram mal as possibilidades, e mais cedo ou mais tarde os cargos de escalão intermediário acabaram sendo eliminados.

Por exemplo, pouco antes do Natal de um determinado ano eu estava conversando com uma pessoa conhecida que trabalhava em uma grande empresa pública. Ele fez uma colocação bastante simples sobre as mudanças internas da companhia quando disse: "Planejamos eliminar 14 mil posições de gerência de nível médio logo depois do primeiro dia do ano". Mais tarde eu continuava vendo as 14 mil famílias infelizes em minha mente, todas celebrando os feriados. Feliz Ano-Novo! E poucos sabiam o que se passava na mente de pelo menos um de seus mantenedores.

Muitos dos meus antigos alunos estavam entre os 14 mil de pouca sorte. Parece irônico que esses tenham sido alguns dos meus melhores alunos. Muitos daqueles que passaram de ano raspando e não receberam ofertas de cargos em empresas de renome, os marginalizados, acabaram se tornando patrões de si mesmos. Eles se viam como um risco econômico, mas será que realmente o eram? Talvez aqueles meus alunos dentre os 14 mil fossem os que realmente se arriscaram mais, muitos tinham apenas uma única fonte de renda e uma só trilha profissional.

Meus alunos marginalizados possuíam uma mente milionária, enfrentaram seus medos e assumiram riscos. Eles conservaram viva a decisão de se tornarem donos do próprio negócio lembrando-se constantemente de uma realidade simples. Em última instância, o maior risco em oportunidades de longo prazo, a vulnerabilidade verdadeira, consiste em permitir que outros assumam o controle de sua carreira. Por que razão 14 mil gerentes trabalhadores, brilhantes e com bom nível de educação abruptamente perderam a única fonte de renda que possuíam da noite para o dia? Porque alguns poucos altos executivos acharam que seria conveniente.

## Foi Sorte?

Milionários que venceram na vida pelo próprio esforço certamente lhe dirão que a acumulação de riquezas implica assumir riscos financeiros, trabalhar duro, ser disciplinado e conservar-se concentrado nos objetivos. Entretanto, cerca de um em cada oito milionários acredita que a sorte foi muito importante para explicar o respectivo sucesso econômico. Existe uma relação muito interessante entre um alto patrimônio líquido e o que os entrevistados percebiam ter sido sorte.

Somente cerca de 9% dos não milionários de altas receitas e cerca de 9% dos milionários com patrimônio líquido entre US$ 1 e US$ 2 milhões de patrimônio líquido acreditavam que a sorte pudesse ser a resposta para o sucesso econômico. Entretanto, entre os decamilionários, aqueles com um patrimônio líquido de US$ 10 milhões, mais de um em cinco (22%) acreditavam que a sorte era *muito importante* na explicação do sucesso econômico! Quatro de cada dez desses decamilionários sentiam que a sorte era *importante*.

Se a sorte fosse a chave para alguém se tornar rico, deveríamos todos nos dedicar à jogatina. Mas a sorte a que esses milionários se referiam não era a sorte dos frequentadores habituais dos cassinos ou dos fãs das loterias. Os milionários não são os melhores clientes da indústria de jogos, somente um milionário em cada quatro tinha posto o pé em cassinos nos últimos 12 meses e, em algumas ocasiões, as visitas podiam ser explicadas por causa das feiras comerciais ou congressos profissionais que aconteciam dentro ou próximo de um hotel com cassinos.

Quase que por definição, os que constroem riquezas acreditam que um tipo diferente de sorte desempenha algum papel quando se tenta uma explicação de como ocorrem os elevados retornos econômicos. Os mais inflexíveis com relação ao papel da sorte sentem que:

---

Quanto mais se trabalha, mais sorte se tem!

---

Essa afirmação foi escrita por um entrevistado de questionário dono de um patrimônio de mais de US$ 25 milhões. Para ele e seus colegas milionários a sorte se relaciona a fatores incontroláveis, como clima, concorrência, estrangulamento de crédito, mudanças na renda do consumidor, recessão econômica, e assim por diante. Vale a pena comparar os pontos de vista dos decamilionários donos do próprio negócio com os dos advogados e médicos de alta renda. A maioria dos profissionais nessas categorias não menciona a sorte para explicar seus sucessos. Eles acreditam ser parte de um caminho líquido e certo. Estudaram bastante, receberam altas notas na faculdade e foram aceitos na escola de direito ou medicina. Aí trabalharam arduamente, escolheram a especialidade certa, investiram sabiamente e, assim, ficaram ricos. É resultado certo.

Mas o que dizer sobre os donos do próprio negócio e empreendedores? O sucesso deles não era nada previsível quando começaram seus negócios. Muitos dizem que várias surpresas aconteceram enquanto procuravam ficar ricos, mas esses acontecimentos imprevisíveis tiveram impacto positivo nos seus balancetes financeiros. Alguns acreditam que a intuição influenciava suas decisões, enquanto os verdadeiramente muito ricos compartilham a crença de que existe uma correlação significativa entre sorte e o enriquecer nos Estados Unidos.

## ASSUMIR RISCOS É DIFERENTE DE JOGAR

Faça uma pergunta simples a 1.001 entrevistados:

*Tendo em vista explicar seu sucesso financeiro, qual a importância de assumir riscos financeiros se o retorno for garantido?*

Os que responderam "muito importante" pertencem de maneira bastante expressiva à categoria dos que têm o patrimônio líquido na casa dos muitos milhões de dólares (veja Tabela 4-3).

Tabela 4-3 Correlação de riqueza:

ASSUMIR RISCOS FINANCEIROS *VERSUS* JOGAR NA LOTERIA

| | Porcentagens na classe de patrimônio líquido em US$ milhões (N=1.001) | | | | |
|---|---|---|---|---|---|
| | Abaixo de US$ 1 M | Entre US$ 1M e US$ 2M | Entre US$ 2M e US$ 5M | Entre US$ 5M e US$ 10M | Igual ou maior que US$ 10 M |
| "Vontade de assumir riscos financeiros" julgada muito importante no sucesso econômico obtido | 18 | 21 | 28 | 39 | 41 |
| Jogaram na loteria nos últimos 30 dias | 38 | 36 | 27 | 21 | 14 |
| Jogaram na loteria nos últimos 12 meses | 47 | 48 | 35 | 27 | 20 |

Mais de quatro em dez (41%) dos decamilionários responderam "muito importante". Somente cerca de dois em dez (21%) dos que possuem patrimônios líquidos entre US$ 1 e US$ 2 milhões deram a mesma resposta. E quanto aos entrevistados não milionários de alta renda? Somente 18% atribuíram o próprio sucesso econômico ao fato de assumir riscos financeiros.

Existe uma correlação clara e muito significativa entre a vontade de assumir riscos financeiros e o patrimônio líquido. A teoria do risco *versus* recompensa, tão apregoada na imprensa da área financeira, mais uma vez é validada. Aqueles que atribuem o sucesso econômico ao fato de assumir riscos financeiros não se deixam enganar a respeito de como investir seu dinheiro, e muitos consideram o jogo uma alternativa tola para seus recursos financeiros. Na loteria, por exemplo, ganhar é uma questão de sorte, e muitas pessoas ricas ou aquelas com probabilidade de se tornarem ricas nunca apostaram em loterias. A maioria nunca joga — os que gostam de assumir riscos tendem a não gostar de loterias.

Os milionários que eu entrevistei compreendem a teoria da probabilidade. Na sua essência, "têm consciência das probabilidades" e dos retornos esperados. Os retornos esperados são de tal forma diminutos que "seria melhor queimar alguns dólares com um palito de fósforo todas as semanas do que jogar na loteria!". Eles sabem que em muitas situações de jogos, especialmente no caso das loterias, os jogadores não têm controle sobre o número que vai ser escolhido, desconhecem as chances e a razão apostas/retorno e que esta é menor do que o preço do bilhete. E não há nada que um apostador possa fazer para aumentar significativamente a probabilidade de ganhar, exceto comprar mais bilhetes.

Outras pessoas menos ricas me disseram que gastam só um ou dois dólares por semana, e veja o montante do prêmio! Mas qual é o retorno? Um bilhete de US$ 1 com um retorno de US$ 1 milhão é um em vários milhões de bilhetes comprados, de modo que sua chance é de um em vários milhões. Digamos que seu bilhete concorra com 4,5 milhões de outros. Sua chance de ganhar é de 1 em 4,5 milhões, enquanto seu pagamento será de apenas US$ 1 milhão. Mesmo esse US$ 1 milhão é o que costumo chamar de dinheiro curioso, porque, como vencedor, são oferecidas a você duas possibilidades: pode receber seu US$ 1 milhão em pagamentos anuais de US$ 100 mil durante dez anos (o que não ficará nem perto de um milhão), ou pode querer receber o total menos impostos já, o que será consideravelmente menos do que um milhão. Essencialmente o retorno real esperado de um dólar investido na loteria americana é uma fração desse dólar. Frequentemente é menos do que 50 centavos. Considerando-se um regime de risco *versus* recompensa, muitos jogos são processos de "depenar" o consumidor.

Como mostrado na Tabela 4-3, existe uma correlação negativa muito significativa entre jogar na loteria e o nível de riqueza das pessoas. Os decamilionários foram os que menor probabilidade apresentaram de terem jogado na loteria nos últimos 30 dias, e os não milionários foram os que mais apareceram como jogadores no mesmo período de trinta dias. Para cada decamilionário que jogou nos últimos 30 dias apareceram quase três jogadores não milionários, uma razão de 2,7 para 1. Observe que esses não milionários são produtores de elevadas receitas, com renda anual superior a US$ 100 mil. Será que se eles alocassem uma parcela maior da respectiva receita em investimentos legítimos já não estariam na classe dos milionários?

Existem pessoas que rebatem dizendo "trata-se de apenas poucos dólares por semana". Mas é mais do que o dinheiro, é também o tempo. Suponha que sejam necessários dez minutos para comprar um bilhete de loteria, incluindo nesse tempo a espera na fila e alguns minutos de deslocamento. Suponha ainda a situação de um jogo por semana.

Isto significa 520 minutos por ano dedicados a uma atividade com probabilidade de retorno praticamente nula de se conseguir um grande pote de ouro.

Por outro lado, 520 minutos equivalem a 8,7 horas por ano. O milionário típico ganha aproximadamente US$ 300 por hora. Considerando-se agora as 8,7 horas gastas, compreende-se agora sua relutância em passar pela lotérica toda semana. As 8,7 horas são empregadas em tarefas mais produtivas como no trabalho, no aprendizado de uma nova habilidade ou nas relações com família e amigos. Contado como tempo produtivo, o que poderia ser ganho no trabalho é de 8,7 horas vezes US$ 300, ou US$ 2.600 por ano. Em 20 anos chegaria a US$ 52 mil, valor que, se tivesse sido investido em ações de redes de lojas do tipo "faça você mesmo" durante o mesmo período, teria dado o retorno de muitos milhões de dólares.

Os decamilionários ganham em média o equivalente a quase US$ 1.000 por hora de trabalho. Perderiam US$ 8.700 por ano para jogar na loteria todas as semanas, ou seja, US$ 174 mil em 20 anos. Se esta soma tivesse sido investida, como no exemplo mencionado, a quantia total poderia ser estimada em US$ 1 milhão ou mais.

Os milionários que venceram na vida pelo próprio esforço sabem que tempo e dinheiro empregados em jogar na loto podem ser empregados em atividades mais produtivas. Muitas pessoas passam um tempo excessivo de suas vidas adultas jogando com esta pequena chance. Essa lealdade de tantos anos aprimora o desempenho no jogo dessas pessoas ou as torna mais inteligentes? Será que elas se tornam melhores pais ou melhores gerentes?

## O CONSELHO CERTO: UMA CHAVE PARA REDUÇÃO DO RISCO

Uma das semelhanças mais fortes entre os membros da população milionária é a capacidade que eles têm de escolher conselheiros. Ela se revela pela habilidade que têm em saber quando precisam falar com consultores-chave, quem são esses conselheiros e como selecioná-los. Existe uma forte correlação positiva entre encontrar bons conselheiros e acumular riquezas, porque ter um bom aconselhamento reduz o risco relativo a finanças, carreira ou mesmo decisões pessoais.

### DR. HEART: GRANDE CABEÇA, NENHUMA GRANA

Ele me ligou apenas dois dias depois de o meu artigo ser publicado no *Medical Economics* (julho de 1992). Permita-me reproduzir um trecho do que conversamos:

DR. HEART: Fico pensando em quando poderei me aposentar. De quanto vou precisar? Estou com 63 anos [...] ganhei cerca de US$ 200 mil no último ano.

DR. STANLEY: Olha, como o senhor pode ver pela equação que está no artigo publicado, o cálculo feito tomando um décimo de sua idade de 63 anos e multiplicando pela sua renda anual de US$ 200 mil resulta no patrimônio líquido esperado, ou seja, cerca de US$ 1,26 milhão. Mas, se passar dos 75 anos, vai precisar de pelo menos o dobro desse número, ou seja, cerca de US$ 2,52 milhões como piso mínimo.

DR. HEART: Eu não estou perto dos US$ 2,5 milhões. Quando vou poder então me aposentar?

DR. STANLEY: Isso vai ser realmente uma decisão sua.

DR. HEART: Bem, eu enfrentei uma situação difícil recentemente, quando troquei de gerente de investimentos. Durante muitos anos uma empresa gerenciadora de ativos, bastante conhecida na Filadélfia, tomava conta do meu plano de pensão. Eles tinham critérios, mas investiam principalmente em ações de primeira linha.

DR. STANLEY: Conheço a empresa. São bem respeitados e estão no mercado há décadas. Têm filosofia conservadora.

DR. HEART: Essa é uma das razões que me levaram a trocar de gerenciadora de fundos, esse desempenho apagado.

DR. STANLEY: E hoje, como funciona seu plano de pensão?

DR. HEART: Esta é uma das razões do meu telefonema. Tenho um problema, eu perdi tudo, quero dizer, tudo mesmo, mais de US$ 1,5 milhão.

DR. STANLEY: Como isso aconteceu?

DR. HEART: É uma longa história [...].

DR. STANLEY: Eu disponho da tarde toda [...].

DR. HEART: Há cerca de dois anos fui convidado para um seminário. O orador, que estava correndo o país, se apresentou como um famoso gerenciador de ativos (o *asset manager*). Tinha tudo quanto é tipo de tabelas e gráficos de desempenho. Os investimentos que ele gerenciava tinham um desempenho dez vezes maior que o meu. Fiquei bastante impressionado com o que ele contava. Tudo indicava que ele possuía um vasto histórico em fazer as pessoas enriquecerem.

DR. STANLEY: E qual o tipo de investimentos que ele fazia?

DR. HEART: Parcerias privadas, investimentos em companhias privadas, alguns imóveis, ações, alta tecnologia.

DR. STANLEY: E qual a opinião do seu contador ou advogado sobre esses investimentos?

DR. HEART: Nunca pedi a opinião deles.

DR. STANLEY: E como é que o senhor passou de US$ 1,5 milhão antes do seminário para zero depois do seminário?

DR. HEART: Acreditei no que ele dizia, fiquei impressionado com os números e desapontado com o desempenho do meu próprio plano. Troquei então de gerente e o novo perdeu até o último tostão.

O que eu poderia dizer a este cidadão infeliz? Sua pergunta era: "Quando vou poder me aposentar?". A única resposta seria nunca, talvez.

DR. HEART: Por acaso o senhor conhece alguém que poderia administrar melhor meu plano de pensão daqui por diante?

DR. STANLEY: Não tenho uma lista de consultores de primeira linha para investimentos, nem para sua área, nem para a minha. Mas posso lhe dizer o que muitas pessoas bem-sucedidas fazem com relação a consultores de investimentos. O senhor tem um contador ou advogado de sua confiança?

DR. HEART: Sim, mas será que eles sabem alguma coisa sobre investimentos?

DR. STANLEY: Da próxima vez que lhe ocorrer fazer mudanças procure conhecer os pontos de vista de seu contador ou do seu advogado. Se eles não se sentirem qualificados para opinar, peça a eles que lhe indiquem outros colegas de profissão que possam fazê-lo.

Também sugeri que ele procurasse um consultor profissional de investimentos que seria parte do seu comitê de conselheiros de investimentos. Os outros membros deveriam incluir um contador bem esclarecido e um advogado renomado. Tanto o contador como o advogado deveriam ser capazes de identificar os bons profissionais desta população sempre crescente de corretores de bolsa, gerentes de ativos, planejadores financeiros e afins. Os contadores muitas vezes sabem quais de seus clientes fazem dinheiro investindo e podem perguntar aos seus clientes quem são seus conselheiros de investimentos.

## OS MILIONÁRIOS TÊM BONS CONSULTORES

Imagine que o Dr. Heart tivesse mantido um único comitê de aconselhamento, anos antes de ter-me ligado. Se os membros desse comitê o tivessem acompanhado ao seminário do "Sr. Famoso", o assim chamado gerente de ativos, talvez o Sr. Heart estivesse hoje em condições de ter uma aposentadoria confortável. Se pelo menos ele tivesse conservado aquela "empresa de gerenciamento de ativos" seu plano de pensão estaria valendo mais do que US$ 3 milhões hoje.

Falando de modo mais simplista ainda, o próprio Sr. Heart poderia ter selecionado os gurus de investimentos. Caso o leitor se encontre em situação semelhante, recomendo que telefone ao escritório do seu guru de investimentos e lhe faça a seguinte pergunta: qual porcentagem de seus convites para investimentos foi enviada para advogados? No caso do Dr. Heart a porcentagem deve ter sido nula porque negociantes de investimentos desonestos e serviços afins têm um medo muito grande de profissões legalizadas. Uma vez, um multimilionário me disse: "Eles não têm coragem de depenar um advogado porque um advogado pode acioná-los de graça". Pergunte a quem está fazendo o convite se você pode chamar seu advogado. Sua resposta lhe dará uma ideia de suas intenções. Por outro lado, um especialista em investimentos bastante íntegro e com ideias novas poderia realmente incentivar advogados a assistirem às suas apresentações, e os advogados pertencem muitas vezes a comitês informais de investimentos para clientes ricos.

A maioria dos milionários não tem apenas um consultor de investimentos, tem, pelo menos, três. Muito frequentemente o contador e o advogado de confiança desses milionários são parte de uma equipe e esses conselheiros ajudam a selecionar os corretores de bolsa, os planejadores financeiros e os agentes de seguros. Trata-se de um sistema interno de verificações e balancetes. Os corretores sentem-se obrigados a prestar um serviço de primeira a clientes cuja mediação dos negócios é feita por meio de contadores e advogados, porque a disseminação de notícias sobre serviços ruins e más recomendações têm mais chances de acontecer se pessoas influentes fizerem parte do processo. Profissionais esclarecidos têm muitas vezes também outros clientes com empreendimentos que necessitam de capital, alguns com extraordinário potencial de crescimento. Mas isso só se descobre contratando-se os melhores profissionais. Muitas bibliotecas americanas têm um setor de escritórios de advocacia e advogados, o *Martindale-Hubble Law Directory*, que fornece a biografia de cada advogado.

Em longo prazo, é muito bom termos um contador público e um advogado de confiança trabalhando conosco. A prática do "faça você mesmo" para tomar decisões diretivas de investimento "*à la* Dr. Heart" é rara entre a população de milionários que venceram na vida pelo próprio esforço.

## A ARMADILHA DO "FAÇA VOCÊ MESMO"

Por que pessoas como o Dr. Heart "trabalham sem uma rede protetora"? Por que eles são do tipo faça por você mesmo quando se trata de investir a economia de uma vida toda? Quanto mais dados coleto sobre esse assunto, mais claro ele se torna. O Dr. Heart foi e ainda é um estudioso. Foi um estudioso na faculdade e na escola de medicina e seus hábitos de ler e escrever indicam que ele ainda é um estudioso hoje. Em poucas palavras, ele possui um intelecto de alto nível. Os dados acerca desse tipo de pessoa indicam que apenas uma minoria usa conselheiros habilitados como contadores e advogados no momento de fazer investimentos e para a tomada de decisões. Como observado anteriormente, usamos pontuações no SAT como medição da capacidade intelectual analítica. Somente cerca de 40% dos milionários com pontuações no SAT de 1.400 e superiores têm consultores. Ainda assim, mais de 60% com pontuação entre 1.000 e 1.200 pedem conselhos regularmente a consultores qualificados.

Qual a conexão existente? Por que pessoas com níveis intelectuais analíticos muito altos tornam-se investidores do tipo "faça você mesmo"? Ter uma alta capacidade intelectual não garante, necessariamente, uma elevada inteligência prática, e parte desta última consiste na capacidade de se fazer julgamentos precisos acerca de pessoas. A esse respeito, suponho que a inteligência prática do Dr. Heart não fosse muito alta, e ele não está sozinho. Ele e seu grupo melhoraram e nutriram suas capacidades analíticas na faculdade e escola de medicina, mas negligenciaram outros componentes da inteligência. Os médicos são os menos prováveis de todos os grupos ocupacionais de alta renda a dizer que isso fazia parte da experiência educacional como um todo. Eles dizem que:

Aprenderam a julgar com precisão as outras pessoas.

Existem várias outras teorias que podem explicar a ironia de:

Cabeção, nenhum tostão.

Uma delas foi resumida de maneira sucinta por um entrevistado de um dos meus grupos de discussão:

Dinheiro nos deixa entediados.

Sim, algumas pessoas muito inteligentes se sentem assim. Sentem-se mais desafiados, mais despertos operando um coração ou resolvendo um problema de matemática avançada do que "contando cada tostão". Se pudessem escolher, prefeririam estar concorrendo ao prêmio Nobel a se tornarem decamilionários. Tirar tempo e energia de tais objetivos para trabalhar com consultores não é o que preferem.

Mas existe outra teoria mais incisiva. Os resultados de testes analíticos de pessoas como o Dr. Heart indicam que ele está mais próximo do nível de um gênio. De modo que talvez ele não precise de nenhum consultor. Talvez ele seja mais esperto do que qualquer conselheiro, portanto, por que gastar tempo e dinheiro com essas pessoas? Quando se trata de investir, algumas pessoas pensam que são imortais, financeiramente falando. Ser muito, muito inteligente pode ter desvantagens. A maioria das pessoas de alta renda, com capacidade intelectual acima da média, compreendem que são brilhantes, mas a maioria tem bom-senso ou inteligência prática. Conhecem seus pontos fortes e fracos e agem de acordo. Nunca tomam decisões importantes de investimento sem primeiro se aconselhar com profissionais habilitados.

Veja a seguir três pequenas regras que os milionários que venceram na vida pelo próprio esforço nos ensinam:

- Nunca deixe que o orgulho o impeça de pedir conselho para consultores de investimentos especializados, especialmente contadores e advogados tributaristas.

- Prefira os benefícios de longo prazo, tendo contadores públicos e advogados como conselheiros em vez dos benefícios de curto prazo, tomando decisões de investimento sozinho.
- Se não tiver inclinação para julgar talentos de outros, contrate consultores que possam fazê-lo.

## QUEM ACONSELHA OS MILIONÁRIOS?

Como são tomadas suas decisões importantes referentes à aplicação de recursos financeiros? Por que tipo de processo de decisão você passa quando realiza mudanças radicais no seu negócio ou carreira? Se seu procedimento for idêntico ao da maioria dos milionários, essas mudanças ocorrem somente após sua consulta aos seus conselheiros-chave. Nas páginas seguintes, veremos em quem os milionários confiam mais para lhes dar conselhos.

Uma das perguntas mais frequentes que costumam me fazer se refere à fonte dos conselhos. As pessoas escrevem e me telefonam e as perguntas são semelhantes: "Qual é a melhor fonte para me aconselhar sobre investimentos, corretores de bolsa, planejadores financeiros, agentes de seguros ou vendedores de fundos mútuos?" Posso sempre dizer que o interlocutor não é um milionário ouvindo essa pergunta, porque aprendi que esses profissionais não são conselheiros-chave para a maioria dos milionários.

De fato, existe uma correlação positiva direta entre o patrimônio líquido de uma pessoa e a prática de pedir aconselhamento financeiro a contadores, advogados ou consultores tributaristas e de investimentos.

Considere uma amostra representativa de todos os que recebem uma alta renda nos Estados Unidos e examine cada classe de alta renda, US$ 100 mil a US$ 199.999, US$ 200 mil a US$ 299.999, e assim por diante. Em cada categoria, faça uma pergunta simples aos membros da amostra:

*Em quem recairia sua escolha para lhe dar conselhos sobre investimentos e áreas relacionadas?*

Dentro de cada grupo de renda, os entrevistados com altos níveis de riqueza provavelmente indicariam que contadores públicos e advogados seriam capazes de dar bons conselhos de investimento. Realmente, demonstraram ser três a cinco vezes mais propensos a consultar contadores públicos e advogados sobre investimentos do que corretores de bolsa. Observe que estou me referindo ao aconselhamento, não à atuação na compra e venda de ações. A maioria dos milionários, geralmente, não fica limitada a ações, títulos e investimentos relacionados, ela investe prioritariamente em negócios privados e em imóveis.

Assim, quando as pessoas entram em contato comigo para falar sobre investimentos ou aconselhamento financeiro, eu costumo lhes dizer o que os milionários me dizem. Mais de 2/3 dos milionários que venceram na vida pelo próprio esforço nos Estados Unidos confiam no conselho de contadores públicos e advogados. Naturalmente, nem todos os profissionais dessas duas categorias dão conselhos sobre investimentos, então é necessário procurar um pouco para encontrar o grupo ideal de consultores.

Existe uma enorme diferença entre fazer uso dos serviços básicos oferecidos por qualquer profissional e solicitar um aconselhamento profissional. Por exemplo, é possível contratar um contador público para fazer uma declaração de renda, um corretor para cumprir ordens de compra e venda e um advogado para fazer a minuta de um testamento. Esses são serviços básicos, ofertas corriqueiras. Mas cada vez mais contadores públicos e advogados altamente qualificados estão fazendo mais do que serviços corriqueiros. Estão fornecendo conselho personalizado sobre investimentos, em áreas envolvendo mais do que apenas seguros e empresas públicas. Esses profissionais podem dar conselhos valiosos sobre implicações tarifárias em alternativas de investimentos e sobre muitas alternativas, desde investimentos privados até no setor de imóveis.

A maioria dos milionários ganha status econômico em parte por investirem em coisas deferentes de ações e títulos, mas muitos adeptos dessas categorias não convencionais assumem seus próprios riscos e oportunidades. Frequentemente é necessário que contadores e advogados muito experientes analisem esses assuntos para o milionário.

E o que dizer sobre categorias de investimentos tradicionais como ações públicas livremente negociadas? Mesmo quanto a esse tópico, muitos milionários fazem distinção entre o mundo dos conselhos sobre investimentos e o da compra e venda de ações como muito separados um do outro. Considere os resultados de um estudo regional que realizei com 185 multimilionários. Cada entrevistado tinha um patrimônio líquido mínimo de US$ 5 milhões e a cada um foram feitas as quatro perguntas seguintes:

1. Quem lhe deu conselhos sobre investimentos nos últimos 12 meses?
2. Quanto foi útil ou produtivo o conselho recebido para o alcance de suas metas de investimento?
3. Quem lhe forneceu outros tipos de serviços nos últimos 12 meses?

4. Como você avalia a qualidade de cada um desses prestadores de serviço?

A maioria dos multimilionários teve contadores (71%) e advogados (67%) como conselheiros de investimentos durante o período de 12 meses anteriores ao levantamento, como mostra a Tabela 4-4.

Tabela 4-4 Hábitos cautelosos dos multimilionários: consultores financeiros e outros prestadores de serviços (N=185)

| Categoria de consultor de investimento | Conselho de investimento | | Outros serviços financeiros | |
|---|---|---|---|---|
| | Recebido (%) | Julgado como muito produtivo (%) | Produtivo (%) | Classificado como de qualidade excelente ou boa (%) |
| Contador | 71 | 75 | 85 | 87 |
| Advogado | 67 | 78 | 81 | 84 |
| Especialista em impostos | 46 | 82 | 48 | 88 |
| Amigo íntimo | 38 | 61 | 23 | 72 |
| Sócio/colega | 35 | 69 | 28 | 75 |
| Agente de seguro de vida | 29 | 32 | 35 | 66 |
| Corretor imobiliário | 25 | 28 | 35 | 69 |
| Executivo da área de empréstimos | 22 | 60 | 52 | 70 |
| Corretor de bolsa | 21 | 62 | 72 | 64 |
| Companhia fiduciária | 18 | 55 | 55 | 50 |
| Parente/cônjuge | 16 | 64 | 11 | 60 |
| Planejador financeiro | 15 | 70 | 15 | 65 |
| Gerente de investimentos/ativos | 14 | 56 | 16 | 65 |

Três em quatro (75%) julgaram os conselhos de investimentos recebidos de contadores como tendo sido muito úteis para alcançar a meta do investimento, enquanto praticamente quatro em cinco (78%) opinaram da mesma forma sobre o conselho recebido dos advogados. Quase metade (46%) recebeu conselho de um especialista em impostos. Desses, 82% disseram que o conselho foi bastante produtivo.

É interessante observar que apenas 21% receberam conselhos de corretores de bolsa, mas a maioria desses milionários, 62%, disse que as orientações recebidas foram muito produtivas. Um número muito maior dos que receberam conselhos de corretores confiou neles para outros serviços e quase três quartos (72%) confiaram nos corretores para fazer compra e venda de ações. A maioria dos milionários também disse ter lido e confiado nas informações distribuídas nos relatórios de pesquisas divulgados por escritórios de corretagem de ações.

Um entrevistado multimilionário, que vamos chamá-lo de Sr. Alvin, foi bastante perspicaz a respeito de como contratou corretores de bolsa e advogados, e muitos fizeram eco aos seus pontos de vista. Quando perguntado sobre como aconselharia alguém que estivesse procurando um consultor de investimentos entre as fileiras de corretores de bolsa, ele respondeu:

> *Hum [...] eu não recomendaria um deles não. Utilizei os serviços de um corretor de bolsa para cumprir ordens de execução, só para isso.*
> *Não quero que eles me passem qualquer informação, não quero que eles me digam que dia é hoje nem que horas são. [...]*
> *Quero um corretor que não me dê conselhos, não me faça recomendações, apenas me forneça o serviço que pedi. [...] Fico mais satisfeito assim.*

O único serviço que o Sr. Alvin precisou dos corretores de bolsa foi a execução de ordens de compra e venda e o fornecimento de relatórios de pesquisas escritos por analistas de investimentos e outros peritos. Essa é a razão pela qual tantos Srs. Alvins que entrevistei estão agora usando a Internet para obter informações sobre investimentos, bem como sobre e mercado de ações.

Como ele encontrou corretores de bolsa que agiam de acordo com suas ordens?

> *Não se encontram corretores que ajam assim. Treinei os que iriam me atender.*

O Sr. Alvin lê muitos relatórios de pesquisa antes de alterar sua carteira de investimentos, mas pede, frequentemente, as opiniões de seu advogado e de seu contador.

De um modo geral, o Sr. Alvin acredita na contratação de advogados renomados dos escritórios de advocacia mais conhecidos da região em que mora. Considera essa como sendo a forma mais rápida e economicamente produtiva de contratar talentos. Ele tende a contratar escritórios de advocacia que são "os maiores", "os melhores" e os de maior projeção porque acredita no ditado: quanto maior, melhor. De acordo com o Sr. Alvin, os melhores escritórios de advocacia empregam os melhores profissionais. Os maiores e melhores escritórios estão repletos de especialistas qualificados e o Sr. Alvin confia em especialistas que saibam muito sobre investimentos vantajosos em termos de impostos. Será que contratar uma empresa de renome é proibitivamente caro? Não, de acordo com o Sr. Alvin.

*Lidei muitos anos com advogados individuais (advogados autônomos) e com alguns escritórios pequenos. E, de uma forma geral, cobravam-me os honorários do dia, centenas de dólares a hora, mesmo que eles só ficassem lendo um livro de direito.*
*Enquanto eu procuro a maior de todas as companhias e eles têm especialistas em todos os campos. Se eu quiser saber sobre negócios off-shore?* Claro, eles têm um camarada que sabe tudo sobre off-shore.*
*Vou até a pessoa indicada, um dos sócios do importante escritório de advocacia, e digo, "meu caro, quero falar com alguém sobre operações off-shore", e ele me responde, "temos alguém que o ajude", e me encaminha a um sujeito com quem eu passo algumas horas.*

Por menos de US$ 1.000 o Sr. Alvin havia recebido três horas de aconselhamento consistente sobre investimentos. Considerando o benefício recebido em troca desses honorários, achou bastante compensador.

Como resultado, o Sr. Alvin toma cuidado de não infringir regras, lembrando que o advogado tributarista/especialista em paraísos fiscais sempre lhe diz o seguinte:

*Invista se quiser. Se você realmente quiser e for preso vamos acabar conseguindo tirá-lo da cadeia, nem que leve 20 anos!*

## HUMOR NO TELEMARKETING

Este foi um dos muitos telefonemas que recebi da universidade naquele dia. Mas foi uma chamada muito diferente, única:

PESSOA AO TELEFONE: Segundo o jornal *USA Today*, o senhor aumentou o mercado de milionários em cada estado. Até mesmo aqueles que vivem fora do país. Gostaria de ter a lista dos nomes e endereços dos milionários dos Estados Unidos.

* Operações off-shore: negócios regulados por país diferente daquele em que a operação é feita; paraíso fiscal (N. do T.).

DR. STANLEY: Não tenho lista alguma, os números são apenas estimados. As cifras são geradas por um modelo estatístico. Você não está pensando que eu iria contar milionário por milionário, está?

PESSOA AO TELEFONE: Quero comprar sua lista, posso consegui-la já com as etiquetas?

DR. STANLEY: Não tenho a lista, como lhe disse, não estou no negócio de listas.

O autor do telefonema era um operador de telemarketing ativo, um vendedor, que rotulava milionários. Vendia esquemas de proteção fiscal, "conceitos de vantagens fiscais".

Ele me telefonou oito vezes. Durante as primeiras sete conversas, contei-lhe a mesma história, isto é, não estava no negócio de listas. Durante um dos telefonemas, sugeri que ele tentasse uma abordagem diferente:

DR. STANLEY: A maioria das pessoas ricas confia no julgamento de contadores e advogados quando avaliam os tipos de investimento oferecidos. Por que não contatar contadores públicos e advogados de impostos? Se eles gostarem de suas ideias, poderão recomendar seus produtos.

OPERADOR: Contadores públicos [...] contadores públicos! São detonadores de negócios. Nenhum deles assume qualquer risco. Não deixam seus clientes fazer nada fora do comum, não têm coragem, seus clientes estão pagando muitos impostos e eles não fazem nada. São detonadores de negócios, nada mais do que isso.

DR. STANLEY: Bem, a maioria dos contadores públicos é bem versada na legislação tributária. Alguns são até mesmo formados em leis e especializados em tópicos de tributação. A última coisa que eles querem para seus clientes é uma auditoria.

OPERADOR: Pelo que eu sei, se a auditoria *não* acontecer todos os anos, seu contador não estará fazendo um bom trabalho! É necessário querer assumir riscos, ainda existem por aí muitas áreas obscuras [...]

Como é fácil imaginar, esse sujeito e suas ofertas amedrontariam até mesmo um experiente investidor. Sei que ele me assustou, mesmo nunca tendo tentado vender-me um plano de proteção fiscal. Depois de sua sétima chamada, decidi que deveria ter uma postura mais agressiva. No oitavo telefonema — recebido em minha casa, num sábado de manhã — tivemos o seguinte diálogo:

OPERADOR: Já resolveu? Quer se tornar um homem rico? Quero sua lista e estou disposto a pagar uma boa quantia.

DR. STANLEY: Muito bem, você venceu. Vamos começar com uma lista de teste. Com base nela você pode resolver se tem o que deseja. Como você se encontra em Nova York, que tal uma lista dos milionários de Nova York?

OPERADOR: Eu sabia! Eu sabia que a lista estava aí! Podemos então começar com a cidade de Nova York?

DR. STANLEY: Melhor ainda! Que tal começar por Manhattan?

OPERADOR: Quantos milionários vivem no distrito de Manhattan?

DR. STANLEY: Cerca de 33 mil.

OPERADOR: Quanto lhe pago?

DR. STANLEY: Que tal 10 centavos por nome incluindo o endereço e o número do telefone?

OPERADOR: Está fechado. Preciso da lista o mais rápido possível.

DR. STANLEY: Posso lhe mandar amanhã. Passe-me seus dados para que remeta juntamente com uma fatura de US$ 3.300, ou seja, US$ 33,00 a 10 centavos cada milionário.

OPERADOR: Considere feito [...] nenhum problema!

Na segunda-feira seguinte a essa conversa preparei uma fatura de US$ 3.300 e remeti. Incluí também duas páginas do catálogo telefônico de assinantes de Manhattan. Assim que ele recebeu o material, imediatamente ligou para o meu escritório e estava muito chateado.

DR. STANLEY: Alô, é Tom Stanley.

OPERADOR: Esta não é a lista dos @#$%! milionários. Que @#$%! você está pensando? Isto são páginas @#$%! da lista de telefones. Não vou lhe pagar por @#$%!

DR. STANLEY: Na realidade, trata-se realmente de uma lista de milionários. Cerca de 1 em cada 70 pessoas nessa listagem é milionária. A lista que lhe mandei é muito parecida com você. Tanto você quanto a lista não foram refinados.

Até o momento, o operador ainda não me mandou o cheque de US$ 3.300, não me devolveu a lista que lhe enviei e não entrou novamente em contato comigo, desde que reclamou sobre a lista não refinada!

# Mudando as Chances

Qual a probabilidade de que o empreendimento que você está considerando dê frutos? Você é do tipo de pessoa que assume um risco financeiro se a possibilidade de retorno for clara? Talvez lhe falte coragem para "se aventurar" ou talvez você acredite que o retorno sobre a aposta seja muito pequeno. Antes de questionar sua coragem, leve em consideração este fato: a maioria dos milionários que assumem riscos toma algumas providências para aumentar as chances de ganho. Algumas se encontram descritas a seguir.

## O NEGÓCIO PRÓPRIO DOS MILIONÁRIOS

A maioria dos decamilionários atribui sua riqueza ao fato de investirem no próprio negócio, e não nos negócios de outras pessoas, inclusive os que podem ser depreendidos da lista de ações negociadas na bolsa. Os milionários afirmam que podem controlar o próprio negócio mas que não podem ditar a política de empresas públicas cujo valor da ação fica ao sabor do mercado. A maioria deles também lhe dirá que são melhores em operar um determinado tipo de negócio do que em qualquer outro. O "determinado tipo" é o elemento-chave aqui. Os assumidores de riscos bem-sucedidos são nichos de mercado. Fazem o que outros não fazem ou, pelo menos, agem onde há poucos concorrentes.

É interessante o contraste que se observa quando se compara os que se autointitulam propensos a assumir riscos com os que atribuem o próprio sucesso a outros elementos. Como mostra a Tabela 4-5, os que assumem riscos tendem nitidamente a valorizar determinados fatores como fundamentais na explicação do respectivo sucesso econômico.

**Tabela 4-5** Fatores fundamentais para o sucesso de acordo com os que se autointitulam propensos a assumir riscos *versus* os que não assumem riscos (N=1.001)

| | Porcentagem de entrevistados |
|---|---|
| 1. Investimentos no próprio negócio | 52 (7) |
| 2. Fazer bons investimentos | 56 (12) |
| 3. Ver oportunidades de negócio onde outros não veem | 52 (10) |
| 4. Encontrar um nicho lucrativo de mercado | 42 (10) |

Para a maioria dos que assumem riscos financeiros, as probabilidades de retorno realmente baixas devem-se a investimentos em negócios de outros. Possuem a filosofia de que as melhores pessoas para quem se deve trabalhar são o eu, o eu mesmo e a minha própria pessoa. Se não for assim, ficam à mercê de alguém que pode não ser sensível às suas necessidades e metas financeiras.

Os proprietários de negócios estão entre os grupos de maior renda que creditam seu sucesso ao desejo de assumir riscos financeiros. Os altos executivos de empresas estão em segundo lugar, seguidos por médicos e, finalmente, pelos advogados. A maioria desses profissionais que assumem riscos trabalha por conta própria.

## O NICHO CERTO

Durante os 25 anos que estudei os milionários, descobri que eles fazem muito para reduzir o risco inerente ao trabalho por conta própria. Em todos esses anos que estudei o tema riqueza, raramente encontrei multimilionários que me dissessem:

> *Apenas pensei que seria uma boa ideia trabalhar por conta própria [...] achei que gostaria simplesmente de me tornar um empreiteiro de terraplenagem, ou um vendedor de óleo de peixe por atacado, ou um empreiteiro de serviços de limpeza por jateamento de areia.*

Quase todos os milionários que venceram na vida pelo próprio esforço e foram entrevistados por mim tiveram alguma experiência, alguma alavancagem na atividade profissional que escolheram. Muitos estudaram a rentabilidade de vários tipos de negócio antes de tomarem uma decisão. Os que assumem riscos têm probabilidade duas vezes maior de terem estudado a rentabilidade de diferentes tipos de negócio antes de mergulharem no mundo empresarial do que os que não assumem riscos. E muito provavelmente subestimaram os potenciais de crescimento e de renda dos diferentes empreendimentos. Essencialmente, aqueles que assumem riscos são bem-sucedidos em parte porque fazem muitas lições de casa, analisam bem antes de investir.

Parece também que têm uma intuição correta sobre a categoria de negócios que gostariam de empreender. Muito frequentemente é um processo de pelo menos duas fases. Aqueles que assumem riscos primeiro selecionam um setor com o qual têm alguma afinidade. É mais do que dinheiro, é um sentimento de posse. Normalmente iniciam suas carreiras como empregados e têm então uma intuição sobre suas afinidades com o setor.

Numa segunda fase, os que assumem riscos desenvolvem um conceito do negócio. São essenciais a afinidade, o conhecimento da indústria, o treinamento, a experiência e também a velha técnica de fazer contatos com clientes em potencial e fornecedores. Qual o risco real de começar o próprio negócio sob estas circunstâncias? É muito menor do que muitas pessoas imaginam. O deixar de ser empregado para se tornar um trabalhador por conta própria, dentro da mesma indústria ou de uma afim, é mais uma questão de adaptação do que de posse total de uma atividade profissional ou de domínio completo dos detalhes do setor. É muito mais fácil ter sucesso se você gostar do negócio, setor e pessoas que fazem parte do seu empreendimento.

---

Os que assumem riscos têm uma probabilidade praticamente duas vezes maior que aqueles que não assumem riscos de atribuir o respectivo sucesso financeiro ao "amor pela carreira".

---

## O SEXTO SENTIDO: A OPORTUNIDADE

Os que assumem riscos financeiros muitas vezes têm uma sensibilidade especial para "verem oportunidades de negócios onde outros não veem". De tempos em tempos, quando entrevisto um grupo de milionários que venceram na vida pelo próprio esforço, emerge o padrão. Os entrevistados com os mais altos níveis de riqueza dão valor à habilidade de reconhecerem oportunidades que outras pessoas não valorizam.

Os que se intitulam assumidores de riscos sabem como reduzir as probabilidades de fracasso e aumentar as probabilidades de se tornarem bem-sucedidos investindo em tipos de negócio que outros evitam ou que não valorizam. A concorrência fica de fora porque existe uma barreira de percepção, simplesmente eles não veem a luz. Uma discussão detalhada de como os milionários selecionam oportunidades de negócio é dada no Capítulo 5, "Atividade Profissional".

Inúmeras pessoas bem-sucedidas podem e veem o que outros nunca percebem. De acordo com isto, considere a observação que recebi recentemente do filho de um homem que tinha uma visão precisa para oportunidades econômicas. Tinha um sentido tão aguçado que se referia a suas experiências quando criança:

> *Meu pai faleceu no ano passado. Estou certo de que ele teria ficado contente de preencher seu levantamento (o questionário). Ele nunca conseguiu passar do sexto ano. Seu pai e professores batiam nele constantemente. Ele vivia entre dois infernos.*

*Ele [...] construiu — uma organização (fotografias da matriz anexadas). Ajudou muitos de minha família a montar negócios que passaram da escala de oficinas e garagens para a de fábricas.*

---

Ele viu oportunidades desprezadas pelas pessoas todos os dias.

R.J.R.

Presidente*

---

Ainda que percebam grandes oportunidades, é necessário coragem para capitalizar sobre elas. É necessário coragem para alguém que largou a escola na sexta série pensar que poderia construir um negócio de vários milhões de dólares. Os atos dos pais e professores desse aluno não alimentaram o seu ego, nem foram experiências que aumentassem sua autoconfiança, mas sua visão de oportunidades superou o efeito das ações negativas dessas figuras importantes em sua vida. Em alguns casos, o instinto para reconhecer oportunidades de negócio é tão forte que supera as críticas e outros impedimentos. Tais instintos podem aumentar a coragem das pessoas em tomar decisões.

E se você for aquele que tem a grande ideia que outros não estão valorizando, como você pode persuadi-los a seguir seu propósito? Muitas pessoas bem-sucedidas têm alguma habilidade para "vender suas ideias" a outros. É uma marca de sucesso de proprietários de negócios e altos executivos de empresas, mas eles sabem como identificar pessoas que mais provavelmente seguirão o ideal que possuem, pessoas de coragem.

Um dos melhores exemplos do equilíbrio entre coragem e visão foi dado pela estratégia utilizada por Ray Kroc, contratado inicialmente para vender franquias de lojas McDonald's. Ela consistia em encontrar pessoas de coragem. Acredite se quiser. Um dia o Sr. Kroc achou difícil vender o que hoje é o suprassumo das franquias. Entretanto tinha faro aguçado. Percebeu o que poucos outros viram mesmo antes de começar a operar as franquias.

O Sr. Kroc instruiu sua secretária a contratar todos os profissionais de telemarketing. Quem eram essas pessoas tão ansiosas em lhe vender tudo, de seguro de vida a Bíblias? O Sr. Kroc sabia que esses profissionais de telemarketing são pessoas com garra e coragem. Presumiu que, se tinham bastante coragem para tentar vender através do telemarketing, certamente teriam garra para vender e operar a franquia do McDonald's, e ele estava certo. Uma excelente discussão sobre textos

---

* R.J.Reynolds, presidente da segunda maior companhia tabagista dos Estados Unidos (N. de T.).

"vendendo um profissional de vendas" foi detalhada pelo importante livro de John Love, *Behind the Arches* (Toronto: Batam Books, 1986). O livro é leitura obrigatória para aqueles que querem compreender o significado de ter faro aguçado.

## Fundamentos da Redução do Medo: Pensamento Positivo

As pessoas mais bem-sucedidas economicamente nos Estados Unidos tiveram a coragem de assumir riscos econômicos, e muitas vezes essa coragem foi testada em muitas outras ocasiões. E se você empenhasse todas as suas posses para iniciar um negócio ou desistisse de seu cargo de sócio de um bem-sucedido escritório de advocacia para começar a trabalhar por conta própria, ou como alto executivo de uma empresa, mudando inteiramente o produto vendido pela empresa? Como os milionários lidam com os medos e as preocupações que vêm à tona por causa de tais decisões?

Como foi mostrado na Tabela 4-1, "acreditar em mim mesmo" foi uma das técnicas mais importantes que eles empregaram. Essas palavras são semelhantes às primeiras três palavras de um livro famoso, o mesmo que conserva o recorde de todos os tempos em semanas consecutivas na lista dos mais vendidos do *New York Times*, *The Power of Positive Thinking*, de Norman Vincent Peale. Ainda está sendo vendido, embora a publicação original seja de 1952.

Recentemente, recebi a centésima edição do livro comemorando o nascimento de Norman Vincent Peale, em 31 de maio de 1898. Seu trabalho ainda está bastante vivo, *The Power of Positive Thinking* já vendeu mais de 20 milhões de exemplares e já influenciou muitas pessoas. Incontáveis sermões, palestras, seminários, discursos motivacionais e até mesmo sessões de terapia já foram incluídos dentro desses princípios defendidos pelo Dr. Peale.

O Dr. Peale muitas vezes cita princípios da Bíblia e muitos dos seus princípios especiais foram adotados por um grande número de milionários nos Estados Unidos. Seu trabalho possui orientação religiosa e, dessa forma, atrai principalmente os milionários que possuem uma forte convicção religiosa. Entretanto, muitos outros, talvez sem querer, adotaram alguns princípios do Dr. Peale, independentemente de terem orientação religiosa ou não.

Os conselhos do Dr. Peale têm ecoado por outros profissionais bem-sucedidos e escritores. Durante 13 anos, estive no departamento de marketing da faculdade da universidade estadual da Geórgia com Dave Schwartz. Dave escreveu o livro best-seller *The Magic of Thinking Big*. Mais de 3,5 milhões de cópias do livro foram vendidos juntamente com 9 milhões de cópias de áudio. Seu livro descreve a importância de pensar grande para cumprir grandes tarefas (veja *Magic of Thinking Big* [Nova York: Fireside, 1965]).

Quando perguntei a Dave sobre seu sucesso, ele me disse que sempre conservava pensamentos positivos em sua mente. Sempre pensou em ter sucesso e nunca em fracassar.

> *Sabe, Tom, a gente pode pensar positiva ou negativamente. Pode-se apenas pensar um pensamento de cada vez [...] depende do indivíduo querer ser positivo ou negativo. Se eu pensasse um pouco mais positivamente, eu ficaria preocupado com minha saúde mental.*

Dave exalava otimismo. Se tinha medos ou preocupações, ele os superava com pensamentos positivos. Dave tinha muito em comum com outras pessoas bem-sucedidas e, como elas, sabia lidar com o medo e com os pensamentos negativos relacionados. Como sugerido em *The Magic of Thinking Big* (p. 28), ele encorajava as pessoas que queriam vencer a:

- Pensar no sucesso, nunca pensar no fracasso.
- Desenvolver uma forte crença em si.
- Pensar grande.

Muitas das diretrizes de Dave sobre pensar grande e sobre pensamentos positivos são seguidas pelos milionários eficientes em controlar seus processos mentais. Eles pensam e agem de modo a atingir o sucesso. Eliminam qualquer menção de que são inferiores. Dave Schwartz citou as palavras de Publilius Syrus como o último pensamento de *The Magic of Thinking Big* (p. 186):

> *Um homem sábio será mestre de sua mente, um tolo será seu escravo.*

O pensamento de não poder ser bem-sucedido provavelmente impedirá o sucesso. Você se sente inferior aos outros? Assumir o mais ligeiro risco financeiro invoca medo interior? Para muitas pessoas hoje em dia a resposta a ambas questões é afirmativa. O medo e as preocupações são primos em primeiro grau do sentir-se inferior.

Alguns milionários desenvolveram seus próprios métodos de automotivação e pensamento positivo, outros seguiram modelos de comportamento. Um consultor não deve lhe dizer como agir sempre, apenas ser positivo e agir positivamente são procedimentos que podem influenciar profundamente quem está por perto.

Independentemente da fonte, a maioria dos milionários que assume riscos pensa positivamente e emprega uma variedade de processos que estimulam o otimismo. Os que forem capazes de agir assim superam os medos e as preocupações que retardam a construção da riqueza.

## FÉ NAS MINHOCAS E EM VOCÊ MESMO

Quase todos os milionários do levantamento indicaram que uma das principais chaves para o próprio sucesso tinha sido a habilidade de superar medos e preocupações, uma consequência direta do princípio:

---

Acredite em si mesmo.

---

Eles não são sempre perfeitos, completos e autoconfiantes, especialmente quando confrontados com as mudanças ou desafios da vida, mas eles têm conhecimento e habilidades para recuperar a autoconfiança.

Atribuiu-se, muitas vezes, a Tom Mann o crédito por ter inventado uma das iscas para pesca mais amplamente usadas. Bilhões de iscas desse tipo foram vendidas: a minhoca de borracha. O Sr. Mann é mais do que um inventor. Ele é um pescador profissional de classe mundial que estudou cientificamente os peixes e a produtividade dos pescadores, as iscas e as técnicas de pescaria. Eu tive o prazer de ouvi-lo discorrer sobre o que era realmente importante na equação da pesca e ele não superdimensionou a própria invenção. O Sr. Mann disse que a melhor isca para pegar peixe é aquela na qual o pescador mais confia. Se você tem uma grande confiança na sua própria isca, você pescará com confiança, se acreditar, vencerá, até o peixe notará sua confiança.

O que o Sr. Mann dizia aos seus ouvintes atingiu-me como se fosse uma flecha. Eu gosto muito de pescar e tenho muitas iscas. Sou adepto da pesca desde os sete anos, mas acho que nunca peguei um peixe usando uma isca em que a minha confiança não fosse total para apanhar peixes. Não consigo me lembrar de uma única exceção ao princípio do Sr. Mann.

Assim acontece com o sucesso na vida. A falta de autoconfiança dificulta o sucesso porque é extremamente difícil você se motivar quando não acredita em si mesmo. Se você não acredita no que está fazendo, você não passa a mensagem às outras pessoas. Como será possível convencer as melhores pessoas a trabalhar com você se elas percebem que você expressa dúvidas no olhar? Como será possível fazer qualquer venda, seja de planos médicos, seja de rolamentos para mancais? Não será possível se seus clientes perceberem que você não acredita em si mesmo nem no que está tentando vender.

Meu levantamento de milionários me ensinou que se você tiver fé pode alcançar o sucesso com probabilidade aumentada e até superar metas previamente fixadas. Os milionários muitas vezes indicam que "confiar em si mesmo" é uma tática proativa ou um processo mental que funciona quando eles a empregam. Eles utilizam esse processo quando o medo e a preocupação surgem em decorrência da necessidade de tomar decisões importantes sobre carreira, negócios ou outros recursos econômicos.

Qual a fonte deste "acreditar em si mesmo"? Alguns dizem que determinadas pessoas já nasceram com confiança. Outros têm um ponto de vista diferente. Confiança poderia ser estimulada nas pessoas no seio familiar ou alimentada e desenvolvida por conta própria. A maioria dos milionários tem a capacidade de aumentar sua autoconfiança e sua crença em si mesmos.

Algumas pessoas acreditam que os bem-sucedidos têm uma fé permanente e inabalável em si próprios. Isso não é verdade. Eu nunca entrevistei um único milionário que não tivesse medos e preocupações. Entretanto, quando o medo vem, eles são capazes de superá-lo. As pessoas bem-sucedidas sabem como derrotar o medo e as preocupações, e um dos primeiros recursos que usam para isto é apelar para a autoconfiança interior e para a crença nas próprias capacidades.

Os atributos que mais frequentemente produzem sucesso econômico são os detalhados no Capítulo 2, "Fatores de Sucesso". Fazem parte de um acervo geral como disciplina, relacionar-se bem com as pessoas, amar a própria carreira, investir sabiamente, ter habilidades de liderança, trabalhar arduamente, assumir riscos financeiros, ter integridade e encontrar um nicho lucrativo de mercado. Todas essas características são essenciais para que haja alguma chance de atingir o *status* de milionário. Para metas mais altas, ou se se tornar um milionário apenas não for o bastante, se seu desejo for o de se transformar em um decamilionário ou até mais, será preciso mais do que apenas fatores genéricos de sucesso para prosseguir a escalada.

Será necessária uma melhoria contínua de sua proteção, da sua armadura protetora. Essencialmente, será necessário mais coragem a cada degrau na ascensão da escada do sucesso econômico. Poucas pessoas fora da categoria da riqueza herdada se tornam decamilionárias sem aumentar o enfrentamento a riscos econômicos. Com o aumento do risco, você precisará de mais coragem, e a coragem não existe sem que haja medo, de fatores econômicos ou outros.

Tanto para os milionários como para qualquer outra pessoa, os medos e as preocupações nunca são derrotados permanentemente. De fato, o que chama atenção é que essas pessoas economicamente produtivas são capazes de edificar dia a dia sua autoconfiança e sua crença em si próprios. Então, é possível imaginar um sucesso econômico atrás de outro. E, como consequência, conforme o sucesso continuado aumenta, a autoconfiança está sendo constantemente incrementada.

## Ações Que Reduzem o Medo: Pessoas Que Assumem *versus* Pessoas Que Evitam os Riscos

Como os assumidores de riscos financeiros reduzem os receios e preocupações que quase sempre acompanham tais atos? Em que eles diferem daqueles que evitam os riscos? Para responder a essa pergunta analisei as respostas de uma amostra de 1.001 entrevistados, 733 dos quais eram milionários. Do outro lado estavam as pessoas produtoras de alta renda mas que não eram milionárias. Estes entrevistados de alta renda e baixo patrimônio líquido são os que têm mais medo de assumir riscos e, de uma forma geral, são gastadores, não investidores. Eles acreditam que ter uma alta renda faz com que tenham direito ao título de bem-sucedidos. Essas pessoas são também as mais prováveis de se vangloriarem de um QI superior e de um intelecto que explica mais o sucesso econômico obtido do que o fato de assumir riscos financeiros e a coragem inerente a eles.

---

De uma maneira geral existe uma relação inversa entre assumir riscos financeiros e as várias medidas de inteligência analítica, tais como as pontuações no SAT.

---

Enquanto outros falam sobre o seu intelecto superior, o assumidor de riscos típico tem intelecto prático e criativo significativo. O que o professor Sternberg descobriu sobre muitas pessoas bem-sucedidas está confirmado pelo meu levantamento: o que falta aos assumidores de riscos do lado analítico eles compensam contratando consultores de alto nível, estudando e analisando bastante a literatura financeira e reconhecendo oportunidades que outros ignoram. Essas habilidades resultam de um intelecto criativo. Também ajuda ter personalidade e bom-senso.

Os assumidores de riscos, ao contrário daqueles que evitam assumir riscos, têm uma probabilidade maior de se envolver em ações ou processos mentais que reduzem o medo e as preocupações. Eles têm um sistema de sustentação das próprias crenças em si mesmos capaz de aumentar a coragem e de, por fim, ampliar a probabilidade de selecionar investimentos que geram frutos, como já discutido. A seguir, são descritas várias outras técnicas.

## COMPARTILHANDO PREOCUPAÇÕES COM O CÔNJUGE (71% DE PESSOAS QUE ASSUMEM RISCOS *VERSUS* 59% DE PESSOAS QUE EVITAM OS RISCOS)

Existe uma forte evidência de que os assumidores de riscos são especialmente cuidadosos na seleção de seus maridos e esposas. Estatisticamente, eles são muito mais sensíveis a certas qualidades quando selecionam seus companheiros: compaixão, sabedoria, aceitação, autodisciplina, segurança, temperamento equilibrado, virtude, confiabilidade e procedimento prático. As pessoas que assumem riscos mais provavelmente dizem, comparando-se com aquelas que evitam riscos, que para um casamento ser bem-sucedido deve-se ter um companheiro respeitador, paciente, carinhoso e altruísta.

Essas qualidades são muito importantes em casamentos em que assumir riscos financeiros é parte valiosa da convivência econômica do casal. É possível que encontrem altos e baixos no fluxo de caixa e no retorno de seus investimentos comerciais, mas muitas vezes um compromisso de investimento do casal será mais prioritário do que a melhoria da casa, a troca do automóvel ou a viagem de férias. Isso é especialmente verdadeiro durante os primeiros anos do casamento. Nem todas as pessoas têm inclinação para ser companheiras de um assumidor de riscos. As pessoas talhadas para o sucesso econômico deliberadamente selecionam companheiros que complementam as qualidades de quem constrói riquezas, como detalhado no Capítulo 6, "Escolha do Cônjuge".

## PRÁTICA REGULAR DE EXERCÍCIOS (64% *VERSUS* 53%) E USO DA FORTALEZA MENTAL DESENVOLVIDA NOS ESPORTES (55% *VERSUS* 43%)

Foi um atleta no ensino médio e na faculdade, mas nem sempre conservou-se na melhor forma física. Cerca de cinco anos depois de o Dr. John Peterson abrir seu primeiro consultório dentário, decidiu que era tempo de mudar. Queria melhorar sua condição física, então contratou um *personal trainer*.

Dr. Peterson tem apresentado excelente forma física desde o início do programa de exercícios e afirma que existe uma correlação direta entre a prática de exercícios e sua capacidade de lidar com riscos financeiros significativos. Na qualidade de assumidor de riscos, como se autodenomina, ele constantemente investe elevadas quantias nas instalações e equipamentos mais modernos, mas pouco se preocupa se será ou não capaz de recuperar os milhões que investiu ou gerar renda suficiente para pagar pelos seus equipamentos. Ele é um profissional bem treinado e altamente qualificado, mas a capacidade de vencer o medo é mais do que treinamento e habilidade. Dr. Peterson pratica esporte em um ginásio todas as manhãs, com o mesmo programa de exercícios usado pelos recrutas da Marinha no campo de treinamento. É tenaz, para se dizer o mínimo.

O resultado disso vai bem além do condicionamento físico; o Dr. Peterson acredita que é a chave da sua força mental. Como consequência, percebe que assim fica muito mais fácil manter sua atitude mental e personalidade positivas. Acredita que o medo e o pânico são produtos de um corpo, mente e espírito sem condicionamento. E se o Dr. Peterson sentisse medo cada vez que pensasse nas imensas somas de dinheiro de suas operações? Nunca teria feito investimentos e não seria o administrador de uma das mais produtivas operações comerciais no município de Nassau, Nova York.

Algumas pessoas sugerem que uma atitude mental positiva e a coragem de enfrentar os medos são apenas parte da estrutura genética de uma pessoa. De acordo com o Dr. Peterson, não. Eu lhe perguntei se ele achava possível manter uma atitude saudável, positiva, e manter a calma em situações estressantes sem um bom condicionamento físico, e ele me respondeu: "Impossível, não importa quem sejam seus pais. A fadiga faz aflorar o que há de pior nas pessoas que deparam com situações estressantes no trabalho e a pressão causada pelos riscos de perdas financeiras. Por que você acha que as melhores equipes militares e as melhores equipes de atletismo estão sempre na melhor condição física? Se não fizesse exercício pelo menos uma vez por semana todas as manhãs teria de me aposentar ou fazer alguma outra coisa qualquer com minhas dez horas/dia. Quem entra em pânico comete erros e cometendo erros nesse ramo em pouco tempo não poderá mais fazer negócios".

## DERROTAR O MEDO ATACANDO-O (74% *VERSUS* 51%) E VISUALIZAR O SUCESSO (76% *VERSUS* 57%)

Os assumidores de riscos são o que chamo de "pessoas do caderninho". Eles listam todos os pontos positivos de um empreendimento de um lado da página e os negativos do outro. Primeiramente, examinam a lista de fatores negativos, em seguida colocam os aspectos positivos como destruidores do medo, matadores dos negativos. Mesmo os assumidores de riscos só entram em um empreendimento quando os aspectos positivos superam em muito os negativos. Para fazer um balanço patrimonial desses prós e contras, o assumidor de riscos deve ser capaz de visualizar o sucesso — todos os benefícios do empreendimento. Os assumidores de riscos que ficaram milionários normalmente são líderes de recursos de capital e de recursos humanos e nesse "caderninho" eles devem ser capazes de contrabalançar os receios dos seus seguidores ensinando-os a visualizar o sucesso. Eles são inovadores, professores, profissionais de vendas e motivadores, mas, antes de mais nada, são automotivadores, com grande visão.

## Amor e Família

Algumas pessoas continuam trabalhando para conseguir suas metas mesmo diante de probabilidades baixas — elas até mesmo se superam enfrentando condições adversas. Muitas pessoas economicamente bem-sucedidas foram condicionadas por seus pais quando ainda eram jovens para enfrentar os medos e as preocupações que tantas vezes acompanham a adversidade e a atitude de assumir riscos maiores. Seus pais dedicaram-lhes amor, carinho, estabilidade e ambiente positivo. Esse tipo de encorajamento costumava ser mais comum, até mesmo natural, nos Estados Unidos. Mas hoje em dia não é mais tão comum. Mais da metade dos casamentos nos Estados Unidos acaba em divórcio. Aparecem cada vez mais famílias chefiadas por apenas um responsável. Os registros de abusos contra mulheres e crianças aumentam ano a ano. Esses fatos não constituem um bom prenúncio para o futuro dos Estados Unidos.

Falando de maneira simplista, as pessoas estáveis provêm de famílias estáveis, carinhosas, zelosas e amorosas, e as pessoas instáveis tendem a desenvolver ambientes familiares tensos, instáveis e anômalos. O amor e o carinho são bens muitas vezes escassos nesses lares. Mesmo em lares tradicionais, se determinadas liberdades de escolha são tolhidas, a probabilidade de a criança não se tornar muito bem-sucedida aumenta.

Isto significa que toda pessoa que viveu um ambiente estável e teve seu comportamento criativo encorajado está apta a se tornar multimilionária? Certamente que não. Estamos dizendo apenas que é mais difícil se tornar um sucesso econômico tendo vivido em ambientes instáveis, porque o sucesso financeiro requer a superação de muitas tensões e estresses. Requer a atitude de assumir alguns riscos e a capacidade de vencer medos e preocupações. Parte do processo de se tornar um sucesso econômico é a capacidade de se relacionar bem, inspirar pessoas, liderar e ser um modelo. Muitas vezes o sucesso é produto de companheiro que dá suporte e de um casamento feliz. O rico que venceu na vida pelo próprio esforço concentra-se e compromete-se em ter sucesso e tais metas aplicam-se tanto à sua atividade profissional quanto ao seu casamento.

Se não houver o condicionamento da estabilidade, torna-se uma escalada íngreme o caminho do sucesso econômico. Ao contrário, a pessoa instável tende a ser dispersiva e temperamental, tem dificuldade de se relacionar com os outros, inclusive com seu cônjuge e seus filhos. Tende a não ter determinação e decisão para lidar com fatores recorrentes, como ameaças econômicas, situações de risco, medos e preocupações. Existem numerosos casos exemplificando pessoas que superaram suas histórias instáveis e que merecem parabéns por suas conquistas. Isso é especialmente verdadeiro tendo-se em vista as desvantagens de uma vida familiar instável. Mas essas pessoas são exceções.

Você pode ser incapaz de conhecer ou mesmo de valorizar a importância do passado até enfrentar uma situação ameaçadora ou de alto risco. Inúmeros milionários, algum dia, tiveram que apostar tudo que possuíam para iniciar um negócio ou uma carreira profissional. E se eles falhassem? Quem estaria lá para tirá-los da falência? Eles assumiram riscos consideráveis, e isso faz parte do "tornar-se rico" nos Estados Unidos. Repetidas vezes os milionários reforçam a própria coragem com pensamentos como este:

> *E se eu perder tudo? Ainda teria o mais importante, meu cônjuge e meus filhos. Eles nunca me abandonariam.*

Em minhas entrevistas, essas declarações foram tão comuns entre os milionários como o desejo de serem bem-sucedidos.

À medida que for lendo este livro, um estudo de caso após o outro será apresentado; todos descrevendo milionários que escolheram atividades profissionais ideais, operaram negócios inovadores e fizeram sábios investimentos. Mas por trás de todos esses elementos existem alguns mais fundamentais. Encorajamento estável, o amor dos pais, um cônjuge companheiro e leal e, em determinados casos, uma profunda fé religiosa são fatores que não podem ser esquecidos. Esses elementos raramente aparecem nas manchetes da mídia quando se traça o perfil de pessoas bem-sucedidas, mas poucas teriam obtido sucesso sem eles. Para quase todos os milionários a autoconfiança vem de berço, seus pais a incutiram.

## UMA FONTE DE CORAGEM: A FÉ RELIGIOSA

Muitas pessoas bem-sucedidas financeiramente creditam à sua fé religiosa a capacidade que possuem de eliminar, ou de pelo menos reduzir, medos e preocupações inerentes ao colocar em jogo recursos financeiros. Quase quatro em dez (37%) desses milionários relatam que "ter uma profunda fé religiosa" foi um pensamento-chave a esse respeito, o que explicava também a filosofia de "acreditar em si mesmo". Quando a fé religiosa aumenta, a autoconfiança também aumenta. Por sua vez, com uma maior autoconfiança, o milionário religioso sente-se mais capaz de lidar com novos e maiores desafios e riscos. E os outros seis em dez? Eles também têm crescente autoconfiança e uma fé quase inabalável em si mesmos, e algumas das técnicas que empregam para aumentar a coragem incluem fazer um planejamento cuidadoso, concentrar-se em aspectos-chave e ser bem organizado. Mas aqueles com orientação religiosa têm maior probabilidade de empregar a oração e sua fé e valores religiosos para lidar com medos e preocupações que fazem parte da escalada para o sucesso.

O levantamento indicou que 75% dos milionários religiosos (MRs) oram quando enfrentam medos e preocupações. Somente 8% dos outros milionários (OMs) empregam a oração de modo semelhante. Essa postura é assumida em uma proporção maior que nove para um.

### UMA ENTREVISTA COM S. TRUETT CATHY, *CHAIRMAN* DE UMA REDE DE LANCHONETES

*Como a fé auxilia você na superação de seus medos e preocupações ou na tomada de decisões?*

Não vejo conflitos entre os princípios bíblicos e as boas práticas comerciais: honramos a Deus em nossos sucessos, e não nos nossos fracassos.

---

Deus nos criou para sermos bem-sucedidos.

---

Deus está do nosso lado querendo que sejamos felizes. Pessoalmente sou batista do Sul, aceitei Cristo como meu salvador pessoal com a idade de 12 anos. Sempre fui comprometido com minha família e minha igreja. Ensinei durante 13 anos na escola dominical.

Sinto a presença de Deus nos meus negócios. Nossa meta corporativa é glorificar a Deus sendo um diretor fiel e exercendo influência positiva em todas as pessoas com quem nos relacionamos.

Penso que cada decisão deveria ser apresentada nas orações e nas meditações, procurando entender a vontade de Deus para cada caso. Da maneira como as situações acontecem, sinto que Deus está presente nas decisões que tomo e nas oportunidades que me são apresentadas. Acredito que Deus testa a nossa fé algumas vezes, que ele tem um plano melhor para nós do que aquele plano que fizemos. Se todas as coisas fluíssem de maneira normal o tempo todo, não teríamos a oportunidade de nos desenvolver. Crescemos quando as dificuldades surgem no nosso caminho.

*Você pode dar exemplos dessa superação de obstáculos?*

Tive dois incêndios em meus restaurantes e em um deles a perda foi total. Fiz uma cirurgia e não sabia se ia viver ou morrer. Essas coisas me fizeram ver o que realmente era importante...

*Como sua fé influencia seu estilo pessoal de fazer investimentos?*

Acho que seria oportuno avaliar a companhia com base em seus diretores e no proprietário. Se houver pessoas inseguras administrando a companhia... Esses valores cristãos são muito importantes para que as companhias se tornem bem-sucedidas. Tenho muito poucos investimentos, a não ser a minha empresa [Chick-fil-A*] e alguns imóveis.

*Qual a influência da fé em sua produtividade?*

Não sou preguiçoso. Meu tempo precisa ser empregado produtivamente no que faço. As pessoas gostam de seguir quem tem entusiasmo pelo próprio trabalho. Tento não ser um *workaholic;* tento manter meus valores de maneira adequada. Temos 11 orfanatos com 110 crianças. Oferecemos casas para veraneio para eles e duas semanas de acampamento no *campus* da Berry College. Isso é uma das coisas que mais me alegra, além do que o meu negócio me proporciona.

Nossas lanchonetes promovem os princípios cristãos por meio de bolsas de estudo para os funcionários, fecham aos domingos respeitando o dia de descanso

---

* Lanchonete com receitas variadas para sanduíches de frango (N. do T.).

e distribuem, como prêmios, refeições para crianças, sempre enaltecendo a ética e a moral.

Você deve ter fé em si mesmo, no Senhor e na vida.

---

Uma tremenda quantidade de "eu quero".
Essa é a diferença entre o sucesso e o fracasso.

---

## FATORES DE SUCESSO E FÉ RELIGIOSA

Para os MRs, "ter uma profunda fé religiosa" é a chave para reduzir medos e preocupações. Eles têm uma probabilidade 35 vezes maior de defender que:

---

Ter uma firme fé religiosa é um fator muito importante para explicar o sucesso econômico.

---

Existem vários outros fatores relacionados muito proximamente à fé religiosa. São, por ordem de importância:

1. Ser honesto com todas as pessoas
2. Contar com o apoio do cônjuge
3. Relacionar-se bem com as pessoas
4. Amar sua carreira ou seus negócios
5. Estar fisicamente bem
6. Ter fortes qualidades de liderança
7. Fazer bons investimentos
8. Ver oportunidades de negócios onde outros não veem
9. Desejar assumir riscos financeiros se o retorno for adequado
10. Ter bons mentores
11. Investir no próprio negócio
12. Viver abaixo de suas posses
13. Ver excelentes consultores de investimentos

Os milionários religiosos não parecem orar a Deus pedindo mais, mas eles realmente procuram a orientação divina. Muitos me disseram que a fé que possuem em Deus lhes proporciona confiança. Se você está absolutamente seguro que sua atividade profissional é a que melhor atende aos seus interesses será muito mais fácil vencer. Não tenha dúvidas. Sua crença em Deus traduz-se na crença em si mesmo e na forma de ganhar a vida. Para muitos MRs o consultor sênior ou o mentor é Deus. Possuem um histórico de estudo da literatura religiosa e esse estudo lhes fornece compreensão sobre como lidar com receios e preocupações.

## PARCERIA COM DEUS

Para Ken Melrose, presidente e CEO da Toro Company, a fé é uma fonte de coragem e de compasso moral no momento da tomada de decisões difíceis referentes ao gerenciamento da companhia. Ken conta que começou nesse emprego de gerenciar a Toro "meio que por acidente". Em 1981 a companhia para a qual ele trabalhava já havia 11 anos estava desorganizada e na iminência de um colapso financeiro. Quando a diretoria o indicou para presidi-la (sem nenhum CEO), ele compreendeu que deveria tomar decisões radicais que afetariam a vida de centenas de pessoas.

"Despedir pessoas, reestruturar, fechar indústrias... eram coisas tão estranhas à minha natureza e tão difíceis para mim que tive bastante fé numa parceria com Deus", lembra-se Melrose. "Muitas pessoas iriam perder seus empregos."

"Lembro que me perguntava como iria dirigir essa companhia, tomar decisões que a revolucionariam e ainda valorizar as pessoas de uma maneira responsável", ele relembra. "Naqueles dias eu me senti totalmente perdido."

Voltou-se então para Deus em busca de força e orientação. Além do jornal diário, ele pendurou um aviso no monitor do seu computador dizendo:

> Deus quis que você estivesse aqui neste momento.

"Era uma fonte real e vívida de energia", diz Melrose. "Todas as manhãs eu pedia a Deus que me ajudasse a superar as agruras ao longo dia, porque precisava ser guiado, não conseguia fazer por mim mesmo. Confiei em Deus para tirar a empresa do buraco e para me orientar na tomada de decisões."

Pediu a duas equipes da administração que fizessem uma lista dos cargos necessários para a sobrevivência da empresa. Depois de estabelecer as prioridades, 735 das 1.300 posições assalariadas compunham a lista. Em um dos prédios esvaziados pelas demissões, Toro estabeleceu uma central de recolocação para ajudar os empregados a encontrar um novo emprego — com telefones, apoio administrativo, consultores e outros serviços.

Melrose se orgulha de contar que muitos daqueles funcionários voltaram a trabalhar na Toro depois que a companhia recuperou a saúde financeira.

Foram necessários dois anos para a companhia sair do buraco e provar que poderia sobreviver. Desde então, Melrose tem fortalecido os princípios cristãos para transformar a cultura hierárquica rígida da Toro, tornando-a um ambiente de trabalho mais amistoso e participativo.

Na discussão sobre os valores que a companhia deveria ter como base, ele estabeleceu princípios de liderança tirados do evangelho que afetaram desde a visão de longo prazo da companhia até os ideais de comunicação no dia a dia com os funcionários.

Construir um ambiente em que os empregados tenham confiança em assumir riscos é vital para uma companhia que tem um histórico de inovação de produtos. "Damos *feedback* positivo e negativo de uma maneira responsável, não de um modo fiscalizador, assim como Jesus fez com os apóstolos."

Melrose fez sua parceria com Deus, dizendo: "Deus nos deu a todos o potencial de contribuir". Ajudar as pessoas a usar esse potencial "é o papel do líder e é um privilégio".

## O VERDADEIRO INVENTOR

No encontro dominical na igreja, a sala estava totalmente repleta com homens e mulheres de meia-idade. Em termos de renda, riqueza e educação, esse grupo ocupava o mais alto nível da escala. Mas assim como acontece na maioria dos grupos de pessoas ricas, nem todos tinham um bom nível escolar. Na realidade, o que acumulara mais riqueza nunca tinha assistido a uma aula na faculdade. Era um homem extraordinário, chamava-se Henry.

Henry não era apenas muito rico, era também o mais respeitado membro da igreja. Tinha forte liderança e era um importante conselheiro da igreja e de seus ministros. Tinha ainda contribuído com muitos dólares para o fundo de construção da igreja.

Os pais de Henry trabalhavam na roça. Possuíam poucos recursos para os filhos, mas ofereceram a Henry e aos irmãos um presente bem mais importante, do qual Henry fez bom uso. Basta lhe perguntar como ele foi capaz de lidar com os riscos inerentes à sua transformação em um homem de negócios muito bem-sucedido, como tem sido capaz de reduzir e até mesmo eliminar os receios que surgem quando seus recursos financeiros estão correndo risco. Pergunte como ele lida com o sentimento de inferioridade por não ter formação em nível superior. Henry lhe dirá que tudo tem a ver com:

Ter uma profunda fé religiosa.

Ter uma profunda fé religiosa tem feito mais por Henry do que ajudá-lo a lidar com medos e preocupações. Ele tem um grau elevado na aptidão mecânica, inventou muitos produtos que ele próprio fabrica. De onde ele tirou a ideia para seu produto de maior sucesso? Teve uma visão, numa noite. Henry atribui a si próprio pouco crédito pela inovação, diz que Deus lhe apareceu e lhe revelou a inovação através de uma visão. Foi uma invenção de Deus.

Henry não está sozinho. Sua relação pessoal e sua profunda fé em Deus são compartilhadas por muitos outros milionários nos Estados Unidos que superaram desvantagens acadêmicas e pobreza significativa.

*Não se aterrorizes, não tenha medo, porque o Senhor está contigo em qualquer parte para onde fores.*

*— Josué 1.9*

# 5

# Atividade Profissional

*Meu pai era um empreendedor, não tinha formação educacional. Nasceu na Lituânia, começou dois negócios de sucesso aos 22 anos [...] sorvetes e salame [...] um para o verão e o outro para o inverno [...] e depois iniciou uma fábrica de tecidos.*

*– B.N.R*

POR QUE MEL SE TORNOU DECAMILIONÁRIO? EXISTEM muitas razões, mas uma sobressai. Como muitos outros norte-americanos ricos que entrevistei, ele tinha escolhido a ocupação profissional ideal no tempo e no lugar certos.*.

Mel foi convocado pelo Exército e passou dois anos fazendo o serviço militar. Sempre se viu como um "garoto da cidade grande", embora tivesse tido mais vivência quando estava servindo na zona rural do Sul. Enquanto seus companheiros de armas se queixavam da comida do Exército e do ambiente rural, Mel passava a maior parte do tempo livre procurando oportunidades econômicas em imóveis. Um pouco antes de dar baixa, encontrou uma oportunidade imobiliária próximo de onde estava servindo.

* Os tipos de negócio pertencentes ou administrados pelos respondentes ao levantamento encontram-se nos Anexos 2 e 3.

*[...] Havia uma propriedade [...] sendo vendida pela prefeitura para quitar dividas [...] estavam pedindo US$ 7 mil por ela.*

Ninguém tinha percebido a oportunidade antevista pelo jovem Mel, na época com 24 anos. Quem compraria um velho edifício em uma pequena cidade lá no interior do Sul?

*Até mesmo meu pai, um comerciante tão astuto, comentou: "Mel, não compre essa propriedade". Eu comprei assim mesmo.*

O pai de Mel e a maioria de seus amigos eram completamente inflexíveis: "Ianques... gente da cidade..." . Eles tinham preconceito contra o Sul em geral, principalmente no que se referia a investir nos estados sulistas. Mel procurou o que havia de real nas oportunidades do hoje conhecido como Cinturão do Sol e teve a intuição de que a área onde fez o primeiro investimento tinha potencial para crescer. Via a cidade como um futuro ponto de cruzamento entre as áreas-chave do Norte e do Sul. Reconheceu também que a área vizinha a seu investimento estava apenas no começo de seu despertar industrial.

*Meu edifício ficava perto de uma grande instalação [...] 20 mil funcionários. Arrendei o edifício. [...] US$ 100 por mês. Hoje estou tirando US$ 3 mil por mês.*

Depois de arrendar o prédio, ele começou a jogar sua própria versão de Monopólio.

*[...] Nos próximos cinco anos, fui atrás do pessoal que possuía o outro terreno lá. Ofereci pagar entre U$ 7.500 e US$ 10 mil pelas propriedades.*

Com o passar do tempo, Mel acabou se tornando proprietário de três quarteirões da cidade usando "dinheiro de outras pessoas".

*Hoje tenho ao todo US$ 175 milhões [...] todos os recursos foram provenientes do banco. Construí 50 lojas nos primeiros 15 anos. Todas se pagaram e tive uma renda de US$ 750 mil por ano desde então.*

Para conseguir isso, Mel pediu emprestado o que foi preciso. Inicialmente emprestou US$ 7.500 de um banco e comprou a primeira propriedade comercial. O empréstimo foi também assinado pelo pai dele depois de ouvir a descrição da pesquisa e o potencial de crescimento da área-alvo; ele ficou impressionado com a demonstração de sagacidade financeira do filho. Ele arrendou o edifício por US$ 7.500 antes de comprá-lo. O arrendamento de dois anos foi mais do que suficiente para repor o principal e os juros. Seu fluxo de caixa foi impressionante, desde o primeiro dia.

Bem cedo, calma e metodicamente, ele começou a adquirir lotes comerciais e edifícios, sendo que cada nova aquisição era paga com dinheiro de outras pessoas. Ele lidava com mais de uma dúzia de agentes de empréstimos e banqueiros e, de fato, nunca usou um único dólar do próprio dinheiro. Hoje o decamilionário não pode deixar de pensar que destino teria reservado para seus antigos companheiros de armas que se queixavam em servir no "tenebroso Sul". Será que tem alguém fazendo mais do que "assobiar Dixie"?*

Ele não só teve o senso da oportunidade, mas também teve seu pai como mentor. Ele ainda se lembra das muitas histórias que o pai contava sobre pessoas que fizeram fortunas a partir de pequenos investimentos no negócio imobiliário. A chave estava em detectar as melhores oportunidades — aquelas que outros ignoravam. Mel seguiu o conselho do pai e seus dois anos no Exército acabaram lhe trazendo uma fortuna considerável.

Mel se aproxima da idade em que muitos se aposentam, mas não pensa em se aposentar. Até hoje procura oportunidades, embora já tenha muito mais do que aqueles três quarteirões lá no Sul. Gosta especialmente de negócios imobiliários e só compra propriedades adequadas para o varejo, como lojas e outros tipos de organizações comerciais. Nunca lida com o consumidor final, de modo que não possui apartamentos: "É muita dor de cabeça". Sempre acreditou que homens de negócio dedicados ao comércio são mais sérios em suas obrigações e também crê em outro princípio que tem se mostrado muito útil ao longo dos anos:

> *Tanto quanto possa me lembrar, sempre acreditei que o Senhor nos dá a terra [...] e que, quando ela se for, nada mais restará!*

Mel define sua ocupação como sendo a de um "proprietário de um monopólio de três quarteirões".

## Descoberta e Fatores de Escolha

Os milionários sempre me disseram que vários fatores importantes contribuíram para a "descoberta" da respectiva ocupação profissional e que seria muito difícil identificar uma única razão para explicá-la.

---

* Assobiar Dixie, o hino do exército sulista que perdeu a guerra civil norte-americana, tornou-se uma expressão que simboliza se ufanar por uma causa perdida, um ato desprovido de sentido (N. do T.).

Os dados na Tabela 5-1 indicam como alguns fatores são mais importantes do que outros.

Tabela 5-1 Como os milionários escolhem a ocupação profissional: fatores importantes para a "descoberta" (N = 733)

PORCENTAGEM DE MILIONÁRIOS QUE CONSIDERAM O FATOR IMPORTANTE, POR CATEGORIA OCUPACIONAL

| Fator da descoberta | Todos os milionários 100% | Negócio próprio/ empresário 32% | Alto executivo de companhias 16% | Advogado 10% | Médico 9% |
|---|---|---|---|---|---|
| INFORMANDO-SE COM INTELIGÊNCIA | | | | | |
| Ideia vinda intuitivamente | 39 | 46 | 37 | 30 | 31 |
| Depois da análise da lucratividade do negócio | 30 | 39 | 33 | 15 | 23 |
| Pela leitura em "Trend" ou em jornais de comércio | 14 | 16 | 15 | 2 | 8 |
| OCUPAÇÃO PROFISSIONAL "POR ACIDENTE" | | | | | |
| Encontrar uma grande oportunidade | 29 | 31 | 33 | 13 | 12 |
| Descobriu após tentativa e erro | 27 | 30 | 29 | 13 | 8 |
| Teve desgosto ou perdeu o emprego anterior | 12 | 15 | 10 | 5 | 4 |
| Deixou escapar oportunidade com o empregador anterior | 7 | 9 | 4 | 3 | 2 |
| IDEIAS DE OUTRAS PESSOAS | | | | | |
| Sugerida por um agente de empregos | 3 | 2 | 6 | 1 | 0 |
| Descoberta no jornal segmentado ou numa feira de franquias | 2 | 2 | 1 | 3 | 0 |

De uma forma geral, quase quatro em cada dez milionários (39%) indicaram que descobriram a própria ocupação profissional por intuição, e a intuição foi mencionada com maior frequência como sendo importante por todos os quatro grupos ocupacionais. Estes quatro grupos respondem pela maior parte (67%) da população milionária.

De acordo com o dicionário, *intuição* é "o conhecimento imediato e a aprendizagem sem o uso consciente da razão; é um *insight* disponível e rápido". Observe que quase metade (46%) de donos do próprio negócio e de empresários disse que descobriram a própria ocupação profissional por intuição. Muitos milionários donos do próprio negócio repetem incansavelmente que:

Meu sucesso financeiro é resultado direto da escolha de um tipo específico de atividade dentro de uma categoria de negócios.

A categoria dos donos do próprio negócio constitui o maior grupo da população milionária, mas a maioria dos que trabalham por conta própria nos Estados Unidos não são milionários, nem se tornarão milionários ao longo da vida. Possuir um negócio não constitui, de maneira alguma, garantia de que alguém vá enriquecer, mas trabalhar por conta própria pode aumentar bastante as chances de alcançar o sucesso pela criteriosa escolha do ramo de atividade.

## SUCATA E TESOURO PARA O MESMO HOMEM

O Sr. Richard é um excelente estudo de caso de escolha inteligente de ocupação profissional. Como foi que um homem jovem criado em um ambiente de classe média alta, com ensino médio completo, vivendo os primeiros 18 anos em um excelente bairro da área metropolitana de Nova York, acaba como proprietário e opera um pátio de sucata no sul dos Estados Unidos? Foi isso que lhe perguntei.

O Sr. Richard ganha mais de US$ 700 mil por ano e pode ser classificado como um poupador, um dos que pertencem aos grupos denominados Ricos no Balanço Patrimonial.

Ele tem mais de 12 dólares de patrimônio líquido para cada dólar que ganha no final de cada ano. Todos os dias da semana ele acorda às 5h35 da manhã com um sorriso no rosto, ansioso para começar a trabalhar.

DR. STANLEY: Qual sua motivação? O que o deixa entusiasmado todas as manhãs?

SR. RICHARD: Não são preocupações financeiras [...] sinto que devo ir para o trabalho porque é muito importante que eu consiga alcançar as metas que fixei para meu negócio. Não tenho problemas financeiros. Minha situação é diferente de quem tem uma residência dispendiosa e não tem nada no banco. Esse é alguém que tem preocupações financeiras. Ainda assim, quero chegar ao maldito pátio [...] quero fazer isso, quero começar aquilo

[...] todos os dias acordo com este ânimo de fazer alguma coisa [...] é simplesmente algo que precisa ser feito.

O que está por trás dessa ânsia de trabalhar durante longas horas, de acordar de madrugada todos os dias? A motivação do Sr. Richard é a mesma de muitas pessoas economicamente bem-sucedidas; quanto mais ricos, mais provavelmente são capazes de dizer:

---

Meu sucesso é resultado direto do meu amor pela minha carreira ou pelo meu negócio.

---

Entre os fatores de sucesso citados no Capítulo 2, o amor pela carreira foi considerado muito importante para 46% e importante para 40% dos milionários ao explicar o próprio sucesso. É muito comum pessoas como o Sr. Richard me dizerem que:

*Se você tiver amor, amor intenso pelo que faz, as chances de você obter sucesso são excelentes.*

Muitas vezes a paixão por uma carreira não é caso de amor à primeira vista. Na Tabela 5-2 somente 55% dos milionários disseram ter escolhido a carreira por causa do amor que sentiam pela sua ocupação profissional, mas, como afirmado no Capítulo 2, esta cifra acabou atingindo 80% como explicação principal para seu respectivo sucesso econômico. Nem todos os milionários reconhecem instantaneamente que a ocupação profissional que escolheram lhes dará lucros enormes, mas cerca de dois terços (66%) responderam que a escolheram pela chance de serem financeiramente independentes; 58% indicaram que foram fatores importantes na escolha "os potenciais de receitas e grandes lucros" que esperavam ter exercendo aquela ocupação profissional.

Os proprietários de negócios e os empresários, como o Sr. Richard, são especialmente sensíveis com relação aos lucros e receitas. Procuram oportunidades que lhes proporcionem riqueza e independência financeira. É menos provável que digam que suas ocupações profissionais lhes dão elevada autoestima, ao contrário da população milionária em geral. Ainda assim, a maioria dos proprietários de negócios (52%) lembrou-se do fator autoestima em suas escolhas. Contrastando com isso de forma acentuada, um dos motivos considerados por 83% dos médicos milionários quando escolheram seguir a ocupação profissional foi aumentar a autoestima.

Tabela 5-2 Como os milionários escolhem uma ocupação profissional: fatores importantes para a escolha (N=733)

PORCENTAGEM DE MILIONÁRIOS QUE CONSIDERAM O FATOR IMPORTANTE, POR CATEGORIA OCUPACIONAL

| Fator da descoberta | Todos os milionários 100% | Negócio próprio/ empresario 32% | Alto executivo de empresas 16% | Advogado 10% | Médico 9% |
|---|---|---|---|---|---|
| GOSTO PELA OCUPAÇÃO PROFISSIONAL | | | | | |
| Permite o uso pleno de minhas capacidades/aptidões | 81 | 83 | 77 | 87 | 83 |
| Aumenta minha autoestima | 62 | 52 | 63 | 65 | 83 |
| Tenho paixão pela carreira/ produto | 55 | 55 | 55 | 38 | 72 |
| Realiza um antigo sonho de vida | 30 | 33 | 19 | 43 | 63 |
| NECESSIDADE DE INDEPENDÊNCIA | | | | | |
| Oportunidade de ser financeiramente independente | 66 | 79 | 53 | 52 | 85 |
| Obtenção de grande lucro ou receita potencial | 58 | 71 | 55 | 46 | 42 |
| Necessidade de ser meu próprio patrão | 49 | 73 | 22 | 34 | 77 |
| INFLUÊNCIAS ACADÊMICAS | | | | | |
| Diretamente relacionadas a cursos realizados na faculdade | 44 | 36 | 44 | 53 | 56 |
| Sugerido por orientadores | 29 | 19 | 34 | 39 | 33 |
| Sugerido por testes de aptidão | 14 | 8 | 17 | 30 | 23 |
| ESCOLHA POR INFLUÊNCIA DA FAMÍLIA | | | | | |
| Sugerido pelos pais | 20 | 20 | 11 | 30 | 38 |
| Era parte de negócio familiar | 13 | 24 | 8 | 11 | 6 |
| MÉTODO COOPERATIVISTA | | | | | |
| Relacionado a emprego de meio-período | 13 | 15 | 10 | 13 | 4 |
| Sugerido pela agência de empregos da faculdade | 6 | 3 | 9 | 6 | 6 |

Ainda que cerca de dois ou três milionários dissessem que "a chance de ser financeiramente independente" tinha sido um fator importante de escolha, poucos se aposentaram depois que ficaram ricos. O Sr. Richard é agora um homem muito rico que ainda ama a própria carreira. Embora já possua o necessário para viver confortavelmente com a família pelos próximos 20 ou mais anos, ainda se levanta antes de o sol nascer e vai trabalhar todos os dias. Persevera em fazer seu negócio mais e mais produtivo.

O Sr. Richard conseguiu suas metas financeiras há muitos anos, mas ainda ama seu negócio e é esta a razão pela qual poucas pessoas, como ele, querem descontar as fichas, vender mais cedo os negócios e se aposentar. Trata-se mais de amor do que de trabalho. A grande maioria dos milionários (81%) escolheu a ocupação profissional porque:

---

Meu emprego/carreira permite-me usar plenamente minhas capacidades e aptidões.

---

A maioria das pessoas não pode honestamente dizer isso. Muito frequentemente aceitam o que o emprego tem para oferecer. É apenas um emprego, não um trabalho de amor.

Muitos milionários escolheram uma ocupação profissional ideal — será que tiveram apenas a sorte de encontrar o trabalho que gostam, um que aumente a autoestima deles? Um pouco de sorte pode ter existido, mas para encontrar a carreira ideal deve-se primeiro entender a si mesmo. Quais seus pontos fortes e fracos, do que você gosta e do que não gosta? Se a resposta a estas perguntas for impossível, será praticamente impossível abraçar uma ocupação profissional por amor, uma capaz de incrementar a autoestima.

É um processo que não acontece no vazio, os milionários não acordam simplesmente um dia e dizem: quero fabricar rolamento de esferas! Assim como o Sr. Richard, muitos milionários tiveram experiências de trabalho desagradáveis e não compensadoras antes de encontrarem sua ocupação profissional ideal.

DR. STANLEY: Estou pensando uma vez mais sobre seu currículo. O que foi que o motivou a começar o negócio de peças usadas de caminhão?

SR. RICHARD: Eu hesitei cerca de oito anos antes de achar o caminho [...] estava acostumado a trabalhar para outras pessoas, não recebia pagamento algum, de modo que decidi trabalhar por conta própria.

DR. STANLEY: Compreendo. Mas por que não qualquer outro negócio? Por que peças usadas de caminhão?

SR. RICHARD: Sou completamente diferente [...] realmente diferente [...] encontrei um verdadeiro nicho de mercado. Se não acredita, procure e verifique que ninguém mais está fazendo a mesma coisa. A concorrência acirrada impede o lucro.

Muitas pessoas fazem exatamente o contrário ao escolherem uma ocupação profissional, enquanto o Sr. Richard mirou um público específico, muito bem definido. E fez isso há alguns anos, quando ele mesmo era a única alternativa competitiva para os clientes. Sendo um especialista e perito em marketing e especificação de nicho, reconhece outros profissionais em nichos de mercado quando os encontra. Veja a conversa entre ele e o "Dr. Jaw":

SR. RICHARD: [...] mas um amigo fez de outro jeito [...] esse amigo, um dentista, era inicialmente especialista em tratar de clientes que apresentassem, além de problemas dentários, problemas no maxilar. Resolveu ingressar na escola de medicina para aprender a tratar maxilares com problemas, voltando em seguida a trabalhar como dentista.

DR. STANLEY: E hoje qual é o negócio do seu amigo?

SR. RICHARD: Mergulhou no campo mais especializado que se pode imaginar [...] está se dando muitíssimo bem... por causa da especialização que fez.

Dr. Jaw tem algo em comum com a maioria dos milionários entrevistados que possuem o próprio negócio e isso é especialmente verdadeiro para os donos de negócio próprio que se tornaram ricos em apenas uma geração. Já se especializaram, são donos de uma determinada "fatia do mercado" e enfrentam uma concorrência muito pequena.

A primeira experiência do Dr. Jaw foi com um segmento específico de mercado e um serviço profissional relacionado à odontologia. Mas ele era bastante sensível a oportunidades de negócios extraordinárias e reconheceu que seria muito mais produtivo se pudesse oferecer aos pacientes um pacote mais completo de serviços. Assim, a ideia de oferecer um tratamento conjunto de maxilar e dentes não surgiu do nada simplesmente.

A maioria dos milionários teve alguma experiência na especialidade que acabaram escolhendo. No caso, trata-se de um dentista percebendo que um diploma de cirurgião e de dentista agrega mais do que a simples soma dos dois ofícios. O Dr. Jaw estava no lugar certo para compreender plenamente quais eram as necessidades dos pacientes que apresentavam problemas no maxilar.

O Sr. Richard também lidou e capitalizou uma determinada indústria de maneira bastante lucrativa sentindo grande afinidade com os serviços por ela prestados. Ele sempre gostou de caminhões e de quem trabalhava nessa indústria. Tanto ele como o Dr. Jaw gostavam de conceituar e operar tipos especiais de negócio. Hoje ambos são mestres em suas específicas regiões geográficas, um no aproveitamento da sucata de caminhões e o outro no tratamento de dentes e maxilares. Na verdade, esses cavalheiros não possuem concorrentes que possam ser ameaça às áreas em que atuam.

Quase chegando aos 30 anos, o Sr. Richard já estava trabalhando para um grande fabricante e distribuidor de caminhões havia cinco anos. Tinha obtido o diploma da faculdade com notas regulares e não ganhava o suficiente para fazer muito mais do que arcar com as despesas do dia a dia. Ele e a esposa eram bastante simples e sempre quiseram ser independentes financeiramente. Mas ele reconhecia que nunca poderia enriquecer em seu emprego na época, então não descansou. Como não sabia, ao certo, o que fazer da vida, acabou fazendo parte de uma série de situações interessantes no trabalho.

> *Eu era gerente-assistente na White Motor Company. Meu patrão me pediu para vender um caminhão todo arrebentado para o dono de uma sucata por US$ 500. Cerca de duas semanas depois, ele me pediu que falasse novamente com o sucateiro. Precisávamos de um motor usado para outro caminhão.*
> *O dono da sucata tirou o motor do mesmo caminhão que tínhamos vendido a ele há duas semanas, me cobrou US$ 500 e ainda tivemos que trocar um outro motor que precisava ser substituído.*

Uma luz acendeu na cabeça do Sr. Richard! Ele viu que muitas outras partes do caminhão também tinham valor. Na realidade, o caminhão que fora vendido por US$ 500 como um todo valia dez vezes mais quando vendido por partes. Nesse momento de sua vida, ele teve o que as pessoas costumam chamar de "sopro da intuição". Reconheceu imediatamente a extraordinária oportunidade de negócio dentro da ocupação de sucateiro.

O Sr. Richard tinha muito em comum com outros milionários, especialmente com os que possuem os próprios negócios. Quase a metade (46%) diz que a intuição foi uma "descoberta" importante (veja Tabela 5-1). Trinta e nove por cento dos milionários que trabalhavam por conta própria também "estudaram a rentabilidade dos negócios" ou a ocupação profissional, antes de se decidirem sobre o rumo a tomar. O Sr. Richard, e também 31% dos seus companheiros donos de negócios, declararam que tinham "tropeçado em uma grande oportunidade". Por causa da sua afinidade com os caminhões e com as pessoas que trabalhavam na distribuição deles, o Sr. Richard não tomou uma decisão por acaso, não foi algo que caiu do céu, ele simplesmente encontrou um nicho refinado dentro de um setor genérico que ele amava.

> *Fico olhando essa fatura e pensando: "Esse camarada tem a transmissão, o eixo traseiro, os pneus, as portas, o radiador, e ainda está pegando nosso velho motor (em base de troca) por US$ 500".*
> *Há apenas duas semanas nós lhe vendemos o caminhão inteiro por US$ 500. Agora ele está nos vendendo só o motor de volta pelos mesmos US$ 500. Quem na verdade está ganhando dinheiro, nossa companhia ou o sucateiro? E respondi para mim mesmo, "esse sujeito descobriu uma mina!".*

E o Sr. Richard tem trabalhado nessa mina da venda de partes usadas de caminhões desde que teve essa revelação. Duas semanas depois de descobrir como podia lucrar na venda de sucata já tinha aberto o próprio negócio. Comprou seu primeiro caminhão arruinado por outros US$ 500, acabou vendendo os componentes e ganhando sete vezes o que havia investido.

No caso do Sr. Richard e de seus companheiros milionários que venceram na vida pelo próprio esforço, eu vejo a ocupação profissional como um processo de escolha. Existem milhares e milhares de homens de negócio nos Estados Unidos. Realmente, há muitos anos, identifiquei mais de 22 mil categorias distintas de negócios. Existiam então mais de 22 mil ocupações profissionais dentro do campo de atuação dos proprietários de negócios próprios. Usando a própria intuição, o Sr. Richard apenas somou mais uma à crescente lista de 22 mil categorias. Também existem dúzias de mercados delimitados geograficamente nos Estados Unidos. Várias dúzias de áreas multiplicadas por 22 mil ocupações é uma indicação de que existem muitos milhares de negócios geograficamente definidos. Muitos milionários me disseram que o sucesso financeiro é resultado direto de possuírem um negócio especializado em determinada área geográfica, onde exista pouca ou nenhuma concorrência.

O Sr. Richard tem um negócio muito especializado, não é apenas um distribuidor mediano de sucata — sua firma compra carretas destroçadas de 18 rodas. Sua equipe e ele desmontam esses destroços e vendem as peças. É um negócio simples e é também uma operação extremamente rentável. Muitas pessoas imaginam um pátio de sucata cheio de peças usadas de caminhão e veem apenas sucata pela frente. Mas essa sucata é a riqueza do Sr. Richard. Hoje ele consegue um lucro líquido da ordem de oito algarismos e sua receita pessoal no último ano foi superior a US$ 700 mil. Seu chefe da mecânica ganhou mais de US$ 130 mil no ano passado desmontando caminhões. Esses US$ 130 mil tocam um sininho: é mais ou menos a média do que um médico ganha anualmente nos Estados Unidos.

Muitas pessoas, até mesmo alguns superdotados intelectualmente, carecem da intuição do Sr. Richard. Frequentemente se encontram em campos onde a concorrência é acirrada. Considere que 80% dos professores livre-docentes de Harvard — que se encontram entre as pessoas mais bem-dotadas intelectualmente dos Estados Unidos — não possuem estabilidade. Esses professores aceitam cargos em outras universidades e muitos acabam se tornando estáveis. Então, não é apenas uma questão de ocupação profissional, é também o grau de concorrência dentro de uma região escolhida ou outros fatores ambientais que determinam se a escolha de uma carreira vai ser bem-sucedida.

Vejo o mercado de empregos nos Estados Unidos de uma forma muito diferente do ponto de vista dos orientadores vocacionais e do pessoal de colocação no mercado de trabalho que atuam nas faculdades. Eles têm boa intenção, mas falham em não compreender inteiramente os enormes benefícios de se trabalhar por conta própria ou até mesmo de se tornar um alto executivo em um setor industrial ideal.

Um dia depois de minha entrevista com o Sr. Richard, parei na Kinko para tirar algumas cópias do meu trabalho. O rapaz que me atendeu olhou para o título do meu capítulo e manifestou interesse em ler o material. Observou também que o que estava lendo poderia ser bom para sua carreira, e, então, descobri que ele era um advogado em exercício. Ele reconhecia estar numa ocupação profissional muito competitiva na minha cidade natal, de maneira que tinha de completar os rendimentos trabalhando meio-período na Kinko. Ainda que se tratasse de alguém trabalhando por conta própria no exercício da advocacia, mal podia manter a cabeça fora d'água.

Existem mais de 70 páginas de advogados listados nas Páginas Amarelas de nossa cidade. Quantas páginas existem sobre companhias dedicadas à venda de peças usadas de caminhões? O negócio do Sr. Richard está listado sob o título "Caminhões – Equipamentos e Peças", uma categoria que ocupa cerca de uma página. Todas as outras páginas sobre caminhões referem-se a equipamentos e peças novas, ou usadas, mas para pequenos caminhões. Apenas o Sr. Richard vende peças de caminhões exclusivamente para grandes carretas e tem, literalmente, o monopólio dessa região geográfica. Quanto ao perfil do sujeito esperto que conheci na Kinko, trata-se de um indivíduo inteligente, que passou no exame da ordem dos advogados e cursou uma escola de direito conceituada. E daí? Ele é apenas um dentre os milhares de advogados listados juntamente com outros nas 74 páginas dedicadas aos advogados no catálogo.

## A FUNDAÇÃO DO CORAÇÃO

É como construir uma casa. Se a fundação for de má qualidade, não adiantará gastar o que for ou se esforçar ao máximo no restante da obra, ela nunca será nada além de uma dor de cabeça. Pior ainda, despertará ódio em vez de amor. Escolha a ocupação profissional errada e a insatisfação é certa. Pessoas como o Sr. Richard são tão produtivas porque o trabalho é uma alegria para elas.

Por que somente uma minoria de nossa população ama o trabalho que faz? Por que tantos desprezam as oportunidades econômicas? Uma das razões tem a ver com o status social. Seus pais nunca lhe disseram que ir para a faculdade e escolher uma ocupação profissional lhe daria um elevado status profissional? Talvez não lhe tenham dito isso explicitamente, mas por outros meios. Meu pessoal sempre me disse que um emprego adequado para alguém formado em uma faculdade tinha alguma coisa a ver com usar terno e gravata todos os dias da semana. Bem, nem todos os milionários usam ternos. O Sr. Richard usa camisa e calças jeans no trabalho, assim como todos os seus funcionários.

Os pais fazem molduras para enquadrar os filhos. Vejamos, se meu Johnny não puder ser um profissional liberal, um médico, um advogado ou um contador, então ele deverá trabalhar como alto funcionário de uma corporação de prestígio. Um cargo no magistério ou uma carreira de funcionário público é também aceitável. Títulos, afiliações e um uniforme padronizado são importantes critérios na escolha da carreira, juntamente com benefícios generosos. Muitas pessoas nos Estados Unidos entraram na sociedade para seguir essas carreiras que têm como objetivo o status. Poucos nem de leve considerariam a opção profissional feita pelo Sr. Richard.

---

Minha mãe diria: "Qualquer um pode ter um pátio de sucata. Para que você frequentou a faculdade? Não foi para ser dono da própria sucata!"

---

Outro aspecto é que alguns membros da classe média não se sentem confortáveis possuindo e operando um negócio do operariado. Se este for o caso, eles nunca seriam capazes de se tornar um milionário como o Sr. Richard, que veio da classe média alta, mas teve facilidade para interagir diariamente com sua equipe de companheiros de trabalho.

*Eu me cerquei de muitas pessoas competentes e capazes, o que torna a vida bem mais fácil. Se você trabalha com pessoas medíocres, a vida pode se tornar miserável.*

O Sr. Richard emprega pessoas qualificadas e não dá importância a qual classe social elas pertencem. Mas a "necessidade intensa de status social" cega as pessoas para muitas oportunidades econômicas significativas. Elas podem nunca compreender o tipo de riqueza do Sr. Richard, sua afeição pelo negócio e por seus funcionários. É triste, mas verdadeiro: os grã-finos não são bons empreendedores.

As soluções simples para os problemas normalmente servem de base para os negócios bem-sucedidos. As pessoas, muitas vezes, menosprezam os problemas do dia a dia que podem levar a um negócio inovador como o do Sr. Richard.

DR. STANLEY: A que o senhor atribui ter começado um negócio de peças usadas de caminhões em meio a dez mil pessoas que não o fizeram?

SR. RICHARD: O difícil de enxergar [...] é o que nunca foi feito antes [...] Quanto maiores as recompensas [...] Os bons negócios não aparecem em todos os lugares, é preciso procurar. Agora as pessoas veem o que eu faço. Não é segredo! Mas nem agora há pessoas querendo fazer o mesmo!

O Sr. Richard fala sobre "o modelo de escolha de carreira". Determinadas ocupações de status elevado estabeleceram um processo de treinamento e os estudantes mais gabaritados estão sendo encaminhados para essas ocupações profissionais. Médicos, advogados e contadores públicos seguem esse procedimento. Mas pessoas como o Sr. Richard definem seu próprio caminho. Criam um negócio especial, de alta lucratividade, e enfrentam pouca competição.

## Ocupação Profissional por Acidente

O milionário Jim R., que fez fortuna por conta própria, não teve formação universitária e conta que diversos fatores contribuíram para torná-lo financeiramente independente. Um dos principais foi a escolha que fez de um tipo ideal de negócio para investir recursos, um negócio com uma característica bastante diferente. Jim possui, opera ou gerencia diversos clubes "executivos" exclusivos e clubes de campo.

Jim encaixou-se muito bem em sua ocupação profissional. Ele tem grande afeição pelo seu negócio, mas sua decisão não se cristalizou da noite para o dia.

Teve vários reveses na vida e teve que realizar uma pesquisa bastante longa para encontrar uma ocupação profissional que lhe permitisse:

- Utilizar suas capacidades e aptidões de maneira plena
- Oferecer excelentes chances de ser independente financeiramente
- Elevar sua autoestima

Como muitos milionários que venceram na vida pelo próprio esforço, Jim teve várias experiências quando jovem e a escolha de uma determinada ocupação profissional surgiu sob o título geral de "ocupação profissional 'por acaso'" (veja Tabela 5-1). Ele tinha o que muitas outras pessoas bem-sucedidas possuem e que costumo chamar de faro de caçador ou intuição. Era capaz de farejar uma oportunidade, podia distinguir as grandes das falsas. Nem sempre foi assim, passou também por algumas experiências amargas que afinaram sua percepção e tornaram mais doces seus sucessos.

Jim é um desses milionários dos Estados Unidos de hoje em dia que não têm diploma universitário. Começou a estudar na universidade da Flórida, mas foi expulso e entrou para o Exército. Acabou se tornando um oficial. Ele me contou que a experiência militar lhe fez experimentar disciplina, organização e liderança, qualidades que muito lhe serviram mais tarde. O Exército foi seu programa executivo de treinamento. Depois de cumprir seu compromisso militar, deu baixa e reingressou na faculdade.

Ele preferia morar em casas e não em apartamentos, mas a maioria das casas disponíveis para aluguel eram muito grandes para suas necessidades. Ainda assim estava decidido a morar em uma casa, de modo que alugou uma em que sobrava espaço, dando início ao que seria uma semente para muitos de seus empreendimentos futuros. Alugou o espaço que estava sobrando para seus companheiros de faculdade e passou a gerenciar a casa. Nenhum de seus inquilinos tinha o menor interesse em providenciar o pagamento do aluguel, comprar mobília, preencher os cheques de pagamento das contas de consumo, aparar a grama ou fazer qualquer outra tarefa relativa à administração da propriedade.

Mas Jim gostava desse papel de gerente da casa e descobriu ser possível fazer dinheiro com imóveis. Este foi o ponto que trouxe à tona sua intuição — teve a sensação de que gerenciar imóveis poderia fazê-lo rico. Em pouco tempo ele já tinha arrendado 24 casas e pequenos apartamentos próximos do *campus*. Não encontrou dificuldades em sublocar o espaço e chegou a ter mais de cinco mil estudantes como clientes.

## SERVIR OU SER SERVIDO?

Com os lucros de sua empresa de gerenciamento, Jim deu início a uma companhia de empreendimentos imobiliários porque raciocinou que incorporar era o próximo degrau natural de sua ascensão econômica. Sentiu também que ganharia mais dinheiro incorporando do que gerenciando e a incorporação instigava mais seu lado criativo. De acordo com Jim, havia mais prestígio para quem incorpora do que para quem gerencia. Todos os contratados, os subcontratados e os fornecedores prestam contas ao incorporador. Mas ele acabou descobrindo que nem tudo que brilha é ouro. Normalmente são as instituições que emprestam dinheiro para as incorporadoras que realmente possuem o controle. Jim e muitos outros tinham o que costumo chamar de mentalidade do fabricante. As pessoas com este tipo de preocupação acreditam profundamente que a parte do leão nos lucros vai para os criadores, fabricantes e incorporadores. Muitas vezes, realmente, os fornecedores dos incorporadores e fabricantes têm maior receita comparando-se com o investimento feito. A administração de imóveis, e não a incorporação, é que se destaca como um dos mais rentáveis negócios dos Estados Unidos. E isso ocorre independentemente de como se quantifica o lucro obtido.

Aqueles que fornecem bens ou serviços vencem a corrida econômica. É o que se pode chamar de dilema *rock-and-roll*. Digamos que seu filho queira gravar discos argumentando que The Stones estão fazendo centenas de milhões de dólares. Ou que sua filha deseje ser escritora porque ela leu na *Publishers Weekly* que John Hancock Jr. acaba de assinar um contrato de US$ 2 milhões com uma grande editora. Parece maravilhoso, mas as chances de alguém conseguir um único dólar de lucro cantando, escrevendo, incorporando ou fabricando são pequenas. E os que superam a baixa probabilidade são obrigados a partilhar a receita.

Os agentes são os que obtêm o maior retorno sobre seus chamados investimentos. Considere como exemplo o caso de um autor que dedique três mil horas fazendo pesquisas para escrever um livro que venha a ser um dos mais vendidos. Seu agente literário cobra-lhe, normalmente, 15% de comissão. Não parece muito, mas é uma grande quantia se for considerado o tempo investido. O autor coloca nisso sua própria vida, sua carreira e suas três mil horas. O agente pode investir apenas cerca de cem horas procurando quem queira publicar os originais. A editora vende um milhão de exemplares e o autor recebe 15% dos US$ 20 do preço de varejo, ou US$ 3 milhões. O agente ganha US$ 450 mil, ou 15% de US$ 3 milhões, deixando o autor com US$ 2.550 mil.

Trabalhando com esses números, verifica-se que o autor recebeu US$ 2.550 mil divididos por três mil horas, ou US$ 850 por hora. Mas o agente ganhou US$ 450 mil divididos por cem horas, ou seja, US$ 4.500 por hora! Se o agente tivesse dedicado três mil horas, seu retorno teria sido de US$ 13,5 milhões, ou seja, mais do que cinco vezes o que o autor recebeu por suas três mil horas de trabalho. E o agente não tem que sair viajando para promover o livro ou estar presente nos lançamentos.

Quem fica melhor financeiramente? É melhor ser gerente, banqueiro investidor, advogado, agente, fornecedor de bens ou serviços, profissional de marketing de talentos ou administrador imobiliário? Ou é melhor ser um incorporador, um fabricante ou um escritor de livros?

Eu vou dizer o que disse aos meus filhos, as pessoas inteligentes apostam nos fornecedores de bens ou serviços. Eles questionaram essa resposta, então compartilhei com eles as cifras anteriores. Mas também lhes disse que mais de 300 mil livros são publicados todos os anos e que dois em cada três nunca chegam até as livrarias. Dos cem mil que conseguem ser distribuídos, poucos vendem um milhão de exemplares ou mais. Minha estimativa é que cerca de um décimo de 1% fica próximo da marca de um milhão! Existem milhares de autores que passam milhares e milhares de horas pesquisando para poderem escrever livros e nunca vendem mais do que dez mil exemplares. Nenhum deles obteve mais de US$ 10 mil, apesar de muitos deles serem brilhantes em suas respectivas áreas.

Com base nisto, por que tantas pessoas querem ser autores, incorporadores ou mesmo fabricantes? Certamente por um pouco de status, mas muitas pessoas realmente não conhecem as probabilidades de conseguirem ganhar um dólar que seja em tais empreendimentos. Pior ainda, não se dão conta do tamanho do risco e da quantidade de outros recursos necessários.

Se tivesse tido conhecimento da margem de lucro antecipadamente, Jim R. não teria feito a transição de administrador de imóveis para incorporador com grande investimento de capital emprestado. Ele foi surpreendido pela euforia da “sorte de principiante”, porque estava se saindo bem como administrador. Já tinha obtido alguns sucessos iniciais na sua incorporadora, mas a euforia econômica pode facilmente obscurecer a visão de uma pessoa. Isso é especialmente verdadeiro quando o sucesso ocorre ainda na juventude, e Jim, antes dos 28 anos, já tinha filiais em cinco estados. Até então não sofrera nenhum revés em seu negócio. A euforia econômica tinha muito a ver com as decisões de negócios de Jim e com seu estilo de vida na época.

*[...] Aos 28 anos, eu estava mergulhado na maior falência pessoal da história da Flórida. Mas foi uma bela aventura. Tinha uma vila em Acapulco, um Learjet, apartamentos próprios em 12 cidades e uma namorada em cada cidade!*

Jim perdeu tudo. Seu negócio imobiliário tinha como base empréstimos, assim como seu estilo de vida. Quando as taxas de juros subiram repentinamente, o jovem império entrou em colapso. Da noite para o dia ele literalmente passou do seu apartamento de cobertura para a casa dos pais. Sua avó inclusive rateou as despesas de seu velho automóvel Studebaker com ele quando lhe deu a chave.

Mas ele não ficou por baixo muito tempo. Logo depois de seu revés ele aceitou um emprego em uma grande administradora de imóveis e conta:

*Aprendi muitas coisas novas que se somaram ao que já havia experimentado por conta própria durante minha falência nos negócios.*

Jim passou então dois anos como executivo regional para a administradora e aprendeu bastante sobre finanças imobiliárias. Mais uma vez resolveu começar um negócio próprio, fundando sua própria empresa administradora. Além disso, adquiriu propriedades como investimento. Apesar do revés sofrido anteriormente, incorporou também uma série de condomínios e apartamentos.

Depois de muitos anos lucrativos e bastante produtivos, Jim pressentiu que o mercado de imóveis estava prestes a sucumbir. Liquidou todos os seus negócios um pouco antes da queda e concentrou esforços no gerenciamento do negócio de propriedades. Um dos maiores clientes de Jim era um grande banco comercial que lhe tinha dado a responsabilidade de administrar diversas propriedades.

Muitas vezes o banco achou ser necessário embargar a incorporação de uma propriedade na qual havia investido e para isso contratava Jim como consultor. Ele lhes aconselhava sobre a melhor forma de liquidar os ativos. Em alguns casos, entendia que as empresas seriam bem-sucedidas se suas atividades fossem encerradas a tempo. Uma propriedade que acabou sendo tomada pelo banco consistia de um grande condomínio residencial de alto padrão com seu próprio clube de campo. O clube incluía um ótimo campo de golfe de 18 buracos, várias quadras de tênis, piscinas e uma grande sede bem equipada. O banco enfrentava um dilema: deveria vender ou liquidar cada lote restante (havia centenas), as casas parcialmente construídas e o clube de campo, ou deveria assumir o projeto e terminar a incorporação?

O conselho de Jim foi a questão-chave: a única forma de o banco evitar a perda de milhões de dólares era completando a incorporação. Mas como o banco não entendia de construções, contratou Jim para gerenciar a construção e o término do projeto. Experiente como era na administração de construções, Jim aceitou o desafio.

Gerenciar recursos para construir era o segundo propósito de Jim, mas havia um problema a resolver. Imagine um comprador potencial querendo comprar uma casa no condomínio. Será que fecharia o negócio se o clube de campo não estivesse funcionando totalmente? Provavelmente não — o clube deveria estar aberto e em funcionamento para os compradores desembolsarem o valor justo pelas casas à venda no empreendimento.

O problema do banco se tornou uma importante oportunidade econômica para Jim e por esse motivo ele se considera hoje "um indivíduo de muita sorte". Ele possuía uma experiência notável em gerenciar de maneira adequada vários projetos, por isso, mais uma vez, o banco pediu-lhe para resolver o problema "do clube". E ele resolveu, não sem antes me confidenciar que nunca tinha feito nada parecido com aquilo antes, nem nunca tinha jogado golfe, mas que via toda a experiência como uma grande oportunidade de aprender e ainda ser pago para isso.

> *Eu tinha que aprender. Gerenciei o dinheiro deles durante dois anos e realmente aprendi sobre os negócios do clube. O que tinham em andamento era o resultado de terem assumido o término das obras, a finalização das casas, da pavimentação, dos esgotos e do suprimento de água.*

O empreendimento tinha se tornado um sucesso dois anos depois de Jim ter assumido o clube e o término das obras. Quase todas as casas estavam concluídas e vendidas, e o clube funcionava sem problemas. Mas o banco ainda se preocupava com o clube, porque, se o vendessem, os novos proprietários poderiam não operá-lo com o mesmo alto nível prometido aos clientes e a reputação do banco seria abalada. Novamente recorreram ao solucionador de problemas número 1, chamaram Jim para resolver a questão e lhe ofereceram uma extraordinária oportunidade: o banco ofereceu-lhe como pacote um preço de compra bastante vantajoso juntamente com um empréstimo para financiar a compra.

Ele logo compreendeu que possuir e gerenciar clubes era muito melhor do que incorporar imóveis. Descobriu que não importa o que ele fizesse como incorporador, o mercado ditaria seu sucesso ou fracasso. Avaliou que o gerenciamento de propriedades seria melhor negócio porque forneceria um fluxo fixo de receitas e lhe daria a oportunidade de usar plenamente suas capacidades e aptidões. Sua extraordinária liderança e capacidade organizacional combinavam perfeitamente com os requisitos necessários para o gerenciamento de clubes de uma forma eficaz, de modo que sua ocupação profissional casual se tornou a carreira escolhida durante mais de 20 anos.

## EXPERIÊNCIAS RECENTES

Hoje, quando Jim pensa sobre como tudo aconteceu, compreende que tudo teve início quando sua avó lhe ensinou o valor da disciplina, o trabalho duro e as vantagens do trabalho por conta própria quando ele ainda era muito jovem. Ela também lhe mostrou como reconhecer e capitalizar oportunidades econômicas.

Sua rápida ascensão ao status de milionário antes de completar 28 anos e sua subsequente falência deixaram-no mais forte. O trabalho duro, especialmente com um banco de prestígio, foi recompensado. Seu sucesso não foi por pura sorte. Ele crê que a busca da oportunidade e o trabalho duro trazem "a sorte grande" para o caminho da gente.

Um dos filhos de Jim recentemente recebeu o diploma da faculdade e demonstrou interesse em trabalhar com o pai na administração dos negócios. Como Jim respondeu à proposta do filho?

> *Pedi que ele fosse trabalhar em algum outro lugar durante três ou quatro anos antes de entrar no negócio.*

Onde seu filho poderia receber o treinamento em liderança necessário para gerenciar 200 empregados e vários negócios? De acordo com Jim, a resposta estava no programa de ingresso na corporação dos fuzileiros navais norte-americanos. Depois de passar três anos nos fuzileiros "ele terá amadurecido o suficiente para se tornar um líder".

Jim acredita profundamente nos benefícios do treinamento militar. É essencial que seu filho aprenda como liderar e gerenciar pessoas, e ele crê que sua própria experiência militar melhorou sua capacidade para tomar iniciativas e se relacionar bem com as pessoas. Certamente essas qualidades compõem as principais razões de seu sucesso hoje em dia, mas elas são bem anteriores à experiência militar.

A avó de Jim foi sua mentora. Ela era fazendeira e uma empreendedora convicta. Mesmo antes que ele completasse 6 anos, ela o encorajava a "procurar o próprio caminho", treinando-o para reconhecer as oportunidades econômicas que surgissem.

Primeiramente, introduziu Jim ao mundo do livre empreendimento oferecendo-lhe uma tarefa. Jim teria direito à metade dos lucros da venda de uma vaca e à receita proveniente de seu leite se ele a ordenhasse todas as manhãs. Jim desempenhou tão bem a tarefa que sua avó lhe deu um bônus: ele se tornou dono dos bezerros gerados pela vaca.

Muitas pessoas não têm a visão de Jim para oportunidades, mas provavelmente também não tiveram uma avó como a dele. E ela ainda o encorajou a aproveitar a explorar o esterco da vaca, outra boa oportunidade de negócios.

*Comecei a ensacar o esterco da vaca no celeiro. Vendia aos cultivadores de tomates.*

Os pais de Jim foram bons provedores da alimentação básica, de vestuário e de moradia, mas mesmo quando ainda menino eles lhe diziam que se ele quisesse qualquer outra coisa além das "minhas necessidades básicas eu deveria fazer por merecê-las". Ele tinha mais do que o básico, de modo que se viu motivado a ter uma receita extra. Mas foi sua avó quem lhe ensinou os benefícios de possuir, administrar e zelar por ativos capazes de produzir renda.

*Foram lições de vida que recebi de minha avó quando ela me disse para tomar conta da vaca, porque ela me daria o leite e o bezerro.*

A avó de Jim sempre ensinava a ele a doutrina de quem trabalha por conta própria e é financeiramente independente.

*Se você não puder imaginar como ganhar dinheiro por si mesmo, irá trabalhar para os outros a vida toda.*

Comprometer a carreira trabalhando para os outros é um pecado mortal para Jim. Ele acredita que se deve ter sensibilidade para os benefícios da influência de relacionamentos e oportunidades econômicas. Aprendeu como fazer isso quando ainda cursava o ensino médio. Durante o ano de calouro convenceu o veterinário local que havia prestado serviços para sua família durante muitos anos a lhe dar emprego.

Trabalhou para o veterinário durante os anos de ensino médio. Trabalhava todas as tardes nessa época, inclusive os fins de semana, e em tempo integral durante o verão todo. Logo que conseguiu esse emprego, teve a ideia de melhorar sua condição criando cães de caça. Essa atividade paralela era muito rentável porque ele comprava a ração do animal no atacado graças ao relacionamento com o veterinário, seu empregador. Uma boa parte dos honorários do veterinário pelos serviços de criar cães de caça era perdoada ou cobrada com um desconto significativo e Jim estava sempre pronto a vender os filhotes dos cães através da rede de relacionamentos do empregador.

Teve que abrir mão de seu "grande" negócio quando entrou para a faculdade, deixando então de ser criador. Pensou que a faculdade lhe ensinaria como ganhar a vida, mas não tinha compreendido ainda que ele já sabia como se sustentar graças às lições de vida de sua avó.

## A Ocupação Profissional Estudada na Faculdade

O caso de Joe Smith traz à luz a escolha da ocupação profissional de outro milionário bem-sucedido, embora com características um pouco diferentes das escolhas feitas por outros milionários que trabalham por conta própria. Como mostrado na Tabela 5-2, apenas 36% dos donos dos próprios negócios afirmaram que um dos fatores determinantes para a escolha da ocupação profissional estava diretamente relacionado com os cursos frequentados na faculdade.

O Sr. Smith atua do ramo de materiais de construção, gerencia e é proprietário de uma pequena cadeia extremamente produtiva de lojas de materiais. O que se pode aprender sobre negociar materiais de construção na faculdade? Tudo depende da orientação do estudante. Se ele já souber exatamente o que deseja fazer o resto da vida em termos profissionais, terá uma diretriz a seguir e contará com um mapa do caminho. Saberá por que está lá e o que fará quando concluir os estudos. Sendo assim, cursa a faculdade com seriedade e a graduação escolhida será útil para a carreira futura. Seria possível investigar as conceituações de cada curso com o objetivo de responder a uma única pergunta: "Como poderia usar esse conhecimento no exercício da ocupação profissional que abracei?"

Em cada curso feito por Joe Smith a partir do terceiro ano da faculdade ele agiu como um "coletor de ideias" e conhecimentos. Não é comum encontrar estudantes com metas tão claras sobre a escolha da ocupação profissional e por esse motivo as ações desses jovens não se guiam pelas metas. O "coletor de ideias" é um conceito muito importante para explicar a produtividade econômica.

Enquanto Joe estava na faculdade, muitas mudanças em sua vida o levaram a tornar-se um coletor. Ele começou "coletando" cursos na escola de administração de empresas que pudessem ajudá-lo a dar mais produtividade à operação de varejo de materiais de construção. Durante cada curso ele perguntava a si mesmo:

> *Que conceitos esse curso está transmitindo para que eu possa alavancar a produtividade da minha operação?*

Mas durante os dois primeiros anos na faculdade Joe não era um coletor, ele nem mesmo tinha certeza do motivo pelo qual frequentava a universidade. Nem fazia qualquer conexão entre o que aprendia na faculdade e como poderia aplicar o conhecimento adquirido na ocupação profissional futura.

O pai de Joe começou a carreira como balconista de uma loja de materiais de construção e, mais tarde, abriu sua pequena loja própria de materiais. Joe nunca se envolveu muito com os negócios do pai, ao passo que este acreditava que o diploma universitário seria a chave do sucesso do filho. Presumia que, depois que o filho conseguisse o diploma, estaria automaticamente qualificado para dirigir os negócios da loja de materiais de construção. Sempre dizia ao filho:

> *Vá para a faculdade, Joe [...] aprenda como gerenciar esse negócio para que possamos ser bem-sucedidos nele.*

Inicialmente Joe foi um aluno marginal. Não tinha realmente muito interesse na faculdade e não estabelecia uma ligação entre os estudos e o comércio de materiais de construção.

> *Então entrei na faculdade [...] durante dois anos [...] dois anos experimentais, acho que poderiam ser chamados assim. Nunca aprendi nada que servisse para o negócio de materiais de construção.*

Então, nas férias de verão do segundo para o terceiro ano de faculdade de Joe, seu pai faleceu. Cabiam-lhe agora os negócios da família e ele ainda queria satisfazer o desejo do pai de ter alguém da família com o diploma universitário.

> *Fui então para a faculdade do Estado (meio-período) [...] e lá fiquei quatro anos, estudando meio-período e dirigindo o negócio dos materiais de construção também.*

Era uma questão de matar ou morrer; tudo agora estava nas mãos de Joe Smith. Alguém com apenas 24 anos era responsável por gerenciar negócios e sustentar a própria família. O medo e a adversidade podem motivar bastante, e foi o que aconteceu no caso dele. Sempre que assistia às aulas, perguntava a si mesmo:

> *Será que o que vou aprender vai me ajudar nos negócios? [...] Eu aprendi e tive meu diploma universitário.*

Joe tinha se transformado em um coletor de conhecimentos ainda no ensino médio. Nessa época começou a compreender a importância de suas aulas de contabilidade e dos cursos relacionados à administração. Até mesmo as aulas de inglês tinham importância agora. Afinal, era obrigado a escrever muitas cartas e relatórios como parte do trabalho. Terminou transformando-se em um aluno nota 10, formando-se dentre os primeiros 5% da turma. Fez bem mais do que meramente tomar conta do negócio do pai, ele o transformou em uma das mais rentáveis operações de varejo dos Estados Unidos.

## APRENDENDO DEFESA E ATAQUE

Nunca entrevistei um homem de negócios bem-sucedido que não fosse sensível aos custos. Não faz diferença, o princípio vale no comércio varejista de materiais de construção, no exercício da advocacia ou para uma transação no pátio de sucata. Jogar na defesa, isto é, prestar muita atenção nas despesas, é fundamento básico para a produtividade. Um negócio que não controla custos está fora de controle.

O que o jovem Joe Smith sabia sobre custos e despesas? Muito pouco no início, mas ele começou coletando informações sobre "jogar na defesa" com base nos livros e nas aulas de contabilidade. E aplicou então esse conhecimento diariamente no funcionamento de sua loja de materiais de construção.

SR. SMITH: Entendi que, para obter sucesso naquele negócio, tinha que me esforçar e aprender todos os pequenos detalhes das entradas e saídas do negócio. Então eu me inteirava de todas as despesas, de todos os custos e de todas as coisas, por menores que fossem.

DR. STANLEY: Joe, onde você encontrou tempo para tocar o negócio, fazer o curso noturno, estudar e ainda acompanhar todas as despesas?

SR. SMITH: Eu fazia muitas coisas antes de ir trabalhar. Levantava cedo e chegava ao trabalho antes da abertura da loja.

Enquanto Joe se tornava um mestre em controlar despesas, também começava a coletar algo mais. Muitos proprietários de negócios bem-sucedidos compreendem que os fregueses têm que ser conquistados um a um. Joe conquistou uma forte clientela alocando e realocando suas lojas em pontos estratégicos. Eram estabelecidas em regiões vizinhas às áreas onde moravam ou trabalhavam os usuários ideais de materiais de construção.

Mas apenas estar fisicamente mais próximo dos consumidores não é suficiente, você deve desenvolver uma empatia pelas necessidades deles. É fundamental dedicar tempo e energia estudando sobre o que eles precisam e assegurando-se de que o estoque das lojas possa atender ao que eles necessitam.

Joe Smith levanta-se todos os dias às 5 horas e chega à empresa antes das 6 horas. Estuda então os dados de custo. Analisa as vendas e os números do lucro para cada item vendido. Um pouco antes da abertura da loja principal ele já está a postos, bem na linha de frente.

*Durante o dia eu me coloco à frente de tudo. Asseguro-me de que todos consigam o que esperam. Imagino que se vêm até a loja é porque precisam de alguma coisa. Se tiver que encaminhá-los a outro lugar, nós não estamos conseguindo atender às necessidades das pessoas. Esta é nossa filosofia.*

As principais cadeias de materiais de construção e utilitários domésticos estão abrindo mais e mais lojas na região de Joe, mas seus negócios mantêm o crescimento. Mesmo no negócio de materiais de construção é possível vencer através da especialização, desenvolvendo mercados e nichos competitivos.

DR. STANLEY: Pode me dar alguns detalhes de como enfrenta a concorrência?

SR. SMITH: [...] um bocado de pequenas coisas [...] um número incontável de pequenas coisas. Encontro um nicho de mercado, procuro ver o que funciona para mim e faço o que acho que vai dar certo. Nosso negócio não é como qualquer outro negócio de materiais de construção. Vendemos o que ninguém mais vende, descobrimos que existe demanda para esses itens.

Se existe demanda para certos itens e somente você pode oferecê-los, você tem um nicho. Joe compreendeu que muitos fregueses surgiam procurando itens especiais que nenhuma loja do mercado da área vendia. Ele capitalizava essa necessidade e ao fazer isso conquistava o cliente, por ser o único capaz de atender àquela necessidade especial.

*Por exemplo, estocamos conexões para tubulações de aço inoxidável. Trata-se de item que não é encontrado em nenhuma outra loja de materiais de construção [...] mas, como há demanda, estocamos uma ampla variedade [...] o que induz o comércio destas peças. Temos peças para gabinetes que não se encontram por aí. O que estou dizendo é que é necessário ter uma visão ampla para observar, encontrar um nicho e trabalhar nele.*

Joe recicla-se continuamente com atualizações periódicas que refletem mudanças na demanda dos consumidores. Faz parte de ser um "coletor". Hoje ele relembra que sua capacidade de coletar conhecimentos, informações do mercado e de consumidores vem desde os tempos em que cursava o ensino médio no período noturno, quando aprendeu a valorizar conhecimento e informação. Coletar informações e conhecimentos tem valor econômico apenas se houver foco e metas específicas de negócios. Se não houver um nicho-alvo, a coleta de informações não significará nada ou coletará coisas que não terão valor.

Alguns dias antes do Natal, eu almoçava em um restaurante perto da loja principal de Joe e, depois do almoço, resolvi fazer compra de materiais lá. O lugar estava cheio de clientes, mas descobri que isso era sempre assim, não apenas nos feriados. Apesar da multidão, fui cumprimentado e me ofereceram ajuda. Os funcionários da loja estavam em todos os lugares ajudando as pessoas. Não importava se a compra fosse muito pequena ou se o cliente precisava de algo muito especializado, os funcionários sempre davam total atenção. Muitos dos fregueses que compravam na loja eram milionários. Normalmente possuíam casas construídas antes da Segunda Guerra Mundial, por isso sempre havia alguma coisa para repor. Quer se tratasse de um interruptor ou de uma rachadura a ser preenchida, o milionário do tipo faça-você-mesmo ou o técnico especialista em reparos podiam ser encontrados fazendo compras na loja do Sr. Smith.

## GENERALIZAÇÃO SOBRE O ESPECÍFICO

Deixe-me frisar um aspecto. Os estudantes que conseguem tirar o máximo da formação educacional que recebem são os que compreendem plenamente o valor específico do que estão estudando. São os que têm menor dificuldade em conseguir notas e os que extraem o máximo de seus programas. Na época em que lecionava para estudantes de pós-graduação pude notar que pessoas com experiência de magistério ou de trabalho, antes de ingressar no nosso programa, mostravam ter clara compreensão do curso e dos respectivos projetos de pesquisa. Muitos outros tinham problemas que os motivavam a se empenhar ao máximo em cada curso.

Costumavam perguntar: "Por que um candidato a doutorado em marketing deve estudar estatística matemática, macroeconomia e microeconomia?" No meu programa, eu possuía o equivalente ao grau de mestre tanto em economia como em estatística para a pós-graduação: eram 74 horas de exames de qualificação em estatística, análise qualitativa, microeconomia, macroeconomia e oito horas de exame.

Era mais fácil lidar com isso tudo se o aluno possuísse uma clara e firme descrição do trabalho que pretendia realizar em sua ocupação profissional. Juntamente com muitos dos meus colegas de classe, eu já havia lecionado antes de ingressar no programa de doutorado. Todos nós compreendíamos que ter concluído um doutorado era como possuir uma carteira de sindicato — é praticamente impossível ser contratado por uma boa universidade sem ter um. Se você realmente gosta do magistério, de proferir palestras e tem o desejo de atuar mais amplamente no campo acadêmico, é provável que descubra alguma coisa em cada curso que seja útil para o alcance da meta almejada. Quando estudava, eu me via constantemente lecionando o assunto que tinha dominado nos meus estudos para uma classe cheia de alunos atentos. A mesma técnica ainda funciona todos os dias. Quando escrevo livros, visualizo leitores que, esperamos, aumentarão as respectivas produtividades econômicas graças à leitura do meu material.

Você deve ter uma meta para poder atingir o sucesso econômico.

Passar pelo "treinamento básico" da faculdade é muito mais fácil se você souber o que vai fazer durante toda sua vida futura de trabalho. É por essa razão que tantos estudantes da área de biológicas completam com sucesso o rigoroso ensino da graduação de medicina. Para ilustrar este aspecto, basta que você verifique como é mais difícil tirar notas máximas nesses cursos apenas pelo prazer da nota alta. É muito mais fácil se você mantiver o olhar e a mente na meta almejada.

Se você não tiver metas, a faculdade pode se transformar em um pesadelo. Quanto mais cedo na vida você descobre a meta desejada, o que realmente aspira ser, mais facilmente o treinamento é absorvido e mais objetivo ele consegue ser. Por esse motivo tantos estudantes que têm experiência em trabalhar se dão bem como profissionais. Basta perguntar aos "Joe Smiths" deste mundo.

E se você tiver um objetivo em mente e mesmo assim suas notas forem ruins? Alguns dos mais bem-sucedidos empreendedores de hoje foram estudantes com notas ruins e péssimas. Muitos trabalhavam em tempo integral e lutavam pelo diploma universitário em tempo integral ou quase isso. Outros fizeram o curso noturno, mas todos tinham alguma autoconfiança por causa da experiência diária de trabalhar e pelo foco que mantinham na meta profissional.

Muitos tinham ainda alguma coisa a mais que os ajudava na escolha da ocupação profissional ideal. Seus pais, muitas vezes na hora das refeições, comentavam fatos sobre pessoas bem-sucedidas. Jornais, revistas, livros e até mesmo experiências pessoais eram bases para essas histórias. Compartilhar com as crianças desde cedo esse tipo de informação não toma muito tempo, e os benefícios de despertar nelas a identificação das respectivas ocupações "ideais" podem ser enormes.

## Tornando-se um Coletor

Quando me tornei um sério coletor? Foi quando conheci Jon Robbin, em junho de 1980, o fundador da primeira empresa de geocodificação do país. Nós dois compusemos a mesma força-tarefa reunida pelo cliente. Jon tinha imaginado um modo de segmentar eficientemente a população familiar por bairro. Esse foi um conceito-chave para o marketing, a publicidade, a promoção e a distribuição dos produtos e serviços.

Nesse projeto, a participação de Jon era necessária para que se conseguisse uma estimativa do tamanho da população milionária, uma vez que ele possuía um modelo estatístico que estimava o rendimento líquido médio de cada bairro nos Estados Unidos. Meu trabalho consistia em projetar os questionários e a metodologia do levantamento, analisar as respostas e preparar o relatório estratégico de mercado.

Jon classificou cada bairro dos Estados Unidos de acordo com sua renda líquida média e eu então fiz o levantamento dos milionários que viviam nas áreas que reuniam as mais altas concentrações de rendas familiares elevadas. No momento em que Jon apresentou a distribuição das rendas familiares milionárias uma luz se acendeu na minha mente. O que ele nos contou foi que muitas das áreas conhecidas como típicas de milionários na realidade tinham poucos, enquanto outras áreas possuíam um número desproporcionalmente alto. De forma semelhante, cerca de metade de todos milionários não vive nas áreas conhecidas como típicas de milionários.

Fiquei completamente fascinado pela informação e por suas implicações. A apresentação de Jon acendeu uma faísca para muitos dos trabalhos que desenvolvi daí por diante. Tenho sido um sério "coletor" de informações sobre pessoas ricas. Não estava seguro sobre como as informações finais seriam apresentadas e não sabia nem mesmo quais aspectos principais seriam finalmente enfocados, mas continuei coletando conceitos e armazenando os fatos que podia encontrar acerca de milionários.

## DIÁLOGO IMAGINÁRIO

Q: Dr. Stanley, como o senhor fez para encontrar todos os outros milionários cujos perfis são apresentados detalhadamente?

R: Muitas vezes lendo jornais do ramo.

Q: Quer dizer, jornais como o *Wall Street Journal*?

R: Não exatamente. Eu me refiro às publicações especializadas que têm como público-alvo os membros de setores bem definidos.

Q: Pode me dar um exemplo?

R: Poderia lhe dar vários, mas suponha por um momento que você seja o dono de uma pequena rede de pizzarias. Quais publicações lhe interessariam ler?

Você procuraria ler um jornal do ramo que lhe fornecesse informações importantes sobre tendências, competições, táticas, produtos, mercados, estratégias e fornecedores. Você procuraria *Pizza Today*. Ou se seu ramo fosse o de silenciosos de automóveis, você procuraria ler *Exhaust News*. Ou se desejasse comprar pelo menor preço possível um equipamento de terraplenagem, *Rock and Dirt*. E se estivesse procurando entrevistar um veterinário que fosse referência no mercado dos Estados Unidos, buscaria publicações como *Bovine Veterinarian, Swine Practitioner* e *Equine Practce*. Ocasionalmente poderia até ler *Publishers Weekly*, ou a minha aquisição mais recente, *Tugboat Review*.

Q: Não posso acreditar! Lê mesmo o *Tugboat Review?*

R: Sim, e o engraçado é que somente Tom Stanley se lembrou de entrevistar algumas pessoas das mais bem-sucedidas economicamente nos Estados Unidos e que apareceram nessas publicações do ramo. O que é engraçado é que a mídia nacional me pede para localizar milionários para entrevistas. O *ABC's 20/20, The Wall Street Journal, Money, Success* e muitas outras já me pediram a mesma coisa.

Q: Quantos jornais especializados sobre ramos de negócios existem nos Estados Unidos?

R: Quase dez mil, pela minha estimativa. Acho que os leitores deste livro ficarão surpresos quando virem os perfis de quem identifiquei usando essas publicações. Como citado anteriormente, uma questão de destaque neste capítulo é como as pessoas descobrem as vantagens de estar envolvidas nos negócios que aparecem em *Pit and Quarry, Trade-a-Plane, Pork, Waste News, Alaska, Commercial Fisherman* e na *Dixie Contractor*. A resposta é simples. A maioria dos milionários não sente necessidade de ter sua história contada no *Wall Street Journal*, em *Money*, ou no *20/20*. Preferem aparecer nas publicações do próprio ramo de negócio. Apreciam o status de figurar na matéria de capa da *Turkey World* ou como homem do ano na *Exhaust News*. Com o passar dos anos, tenho ficado cada vez mais impressionado com muitos desses jornais de negócios especializados. Não somente apresentam os milionários dos Estados Unidos, como muitos dos donos desses negócios se tornaram também multimilionários por meio de suas ocupações profissionais.

Q: Mas a maioria dos donos, ou editores desses jornais de negócios, não tem bastante experiência e muito capital dando-lhes suporte?

R: Não necessariamente. Na realidade, muitos fundadores de diversos jornais de negócios não tinham experiência alguma em publicações. A maioria nem cursou jornalismo na faculdade. Observe os comentários que o fundador do *Pizza Today*, um dos mais bem-sucedidos dos Estados Unidos, fez recentemente:

*Caro Tom:*

*Fiquei satisfeito quando soube que conhecia nossa publicação business-to-business denominada Pizza Today. Pode estar certo de que conceber e publicar essa revista nos dá muito prazer e tem nos proporcionado muita satisfação.*
*Por exemplo, logo nos seus primeiros meses, um animado anunciante nos chamou para perguntar como fazíamos para que as nossas cartas [nosso papel de carta] cheirassem "exatamente como uma pizzaria". Eu lhe respondi que isto era um segredo do negócio. Na verdade, isso ocorreu fácil e automaticamente, porque durante os dois primeiros anos de nossa existência, tanto a revista, o* showroom *e a associação compartilhavam o mesmo espaço de minha pequena pizzaria em Indiana. A área disponível para o estoque era muito disputada, os temperos de pizza eram guardados em uma prateleira próxima dos envelopes e do papel timbrado da revista, que ficavam absorvendo aquele odor penetrante como uma esponja.*
*Aproveite a renovação de seu contrato com nossa revista e com os programas "Pizza Expo". Estou ansioso por nossa conversa mais detalhada sobre sua possível participação em nosso espetáculo.*

Cordialmente,
Gerry Durnell
Editor fundador e *publisher*

Q: Está me dizendo que um rapaz que gerenciava uma pequena pizzaria deu início a uma editora de muitos milhões de dólares?

R: Exatamente! Hoje ele domina todos os negócios da associação, incluindo *Pizza Today* e "Pizza Expo", mas no começo ele não fazia parte de nenhuma editora. Nem cursou jornalismo na faculdade. Ele era um ativo dono de pizzaria em Santa Claus, Indiana. Queria ler uma publicação que falasse sobre negócios de pizzaria, mas a última que existiu já tinha acabado havia 15 anos, por isso resolveu desenvolver uma. Ele sabia que haveria mercado porque ele próprio fazia parte desses interessados.

## ALAVANCANDO A COLETA DE INFORMAÇÕES

Finalmente compreendi que os *insights* que eu vinha coletando sobre riqueza poderiam ser atrativos de leitura para quem compra livros. Depois de tantos anos colhendo dados, fazendo entrevistas, relatórios de pesquisa e levantamentos, não foi difícil produzir um trabalho especial que tem fascinado e ajudado muitos leitores. Quando as pessoas perguntam quanto tempo foi necessário, minha referência é o mês de junho de 1980. Pode parecer muito trabalho durante muito tempo, mas gosto muito do que faço e nunca fico aborrecido. Se você:

- ama o trabalho que faz e sente entusiasmo por ele todos os dias;
- sabe que a ocupação profissional que escolheu permite empregar plenamente as suas capacidades e aptidões;
- sente a autoestima ser elevada por causa do trabalho;
- tem certeza absoluta que o ofício que exerce dará a você independência financeira um dia;

então, você não encontrará dificuldades em manter a meta que fixou bem focalizada e trabalhar obtendo uma alta produtividade.

Tudo isso gira em torno de coletar os dados e informações que podem ter valor se forem concentrados. Muitas pessoas hoje em dia carecem de foco, não coletam nada — nem dados, nem clientes, nem habilidades específicas de fácil aceitação no mercado. Por outro lado, os coletores podem ler um jornal e descobrir várias ideias ou informações acerca da ocupação profissional escolhida. Em 20 anos, podem reunir um tesouro de informações. Os que não são coletores não compreendem o que poderiam fazer com suas capacidades e aptidões. Poderiam ler milhares de jornais sem acrescentar um único item à coleção. Talvez nunca nem comecem uma, ou pior, detestem o trabalho que fazem. A longo prazo é impossível manter uma alta produtividade se você não gostar do trabalho que faz.

O segredo é encontrar um trabalho que seja adequado aos seus talentos, isto é, capaz de despertar seu amor por ele. Mas esse deve ser também capaz de torná-lo rico. Se prestar atenção nesses aspectos, você se surpreenderá com o quanto se tornará disciplinado. O tempo e as horas de trabalho passam rapidamente quando você está se divertindo.

Não é sempre fácil encontrar a ocupação profissional ideal. Realmente, os milionários já me disseram que fizeram vários outros trabalhos antes de encontrarem o trabalho ideal.* Se tivessem se contentado com o primeiro trabalho que conseguiram quando saíram da faculdade ou persistido em um emprego que não gostassem, hoje não seriam milionários.

É comum alguma coisa no nosso passado, algum treinamento ou experiência de trabalho nos guiar para a descoberta da verdadeira ocupação profissional. Procure formas de satisfazer as necessidades de mercado que outros ignoraram, as que têm pouca ou nenhuma concorrência. Comece pensando nisso e tente conceber o conceito a partir de hoje.

As melhores ocupações profissionais que pude identificar durante minha pesquisa sobre os milionários são realmente únicas. Mesmo aquelas áreas que parecem ser tradicionais podem apresentar algo de único. Fui treinado para ser um professor de marketing à moda antiga, mas selecionei um tópico de pesquisa único e específico, que tornou possível meu sucesso.

## FATORES REVELADORES PARA TOM STANLEY

Sei que o que expus anteriormente pode influenciar a busca por uma ocupação profissional ideal tendo como base minha própria experiência de vida. Quando eu era moço, vivia em um apartamento pequeno na zona operária do bairro do Bronx. Cerca de 400 metros de distância situava-se o mais rico bairro da cidade de Nova York, uma comunidade residencial chamada Fieldston. A vizinhança tinha uma alta concentração de casas unifamiliares extraordinárias. Para meus olhos de jovem elas poderiam fazer parte de algum filme de Sherlock Holmes — elas tinham tudo, menos fossos e jacarés! Eu tinha 9 anos de idade e disse para minha irmã de 11 anos, "sabe, Sissy, estou chateado com o descaso que as pessoas de nosso próprio bairro operário tratam a nossa brincadeira de *gostosuras ou travessuras* do Dia das Bruxas. Acho que precisamos sair do bairro operário nesse dia e ir para Fieldston". E ela me respondeu "boa ideia, Tommy, vamos fazer isso mesmo!" Então, Tommy, Bárbara e dois de seus amigos começaram fazendo um marketing ativo nas casas da Waldo Avenue, em Fieldston. A primeira casa ocupava um terreno de praticamente uma quadra (8.094 $m^2$), e isso na cidade de Nova York. Portão grande. Muro alto. E a 50 m da rua, a casa. Luzes apagadas.

Minha irmã me disse: "A ideia é sua, vá na frente. Nós vamos esperar aqui". Bati na porta durante cinco minutos, ela abriu e na minha frente estava James Mason, o distinto ator britânico. Diante dele estava Tommy Stanley, participando da tropa de

* O Anexo traz uma lista completa dos negócios que os milionários, objeto do levantamento, têm ou gerenciam.

choque do Dia das Bruxas aos 9 anos de idade. Eu disse: "Gostosuras ou travessuras"* e ele me respondeu: "Meu jovem, eu não tenho doce algum". Eu então falei: "Sr. Mason, há duas partes nesta equação. Aonde o senhor quer ir a partir daqui?". Esta foi minha primeira experiência com gente rica. Ele me disse, e eu nunca esquecerei: "Meu jovem, vou lhe dar toda a prata da casa". Uau! O que será que ele queria dizer? Dentro de momentos iria descobrir. Ele deixou a porta entreaberta e entrou novamente na casa. Minha irmã então apareceu e disse: "Tommy, o que está acontecendo?" E eu lhe contei: "Bárbara, ou são moedas, ou talheres, ou uma combinação dos dois". Aquele homem bondoso nos deu duas mãos cheias de moedas, o equivalente ao que teríamos recebidos se estivéssemos fazendo *gostosuras ou travessuras* nas 300 casas operárias. Isto é o que significa ser rico nos Estados Unidos.

Depois que transformamos o Sr. Mason em nosso primeiro cliente do Dia das Bruxas, notamos que as luzes estavam acesas na casa de estilo Tudor inglês, do outro lado da rua; mas nossa previsão mudou quando nos aproximamos dela. Havia um aviso na porta da frente: "Atenção gostosuras ou travessuras: meu marido está doente, não toque a campainha, não bata, vocês vão encontrar moedas na caixa do leite". Eu disse a mim mesmo: "Moedas na caixa de leite! Era só o que faltava, pão-duros! Pão-duros com as crianças — com certeza colocaram poucos centavos na caixa, foram lá para dentro e trancaram a porta". Abri a caixa de leite e... adivinhe! Ilha do Tesouro! Estava recheada com mais de 20 envelopes comerciais com uma bonita caligrafia feminina dizendo: "O conteúdo deste envelope destina-se para um grupo de uma ou duas crianças do gostosuras ou travessuras". Havia envelopes para três, quatro, cinco, seis e sete crianças. O envelope para oito e mais crianças era o maior e havia três para cada categoria. Tiramos apenas um envelope, aquele destinado ao grupo de quatro, deixamos Fieldston e fomos para casa. Vinte anos mais tarde eu comecei a estudar as pessoas ricas dos Estados Unidos.

## Encontrando o Ajuste Certo

A história de Dan R. não é tão simples e direta como a minha. Como ele atingiu o status de milionário antes dos 40 e conseguiu ganhar mais de US$ 1 milhão em um ano, um status conseguido apenas por uma dentre milhares de casas dos Estados Unidos? Muitos fatores contribuíram para o sucesso de Dan e muitas tentativas e erros fizeram parte do processo. Ele foi bastante sábio quando disse um dia:

---

* Do original: *trick-or-treaters* (N. do T.).

Ocupação, ocupação, ocupação.

Dan é como a maioria dos milionários de primeira geração, porque a maioria lhe dirá que escolheram a ocupação profissional perfeita. Para pessoas interessadas em se tornarem ricas em uma única geração, a ocupação profissional perfeita é aquela que possibilita que se empreguem plenamente capacidades e atitudes individuais.

## NOVE EMPREGOS

Dan R. levou muito tempo para se apresentar aos outros dez membros do grupo de discussão. No meio de sua apresentação, quase o interrompi porque pensei que havia algum engano. Esperava-se que ele fosse um milionário que tinha vencido por causa do alto desempenho como profissional de vendas, mas na sua introdução ele começou a contar sobre a série de posições de vendas que ocupara e onde seu desempenho fora ruim ou de onde tinha sido demitido. Pensei que Dan estava no lugar errado naquela noite, mas deixei que continuasse e foi acertado que ele não fosse interrompido. Ele terminou descrevendo nove trabalhos de desempenho ruim antes de finalmente contar como tinha se tornado bem-sucedido na décima tentativa. Veja o caminho percorrido por Dan para descobrir sua verdadeira ocupação profissional:

- Emprego 1: depois de se formar em marketing, em uma faculdade de negócios de prestígio, Dan conseguiu um emprego como vendedor de calculadoras e de relógios eletrônicos para grandes atacadistas. "Não consegui pegar o jeito da coisa... não vendia muito. Depois de dois anos sugeriram que eu pedisse demissão."
- Emprego 2: foi então trabalhar para um dos principais fabricantes de jogos eletrônicos, mas novamente "não peguei o jeito das vendas e pediram-me que deixasse a empresa cerca de um ano e meio depois".
- Emprego 3: contratado por uma companhia de computadores que estava dando os primeiros passos. Pediu demissão após nove meses, e "nunca tinha vendido um único computador".
- Emprego 4: contratado por uma pequena companhia de computadores. Também "não consegui vender muito do produto" e pediu demissão depois de poucos meses no emprego.
- Emprego 5: o quinto emprego de Dan foi novamente em uma companhia de computadores. Não atingiu a cota de vendas e sugeriram que se demitisse.

- Emprego 6: no seu próximo emprego "eu estava indo bem porque não se tratava de vendas, era marketing, mas nove meses mais tarde a companhia ficou sem dinheiro e acabou fechando as portas".
- Emprego 7: Dan aceitou um cargo de vendedor em uma "companhia iniciante no ramo de computadores e estava conseguindo ganhar US$ 45 mil todos os anos até o último, quando ganhou... US$ 200 mil! Mas então o mercado diminuiu seu ritmo e a companhia acabou fechando as portas".
- Emprego 8: Dan tornou a aceitar um cargo de vendedor, "mas a companhia tinha problemas comigo por causa do meu baixo volume de vendas".
- Emprego 9: foi contratado por uma companhia que produzia *scanners* e caixas registradoras. "Fui demitido".

Eu não era o único pensando que Dan estava no lugar errado. O sujeito sentado ao lado dele disse, sem fôlego de tanto rir, depois da quinta história de Dan: "Não quero mais sentar ao lado deste camarada!".

Finalmente, no décimo emprego, sua procura por uma ocupação profissional ideal produziu dividendos. Há seis anos ele encontrou uma carreira única; uma que se ajustava perfeitamente às suas capacidades e aptidões. Ele assumiu um emprego intitulado "vendedor profissional", mas que consistia em muito mais do que simplesmente vendas, como tinha sido o caso da maioria dos seus cargos anteriores. Esse emprego não apenas exigia que ele fechasse os maiores contratos, mas também que elaborasse um considerável planejamento de mercado, tivesse uma compreensão das necessidades específicas de cada cliente, fizesse uma preparação detalhada das propostas e, o mais importante de tudo, que mantivesse o foco nas principais contas. Ele tinha bastante liberdade sobre como deveria tocar os negócios. Na realidade, Dan passou a enxergar seu emprego mais como o de um consultor de mercado do que meramente de um praticante de marketing ativo. Quase imediatamente depois de ter iniciado seu trabalho nesse décimo emprego ele reconheceu que tinha sido mal colocado em todos os seus empregos anteriores. Eram puramente cargos de vendas e Dan era constantemente superado por outros profissionais de vendas por causa da sua característica de pensador, não de vendedor batalhador. Os mais bem-sucedidos profissionais de vendas eram aqueles que agressivamente entravam em contato com o maior número possível de clientes potenciais — aquele que planejava previamente as ações era limitado a marcar encontros. E os companheiros dele sempre lhe diziam, brincando, que ele tinha muitos planos, mas poucos clientes.

Acima de tudo Dan é um planejador estratégico. Tem uma habilidade extraordinária para descobrir as principais oportunidades de mercado e produzir receitas de milhões de dólares a partir dessas oportunidades. Mas foram necessárias nove experiências em outros empregos antes que ele conseguisse conceituar plenamente qual seria sua função de desempenho ideal. Durante as nove paradas desta sua via-crúcis ele agonizou muitas vezes.

*Entrava em meu carro e dirigia por toda parte. Ficava bastante deprimido, porque tinha toda essa garra e era realmente capaz de trabalhar duro. Estava desapontando a mim mesmo e aos meus pais.*

Intuitivamente ele sabia que existia uma ocupação profissional ideal em algum lugar e, por isso, continuava procurando uma oportunidade que lhe permitisse usar plenamente sua aptidão de forma compatível com sua elevada inteligência e dons de vendedor.

*Se apenas eu pudesse encontrar o produto certo e a oportunidade adequada, poderia me sair bem.*

Dan compreendia que o setor dos computadores dava as maiores compensações aos vendedores de alto desempenho, mas essa era uma descrição pouco específica. Era como tentar encontrar o quarto de alguém em um grande hotel. Ele sabia o endereço certo do hotel, mas não tinha o número do quarto. Desta forma, dentro do domínio de "vendedor de sistemas de computador", Dan começou a pesquisar uma combinação ideal de companhia, pacote de remuneração, produto e mercado-alvo. Nunca se arrependeu das experiências anteriores de trabalho e vendas para os nove outros empregadores — pensava que eles tinham lhe ajudado a encontrar sua ocupação profissional ideal. Há seis anos Dan estava convencido de que havia descoberto a oportunidade certa, uma que preenchia completamente todas as suas capacidades.

Por que ele tinha perdido tanto tempo trabalhando em nove empregos inadequados considerando-se suas aptidões e capacidades? De acordo com sua declaração, ele encarou algumas dessas experiências como situações não ideais para que pudesse dar o devido valor à sua ocupação profissional verdadeira. Mas ele sabia que seria sempre um homem de vendas de baixa produtividade se permanecesse em qualquer uma de suas posições anteriores.

*Eu ainda estaria vendendo relógios e calculadoras se fosse apenas razoavelmente bom [...] o que houve de diferente no meu caso foi que eu me tornei um bom pesquisador de oportunidades, um buscador do futuro, ou apenas de nichos de mercado diferentes.*

Um homem é repetidamente demitido ou pede demissão por não conseguir cumprir suas cotas de venda e, de repente, consegue dar uma virada e se transforma em um dos mais bem pagos e produtivos geradores de receitas do país. E ele sabe por que se tornou bem-sucedido:

*Durante 17 anos estive buscando [...] eu sou um bom pesquisador. Estive praticando como procurar oportunidades e como olhar para os negócios de uma determinada forma. E é isto que ainda faço hoje. Encontrei esta companhia e no primeiro ano ganhei US$ 200 mil [...] no segundo US$ 400 mil!*

O sucesso obtido deu coragem a Dan para trabalhar com maior segurança, procurando realmente "manter o foco". Compreendeu que tinha encontrado seu nicho, sua orientação de mercado, perfeitamente casada com as necessidades de seu empregador, alguém que fabricava, comercializava e distribuía computadores projetados de acordo com o desejo do cliente.

*No último mês de dezembro, depois de trabalhar no planejamento durante cinco anos sem receber nenhum pedido da Home Depot,* * *firmei um contrato de US$ 35 milhões para vender seis mil computadores de mão. Minha declaração de renda comprova que recebi uma comissão de US$ 1.033 mil.*

Ao ouvir essa declaração, os membros do grupo de discussão aplaudiram e ovacionaram. Cada um deles era um milionário que se fizera por si próprio, cada qual possuía uma história semelhante e todos tiveram muita empatia por Dan e pela sua jornada de sucesso.

Contrariamente ao que se poderia esperar, Dan não se sente constantemente "estressado" pelos seus esforços de intensa produtividade. Como muitos milionários atestam, a tensão é o resultado direto de se dedicar muito esforço a tarefas não compatíveis com a habilidade da pessoa. É mais difícil e implica energia física e mental muito além da que se aplica quando se trabalha em uma ocupação profissional adequada para a própria aptidão. É ainda pior se lhe pedirem uma tarefa

---

* Rede de lojas nos Estados Unidos para ferramentas e utensílios ligados a ideia do "faça você mesmo" (N. do T.).

impossível. Se a isso se somar o fato de que o que está sendo feito tem pequena ou nenhuma probabilidade de fazer você enriquecer, o estresse estará presente durante o tempo todo.

Dan é testemunha de que pode ser mais estressante ganhar US$ 45 mil por ano trabalhando como vendedor na rua e tendo baixa produtividade do que fechar contratos de muitos milhões de dólares no ambiente em que trabalha hoje. Dois estudiosos recentemente pesquisaram sobre a relação entre o ambiente onde o trabalho é feito e a inteligência:

> *[...] é mais provável que as pessoas inteligentes confiem em um esforço intelectual para resolver problemas do que as relativamente pouco inteligentes [...] (Fred E. Fiedler e Thomas G."Link, Leader Intelligence, Interpersonal Stress, and Task Performance", In R. J. Steinberg e R. K. Wagner, eds.,* Mind in Context: Interactionist Perspectives on Human Intelligence *[Nova York: Cambridge University Press, 1994], p. 163).*

Uma das razões que levam Dan a desempenhar tão bem suas atividades é o fato de seu empregador valorizar a forma como ele combina aptidões e capacidades, coisa que seus empregadores anteriores não faziam. Eles preferiam um pessoal de vendas que "batesse de porta em porta" para obter renda imediata com a venda do produto. Mas Dan é muito criativo, muito analítico, deliberado, inteligente para conseguir ter produtividade elevada numa situação de "não pense, apenas venda".

> *As situações estressantes requerem respostas rápidas e preferivelmente automáticas. O hábito de deliberar cuidadosamente e de pesar alternativas, em vez de ajudar na solução dos problemas, impede que eles sejam resolvidos. É assim que a inteligência tem uma correlação negativa com o desempenho (Fiedler e Link, p.163).*

## Eles Enxergam, Mas Não Veem

Dan passou mais de uma hora remoendo os comentários dos outros dez membros do grupo de discussão da minha entrevista. Ele parecia estar mergulhado em pensamentos enquanto ouvia os outros milionários discutirem sobre "escolha de uma ocupação profissional e oportunidades econômicas".

Eu estava especialmente interessado no que ele iria comentar finalmente. Há mais de 25 anos ele havia começado um negócio bem-sucedido e desde então tinha tido outros três negócios de muito sucesso. Como ele iria explicar os quatro negócios bem-sucedidos em seguida?

> *O segredo está em ser oportunista [...] a gente deve aproveitar as oportunidades. Cada um de nós nesta sala é um oportunista!*
> *E no seu negócio, Dr. Stanley, como o senhor entrou no negócio de livros? Nossas histórias são todas diferentes umas das outras, mas nós todos tivemos pelo menos uma oportunidade.*

Será que isso significa que as pessoas bem-sucedidas apenas têm sorte? Apenas acontece de tropeçarem na oportunidade de suas vidas de uma hora para outra? Será que as pessoas fracassadas são as que simplesmente nunca encontraram uma oportunidade econômica significativa? Dan me fez as mesmas perguntas retóricas do grupo e nós todos concordamos plenamente com suas respostas.

> *[...] Todos tiveram a oportunidade de entrar no negócio [...] a oportunidade de vender alguma coisa para alguém [...] alguns não veem isso. É necessário ser capaz de ver.*

A conversa de Dan sobre a questão de ver oportunidades econômicas era quase idêntica, palavra por palavra, com a biografia de Erich Hartmann, o bem--sucedido piloto de combate (Raymond F. Toliver e Trevor J. Constable, *The Blond Knight of Germany* [Blue Ridge Summit, PA, Aero Books, 1970], p.43, 44, 84-85). O major Hartmann sempre comenta sobre a "cegueira do combate". Ele ficava sem saber por que tantos pilotos tinham dificuldade em ver a oportunidade do alvo inimigo exatamente como ele que era novato. Como é possível, ele se perguntava, que pilotos com excelentes golpes de vista, comprovados oftalmologicamente, tivessem cegueira de combate? Esses mesmos pilotos podiam ler qualquer letra durante o exame de vista a distâncias maiores que a normal, mas não viam o que importava em condições de combate. Hartmann dizia:

---

Eles enxergam, mas não veem!

---

Esta é a mesma mensagem que Dan acabara de passar ao grupo. Ele frisou que algumas das pessoas mais brilhantes nunca tiveram chance de ficar frente a frente com uma oportunidade. Ganharam notas máximas na faculdade exatamente como os pilotos tinham recebido a melhor nota possível nos testes de visão, mas, a menos que se ganhe experiência, receba treinamento e realmente se consiga ver oportunidades, em situações de combate ou econômicas, a cegueira sempre prevalecerá. Ainda que muitas pessoas pensem que se trata de um traço genético a capacidade de ver oportunidades, acredito profundamente que as pessoas podem ser ensinadas a ver o que outros não veem.

Com base em medições científicas, testes de visão, percepções de profundidade, e assim por diante, o golpe de vista de Hartmann não mudou muito durante suas mais de 1.400 mensagens de combate. Mas sua habilidade em ver alvos melhorou tremendamente com ajuda de seus instrutores e com o aumento de sua experiência. Ele também procurava antecipar a posição de seus alvos em locais do céu onde achava mais provável que eles fossem se concentrar.

> *Ele conseguia localizar um avião a uma distância fenomenal, alguma vezes minutos antes de qualquer um que estivesse no ar com ele (Toliver e Constable, p. 170).*

## A VISÃO DA PRIMEIRA GERAÇÃO DE AMERICANOS

Pense no assunto oportunidade sob outra perspectiva. Durante os anos 1970 pouco menos de 14 famílias em mil tinham rendas chegando aos US$ 100 mil ou mais, mas em certos grupos essas famílias apareciam em maior proporção. Por exemplo, de acordo com minha análise dos dados de 1970, fornecidos pelo Censo dos Estados Unidos, era três vezes mais provável que famílias americano-coreanas tivessem rendas na casa dos seis algarismos do que uma família tipicamente americana.

O sucesso econômico desfrutado por um número desproporcionalmente grande de famílias americano-coreanas era o resultado direto da capacidade que tinham de ver oportunidades econômicas que outros deixavam passar.

Isso pode parecer surpreendente considerando-se os históricos, pois a maioria pertencia à primeira geração que havia chegado ao país e eram pessoas sem educação universitária. Além disso, inglês era uma língua estrangeira para eles. Poucos herdaram parte de sua riqueza, seus rendimentos vêm do trabalho, e não de fundos de aplicação. Como foi possível que esse grupo de recém-chegados aos Estados Unidos tivesse antevisto oportunidades econômicas, enquanto a maioria dos norte-americanos nativos, que "viram, mas não enxergaram"?

Durante muitos anos, fiz uma experiência em minhas aulas na universidade. Colocava a seguinte questão para meus alunos de graduação, aos pós-graduandos e aos estudantes de MBA executivo:

Quais são os dez negócios mais rentáveis nos Estados Unidos?

Vezes seguidas meus alunos foram incapazes de dar uma resposta correta. Esta ignorância sobre oportunidades econômicas nos Estados Unidos em meio aos estudantes mais brilhantes não é por falta de inteligência genética, existem outras razões. Um dos motivos é que a maioria dos estudantes fazendo o MBA não tinha a menor intenção em iniciar um negócio próprio. Planejavam trabalhar em grandes empresas, de modo que a realização de operações lucrativas era um problema para outra pessoa resolver.

Outra razão é que a maioria dos alunos nunca tinha ouvido nada sobre a lucratividade dos vários tipos de negócios, talvez porque escritores e professores, autores da maior parte dos livros e textos, pensassem que números indicadores de lucratividade "não constituem um desafio técnico para estudantes".

Mas existe uma razão ainda mais forte pela qual os alunos não compreendem por que imigrantes que acabaram de chegar veem mais oportunidades econômicas significativas do que eles. Hartmann definiu bem: a capacidade de alguém ver um alvo é função da experiência, do treinamento e da necessidade. Quem precisaria saber como é a variação dos lucros dentre as inúmeras categorias de negócios, nossos filhos, os que se empregam facilmente, os autoconfiantes, os que têm nível universitário ou a primeira geração de americano-coreanos?

A resposta é clara, os americano-coreanos chegaram aos Estados Unidos com profundo desejo de se tornarem financeiramente independentes. Do modo como viam, tinham uma chance de atingir esta meta: tornando-se proprietários e operando um negócio lhes parecia o único caminho possível.

Muitos americano-coreanos da primeira geração escolhem corretamente os negócios que têm maior probabilidade de sucesso e altos lucros. Existe também uma corrente de comunicação interpessoal informal entre os proprietários de negócios bem-sucedidos e os que desejam iniciar a própria empresa. A informação fornecida parece ser bastante precisa.

Os serviços de tinturaria aparecem como uma das categorias de negócios mais lucrativas nos Estados Unidos durante a década de 1970. Observe que hoje em dia existem tantos americano-coreanos nos negócios de tinturaria que um dos jornais do ramo não teve outra escolha a não ser publicar o informativo em duas versões, uma em inglês e outra em coreano!

Existem muitas outras categorias de negócios que têm sido alvos primários da percepção dos americano-coreanos. Basta caminhar por uma das avenidas principais das cidades norte-americanas para que você tenha uma boa visão de oportunidades econômicas que alguns veem e outros ignoram. Os americano-coreanos têm sido a mola propulsora de uma série de negócios lucrativos, tais como venda a varejo e no atacado de frutas e vegetais, conserto de calçados e lojas de conveniência. Eles também sabem que podem esperar ter sucesso econômico se fornecerem bons produtos e serviços por preços competitivos. Por sua vez, sucessos econômicos se traduzem em independência financeira.

## VER NÃO É O BASTANTE

Muitos milionários de primeira geração já me disseram que o reconhecimento de uma oportunidade não se traduz automaticamente em dólares, é preciso de algo mais na equação. Don, um milionário que se fez sozinho, resume de forma concisa:

*Deve-se ver e deve-se ter a capacidade de fazer.*

A crença na capacidade de alguém ter sucesso é uma poderosa pedra fundamental. Ela explica por que se notam tantas variações no desempenho das pessoas na vasta economia norte-americana. Por sua vez, a crença em si mesmo é resultado direto de se conhecerem as chances que nos são favoráveis. Uma discussão mais detalhada da "crença em si mesmo" é dada no Capítulo 4.

Por que tantos negócios fracassam um ou dois anos depois de abertos? Certamente, uma das razões é a chance de sucesso mal estudada, pois muitas pessoas escolhem um determinado tipo de negócio sem ter a menor ideia das probabilidades reais de bons resultados. Lembre-se, não é o quanto se estuda nem por quanto tempo, é também o que se estuda e como aquilo que é estudado pode servir de alavanca no mundo dos negócios. Conhecer as chances de sucesso pode fazer toda a diferença entre o bom e o mau resultado. Invista em um palpite errado e seu diploma universitário pode não ser suficiente para lhe salvar; invista em um palpite certo e as leis da economia podem não lhe punir pelas faltas às aulas, por não ter conseguido dominar o próprio idioma, ou por ser um imigrante.

Dan também mencionou a importância da vontade. Deve-se ter motivação para a realização de uma ocupação profissional em especial.

*No seu íntimo, você precisa ter o desejo do triunfo [...] ir à luta [...] abraçar aquela oportunidade, aquela chance. [...] Você (é) o rei da montanha!*

Ele explicou que "o desejo interior de triunfo" é uma emoção, ou instinto, que depende da ocupação profissional. Em outras palavras, disse acreditar que existe uma ocupação profissional bastante determinada, um produto, ou um serviço, que nos emociona em especial, e que se não sentirmos esta emoção, este instinto de alcançar o triunfo, é pouco provável que nosso empreendimento vá se tornar produtivo.

Dan deixou claro que a maioria das pessoas possui um pouco desse instinto, embora muitas o deixem adormecido a vida toda, porque nunca encontram um catalisador, uma ocupação profissional ideal, uma boa oportunidade econômica. E assim o enorme poder de tal emoção deixa de ser explorado. Cada um dos produtos em todos os quatro negócios de Dan foi um trabalho de amor. Ele gostava de desenvolver conceitos com base na avaliação que fazia das necessidades do mercado, de sentir uma forte emoção positiva com relação à evolução do produto, do seu projeto e da sua comercialização. Sem esta enorme energia emocional, ele disse, nenhum de seus lançamentos teria acontecido.

O que outros viam como trabalho duro ele encarava como diversão, tudo por causa da energia emocional que investia. Como jovem empreendedor, assumiu riscos e sacrificou qualidade de vida, mas isso raramente lhe perturbava, pois o substituía facilmente pelo foco que mantinha no produto e no negócio que tanto o entusiasmava.

Uma lição simples pode ser tirada das experiências de Dan: podemos alcançar níveis extraordinários de produtividade econômica encontrando uma ocupação capaz de despertar nossa energia emocional. Mas ele também frisou ser importante, no exercício da ocupação profissional a ser seguida, obter uma lucratividade significativa, a qual pode ser alterada, por sua vez, pelo entusiasmo e pela capacidade que se tenha para vender. Infelizmente, podemos superestimar tais qualidades quando ficamos cegos por causa do nosso amor ao produto. É por essa razão que todos precisam objetivamente de terceiros para avaliação de sugestões. Consultores de confiança, como advogados ou contadores públicos bem-informados, são recursos de muito valor. Eles têm experiência em separar emoções de realidades econômicas. Um dos principais consultores de Dan é o seu contador.

Dando sequência à apresentação que acabávamos de ter sobre energia emocional, outro respondente deu valiosa contribuição para a entrevista definindo outras razões para o sucesso obtido por Dan:

> *Você fez a melhor descrição possível do seu produto. Explicou muitíssimo bem como conduz sua companhia, a tecnologia e o funcionamento do que vende.*
> *Seu sucesso foi o resultado do seu conhecimento da tecnologia, de seu ajuste ao mercado e do quanto o produto poderia ser útil para outra pessoa.*

Alguns se apaixonam por uma determinada ideia de produto, e tal paixão pode levar a uma avaliação tendenciosa sobre futura demanda de mercado. A paixão de Dan não se referia apenas aos conceitos sobre a mercadoria, sua emoção tinha raízes profundas na estimativa precisa que fez de como o mercado precisava do que vendia. Sua motivação vinha da visualização de como os compradores poderiam resolver problemas graças à tecnologia que oferecia, basicamente esta foi a razão do seu sucesso. Ele sente grande empatia pelas necessidades do mercado e realmente se emociona quando sua tecnologia preenche essas necessidades.

O mercado nos Estados Unidos é muito democrático. Recompensa pessoas como Dan, que satisfazem determinada necessidade, sem se interessar se o indivíduo é alto ou baixo, magro ou gordo, homem ou mulher, branco ou negro. Isto é especialmente verdadeiro no meio empresarial, embora também se aplique em situações nas quais os empregados são pagos com base no desempenho, como é o caso de comissões sobre vendas.

O mercado não se importa. Que importância há no fato de o indivíduo trabalhar para outras nove companhias, não ter tirado notas altas na faculdade ou nunca ter lido o livro de Amy Vanderbilt* sobre etiqueta? Como outro entrevistado colocou no mesmo grupo de discussão:

> *Penso que a ironia de tudo isto é que você não tem de se parecer com os executivos de companhias, que precisam ter ótima aparência.*

Dan concorda que as companhias contratem executivos que sejam embaixadores. São símbolos de excelência, devem ser bonitos, bem instruídos, educados, bem-vestidos, elegantes, bem articulados e devem ter orientação política. Ainda de acordo com ele, esses executivos não precisam ter o mesmo grau de "instinto de triunfo" ou a mesma necessidade de desenvolver ideias de sucesso para o mercado. Sua ideia sobre o ambiente corporativo é bastante diferente:

> *Cresci em uma comunidade operária e me graduei em física aplicada. Fui trabalhar para uma grande companhia. Sempre sonhei em subir os degraus corporativos e me tornar um grande executivo.*
> *Mas os executivos das grandes companhias simplesmente não têm a vida que eu imaginava [...] Eu os colocava em um pedestal, e realmente me desiludi quando vivi perto deles e vi o que faziam. Resolvi então começar minha própria companhia, com 29 anos.*

---

* Trata-se de *O Livro Completo de Etiqueta de Amy Vanderbilt*, 1955, de Amy Vanderbilt, considerado a bíblia da etiqueta nos Estados Unidos, reeditado diversas vezes e mundialmente divulgado (N. do T).

Dan aprendeu como trabalhar a partir de sua experiência corporativa, mas a coisa mais importante que aprendeu foi que exercer sua ocupação profissional no mundo empresarial como funcionário jamais seria capaz de "acender seu fogo emocional". Entender isso o ajudou a definir a ocupação profissional em que melhor podia empregar seus talentos e aptidões. Não fosse sua experiência corporativa, nunca teria decidido trabalhar por conta própria.

## Um Autor Genérico?

Recentemente, um ouvinte de uma de minhas palestras me perguntou: "E sua própria ocupação profissional? O senhor mostra como é importante ter uma especialização, de como a escolha da ocupação profissional é vital para explicar variações de riqueza, mas e quanto ao senhor mesmo, exercendo uma ocupação profissional tão competitiva? O senhor não se sente culpado de não praticar o que prega?" Não, não me sinto — mas explico por quê. Acredito que existam milhares de autores nos Estados Unidos. Se tivesse que competir diretamente com um por um, estaria fora do negócio em muito pouco tempo.

Não sou um autor genérico. Minha ocupação profissional nunca foi listada como sendo a de "escritor". No fundo, sou um especialista, dentre tantos autores e escritores. Escrevo sobre como pessoas comuns podem se tornar ricas em uma única geração. Escrevo sobre tópicos que outros deixam passar. Sou um "Sr. Richards" da literatura. Até mesmo o *Webster* define *ocupação profissional* como "uma função especial de um indivíduo ou grupo".

Pode ser mais fácil dizer isso agora, depois de ter escrito um best-seller. Conhecendo-se o resultado, a visão retrospectiva é tendenciosa. Sempre acreditei que *O Milionário Mora ao Lado* faria sucesso. Planejei o livro durante muitos anos. Testei minha ideia em centenas de seminários em todo o país. Sabia que existiam dois conceitos principais para motivar o público. O primeiro, quanto à definição: quem era e quem não era milionário nos Estados Unidos? Depois quanto à descrição de *como* as pessoas comuns poderiam se tornar milionárias em uma única geração.

Durante os últimos sete anos recebi pedidos para proferir mais de 200 seminários e palestras sobre estes dois tópicos. Qual a razão de todo esse interesse? Eu, simplesmente, possuía uma informação que ninguém mais possuía. Não apenas a informação, também a compreensão, fundamentada em levantamentos, de como alguém se torna financeiramente independente.

As respostas que obtive dos ouvintes de minhas palestras e a visão profunda que adquiri do convívio com os milionários fizeram-me refinar a descrição da questão. Meu trabalho responde às perguntas feitas por muitos. Quanto aos concorrentes, fico como o Sr. Richard e a lista do catálogo telefônico. Um dos milionários, o Sr. John Shmilgenko, matéria de capa da revista *Money's* em *O Milionário Mora ao Lado*, um poderoso investidor em imóveis, foi bastante preciso quando indagado sobre qual era a fonte de seus conhecimentos de como se tornar rico:

> *Jogando Monopólio quando criança, eu comprava propriedades porque custavam pouco. Assumi procedimento semelhante na vida real (Tony Cook "7 Secrets to Achieve your Money Dream",* Money, *junho de 1977, p. 76).*

Foram os milionários entrevistados que me encorajaram a me especializar e monopolizar.

Não teria nunca vencido como escritor de histórias de amor, de mistérios ou de qualquer outro tipo de ficção genérico. Alguns de meus parentes me lembraram que tenho muitos ancestrais escritores e poetas que remontam à Irlanda antiga. Acham que o sucesso traz em si um fator genético, mas não acho que são qualidades literárias que explicam o sucesso de *O Milionário Mora ao Lado.* Onde estavam todos aqueles genes ancestrais quando tirava notas baixas no ensino médio e na faculdade, em inglês e nos cursos de redação?

A grande questão não é como se diz, é o que se diz. O mercado que escolhi define o que faço. Sei o que o público quer com base nos milhares de horas de contato que já tive com o público. Conheço as questões que as pessoas querem ver respondidas. Com esse conhecimento em mãos, sempre me senti confiante acerca da demanda pelo meu trabalho.

Não é necessário que a gente seja um Shakespeare se estivermos apoiados em uma excelente pesquisa de mercado. A premissa básica do meu ofício é dar ao mercado o que ele quer, e não o que está sempre recebendo de outros autores. É só isso.

Sinto-me um pouco culpado sobre o sucesso do meu *best-seller*. Devem existir milhares de alunos nota 10 e que nunca foram parar nas listas dos livros mais vendidos do *New York Times*, durante mais de cem semanas. Por outro lado, a maioria desses escritores repetidamente ignoram a regra número 1 do marketing: *dizer eu, eu, eu é burrice, burrice, burrice.* São os alunos nota 10 que frequentemente escrevem as melhores redações e colocam conceitos da forma mais elegante. Seus trabalhos são gramaticalmente corretos, mas o critério que empregam para selecionar seus temas giram sempre em torno do eu, eu, eu. Tal aluno escreve sobre o que lhe desperta o interesse, mas se esquece de falar sobre o que interessa ao mercado. E de que adianta escrever muito bem se seu tema principal for exclusivamente da "cidade dos chatos"? Ou se houver tantos competidores no assunto de sua abordagem que torne impossível despertar o interesse de qualquer editora para uma segunda olhada no seu original?

Eu me encontro no melhor dos dois mundos, pois tenho muito interesse pelo assunto principal de minha área e existe uma forte demanda do mercado pelo meu trabalho. Mas devo admitir que minha primeira paixão foi a história norte-americana. Compreendi, entretanto, há muito tempo, que a concorrência nessa área seria extremamente acirrada. E se eu tivesse tentado publicar matérias na área da história norte-americana? Eu teria sido uma prova viva do:

*Falar eu, eu, eu é burrice, burrice, burrice.*

Naturalmente, posso amenizar minha culpa em ter sido vitorioso lembrando-me do investimento que fiz em tempo, energia e dinheiro. Tenho muitos milhões de milhas voadas! É a cifra que se consegue quando se visita milionários que querem relatar suas histórias de sucesso. É o necessário quando a gente se dirige a centenas de públicos pedindo conselhos e sugestões. De modo que, de muitas maneiras, as ideias que estão colocadas neste livro e em *O Milionário Mora ao Lado* são o resultado do esforço feito para realização da pesquisa de mercado, algo que poucos escritores têm oportunidade de fazer.

De vez em quando, posso aconselhar outros escritores sobre seleção de temas e outros tópicos de mercado. Entretanto, a maioria acredita que minhas sugestões são blasfêmias! Recentemente fui a uma feira de livros com mais de 20 outros autores-editores, uns já lecionaram no passado redação criativa, outros eram professores de inglês. Realmente me senti um pouco deslocado, mas disse a mim mesmo:

*Tom, cada uma dessas pessoas é capaz de escrever, isto é, de colocar conceitos melhor do que você. Mas nenhum deles jamais foi parar em uma lista de best-sellers.*

Vários autores que ensinam redação criativa ficaram reunidos em um canto. Falavam de estilo, criatividade e da obrigação de dar notas em 130 provas no semestre. Um deles me disse que não tinha realmente muito tempo para contemplação e para ficar pensando profundamente no tema de seu próximo trabalho. Era obrigado a publicar alguma coisa logo, logo; ou publicava, ou perderia o negócio. A maior parte de sua energia ele empregava indo e vindo para o trabalho, fazendo reuniões na faculdade, ensinando e corrigindo provas. A energia restante ele usava para escrever o próximo livro. Acredito profundamente que seja praticamente impossível escrever um livro com eficácia relegando-o à terceira ou quarta prioridade.

Algumas dessas introspecções surgiram na dureza dos reveses da vida. Outras, da leitura sobre pessoas produtivas. Durante muitos anos procurei com afinco um modelo de produtividade que pudesse seguir. Nunca encontrei. Muito já se escreveu sobre a produtividade de grupos de negócios, mas escrever é um evento individual. É diferente do jogo corporativo. Até mesmo muitas das biografias de grandes líderes de equipes e de homens de negócio economicamente produtivos não se aplicam ao desempenho da minha ocupação profissional.

# 6

# Escolha do Cônjuge

Você vai viver para sempre? Case com a pessoa errada e cada dia vai lhe parecer uma eternidade. Case com a pessoa certa e a vida será cheia de alegrias, talvez até uma rica experiência.

## Uma Estrada Pedregosa

Muitos agentes de viagens já me disseram que existem cinco convenções principais todos os anos nos Estados Unidos, e que um convite para ser palestrante em um desses eventos é sinal de que o convidado atingiu o status de astro consagrado no circuito das palestras. Isso deixou-me um pouco nervoso quando fui convidado para falar em uma dessas convenções, a mesa-redonda "Million Dollar", uma associação comercial constituída pelos vendedores de seguro de vida mais produtivos do mundo.

Na época, eu era professor de faculdade na Universidade Estadual da Geórgia, mas o encarregado do comitê de seleção de palestrantes leu a meu respeito no *Wall Street Journal* e deduziu que seria uma boa ideia ter um especialista em milionários falando aos colegas.

Nunca pensei que eu fizesse parte da categoria dos astros consagrados, mas naquele momento estava em frente de 14 mil pessoas, na companhia de oradores conhecidos como Eunice Shriver, Marvin Hamlisch e Lee Iacocca.

Outro orador do dia era um jogador de futebol que tinha tido uma carreira profissional de destaque, tendo participado de quatro Super Bowls apesar dos ferimentos que teve na Guerra do Vietnã. Tratava-se de Rocky Bleier, um indivíduo simpático e bastante pragmático, que tinha conseguido uma transição segura do status de reconhecido esportista para o de conhecido orador. Todos os grupos importantes queriam ouvi-lo porque ele era um excelente palestrante, podia cobrar honorários consideráveis para falar e ser bastante seletivo na escolha de seus clientes. Poucos podem jogar bola tão bem e ainda se tornar astros em um campo completamente diferente. Eu achava que ele tinha um talento fora do comum e seria um sucesso econômico o resto da vida.

Por estranho que pareça, não ouvi mais nada sobre Rocky Bleier depois desse dia até que nosso jornal local publicasse uma história com a seguinte manchete: "Falência de Bleier Abala Ligas do Super Bowl" (*Atlanta Journal-Constitution*, 4 de janeiro, 1997, p. F3). O que teria acontecido com este sujeito com tanto talento para ganhar a vida, para que acabasse se tornando assunto de matéria jornalística noticiando sua falência? Estava lá, preto no branco:

> *[...] Bleier, que superou seus ferimentos do Vietnã jogando em quatro Super Bowls, entrou com um pedido de falência dois dias depois de vender sua coleção de anéis de campeonato* para lhe ajudar a pagar impostos federais.*

O artigo prosseguia dizendo:

> *Sua ex-mulher [...] mencionou durante sua defesa no julgamento da ação que Bleier apenas deseja evitar a liquidação de uma dívida para com ela, no valor de US$ 837.948, referente à venda da casa onde moravam.*

No processo de falência, o Sr. Bleier afirmou que "já havia pago à ex-mulher US$ 1,3 milhão em dinheiro e propriedades". Será que a falência do Sr. Bleier tinha alguma relação com seu divórcio?

O divórcio geralmente tem um impacto devastador no patrimônio líquido de um indivíduo; isso é verdade quer se trate de milionários ou não. Como 92% das famílias milionárias nos Estados Unidos compõem-se de marido e mulher unidos pelo casamento, e como acontece menos de um terço de divórcios com esses casais milionários do que com os casais não milionários, podemos concluir que aqui se encontra outro fator que distingue a mente milionária: a capacidade de escolher acertadamente seu companheiro para o resto da vida. Ser divorciado não

* As coleções de anéis de campeonato compõem-se de anéis com estampas comemorativas de eventos de determinado esporte e são peças de joalheria (acesse http://www.jostens.com/sports/super_bowl.asp ) (N. do T.).

impede ninguém de se tornar e continuar sendo milionário, apenas faz com que isso seja muito mais difícil, como o Sr. Bleier havia constatado.

## A PRODUTIVIDADE ECONÔMICA DO CASAMENTO

Vários estudos constataram que existe uma correlação significativa entre o tempo de duração de um casamento e a acumulação de riqueza. Um estudo com mais de 12 mil entrevistados foi particularmente esclarecedor (Janet Wilmoth e Gregor Koso, *Does Marital History Matter? The Effect of Marital Status on Wealth Outcomes Among Pre-retirement Age Adults*, Anais da North Central Sociological Association de 1997). Os autores descobriram que a "participação consistente no casamento resulta em significativo aumento da riqueza". Por outro lado, os que não permanecem casados ao longo dos anos têm a propensão de reunir poucos recursos durante a vida.

Por que a vida matrimonial afeta o nível de riqueza das pessoas? De acordo com uma pesquisa conduzida por Wilmoth e Koso, os casamentos legalizados têm certos aspectos institucionais que levam à acumulação da riqueza, um dos mais importantes sendo a divisão do trabalho na relação matrimonial. Atuam também determinadas economias de escala da residência do casal que normalmente não ocorrem nos lares dos solteiros. A correlação positiva entre a duração do casamento e o nível de riqueza é bastante forte e pode ser observada em todos os grupos educacionais e em todas as classes de renda dos Estados Unidos.

## OS MILIONÁRIOS E O CASAMENTO

O que aconteceria hoje se todos os milionários rompessem repentinamente seus casamentos nos Estados Unidos? Naturalmente apareceriam muito mais milionários solteiros à frente dos negócios das residências. Haveria também a diminuição de um terço da riqueza das famílias por causa da divisão dos bens, as despesas de administração doméstica seriam duplicadas e os honorários advocatícios consumiriam uma bela fatia do bolo. Mas assim como ocorre com o restante da população, os milionários continuam casados por outras razões que não a econômica. Os milionários, e os que provavelmente chegarão a ser milionários um dia, têm uma habilidade especial para escolher seus cônjuges dentre as pessoas que possuem um determinado conjunto de qualidades. Algumas destas qualidades são significativas na explicação dos casamentos felizes e de longa duração, enquanto outros traços dizem respeito mais diretamente à acumulação de riquezas.

As pessoas que permanecem casadas por muito tempo ("até que a morte os separe") tendem a não ser egoístas, a serem bondosas, capazes de perdoar, pacientes, compreensivas, disciplinadas e virtuosas. O vínculo também é ajudado se o casal tiver interesses, atividades e opiniões semelhantes. Assim como diz a música cantada por Tina Turner, você pode querer indagar: "O que o amor tem a ver com isso?". O amor e a afeição profunda podem ser encontrados reforçando qualquer casamento feliz, mas a afeição pode mascarar nossas avaliações. O amor profundo por um possível companheiro que careça de alguns traços como paciência e compreensão pode levar a conceitos equivocados, à excessiva valorização ou ao oposto, tudo porque existe um componente emocional na avaliação. Somente mais tarde, depois de uma experiência direta e antes do divórcio, os defeitos do cônjuge são reconhecidos.

Os milionários que entrevistei parecem ter um tipo de sistema de alarme precoce, uma inegável capacidade de determinar se o cônjuge em questão é ou não uma pessoa egoísta, bondosa e virtuosa, e apreciam esses fatores antes de se envolverem emocionalmente. Isto explica a alta frequência de casamentos de duração integral neste grupo. Pergunte a um milionário(a) típico(a) casado(a) com a mesma esposa(o) há 25, 35 ou mesmo há 50 anos:

---

O que o senhor pode me dizer sobre seu(sua) cônjuge?

---

O que vem a seguir pode ser incluído:

| | |
|---|---|
| É realista | É meu suporte emocional |
| É altruísta | É paciente |
| Tem valores tradicionais | É compreensiva(o) |

Existe uma questão ainda mais reveladora:

---

O que mais lhe atraiu logo de início no(a) seu(sua) cônjuge?

---

Com frequência os entrevistados dizem que foi algum atributo físico, mas a atração física nunca é o único fator. A maioria sugere que eles tiveram alguma intuição sobre outras qualidades que o cônjuge potencial teria, tais como as listadas anteriormente.

Veja o caso de Barbara "Bobbie" e Forester, casados há mais de 35 anos. Eles têm quatro filhos já adultos, são proprietários e dirigem três fábricas. São economicamente bem-sucedidos.

Bobbie foi criada em uma pequena cidade no oeste do Kansas, perto da fronteira com o Colorado. Forester cresceu em uma fazenda no sul da Geórgia. Como uma garota do oeste do Kansas acaba conhecendo um rapaz fazendeiro do sul da Geórgia em uma faculdade mista de Boston? Tanto Bobbie como Forester têm passado modesto, mas ambos são extremamente brilhantes e foram excelentes alunos no segundo grau. Suas famílias fizeram sacrifícios reunindo os fundos necessários para dar educação universitária aos filhos, e ambos receberam ajuda adicional de bolsas acadêmicas. Forester foi para o MIT e Bobbie para Wellesley.

De acordo com Forester:

*A primeira coisa que eu notei foi que suas roupas eram feitas à mão. Eram benfeitas, mas foram feitas em casa.*

Desde o início, Forester ficou fascinado com Bobbie. Certamente ela era bonitinha e encantadora, mas foi seu guarda-roupa que o impressionou acima de tudo. A mãe tinha costurado as roupas que ela usava. Este fato lhe disse muito sobre as origens de Bobbie. Era óbvio que ela vinha de uma família de recursos modestos, o que não tinha entretanto impedido que conseguissem colocar a filha em uma das melhores faculdades femininas dos Estados Unidos. Ele raciocinou que tanto Bobbie como seus pais tinham um elenco de prioridades bem definidos. Já Bobbie ficou impressionada com o fato de Forester estar fazendo o MIT lembrando-se da modesta origem do rapaz, que vinha de uma fazenda.

Ambos tiveram sensibilidade ao escolherem o cônjuge ideal, assumiram uma atitude que se mantém válida há mais de 35 anos. Bobbie e Forester foram feitos um para o outro e também para serem proprietários e dirigirem uma empresa familiar. Logo no início da vida de casados tiveram de optar entre comprar bens de consumo dispendiosos ou abrir um negócio. O negócio foi a primeira prioridade. Não é de estranhar que estejam bem financeiramente atualmente.

Ninguém se torna rico gastando o dinheiro da casa em artefatos de consumo caros ou comprando roupas e carros novos. Ninguém se torna milionário usando bens de consumo como símbolos de status enquanto negligencia investimentos em negócios privados ou em ações negociadas em bolsa. Tanto Bobbie como Forester aprenderam essas realidades com o exemplo da vida simples que seus pais levavam.

## VOTOS DE CASAMENTO E O SEGREDO DO LAVA-RÁPIDO: INTERESSES COMUNS

Casais que compartilham interesses comuns tendem a permanecer casados. Além disso, existe uma correlação entre duração do casamento e patrimônio líquido. Mas compartilhar interesses e ter casamento durável nunca foram predicados em lugar algum para a acumulação de riquezas. O casal que gosta de gastar toda a receita familiar pode até sair para as compras e ter um casamento duradouro, mas é pouco provável que fique rico algum dia.

De modo que a chave está no tipo de interesses e atividades que o casal compartilha. Os interesses comuns relacionados com a acumulação de riquezas são importantes, inclusive a preparação do orçamento doméstico, o planejar e o realizar investimentos, o ajustamento de metas financeiras, a posse e operação de negócios. Os casais que compartilham esses interesses têm maior probabilidade de conseguir status de milionários. Para eles parece muito mais sensato comprar um carro novo e caro a partir de ganhos de bons investimentos do que tirando recursos provenientes da receita do trabalho.

Recentemente tropecei com um velho conhecido que me contou ter comprado um barco por US$ 23 mil. Deixou também claro que os recursos para a compra tinham vindo de parte dos dividendos pagos por um de seus investimentos em uma empresa pública. Esse casal, já com 12 anos de vida a dois, gostava de iatismo e também de gerenciar o orçamento familiar, estudar oportunidades de investimentos e planejar objetivos financeiros de longo prazo. Para eles, o iatismo é especialmente divertido porque não substitui a construção da riqueza. Na realidade, o barco foi uma recompensa. Eles se recompensaram por haverem superado a meta de acumulação de riqueza. Compraram o barco gastando apenas uma pequena parte dos ganhos obtidos com uma venda de ações adquiridas havia dez anos. Em paralelo com o investimento eles tinham também passado algumas horas estudando o informativo *Value Line** sobre ações, tendo assim descoberto esta em particular. Nem tiveram que comprar esta ótima publicação, que foi consultada na biblioteca local mesmo.

Ter interesses comuns em atividades que levem à formação de riquezas é o segredo dos casais que querem se tornar financeiramente independentes, e a mais comum dessas atividades é possuir e operar um negócio familiar, como o de B. e D. Ferguson. Nem a senhora nem o senhor Ferguson fizeram faculdade, mas o casal consegue uma renda familiar superior à maioria dos diplomados em cursos universitários. Ambos eram ambiciosos, trabalhavam arduamente e tinham

---

* Informativo sobre avaliação de investimentos em geral, inclusive em ações (N. do T.).

um claro interesse em tornar-se financeiramente independentes de modo que pudessem se aposentar mais cedo do que a maioria dos casais. Eles raciocinavam que possuir um negócio lhes daria maior probabilidade de atingir a meta almejada. O casal foi muito cuidadoso em determinar o tipo ideal de negócio. Procurava uma categoria que tivesse um alto potencial de lucros e acabou encontrando uma que, pensavam eles, jamais as pessoas pensariam que seria capaz de gerar altos lucros. Na área de negócios que selecionaram havia poucos competidores. A Sra. Ferguson me disse um dia:

> *Obrigada por não incluir a indústria de lavagem de automóveis como um dos negócios capazes de fazer milionários [...] Quanto menos atenção atrairmos, melhor [...] A realidade é que este tipo de indústria tem muitos milionários.*

As pessoas frequentemente me perguntam sobre quanto precisam investir para começar um negócio próprio — a crença comum é de que sempre é muito dispendioso. Acham que são necessários milhões para que outros milhões apareçam. Mas os Fergusons tinham um ponto de vista diferente, eles não acham que seja necessário investir milhões para conquistar a independência econômica se desde o início a operação já for pequena e eficiente. De acordo com a Sra. Ferguson:

> *Na idade de 26 e 29 anos respectivamente, meu marido e eu arrendamos um lava-rápido completo, mas destruído, por US$ 5 mil emprestados dos pais de meu marido.*

Cinco mil dólares colocaram o casal no negócio de lava-rápidos. Foi um bom investimento, porque depois de 13 anos venderam o negócio por US$ 750 mil. Os Fergusons tinham encontrado um diamante não lapidado. Muitos casais não teriam comprado um lava-rápido destruído, mas os Fergusons nunca se importaram de o negócio não ser atraente e não ser indicador de status ou de riqueza. Os Fergusons nunca se preocuparam em ser vistos pelos seus clientes como "tipicamente da classe operária".

Essa atitude dava força ao casal, que respondia a quem levantasse dúvidas sobre a decisão que tinham tomado de fazer carreira com lava-rápidos:

> *A maioria dos proprietários de lava-rápidos (inclusive meu marido e eu) estamos provavelmente em melhor situação do que nossos clientes profissionais de nível universitário. Os sacrifícios que fizemos se mostraram compensadores no longo prazo.*

O casal, na realidade, conseguiu transformar a desvantagem de não ter frequentado a faculdade em vantagem. Eles se motivaram para levar uma vida simples e produtiva constantemente, lembrando-se de que tinham acumulado mais riqueza do que a maioria dos seus clientes de classe alta, bem-vestidos e com nível universitário. Mesmo durante os tempos difíceis, quando o tempo chuvoso durou muitos dias e fez com que os clientes sumissem, eles pensavam a longo prazo, não em pequenos contratempos.

*A longo prazo vamos nos aposentar em melhores condições!*

## Uma em Um Milhão: Escolhas Atraentes e Bem-Sucedidas

Um assunto fica bem claro. Renda e riqueza não são os fatores mais importantes para explicar casamentos bem-sucedidos de milionários, nem nenhum desses fatores explica o interesse inicial que um cônjuge descobre no outro quando afinal decidem se casar.

Por que todo esse interesse no que os milionários pensam sobre o que é capaz de tornar um casamento feliz? O casal típico de milionários nos Estados Unidos está casado há 28 anos. Um em cada quatro está casado por 38 anos ou mais. O grupo dos milionários pode nos ensinar como encontrar o cônjuge ideal para o resto da vida, levando-se em conta a taxa de divórcio norte-americana. De forma semelhante, a escolha do cônjuge é um dos principais fatores na explicação das variações de riqueza. Existe uma correlação negativa significativamente alta entre divórcio e riqueza e, por outro lado, existe uma relação significativamente alta entre anos de casamento ininterrupto e patrimônio líquido.

Essencialmente, por que os milionários são milionários? Porque eles tomam decisões corretas relativas a diversos itens principais para suas vidas, e uma delas é a escolha do cônjuge. Não é então de surpreender que a atração física da esposa não seja considerada vitalmente importante para casamentos milionários bem-sucedidos. Nas minhas entrevistas pessoais e de grupo o conceito de "fisicamente atraente", mencionado por quase todos os entrevistados, contribui um pouco para os casamentos bem-sucedidos. Entretanto, a importância dessa qualidade tem sido bastante superestimada na literatura atual. De acordo com um dos meus entrevistados, a atração física:

*Se eu puder escolher, prefiro ser fisicamente atraído por uma mulher inteligente, honesta, que não seja egoísta, bem ajustada [...].*

Em poucas palavras, isto é o que a maioria dos milionários me disse sobre a qualidade "atração física". Eles quase nunca nem ao menos consideram se casar com alguém meramente por uma questão de atração física.

A inteligência é importante como um critério de escolha no grupo milionário, mas outras qualidades muito importantes também devem estar presentes. Pretensos milionários parecem ser capazes de julgar os potenciais companheiros quanto aos traços de sinceridade, jovialidade, confiabilidade e afeição. Como e quando os milionários adquirem essa habilidade para distinguir o cônjuge ideal dentre outros candidatos? Lembre-se do que vimos no Capítulo 3. Qual o aspecto mais importante do ensino médio ou da faculdade que influenciou os milionários a se tornarem adultos economicamente produtivos?

Aprendendo como fazer julgamentos precisos sobre as pessoas.

Com relação a esse aspecto, 88% disseram que a escola ou a faculdade exerceu um efeito importante, sendo superado apenas pela opção "desenvolvimento de um profundo senso de ética de trabalho".

A maioria dos milionários disse que a escola e as experiências relacionadas com a escola e/ou faculdade lhes ensinaram a ser sensíveis às variações nas qualidades das pessoas. Quanto mais interagiam com seus colegas estudantes em muitos ambientes sociais diferentes, mais capacitados estavam para fazer avaliações precisas sobre os candidatos ao papel de cônjuges para a vida toda. Será que essa pessoa é verdadeiramente sincera, confiável e assim por diante? Essa é uma das questões principais no processo de seleção do cônjuge.

Será que os pais encorajam as crianças a serem sensíveis quanto ao grau variável de sinceridade que suas(seus) namoradas(os) demonstram? O elemento-chave é o grau da sinceridade dos amigos com todas as pessoas, não apenas com relação àquelas que desejam impressionar. Como tratam as pessoas? São sinceras por causa da natureza e educação? Ou só quando podem se beneficiar da situação?

Nem todas as pessoas inteligentes que a gente encontra na faculdade têm todas as outras qualidades importantes. Na realidade, possuir uma inteligência elevada muitas vezes pode funcionar como camuflagem. Algumas pessoas ficam tão ofuscadas pelo alto nível da inteligência do pretendente que suas deficiências permanecem ocultas ou são menosprezadas, produzindo um efeito semelhante ao que se dá com relação à atração física. Se a gente colocar muita ênfase na inteligência podemos nos tornar insensíveis aos níveis das outras qualidades, como, por exemplo, a sinceridade, a jovialidade, a confiabilidade e a virtude.

## QUALIDADES IMPORTANTES

Por que a maioria dos casais milionários permanece casada? Tanto maridos como esposas concordam firmemente sobre os fatores que contribuem para um casamento bem-sucedido. Sabem quais são os componentes de um casamento duradouro e não têm dificuldade em descrevê-los. Um casamento bem-sucedido é uma função direta da presença de várias qualidades, e tanto maridos como esposas têm pontos de vista quase idênticos acerca das qualidades dos respectivos cônjuges.

Quase todos os homens (99%) e a grande maioria das mulheres (94%) opinaram que a honestidade é importante, como mostra a Tabela 6-1.

Tabela 6-1 Cinco qualidades principais do cônjuge responsáveis pelo sucesso de um casamento milionário

PORCENTAGEM DOS QUE CONSIDERAM O FATOR IMPORTANTE

| Qualidade do cônjuge | Todos os milionários | Homens (N=625) | Mulheres (N=73) | Diferença significativa[1] |
|---|---|---|---|---|
| Ser honesto | 98 | 99 | 94 | Não |
| Ser responsável | 95 | 96 | 92 | Não |
| Ser capaz de amar | 95 | 95 | 95 | Não |
| Ser competente | 95 | 95 | 96 | Não |
| Capaz de dar apoio | 94 | 94 | 91 | Não |

[1] Probabilidade menor do que o nível de significância de 0,05.

Ambos os grupos são também bastante semelhantes na frequência com que consideram outras qualidades como importantes. Noventa e seis por cento dos homens e 92% das mulheres acreditam que seus companheiros são "responsáveis". A mesma porcentagem (95%) tanto de maridos como de esposas vê seu companheiro como "capaz de amar". A grande maioria de ambos os grupos também acredita que seus companheiros "são competentes" e "capazes de dar apoio". Todas essas qualidades são componentes importantes para um casamento duradouro e bem-sucedido.

Esses pontos de vista nos deixam pensativos. O típico casal milionário já tem um convívio mútuo de quase 30 anos e seus laços tendem a ser permanentes bem como economicamente produtivos. E caso se pergunte ao marido ou à esposa para explicar a produtividade doméstica, a resposta é sempre a mesma. Cada um atribui ao outro um enorme crédito.

Para cada 100 milionários que dizem não ser relevante o apoio do cônjugue para explicar o próprio sucesso econômico, existem 1.317 milionários que afirmam ser grande a importância do cônjugue. Dos 100 que não dão crédito nesse sentido ao cônjuge, 22 nunca se casaram e 23 eram ou divorciados ou separados. Isto deixa apenas 55 em 1.317 que não acreditam no importante papel representado pelo cônjugue no sucesso econômico do casal.

O empresário Sr. S. estava falando sobre seu sucesso durante a entrevista com um grupo de discussão. Deixou bastante claro para o grupo que o negócio de sua família nunca teria sido tão produtivo sem o apoio de sua esposa de 38 anos.

*Deixei que ela tomasse conta [...] Se não fosse por ela eu não teria chegado até aonde cheguei. Tivemos cinco filhos. Nunca tive que ir ao médico com ela ou com alguma das crianças. Ela tomava conta de tudo [...] fazia tudo o que era preciso [...].*

Uma expressiva maioria de milionários concorda com os pontos de vista do Sr. S. Cada qual com sua própria história, mas guardando semelhança com a dos outros. Todos atestam que o cônjuge é capaz de lhe dar bastante apoio, e que a condição para que seja capaz disso é ser honesto, responsável, apto a amar e competente. Esses são os componentes básicos dos casamentos bem-sucedidos entre os milionários.

O Sr. Don D., um empresário milionário que venceu na vida pelo próprio esforço, tem excelente perfil do que é ser um esposo capaz de dar apoio, responsável e competente. Quando Don tinha 29 anos pediu a opinião da esposa sobre o início de seu trabalho por conta própria. Explicou que determinados sacrifícios deveriam ser feitos. Primeiro ele teria que deixar seu bem remunerado emprego como executivo de empresa. Don perguntou sua opinião sobre o financiamento para dar partida no negócio. "E se nós tivermos que vender tudo?"

*Minha esposa disse, "e se você não conseguir ganhar nada?", e eu lhe respondi, "se acontecer isso, consigo outro emprego". E ela disse, "ótimo".*

Mas dois anos depois de Don ter iniciado o negócio, o empreendimento ainda não tinha dado frutos. Trabalhava juntamente com a esposa e ela nunca reclamou. Don voltou à vida empresarial. Cinco anos depois, pediu demissão do emprego, novamente com a bênção e o encorajamento da esposa. Don começou outro negócio, que tem tido sucesso desde seu início, em 1976, e depois disso alavancou também três outros.

Como Don define ser "capaz e responsável"? Sua esposa não somente assumiu a responsabilidade por quase todas as tarefas domésticas, ela fez muito mais do que isso. Ela nunca teve o conhecimento técnico que Don tinha sobre a mecânica do negócio, mas teve a iniciativa de aprender tudo sobre o negócio e sua tecnologia. Hoje Don diz com orgulho e admiração que dois de seus quatro negócios que ele começou são muito eficientemente gerenciados por sua esposa:

> *Estou casado há 30 anos e minha esposa não mudou, é a mesma pessoa hoje. Nunca poderia ter imaginado o negócio sem a presença dela. Sou meio teimoso. Ela já é calma, um tipo sossegado de pessoa.*

Don afirmou que ele e a esposa formam o par perfeito. Ambos reconhecem e admiram as qualidades um do outro e ambos possuem muitas das cinco qualidades essenciais para uma relação duradoura e produtiva. São honestos, responsáveis, capazes de amar e de se apoiar mutuamente.

Além da atração física, existem também cinco qualidades principais que contam para os milionários ficarem interessados em seus cônjuges. Don é como a maioria dos milionários quando fala que se viu atraído por aquela que se tornaria sua esposa pela sua inteligência, sinceridade, jovialidade, por ser uma pessoa confiável e afetuosa. Qual o grau de acerto dessas percepções desenvolvidas nas primeiras fases do relacionamento? Quase todos os milionários afirmam que a inteligência é uma qualidade importante, como mostra a Tabela 6-2.

Uma vez pedi a um grupo de dez milionários para descrever suas esposas e a palavra inteligente foi a mais mencionada. Mas o que esses homens queriam dizer quando falavam que suas esposas eram inteligentes?

> *Minha esposa tem a capacidade de aprender e se ajustar a qualquer coisa [...] hoje em dia ela é capaz de administrar o negócio melhor do que eu!*

Tabela 6-2 Cinco qualidades principais que despertaram o interesse dos milionários no futuro cônjuge: porcentagem dos que consideram o fator importante

| Qualidade do cônjuge | Todos os milionários | Homens (N=625) | Mulheres (N=73) | Diferença significativa[1] |
|---|---|---|---|---|
| Ser inteligente | 96 | 95 | 99 | Não |
| Ser sincero | 95 | 95 | 95 | Não |
| Ser jovial | 92 | 93 | 83 | Sim |
| Ser confiável | 92 | 92 | 91 | Não |
| Ser afetuoso | 91 | 92 | 88 | Não |

[1] Probabilidade menor do que o nível de significância de 0,05.

Noventa por cento dos maridos e 85% das esposas nos lares de milionários típicos têm curso universitário. As esposas, em particular, saíram-se especialmente bem, enquanto cerca de 80% classificaram-se nos 25% superiores da escala das notas. Claro, existem outros modos de medir a inteligência, mas, independentemente de como isso seja feito, os milionários têm em alta conta a inteligência das esposas.

E os outros fatores? A Tabela 6-2 indica que 95% de ambos, maridos e esposas, tiveram o interesse recíproco despertado porque o futuro cônjuge era sincero. Parece que souberam avaliar. De acordo com esses entrevistados, a sinceridade é precursora da honestidade, que é muito importante para uma contribuição definitiva para o sucesso do casamento.

A maioria dos milionários entrevistados teve quase 30 anos para avaliar a precisão das ponderações iniciais feitas sobre seus cônjuges. Provavelmente apreenderam bem as qualidades de seus cônjuges. As futuras esposas avaliadas como sendo pessoas confiáveis provaram que eram mais do que simplesmente confiáveis, demonstraram ser muito responsáveis. A confiabilidade é uma precursora da responsabilidade, outro fator do sucesso conjugal.

## O Fator Financeiro

Qual o papel desempenhado pelo potencial de ganhos elevados no que se refere a atrair o cônjuge e ser bem-sucedido no casamento? Maridos e mulheres na classe dos milionários têm pontos de vista diferentes acerca da riqueza e das características da renda de seus companheiros.

As mulheres têm a probabilidade quatro vezes maior de dizer que a "capacidade de ganhar muito" é uma qualidade importante na consideração do que faz um casamento feliz. Quase metade das esposas (49%) disse que obter altos rendimentos tinha importância, como indica a Tabela 6-3.

Contrastando bastante com esse quadro, somente 12% dos maridos indicaram que os rendimentos das esposas foram significativos para o sucesso da união conjugal.

Como frequentemente afirmado, renda não significa riqueza. E também costuma-se dizer que dinheiro não compra felicidade. Ainda que a qualidade "riqueza" não seja classificada como significativa pela maioria dos casais milionários, existe uma probabilidade três vezes maior de que esposas (37%), e não maridos (12%), acreditem que a "riqueza" foi um fator-chave para o sucesso, conforme a Tabela 6-3.

Isso não significa necessariamente que a maioria dos casais milionários dos Estados Unidos permaneça firme no casamento se forem à falência. O que esses maridos e esposas estão nos relatando sobre riqueza e casamento é que eles podem ser bem-sucedidos na união conjugal com uma renda menor e com apenas parte da riqueza que possuem. A maioria desses maridos e esposas é mais sensível a outras variações qualitativas diferentes dos aspectos riqueza e renda.

**Tabela 6-3** Mulheres *versus* homens[1]: qualidades importantes no cônjugue que contribuíram para o sucesso do próprio casamento

PORCENTAGEM DOS QUE CONSIDERAM A QUALIDADE IMPORTANTE

| Qualidade do cônjuge | Homens (N=625) | Mulheres (N=73) |
|---|---|---|
| Ser capaz de ter altos rendimentos | 12 | 49 |
| Ser rico | 12 | 37 |
| Ser virtuoso | 88 | 71 |
| Ser asseado | 69 | 55 |
| Ser altruísta | 86 | 74 |
| Ser jovial | 88 | 80 |
| Ser fisicamente atraente | 88 | 80 |
| Ter boas maneiras | 91 | 84 |
| Ser simples | 46 | 39 |
| Ser honesto | 99 | 94 |

[1] Todas as diferenças são estatisticamente significativas, probabilidade menor ao nível de significância de 0,05 exceto para a qualidade de ser simples.

Os milionários, tanto homens como mulheres, têm afirmado inúmeras vezes que seus companheiros(as) têm honestidade, responsabilidade, capacidade de amar, competência e disposição para dar apoio.

Essas são as qualidades mais importantes para explicar o sucesso dos seus casamentos e a maioria dos milionários, maridos ou esposas, não deseja trocar, nem no presente nem no futuro, suas riquezas ou rendas por esses cinco elementos básicos.

As mulheres são mais sensíveis às características de renda e riqueza por uma boa razão. A maioria dos lares milionários tem valores tradicionais e sentem que o homem da casa deve ser o responsável principal pela geração da receita. Os homens concordam com esse ponto de vista. Poucos maridos milionários, cerca de um em oito (12%) apenas, pensam de forma diferente.

Os resultados do levantamento são congruentes com os pontos de vista defendidos por John Gray, importante autoridade nas diferenças entre homens e mulheres com relação a motivos, hábitos e iniciativas. De acordo com Gray, os homens têm uma necessidade biológica de sustentar a mulher (veja John Gray, *Mars and Venus: Do Men Buy Love? Are Women Needy?*, Currency, abril de 1998, p. 56-67). De fato, a necessidade do homem é fundamentalmente "sentir-se necessário" para uma mulher.

Uma grande parte dessa necessidade está no contexto da receita e da riqueza. Os pontos de vista de Gray são aqui novamente confirmados pelos resultados do meu levantamento sobre milionários. As mulheres realmente procuram os homens capazes de ganhar bem? Gray acredita que sim. Mas os homens são diferentes. Não somente eles desejam sustentar financeiramente as mulheres, eles também se arriscam a ser desprezados pelas mulheres que estão ganhando ou têm potencial para ganhar muito por conta própria (Gray, p. 51).

A Tabela 6-4 documenta algumas das diferenças principais entre homens e mulheres nos lares milionários.

Uma porcentagem maior de esposas (59%), em oposição a apenas 13% dos maridos, afirmou que a "capacidade potencial de ganhar muito" foi um fator de atratividade importante quando conheceram o pretenso esposo. E quanto aos outros fatores econômicos? A qualidade "riqueza" não foi importante seja para a maioria das esposas (23%), seja dos maridos (9%), mas as mulheres superaram os homens nesse particular.

Tabela 6-4 Mulheres *versus* homens[1]: qualidades importantes que despertam o interesse inicial do cônjuge: porcentagem dos que consideram a qualidade importante

| Qualidade do cônjuge | Homens (N=625) | Mulheres (N=73) |
|---|---|---|
| Ser capaz de ter altos rendimentos | 13 | 59 |
| Ser ambicioso | 48 | 82 |
| Vestir-se bem | 80 | 60 |
| Ser virtuoso | 79 | 61 |
| Ser rico | 9 | 23 |
| Ter autodisciplina | 71 | 82 |
| Ser simples | 34 | 23 |
| Transmitir segurança | 71 | 81 |
| Ser jovial | 93 | 83 |
| Ser encorajador | 87 | 80 |

[1] Todas as diferenças são estatisticamente significativas, probabilidade menor ao nível de significância de 0,05.

É interessante notar que a qualidade "ter ambição" foi mais importante para uma porcentagem maior de mulheres (82%) e de homens (48%) do que a qualidade "ser rico". "Ter autodisciplina" e "transmitir segurança" também foram mais importantes para as mulheres. Os homens têm maior tendência de se interessarem por mulheres que se vistam bem (80% *versus* 60%); que sejam virtuosas (79% *versus* 61%); que sejam joviais (93% *versus* 83%) e encorajadoras (87% *versus* 80%).

As mulheres que se casam com homens que se tornam milionários sentem-se atraídas pelos que têm mais do que as cinco grandes qualidades de "atratividade" (inteligência, sinceridade, jovialidade, confiabilidade e afetuosidade). Eles devem também ser ambiciosos e ter potencial para ter altas rendas. Praticamente para cada quatro de cinco mulheres, "riqueza antes do casamento" não foi respondido como sendo importante. Decerto essas mulheres casaram com homens que acabaram se tornando milionários juntamente com suas esposas.

Os homens têm as mesmas cinco qualidades quando avaliam o potencial das futuras esposas, mas muitos não querem competir com elas em termos de dinheiro, receitas ou riqueza. Desejam que a esposa seja inteligente, mas apenas uma minoria o faz porque tais qualidades representam "potencial de receita" ou "ambição".

## Critérios para a Escolha

Como os milionários determinam antecipadamente que um cônjuge potencial poderá ser um dia o marido ou esposa ideal? Primeiramente, os critérios que usam para avaliar cônjuges potenciais são os mesmos capazes de produzir casamentos duradouros. Em segundo lugar, eles conseguem prever precisamente em que nível o cônjuge potencial se enquadra naqueles critérios. A grande maioria de milionários faz tais previsões e as escolhas correspondentes muito antes de se tornarem milionários.

Por que grande parte da população adulta é incapaz de fazer as mesmas previsões precisas sobre o cônjuge potencial? Fazer previsões acuradas na realidade é um processo de duas etapas. Em primeiro lugar, é preciso identificar os critérios corretos, que sejam compatíveis com um casamento duradouro. Se os critérios estiverem errados, não adianta conseguir visualizá-los em seu cônjuge potencial.

Quais critérios a maioria das pessoas (não milionárias nem milionárias potenciais) usa quando escolhe um(a) parceiro(a)? Qual a diferença entre esses critérios e os colocados neste capítulo com relação ao modo de proceder dos milionários? A Dra. Belinda Tucker, da UCLA, fez recentemente um estudo incluindo 3.407 adultos da população em geral, entre 18 e 55 anos, procurando determinar os critérios usados pelos adultos na escolha dos(as) companheiros(as). Apresentou suas conclusões na conferência nacional de 1997 da American Psychological Association.

A professora Tucker concluiu que o critério mais importante para os homens é a atração física. Os homens classificaram o critério renda (salário e ganhos potenciais) em segundo lugar de importância com relação à atração. Compare esses resultados com os já relatados para os homens milionários. Os milionários disseram que os fatores que contribuíram para o sucesso de seus casamentos são as características de:

---

Honestidade, responsabilidade, capacidade de amar, competência e disposição para dar apoio.

---

Isso significa que o homem que se casa com uma mulher que ganhe muito bem, mas que não seja honesta, responsável, competente, capaz de dar amor e apoio emocional, pode não ser bem-sucedido no matrimônio.

O estudo da Dra. Tucker também determinou qual o critério mais importante que as mulheres levam em conta na escolha dos homens. O aspecto "salário e ganhos potenciais" foi bem cotado, foi julgado mais importante do que atração, educação e ocupação profissional. Isto contrasta acentuadamente com o critério de escolha que apareceu em primeiro lugar pelas mulheres milionárias.

A maioria dessas mulheres indicou que a honestidade, a inteligência e a ambição são mais importantes para um casamento duradouro do que a renda ou o potencial de ganhos de seus companheiros.

A comparação dos milionários com a população em geral esclarece por que as taxas de divórcio são tão altas entre os não milionários. A Dra. Tucker diz que:

> *A satisfação com as contribuições financeiras do parceiro está fortemente relacionada com os sentimentos sobre a relação conjugal e com a crença de que ela seja durável.*

A Dra. Tucker também descobriu que, de uma forma geral, tanto os homens como as mulheres poderiam pensar em se divorciar de seu cônjuge se ele perdesse o emprego! Essa atitude é diametralmente oposta à dos casais que são os que tendem a ser milionários. Lembre-se de que para construir fortuna é provável que se tenha de abrir mão de uma receita elevada durante muitos anos. Não é raro que os casais ricos vivam do "estritamente necessário" enquanto investem toda quantia que conseguem poupar. Nem é difícil para os milionários que venceram na vida pelo próprio esforço relatar que:

> *Logo depois de ser despedido do meu emprego [...] eu comecei nosso negócio [...] investi a última parcela de minhas economias [...] a renda da minha esposa(o) nos sustentou durante os primeiros poucos mas longos, muito longos anos!*

Outra mulher cofundadora e proprietária, juntamente com o marido, do negócio da família afirmou:

> *Não sinto mais necessidade de pedir desculpas por ter vivido de maneira tão simples [...] não somos sovinas, somos apenas empreendedores. Resistimos ao impulso de cair nas armadilhas consumistas de nossos vizinhos que ganham mais anualmente do que nós, mas nós teremos uma aposentadoria mais rica.*

Os dados da Dra. Tucker sugerem que, no mundo de hoje, essa mulher não é comum. Ela não pensa nunca em romper os votos matrimoniais por causa de problemas financeiros, e essa é uma das razões da riqueza atual dela e do marido. Eles enfrentaram dificuldades nos bons e maus tempos através de muitos anos de receita baixa. Nunca teriam ficado milionários se a renda tivesse sido o principal fator para mantê-los unidos. Ambos tinham as mesmas atitudes, crenças e valores, e ambos acreditavam que a conquista da independência financeira compensaria esses sacrifícios de curto prazo.

A Dra. Tucker concluiu que os homens em geral classificam a atração física como primeira preocupação ao escolherem a companheira. O que houve com a crença de que "beleza não põe mesa"? Para a maioria dos milionários e para os que se encontram na trilha para se tornarem milionários, a atração é apenas uma das muitas qualidades, não a mais importante.

Talvez a alta taxa de divórcios possa ser explicada pela grande importância que muitos homens dão à atração. A mulher pode ser atraente na época do casamento, mas se perder essa característica o homem pode ter motivos para pedir o divórcio. Essa é a realidade de muitos casamentos frágeis nos Estados Unidos. De acordo com as conclusões da Dra. Tucker, pode até existir uma taxa mais alta ainda de divórcios por iniciativa masculina nos casos em que a mulher perde, simultaneamente, tanto a boa aparência como seu trabalho rentável. Nessa eventualidade, ela pode até se considerar abençoada por ter se divorciado de um perdedor como o marido; provavelmente ele não irá se tornar rico, nem mesmo remediado, por ter o hábito de embarcar em casamentos instáveis. O divórcio representa um papel importante na riqueza e na felicidade das pessoas.

## UM CASO DE ESTABILIDADE E COMPATIBILIDADE

Victor Ganz e sua esposa, Sally, foram casados durante 50 anos. Eram um discreto casal de Manhattan que havia passado uma boa parte do seu tempo livre estudando e investindo em arte.

> *Tinham paixão e compromisso com o hábito de colecionar arte e passavam os sábados percorrendo galerias. Muitas vezes, deixavam de comprar coisas importantes, como um casaco novo no inverno, para poder fazer alguma compra irresistível (Acrol Vogel, "Prized Picasso Leads Collection to Record $ 206 Million Auction",* New York Times, *11 de novembro de 1997, p. A1, A18).*

A coleção de arte dos Ganz foi recentemente vendida em um leilão da Christie por US$ 206 milhões. Uma das pinturas, *The Dream,* de Picasso, tinha sido comprada pelo Sr. Ganz em 1941 por apenas US$ 7 mil. No leilão foi vendida por US$ 48,2 milhões.

Os Ganz tiveram um casamento não apenas de longo prazo como também economicamente produtivo. O casamento deles não foi fundamentado na atração ou no dinheiro que ganhavam, mas em muito mais do que isso. Eles compartilhavam um interesse comum pela arte. Ambos desejavam abrir mão da compra de bens de consumo para investir em arte de alta qualidade. Os Ganz tinham um "namoro econômico": passavam os sábados visitando galerias. E essas galerias normalmente não cobravam ingressos.

## Vacina Contra o Vício das Mesadas

Um decamilionário que venceu na vida pelo próprio esforço telefonou-me cerca de uma semana depois que meu artigo foi publicado no *Medical Economics* (Thomas J. Stanley, "Why You're Not as Wealthy as You Should Be", *Medical Economics*, julho de 1992). Ele me disse que tinha lido meu artigo três vezes e fazia referências constantes a determinadas partes do texto, como por exemplo:

> A explicação da riqueza está no trabalho árduo, na perseverança e, principalmente, na autodisciplina.

Ele ficou especialmente sensibilizado pelo fato de que a maioria dos milionários norte-americanos era composta de pessoas que venceram na vida pelo próprio esforço e que eram muito simples. Durante nossa conversa, procurei enfatizar também que a maioria dos milionários nunca recebia presentes em dinheiro ou mesadas de seus parentes. Ele estava interessado basicamente em captar o conceito de que havia uma relação inversa entre o hábito de receber mesadas e o nível de riqueza de quem as recebia. Assim que abordei esse ponto, ele me interpelou: "Tenho de ter mais cópias de seus artigos. Você poderia enviar algumas para mim?" Ele queria compartilhar meus artigos com os três jovens namorados das suas três filhas, uma estudava direito, outra recém-graduada em uma faculdade de prestígio e a mais nova cursando o último ano da faculdade. Os três namoros eram firmes e, a seu ver, os três jovens deveriam ser iluminados pelas ideias.

O decamilionário não tinha dúvidas de que eles estavam bem a par da sua riqueza e também acreditava que esses jovens poderiam ser do tipo "ter um faro para o golpe do baú", ou seja, sentirem-se inclinados a casar cobiçando o dote da futura esposa. Além disso, achava que esses pretendentes acreditavam que a estrada para a riqueza começava e acabava através do dinheiro dos outros.

O decamilionário sentia-se compelido a fazer alguma coisa para melhorar o processo de seleção dos futuros maridos de suas filhas e era para isso que desejava contar com a cópia dos meus artigos. Como ele poderia testar se os pretendentes das filhas estavam ou não interessados na sua riqueza? Deu a cada uma delas várias cópias dos meus artigos que abordavam a importância do trabalho duro, da disciplina e de um estilo de vida simples e que enfatizavam os efeitos prejudiciais do vício de receber mesadas dos parentes. Deixou bastante claro para mim que esta era uma bela maneira de dizer a eles: nada de mesadas!

Sem dúvida, era uma forma eficiente de transmitir aos três jovens pretendentes que eles não teriam mesada alguma. Se um deles perdesse o interesse pela respectiva filha, ele concluiria que o fulano estava apenas querendo o dinheiro alheio.

Qual a probabilidade de que os três pretendentes subitamente perdessem o interesse pelas respectivas namoradas? De acordo com meus dados, isso era pouco provável de acontecer. Apenas cerca de nove em 100 homens milionários ficaram interessados em suas esposas logo no início por causa da fortuna dos futuros sogros, e até mesmo esses nove disseram que outras qualidades tinham sido importantes. De fato, nenhum deles se interessou pela pessoa exclusivamente por causa do fator riqueza isolado. Pelo menos oito em dez foram atraídos porque a futura esposa era sincera, realista, inteligente, afetuosa, confiável, tolerante, sábia, jovial e autoconfiante.

## Mulheres Atraídas pelo Dinheiro

E quanto às mulheres que se sentem atraídas por homens por causa de suas "qualidades" de riqueza? As esposas de casais milionários têm maior tendência de indicar que o fator riqueza do companheiro foi importante na hora da escolha. Cerca de 23 em cada 100 esposas, enquanto apenas nove em cada 100 maridos, afirmaram que se interessaram pelo companheiro, de início, por causa da riqueza que aparentavam, ou seja, duas vezes e meia mais mulheres do que homens nesse sentido.

O fundamental é a riqueza aparente dos pais do cônjuge potencial. Será que todas essas mulheres que seu filho namorou querem dar o golpe do baú? Os fatos não apontam nessa direção. Mesmo as mulheres que falaram sobre o "poder de atração da riqueza" deixaram claro que muitos outros fatores eram importantes. Mais de 90% dos que se sentiram atraídos pelo pretendente acharam que ele fosse sincero, inteligente, apaixonado, confiável, tolerante, sábio, carinhoso, autoconfiante, e que possuía um alto potencial para ganhar a vida. E 85% das mulheres foram atraídas por causa da qualidade "ambição".

Essas notícias são animadoras. De uma forma geral, a maioria de homens e mulheres que se casam e se tornam milionários(as) não se importa com a fortuna que seus sogros já têm acumulada. São, de fato, espertos — é muito melhor se casar com base em qualidades e traços de personalidade que são específicos da pessoa do que em algo específico dos pais dela ou de seus ancestrais. A grande maioria de milionários me disse que as peculiaridades econômicas dos sogros tinha pouco a ver com a escolha que fizeram. Uma boa coisa: somos mais capazes de prever as qualidades de uma esposa do que o comportamento dos futuros sogros.

Existe uma regra simples sobre a riqueza nos Estados Unidos:

Não acredite nunca que o dinheiro de outra pessoa o fará rico.

Aqueles que ignoram essa regra devem ficar prontos para as surpresas, como o estudo de caso a seguir mostra.

Peggy tem origens de classe média. Formou-se em uma universidade de prestígio. Era uma jovem atraente e encantadora. Seus pais se impressionavam com pessoas ricas e passaram esse mesmo ponto de vista para Peggy. Tanto Peggy como seus parentes de classe média presumiam que pessoas com um alto status profissional eram ricas. Concluíam, a partir disso, que qualquer um que tivesse um diploma de médico, advogado, contador ou funcionário de grandes empresas era rico. Infelizmente, Peggy violou uma regra das pessoas que se orientam pela riqueza do outro:

*Lição número 1:* Se sua intenção for se casar com alguém de uma família rica, verifique primeiramente se a família é realmente rica. As aparências de riqueza podem ser enganadoras.

O marido que ela escolheu veio de uma família proeminente e era descendente direto de pessoas importantes. O pai do noivo era um negociante renomado em uma comunidade. Tanto ele quanto sua esposa eram atuantes em uma variedade de obras e causas nobres. Viviam em uma grande casa, dirigiam carros de luxo e eram membros de um clube de campo de alto nível. A irmã do noivo fazia parte da Junior League* da cidade.

* Junior Leagues são organizações educacionais femininas para ajuda comunitária prestada por voluntários existentes no Canadá, Estados Unidos, México e no Reino Unido (N. do T.).

Mas, como dizia Shakespeare, "nem tudo que reluz é ouro". Infelizmente, Peggy foi incapaz de distinguir ouro verdadeiro da pirita de ferro, ou o ouro dos tolos. Ela, de início, ficou interessada e depois acabou se casando com o jovem por causa das suas "qualidades" de riqueza. Mas nenhum dos dados mencionados citados é eficaz na previsão de oscilações de riqueza.

Somente depois que se casou que Peggy descobriu a verdade. A família do marido atravessava dificuldades financeiras havia anos, bem antes do casamento. Tinham feito o possível para manter as aparências de família próspera e bem-sucedida. Peggy pensava que ela e o marido ganhariam uma casa, mas nunca viu sequer a cor de uma mesada ou de nada parecido. O mais desagradável foi quando o marido lhe disse que ela teria que trabalhar.

O casamento de Peggy não durou três anos, mas ela não tinha perdido as esperanças de casar-se com um homem rico e foi aí que lhe valeram a experiência e a intuição. Procurando por esse "meio condutor", ela aceitou trabalhar para uma grande companhia fiduciária, onde conheceu e acabou se casando com um cliente rico, um homem muito mais velho do que ela. Dessa vez tinha feito a escolha certa, acertado na loteria, um multimilionário! No momento ele trabalha; ela não. Ela gasta e ele aumenta a fortuna. É uma questão de equilíbrio. Será que o fluxo de caixa dele conseguirá acomodar o estilo de vida hiperconsumista de Peggy? Veremos.

---

*Lição número 2:* Mesmo que os sogros e a família do cônjuge tenham muito dinheiro, nada garante que o casal receba qualquer quantia de herança ou qualquer ajuda financeira ou mesmo mesadas.

---

Nem todos os pais ricos sustentam seus filhos com mesadas. Muitos nem sequer deixam qualquer herança para os filhos. Realmente, 46% das pessoas nessa situação nunca receberam transferências de recursos vindas da geração mais antiga.

Cerca de uma em cada três mulheres casadas com homens de famílias ricas relatou ter recebido importâncias a título de ajuda familiar que alcançaram uma média de US$ 400 mil da família do respectivo cônjuge, o que se traduz em US$ 13.333 por ano de casamento. Da primeira vez que revelei essas cifras para um grupo de associados, um deles, que era especialmente perspicaz, observou: "Ela estaria em melhores condições financeiras se tivesse trabalhado 30 anos no McDonald's!"

Você pode não concordar com essa afirmativa, mas é difícil discordar dos fatos. A maioria das pessoas que se casam por dinheiro alheio é desagradavelmente surpreendida. Em alguns casos, a família-alvo apenas parece ser rica. Em outros, a família não acredita em dar mesadas ou ajudas financeiras para os filhos, filhas ou aparentados. Muitos pais ricos creem que as mesadas arrefecem a ambição.

## Homens Atraídos pelo Dinheiro

E quanto aos homens atraídos pela riqueza das mulheres? Eles se revelam mais produtivos em sua busca pelo dinheiro alheio do que elas. Mas, para cada 100 homens atraídos pelo dinheiro alheio, existem cerca de 255 mulheres. Apenas um em cada três homens com essa característica confessa não ter recebido nem mesadas nem heranças. A grande maioria relata perto de US$ 700 mil de transferências da geração mais antiga beneficiando suas respectivas economias domésticas. Por que os homens se beneficiam mais desta prática do que as mulheres? A resposta faz parte da lição número 3, a seguir:

*Lição número 3:* Cerca de metade das mulheres que se casam com homens amigos do dinheiro alheio tornam-se donas de casa. As filhas de pais ricos que se tornam donas de casa são as principais candidatas a receberem mesadas. O contrário ocorre com a maioria das mulheres que se casam com homens economicamente produtivos. Os pais ricos dão mesadas menores ao seu rebento mais produtivo.

Se uma pessoa interessada no dinheiro alheio se casa com uma pessoa produtiva, quanto mais seu companheiro(a) ganhar, menor será a probabilidade de ela receber uma mesada. Parece que a escolha é clara: é possível casar com alguém rico ou com alguém capaz de conquistar receitas financeiras, mas não com alguém que reúna *ambas* as características.

*Lição número 4:* Os pais ricos preferem presentear os netos com mesadas, não seus genros e noras.

Se você se casar com filhos de pais ricos, é melhor para o emocional e para o espírito que se tenha a consciência de que jamais receberá alguma parcela da riqueza dos sogros. Para a grande maioria de casais milionários (mais de 80%) a riqueza de outras pessoas nunca foi um fator importante na escolha do cônjuge e nem garantia para uniões bem-sucedidas.

## Amor *Versus* Honestidade

Certa ocasião, perguntei ao Henry, um desses milionários que venceram na vida pelo próprio esforço, se ele já havia pensado em se casar com Sally, com quem estava namorando firme. Ele respondeu com um *sim,* que não tinha dúvida alguma, mas, depois de sete anos de namoro, ele rompeu o relacionamento. Tudo parecia estar dando certo e eles se amavam. O casal tinha muito em comum, gostavam de levar o mesmo estilo de vida, suas opiniões e interesses eram harmônicos, apreciavam as mesmas bebidas e comidas e ambos gostavam de sair juntos para comprar roupas.

Depois de muitos anos de relacionamento Henry fez uma descoberta: o amor de sua vida tinha deliberadamente ocultado o fato de que devia a importante quantia de US$ 35 mil. E mais significativo ainda é que ela estava em atraso com o pagamento de um empréstimo de US$ 20 mil. O saldo do débito pendente provinha de uma combinação de cartões de crédito, empréstimo para compra de automóvel e crediário em lojas. Todos os seus empréstimos importantes estavam com os pagamentos atrasados.

Um dos credores de Sally entrou em contato com Henry porque ele havia sido citado como referência para uma operação de empréstimo, porque estavam com dificuldades para localizá-la. Como havia mudado de endereço várias vezes desde que fizera o empréstimo, estava bem consciente que tinha violado o contrato de empréstimo. Nunca pagou um níquel pelos seus empréstimos da época em que fazia faculdade, embora já tivesse concluído seus cursos de graduação e de pós-graduação havia anos.

Quem fez o empréstimo e entrou em contato com Henry não era o único tentando localizar Sally na praça. Várias outras pessoas tentavam encontrá-la para que ela saldasse compromissos assumidos. Henry ficou chocado quando soube desses fatos. Ela nunca tinha demonstrado qualquer problema de crédito, pelo contrário, sempre lhe dera sinais de que estava bem financeiramente: tinha um emprego que lhe pagava bem, um automóvel novo e roupas finas.

Henry fez com que Sally aceitasse as evidências da crise financeira em que vivia. No início, ela lhe disse que não havia problema algum, que iria saldar as dívidas mais importantes, mas, quando pressionada, acabou lhe contando toda história. Terminou dizendo quanto devia aos credores e Henry lhe perguntou então como pretendia pagá-los.

Ela tinha um plano simples que quase deu certo. Sabia que Henry estava bem financeiramente, pois ele lhe havia confidenciado quanto poderia poupar graças ao cargo de vice-presidente da companhia. Sally percebeu que quando se casasse poderia usar a "política de uso do dinheiro alheio" para saldar suas dívidas. O "alheio", no caso, era justamente o futuro marido, Henry!

Sally nunca pretendera contar a Henry sobre suas dívidas até que estivessem casados. Não previu que ele descobriria sua situação financeira antes. Acreditava que seus problemas financeiros desapareciam uma vez que ouvisse o "eu aceito" na cerimônia de casamento.

No entanto, ela fez uma avaliação errada de Henry. Ele sentiu que ela tinha quebrado seriamente a confiança. E independentemente de qualquer subterfúgio, não se sentia inclinado a se casar com alguém que devia mais de US$ 35 mil. Na realidade, esse era apenas o primeiro sinal de um problema mais grave, ela era totalmente irresponsável no que se referia a dinheiro e havia traído a confiança de alguém que prezava ser fiscalmente um indivíduo responsável.

Henry rompeu o relacionamento, mas nem tudo estava perdido. Hoje ele é mais esperto e, da próxima vez que considerar a possibilidade de se casar, tudo será diferente. Ele garante que não se casará antes de verificar o nome da noiva no serviço de proteção ao crédito. Argumenta que está pronto para mostrar sua declaração de renda para a futura esposa. Se essa informação revelar problemas, é melhor que esses problemas ocorram antes do casamento do que depois. Alguns problemas podem ser resolvidos — basta que o casal tenha vontade de compartilhar as informações e assim tornar a relação mais fortalecida. Mas não é provável que Henry subsidie algum dia compromissos assumidos pela futura esposa.

O caso de Henry e Sally pode ser considerado atípico? De forma alguma. Quase todos os milionários-alvo do levantamento (95% ou mais) opinaram que "honestidade" e "responsabilidade" são qualidades da esposa que explicavam seus bem-sucedidos casamentos. Sally não foi sensata ao acreditar que o amor que Henry sentia por ela era tão forte a ponto de ele não se importar em pagar suas dívidas. Mas existiam mais questões além do simples pagamento das dívidas e Henry não quer mais ter nada com mulheres que escondam suas agendas.

## A Sala de Aula como Oportunidade

Quais lembranças os casais guardam de suas experiências dos tempos de namoro? Muitos guardam com carinho suas fotos dessa época, ou canhotos de entradas de cinema ou dos jogos que marcaram o primeiro namoro. Eu tenho muitas quinquilharias desse tipo, mas tenho também algo incomum. Durante 20 anos como professor, guardei apenas um de meus cadernos de notas dos alunos, e de um semestre somente, na gaveta de cima de minha mesa. Guardei nesse lugar porque se trata de um símbolo importante de meu namoro, é um talismã e me lembra sempre como sou um sujeito de sorte.

A sorte desempenha um papel na explicação de casamentos felizes e no sucesso da vida em geral. Tive muita sorte ao encontrar Janet, minha primeira e única esposa, já há mais de 25 anos. Não estava procurando uma noiva quando nos conhecemos. Nessa época, tinha 24 anos, era instrutor na Universidade do Tennessee e dava aulas de marketing das 14h20 às 15h10, às segundas, quartas e sextas-feiras.

A classe tinha uma grande porcentagem de mulheres jovens e bonitas, incluindo a que se sentava na fila seis, assento número 1. Lembro-me de ter notado algumas qualidades a respeito de Janet mesmo durante o primeiro período. Ela não era só atraente, era também atenciosa e se vestia bem. Durante o semestre, tive a magnífica oportunidade de descobrir mais a respeito dela, mesmo a distância, ela aparentava ter muitos atributos de uma esposa ideal.

Meu trabalho de magistério nessa época não pagava muito nem existiam benefícios adicionais. Entretanto, ensinar durante o semestre tornou possível conhecer o grupo onde encontraria a esposa ideal e a mãe de meus filhos. Penso ter ganhado o derradeiro prêmio da vida. Existem muitas outras qualidades mais importantes do que ganhar bem ou ter riqueza, Janet possuía todas. Poucas mulheres teriam se contentado com o que passamos durante os três primeiros anos do casamento, morando no pequeno apartamento que podíamos pagar enquanto cursava meu programa de três anos de doutorado, recebendo apenas US$ 3,6 mil anualmente. Janet aceitou com toda boa vontade um emprego de secretária na universidade e ganhava US$ 4,5 mil por ano. Era bom que não tivéssemos muito dinheiro, havia pouco tempo para gastá-lo, considerando-se os rigores do programa de doutorado a ser cumprido.

Além do trabalho durante o dia, Janet datilografou duas vezes todos os meus artigos e minha tese também. Não se queixou uma única vez. Depois da primeira reunião com banca examinadora, tive de refazer grande parte da minha proposta, já com mais de 100 páginas. Era sexta-feira e pediram que eu refizesse a tese o mais rápido possível, então comecei a escrever novamente no início da tarde de sexta. Quando ela chegou do trabalho perguntou o que a banca examinadora tinha achado da tese e eu lhe contei. Ela datilografou a tese novamente à noite e ainda durante boa parte do sábado, embora nunca lhe tivesse pedido ajuda: ela sempre se desdobra para ajudar as pessoas, não apenas os que lhe são próximos, mas também na escola e ao defender causas cívicas nobres. Seu altruísmo não tem limites.

De origem escocesa, Janet também é simples, nunca entra em um supermercado sem ter feito antes uma lista completa e sem ter nas mãos uma pasta em que guarda os cupons de desconto. Antes de pensar em comprar novos móveis considera, mais de uma vez, como reformar os que já temos em casa. Nossa casa está cheia de mobília reformada. Há mais de 20 anos temos nosso sofá, o tecido é novo, mas o estofado permanece o mesmo.

Eu devia ter desconfiado da simplicidade de Janet. Durante nosso primeiro encontro ela pediu um sanduíche de queijo quente e uma Coca-Cola como almoço. Como era possível que uma moça tão bem-vestida tivesse um encontro tão "econômico"? Mais tarde descobri que seu pai comercializava salvados de lojas destruídas por incêndio e que era especializado em roupas finas femininas. Viajava por todo o país participando de leilões de salvados de incêndios e de desastres naturais. A mãe de Janet me disse uma vez: "Tudo que Janet usou na faculdade saiu do fogo, faço votos que as crianças consigam usar roupas novas de outra origem".

Ao lembrar do nosso namoro, percebo hoje algumas características importantes, que até o momento em que comecei a estudar casamentos bem-sucedidos não eram tão óbvias. As pessoas da família de Janet eram muito respeitosas umas com as outras, os membros da família também não eram egoístas, eram capazes de dar apoio, eram prestativos. Visitei Janet na casa de seus pais em vários feriados, vi quantos tios e tias conviviam com eles. Todos tinham em comum a atitude participativa de ajudar a limpar as mesas, servir as bebidas, dar uma volta com o cachorro, lavar os pratos e assim por diante. Ouvi-los era como assistir a uma peça musical na Broadway, com tantos "deixa que eu faço isso, faço aquilo, eu dou conta", melhor do que a cartilha dos escoteiros.

A mãe de Janet me dizia que isso era genético. Ela e o marido estavam casados havia mais de 50 anos. Ela acreditava que ambos eram descendentes de famílias altruístas e capazes de dar apoio. Mas pode ser que ainda exista outro fator importante: tanto os avós paternos como os maternos de Janet eram fazendeiros. Qualidades de desprendimento e respeito são comuns em ambientes de fazenda, todos trabalham, inclusive as crianças.

Minha sogra pertencia a uma família de 11 irmãos. Sua mãe faleceu quando ela tinha apenas 4 anos e todas as crianças aprenderam o valor de compartilhar os trabalhos domésticos. Na maior parte do tempo tomavam conta de si mesmas, cozinhavam, limpavam, faziam compras e as demais tarefas domésticas típicas da vida rural. Talvez a adversidade as tenham encorajado a se respeitarem e se apoiarem mutuamente.

Mas, a despeito de todos os maravilhosos atributos, Janet fica embaraçada quando eu a elogio, porque não gosta de ser o centro das atenções em nenhuma circunstância. Certa vez a revista *People* mandou uma equipe de fotógrafos em casa para fazer uma série de "fotos familiares". O fotógrafo responsável pela equipe insistiu que Janet aparecesse na foto, mas ela foi mais insistente ainda em não aparecer na *People* e o fotógrafo não era páreo para ela. Apesar de ter digitado e editado todos os meus livros, inclusive este, ela não queria aparecer na mídia. Sem dúvida, merecia ser incluída em todas as fotografias com seu marido autor de *best-sellers*, porém a família e os amigos mais chegados a recompensam mais e lhe dão mais satisfação.

Fico realmente feliz que ela não tenha se casado com um outro sujeito, um que se sentava atrás dela na classe e que não parava de falar enquanto dava minhas aulas — até o dia que lhe pedi para ficar quieto. Rick continuava conversando com Janet mesmo que ela não retribuísse. Para manter a harmonia na sala de aula terminei trocando-o de lugar, para o fundo da classe!

Como não era apropriado que eu namorasse uma de minhas alunas, tive que esperar até que ela terminasse os estudos para convidá-la para sair. Mas era justo que eu diminuísse a competição até lá, por isso mudei Rick de lugar. Havia outro problema: e se Janet resolvesse fazer meu outro curso no próximo semestre? Seria mais um semestre de espera... eu deveria tomar alguma atitude. O que eu poderia fazer para melhorar a chance de ela escolher outra turma, não aquela para a qual eu daria aulas? Sempre ouvi dizer que é melhor que os alunos assistam às aulas de professores variados, de modo que, em mais de uma ocasião, disse em classe que eles deveriam pensar em continuar os estudos na classe de outro professor.

Janet seguiu meu conselho e nosso primeiro encontro se deu quando, acidentalmente, a encontrei no *campus*. Cumprimentei-a e perguntei-lhe se queria almoçar comigo. Ela ficou um pouco surpresa, talvez até intrigada, mas disse que sim. Foi sorte ou destino? Ficamos noivos durante sete meses depois do nosso primeiro encontro e nos casamos dez meses depois. A sala de aula certamente foi uma oportunidade excelente para mim.

## LISA, TAMBÉM CONHECIDA COMO LISA BIBLIOTECA

Leve em consideração as qualidades da esposa ideal mencionadas neste capítulo, como ambição, inteligência, disciplina e atração física. Onde você encontra pessoas com tais qualidades? Elas podem ser encontradas na faculdade e no *campus* universitário, sem dúvida a oportunidade da conveniência social dentre os locais para encontrar a esposa certa.

Muitos milionários já me contaram que encontraram a esposa na faculdade por sorte, alguém no *campus* simplesmente apresentou Joe e Gloria, ou Bill e Helen. Mas todas essas pessoas estavam em um ambiente cheio de maridos e esposas potenciais. Está claro que a procura por uma esposa inteligente tem mais chance de ser bem-sucedida em um *campus* universitário. Pessoas de qualidade são encontradas em ambiente de qualidade. Escolha o ambiente adequado e se surpreenda como a sorte lhe atravessará o caminho! Veja o caso da "Lisa biblioteca".

Uma das mais agradáveis tarefas de um professor é trabalhar com alunos de grande mérito e potencial, como minha aluna Lisa. Ela conseguiu notas máximas em um programa de graduação bastante competitivo e suas notas do histórico para pós-graduação (GRE – *Graduate Record Exam*) e no exame de admissão para pós-graduação em administração de empresas (GMAT – *Graduate Management Aptitude Test*) foram muito altas. Ela era também encantadora e atraente, tinha uma grande variedade de interesses e atividades extracurriculares.

Lisa estava matriculada em um dos meus cursos de graduação durante o primeiro semestre do seu último ano. Na segunda semana, ela e mais três colegas vieram me procurar expressando interesse em aprender mais sobre a área de marketing à qual eu devotara tanto tempo. Lisa era a porta-voz do grupo. Propuseram realizar uma pesquisa e escrever um trabalho com base no que investigassem. Ainda que a proposta não valesse crédito, queriam aprofundar seus conhecimentos sobre a nova área e acreditavam que o projeto melhoraria seus históricos escolares para o exame de admissão à pós-graduação.

Concordamos em nos reunir por uma ou duas horas todas as manhãs de segundas-feiras durante o semestre. Eles me colocaram a par do andamento do projeto e eu lhes orientei e recomendei fontes de referências. Tudo correu como planejado durante quase todo semestre, e então aconteceu algo extraordinário. Na segunda-feira da penúltima semana do semestre Lisa faltou pela primeira vez.

Havia apenas poucas semanas, ela tinha diminuído seus pedidos por orientações. Como estava bastante envolvido no apoio que dava para que fosse admitida nos três melhores programas de MBA do país, perguntei, inocentemente, "onde está Lisa?"

*O senhor não soube? Lisa está casando, não vai mais fazer a pós-graduação.*

Fiquei surpreso, ela nunca havia dito que estava noiva. Então questionei o grupo e descobri que a maioria também não sabia das novas. Sua substituta como líder do grupo nos disse que Lisa não tinha a intenção de concluir seu programa de estudos, não precisava mais se esforçar para entrar na pós-graduação, pois agora estava se casando e perdera o interesse.

Lisa tinha decidido se casar com um doutor cursando o último ano de medicina, alguém que ela começara a namorar havia pouco tempo e em pouco tempo já havia ficado noiva. Todos nós manifestamos surpresa que ela tivesse abandonado sua meta principal da pós-graduação, mas nossa informante nos disse que a pós-graduação na realidade era sua segunda meta, que ela tentaria apenas se não conseguisse se casar com um doutor!

Também contou-nos sobre o segredo de Lisa com relação à meta número 1. Todas as noites ela ia para a biblioteca da escola de medicina — uma dica que sua mãe lhe havia sugerido, quando também lhe disse que se ela casasse com um médico nunca teria que trabalhar ou se preocupar com dinheiro. Disse-lhe que a biblioteca da escola de medicina era o lugar perfeito para encontrar seu doutor.

Embora não tenha demonstrado, fiquei chocado por essas revelações. Lisa era uma jovem estudiosa que poderia facilmente ser bem-sucedida por seus próprios meios. Para mim, era incrível que ela tivesse desistido tão prematuramente de participar da economia dos Estados Unidos. Por que razão a mãe de Lisa tinha insistido tão veementemente que a filha conhecesse um médico, literalmente empurrando para um perfeito ambiente de conveniência social como o da biblioteca da escola de medicina?

Quanto mais dados eu reunia sobre as pessoas ricas, mais aumentava minha compreensão sobre os motivos da mãe de Lisa.

Hoje existem cinco homens para cada mulher que entra na remuneração anual de seis algarismos. Pior ainda, menos do que 10% desses salários de seis algarismos são ganhos por mulheres. As mulheres, mesmo nas ocupações profissionais mais bem pagas, recebem apenas 55% do que os homens recebem. Como tenho dito frequentemente, no baralho da economia, as cartas lhes são desfavoráveis.

Ainda que a imprensa popular tenha divulgado um crescimento da população feminina rica para os próximos 30 anos, a pesquisa do meu estudo de forma alguma indica uma mudança significativa. Mais de 90% da população milionária dos Estados Unidos é composta de casais responsáveis pela renda familiar, e cerca da metade dos outros 10% é constituída de viúvos e viúvas. Quem é o principal provedor, o tomador de decisões, o cabeça dos investimentos domésticos dentro do lar milionário? Os levantamentos nacionais que fiz ao longo dos anos documentam que é o marido, em mais de 80% dos lares milionários pesquisados.

Considerando esses fatos, será que o conselho dado pela mãe de Lisa foi um bom conselho? Tenho a impressão de que a mãe dela, infelizmente, estava sendo bastante intuitiva acerca das probabilidades econômicas da filha, entretanto eu ainda tenho a opinião de que, com sua extraordinária capacidade, Lisa poderia superar os percalços na jornada pela sua própria independência econômica.

## O OUTRO BENEFÍCIO DO CURSO NOTURNO

Um dos alunos de um dos meus seminários perguntou-me bastante indignado: "O que o torna tão especialista assim sobre casamento?". Quero deixar bem claro que não sou um conselheiro matrimonial nem mesmo um psicólogo. Meu trabalho é bem mais simples. Estudo pessoas produtivas que percebem grandes rendimentos e acumulam grandes riquezas. Subjacente a tal produtividade encontram-se vários fatores, um dos mais importantes relacionado à escolha da esposa. Com quem se contrai matrimônio e quanto tempo se fica casado podem ser fatores importantes. Se fizermos a escolha correta estaremos bem encaminhados na jornada para a conquista de uma economia doméstica produtiva. Não é uma garantia de riqueza futura, mas posso lhe dizer com base na pesquisa a respeito da opinião de milhares de milionários que nove em cada dez veem o casamento como muito importante para o sucesso.

E se a escolha do marido for ruim? O que lhe fez ficar interessada no esposo de quem acaba de se divorciar? Ele era encantador e foi capaz de ocultar os traços de mau-caráter. Bebeu bastante durante o início do namoro, mas você achou que ele superaria essas loucuras colegiais. Infelizmente, a bebida foi sua companheira constante durante todo o casamento e, como mais tarde ficou claro, tratava-se de alguém mentiroso, egoísta, indisciplinado, não confiável, e tinha a tendência a perder o equilíbrio emocional. E que rumo tomou sua grande ambição e sua autoproclamada inteligência privilegiada? Você acreditou nos seus argumentos de venda.

Onde você encontrou o Sr. Perfeito? Foi em uma sexta-feira, durante uma *happy hour* em um bar de solteiros. Talvez algumas pessoas tenham tido sorte maior que a sua e tenham conseguido encontrar o marido ideal em um local semelhante, mas é um ambiente com poucas características de ser o ideal para caçar o futuro marido.

Pense nas esposas potenciais que frequentam o ambiente de um bar de solteiros. Qual seria a classificação que elas teriam tomando-se por base os critérios que a maioria de milionários emprega para avaliar a esposa que vão escolher? Lembre-se da importância que os milionários dão a qualidades como ambição, inteligência, autodisciplina, desprendimento, honestidade, ética no trabalho e respeitabilidade. Observe que cada dois de três milionários apontaram que a moderação na bebida ou mesmo a abstinência por parte da futura esposa era uma qualidade que contribuía de forma importante para que um casamento fosse bem-sucedido.

Se critérios como ambição e inteligência forem importantes dentro do seu conceito, existe a probabilidade de que suas chances de conseguir um cônjuge ambicioso e inteligente aumentem frequentando os mesmos locais noturnos. Eu sugeriria que os cursos noturnos nas universidades são ambientes mais indicados para a procura do futuro cônjuge. E você pode matar dois coelhos com uma cajadada, além de encontrar um cônjuge, pode conquistar uma graduação ou mesmo uma pós-graduação.

Mesmo que você não queira passar muito tempo tentando obter um diploma universitário, ainda assim poderá usufruir de um bom ambiente para encontrar seu futuro par. Muitas faculdades e universidades oferecem cursos de auto aperfeiçoamento sem créditos em áreas como a de programação de computadores ou de outro idioma para conversação, e enquanto cursa essas matérias poderá ainda conhecer o(a) futuro(a) companheiro(a).

É ainda possível melhorar as possibilidades de tal encontro escolhendo uma classe que concentre muitos alunos do sexo oposto. Ainda que algumas mudanças recentes tenham ocorrido, os padrões ainda subsistem. A maioria das aulas ligadas à área educacional concentra um número despropositadamente alto de mulheres, ao passo que engenharia e contabilidade normalmente contam com mais alunos do que alunas.

## O DILEMA DE TERRY

O problema de Terry não era incomum. Quando ela me pediu conselhos estava com trinta e poucos anos e já possuía uma pequena empresa de serviços profissionais. Ela era casada, tinha uma criança e quando conversamos parecia atolada em problemas. Disse-me que ela e o marido tinham decidido recentemente pelo divórcio, mas que essa não era a sua maior preocupação, pois na realidade ela mal podia esperar para se ver livre do marido.

Terry, estava com medo "de voltar ao jogo do namoro". Ela tinha feito isso quando tinha vinte e poucos anos, já tinha participado dessa competição, pois conhecera o marido em um bar de solteiros.

O que há de errado em procurar marido em um bar de solteiros? De acordo com Terry, é o problema de beijar o sapo: deve-se beijar um bocado de sapos antes de se encontrar o príncipe encantado. Ela tinha certeza de ser cada vez menos provável achar um príncipe nos bares de solteiros. Terry acreditava no casamento e no conceito de família tradicional. Onde ela deveria procurar um esposo de qualidade? Da forma como ela via o processo, poderia levar anos se a rota fosse a do bar de solteiros. Ela tinha estado fora do mercado durante quase dez anos e se sentia um pouco insegura acerca de sua habilidade em participar do joguinho do namoro.

Se ela fosse sua amiga, irmã ou filha, qual seria seu conselho para ela? A minha recomendação foi a seguinte: disse-lhe simplesmente que ela deveria se unir a um grupo da igreja. Onde ela morava existiam muitas igrejas e templos com grupos de solteiros bem organizados. Já previa a reação de Terry. Ela não fazia parte de nenhuma igreja e dificilmente tinha estado em alguma desde seu casamento. Mas o pessoal das igrejas gosta muitíssimo de atrair aqueles que se dispersaram do rebanho, de modo que lhe disse que ela poderia voltar ao meio dos bares de solteiros ou, como eles diziam, "apanhar alguma religião". Onde mais uma pessoa pode aprender uma religião e ao mesmo tempo encontrar um par adequado?

Acredito que é possível que se encontrem mais candidatos adequados em uma igreja do que em um bar de solteiros. Naturalmente, não existem garantias, mas as pessoas com orientação religiosa tendem a respeitar mais os princípios defendidos na Bíblia. Onde é mais provável encontrar uma concentração maior de pessoas de valor? Eu apostaria no ambiente da igreja contra qualquer bar de solteiros.

E não se trata apenas de orientações diferentes das pessoas nesses ambientes. As igrejas e os grupos a elas relacionados, tais com o de "adultos solteiros", são mais estáveis e têm sistemas formais de formação de grupos. Ao longo do tempo os membros acabam se conhecendo, alguém como Terry teria mais facilidade em se informar sobre as características de um companheiro do grupo da igreja do que obter tais informações do dono de um bar de solteiros. Membros de clubes de solteiros e grupos afiliados a igrejas estão sempre procurando por um lugar onde possam encontrar pessoas com valores de referência tradicionais. Por outro lado, muitas dessas pessoas procuram relacionamentos de longo prazo, e não encontros de uma única noite.

## AS IGREJAS DE ANN ENCONTRADAS POR GEOCÓDIGO

Terry recebeu a recomendação de se ligar a um grupo de solteiros da igreja, mas de qual igreja? E que tipo de grupo? Era uma decisão simples, deveria ser uma igreja que tivesse o maior grupo de solteiros e que fosse próxima de casa, assim ela não precisaria sair pesquisando ou comprando participações em grupo de afinidades. Imediatamente Terry encontrou o grupo certo, mas não aconteceu assim com Ann.

Ann era uma intelectual, extremamente brilhante e muito bem-educada, editora sênior de uma editora importante quando procurou minha ajuda. Tinha acabado de se divorciar e, como Terry, estava atravessando uma fase difícil de abatimento pós-divórcio, bastante grave para impedir que considerasse a mudança para uma outra cidade.

Ann era como muitas pessoas recentemente divorciadas quando eu a conheci. Ela duvidava de sua habilidade em atrair membros do sexo oposto e me contou que a cidade em que morava "não possuía nenhum homem qualificado para ser seu par na época". Na realidade, ela estava enganada, mas estava a tanto tempo afastada do joguinho de namoro que achava mais simples acreditar que as coisas aconteciam dessa forma.

Durante muitos meses Ann se queixou da falta de perspectivas. Mas de repente as igrejas locais começaram um negócio de crescimento explosivo atraindo solteiros adultos para seus encontros de afinidades. Eu sugeri insistentemente que Ann procurasse algo ligado à igreja para resolver seu problema. Mas o problema dela era bem mais complicado que o de Terry.

Parecia evidente que Ann não se sentiria confortável em qualquer grupo de solteiros. Ela era uma pessoa altamente intelectualizada, de personalidade e de valores muito tradicionais. Precisava de um grupo com alta concentração de homens e mulheres no mesmo nível intelectual que o seu. Não era preciso que fossem ricos, nem que tivessem altos rendimentos, mas deveriam ter formação educacional e profissional semelhante à dela.

Como devemos fazer para encontrar um grupo com afinidades em uma igreja com alta concentração de pessoas que possuem um determinado conjunto de características dentre as centenas de igrejas dentro de distâncias razoáveis para ir e vir de automóvel ou condução? Visitar cada uma delas verificando como se promoviam reuniões de solteiros consumiria muito tempo. Sugeri uma abordagem mais eficaz: o geocódigo. Trata-se de um sistema baseado na teoria de que os iguais se procuram: as pessoas que vivem num determinado bairro têm características socioeconômicas semelhantes e frequentam as igrejas vizinhas.

Para ajudar Ann a encontrar um grupo de igrejas apropriado, identifiquei as áreas da vizinhança dentro da cidade dela com altas concentrações de pessoas com bom nível de formação. Depois de estabelecer isso, o trabalho de pesquisar a pé foi iniciado. Tivemos que eliminar as igrejas sem grupos ativos de solteiros e as seções da área religiosa nos jornais do bairro e da cidade foram muito úteis para isso. Os jornais também publicavam anúncios trazendo preços de venda de imóveis residenciais. Foi fácil descobrir onde se localizavam as áreas de "altos aluguéis" na comunidade onde Ann vivia.

Os nomes não importavam no processo seletivo de Ann. Ela estava mais interessada em encontrar um ambiente de solteiros adequado do que uma diretriz de religião. De uma forma geral, não havia uma área vencedora em termos matemáticos ou de adivinhação. Continha o filão mestre de advogados bem-educados, médicos, contadores, arquitetos, executivos e empresários, mas a igreja não ficava no bairro de Ann. Então ela teve que passar de carro em frente a todas outras igrejas de interesse até chegar na sua "igreja dos intelectuais de alto nível disponíveis".

Encontrar um par é um assunto sério e geralmente fica mais difícil depois que se abandonam os estudos e começam a aparecer os cabelos brancos. Recomendei a Ann que assumisse uma atitude proativa. Assim como ela, muitas pessoas podem aumentar de forma significativa as probabilidades de encontrar um cônjuge adequado mediante a identificação de um ou mais grupos de afinidade com alta concentração de candidatos potenciais. Nem todos os grupos de solteiros de igrejas são iguais. Alguns são mais adequados do que outros, tendo-se em vista o histórico e as necessidades individuais.

Infelizmente, a maioria dos solteiros passa mais tempo em compras do que escolhendo grupos com afinidades. Procurar o cônjuge é um jogo de números de várias formas: quanto maior for a concentração, maior o número de possibilidades. Dê a esses potenciais cônjuges uma oportunidade de encontrá- lo(a). É fascinante pensar que existem milhões de cônjuges potenciais como Ann que permanecem sozinhos ano após ano.

Não posso concluir o caso de Ann sem abordar mais um ponto. Uma vez dentro de um grupo religioso, o que deve ser feito? A resposta é ser voluntário para as diversas tarefas. Esses grupos de solteiros costumam convidar personalidades que moram nas redondezas para fazer palestras e ninguém quer assumir o trabalho de organizar esses eventos. A maioria dos membros está lá para encontrar um par e para se socializar. Mas existem vantagens fantásticas em liderar o comitê de recrutamento dos palestrantes.

Ann pode escolher qualquer um que seja de seu gosto para proferir uma palestra.

Com certeza a agência de publicidade onde trabalha acharia ótimo encontrar um novo autor para seus originais. E que tal uma pequena pesquisa? Ela poderia identificar homens solteiros no bairro que estivessem interessados em escrever um livro sobre suas próprias experiências. Enquanto tentasse descobrir um palestrante, ela poderia descobrir o futuro companheiro, alguém com um nível intelectual semelhante ao seu. Muitos periódicos locais publicam listas regularmente, bem como perfis, de pessoas líderes em suas atividades e que poderiam fazer boas palestras. Só para manter seu ânimo lhe fiz uma proposta. Ainda que eu não seja solteiro nem tenha planos de me tornar um, apresentei-me como voluntário para fazer uma palestra. Quem sabe se ela apresentasse um autor de *best-seller* não poderia ajudá-la a se destacar dentre os outros membros...

## O FILÉ-MIGNON DA PROPOSTA

Quando terminei um determinado seminário de duas horas, muitos ouvintes se aproximaram com a intenção de fazer perguntas e comentários. Notei John esperando pacientemente sua vez, deixando inclusive que pessoas atrás dele passassem à sua frente. Por fim, obviamente ele era o único querendo falar em particular.

Na época dessa nossa conversa, ele ocupava a vice-presidência de uma grande companhia, ganhava mais de US$ 300 mil por ano. Era também um milionário que vencera na vida pelos próprios esforços. Seus pais nunca tinham sido ricos, mas lhe deram mais do que simplesmente dinheiro. Ele reconhecia que sua ambição, integridade e ética no trabalho herdara de seus pais.

Suponho que o elevado grau de bom-senso de John também tenha sido herdado dos pais. Essas qualidades foram úteis a ele durante toda a carreira, mas mesmo antes que ela começasse ele deparou com uma proposta tentadora, mas mesmo assim recusou-a. Nunca se arrependeu da decisão tomada, sempre preferiu confiar em si mesmo.

John tinha uma namorada firme chamada Becky, quando começou seu último ano em uma importante universidade estadual, também no último ano. De acordo com John, Becky era uma criatura adorável, não apenas atraente, mas com as muitas qualidades positivas que têm sido discutidas ao longo de todo este capítulo. John a viu como uma pessoa sincera, realista e inteligente. Durante o segundo semestre do seu último ano, John e Becky cultivaram uma grande afeição um pelo outro. Então o casal resolveu que o feriado de Natal seria uma ótima época para John conhecer os pais de Becky.

O pai de Becky era o fundador, proprietário e gerente de uma empresa processadora e revendedora de carnes de corte de primeira. Sua mãe era dona de casa. De acordo com John, a família de Becky era muito agradável. Fazia o possível para que ele se sentisse em casa e querido por todos. Foi nesse ambiente que a proposta veio à tona, uma proposta incomum. Pareceu que John tinha feito sucesso com os pais dela.

Depois de um longo dia de Natal, ela e a mãe se recolheram. Suas duas irmãs e os maridos já tinham ido para as casas vizinhas, e assim John e os pais de Becky ficaram conversando no escritório. O pai de Becky era um exemplo típico de uma história de sucesso norte-americano. Tinha vindo do zero econômico em termos de antecedentes familiares e de formação educacional, mas apesar disso tinha se tornado multimilionário no negócio de processamento e embalagem de carnes selecionadas. No quesito riqueza, ele se considerava o homem mais sortudo do mundo, era chamado de "Sr. Filé Mignon" naquela região dos Estados Unidos.

Ele tinha a impressão de que todos os jovens nos Estados Unidos almejavam uma oportunidade de trabalhar para o "Sr. Filé Mignon" e, tendo sorte, conquistariam uma participação nos negócios da empresa. John poderia um dia se tornar o "Sr. Filé Mignon Júnior". O "Sr. Filé Mignon" iniciou a conversa com uma questão instigante: "John, você e Becky estão falando sério a respeito de ficarem juntos, não estão?". John admitiu que tinha "sérias intenções" com relação a Becky. Durante quase duas horas o "Sr. Filé Mignon" falou sem parar.

Primeiramente, delineou um perfil de suas tentativas e atribulações comparando a "oportunidade" *versus* a aposta de baixa probabilidade de alguém que sai do zero alcançar o status de "Sr. Filé Mignon". E continuou argumentando enquanto John ouvia educadamente o que lhe parecia cada vez mais uma bem ensaiada apresentação de vendas, aparentemente a mesma que o "Sr. Filé Mignon" tinha feito aos dois jovens que tinham se casado com suas duas outras filhas.

O que o "Sr. Filé Mignon" propunha era mais envolvente do que apenas uma oportunidade de emprego, tratava-se de um estilo de vida programado, e John parafraseou em detalhes a proposta representando a parte do Sr. Filé Mignon para mim. Parecia um anúncio classificado no *Wall Street Journal*, mas foi assim que John fez a descrição. Qual teria sido sua reação se tivesse recebido a mesma oferta?

## OPORTUNIDADE DE EMPREGO E DE ESTILO DE VIDA: PROCURAM-SE GENRO E EXECUTIVO SÊNIOR

O "Sr. Filé Mignon", proprietário de negócio privado de muito sucesso de processamento de carnes selecionadas, procura alguém qualificado para contrair núpcias com sua filha Becky, a qual deve aprovar o candidato selecionado. Será dada preferência aos ambiciosos, confiáveis, inteligentes, honestos, autodisciplinados e bem-apessoados. O candidato ideal deverá ter concluído o curso universitário recentemente ou estar cursando o último ano com um excelente histórico acadêmico. Além disso, deverá satisfazer as seguintes condições:

1. Ter desejo de trabalhar com o sogro, o "Sr. Filé Mignon". O candidato escolhido poderá algum dia chegar a ser o vice-presidente da companhia. Suas obrigações serão atribuídas quando da assinatura do contrato e após a cerimônia do casamento. As condições de remuneração serão generosas e bastante acima do que normalmente consegue um recém-formado com histórico acadêmico semelhante.
2. Concordar em morar perto do "Sr. Filé Mignon" e de sua família e de ser vizinho das outras duas filhas casadas do "Sr. Filé Mignon". O candidato e a esposa, Becky, serão presenteados com a casa que escolherem.
3. Sentir prazer com a perspectiva de tirar férias todos os verões na companhia do "Sr. Filé Mignon" e família. O candidato e respectiva família terão direito ao uso irrestrito da luxuosa casa de praia do "Sr. Filé Mignon" e terá direito a duas semanas de férias. Devem passar esse período, ele e a família, em companhia do "Sr. Filé Mignon" e família. A esposa do candidato e as crianças (quando tiver) passarão todo o verão gratuitamente na praia, e o candidato se reunirá a eles nos fins de semana. As outras filhas do "Sr. Filé Mignon" e respectivas famílias seguirão o mesmo exemplo.
4. Desejar trabalhar muito próximo ao "Sr. Filé Mignon" e seus dois outros genros. O candidato fará parte do comitê executivo liderado pelo "Sr. Filé Mignon". O candidato poderá ter partes iguais nos negócios e há perspectiva de assumir o negócio quando o "Sr. Filé Mignon" se aposentar. Os detalhes da presente oferta serão negociados posteriormente com o "Sr. Filé Mignon" e seus executivos.

Essa é uma oportunidade única na vida e implica a adoção permanente e obrigatória de um rico estilo de vida. A mão de Becky será dada exclusivamente ao candidato que aceita o emprego oferecido pelo "Sr. Filé Mignon". Os que não se conformarem ao solicitado não devem se candidatar.

John ouviu tudo atentamente e então o "Sr. Filé Mignon" disse o seguinte: "Sei exatamente o que você está pensando. Você está dizendo para si mesmo, 'John, você é o sujeito de maior sorte do mundo'". Por que razão ele deveria pensar outra coisa? Afinal o "Sr. Filé Mignon" sempre esteve 100% certo em tudo.

Na verdade, John não teve uma oportunidade real de responder naquela noite, e o "Sr. Filé Mignon" pensou ter se apossado de mais um genro. De modo que John se dirigiu ao quarto de hóspedes que lhe fora designado e dormiu. Na manhã seguinte, foi para a casa dos pais, falou com Becky algumas vezes pelo telefone antes do início do próximo semestre e ela parecia tão entusiasmada a respeito do "plano familiar" quanto seu pai.

John esperou até que ele e Becky voltassem à universidade para dar a notícia. Não haveria nenhum noivado e muito menos um casamento dentro daquele plano familiar. Becky verdadeiramente pensava como o "Sr. Filé Mignon", provavelmente amava John, mas não estava disposta a se casar com alguém que a tirasse do estilo de vida planejado e programado por seu pais.

Por que razão John não aceitou o que muitos classificariam como a oportunidade única da vida? Em poucas palavras: ele sente uma forte necessidade de resguardar sua independência. Considera um insulto que alguém se proponha a lhe ditar um estilo de vida. O "Sr. Filé Mignon" amava seu negócio de carnes selecionadas mas John não sentia nenhuma empolgação pela atividade e nem se impressionara com o estilo operacional do "Sr. Filé Mignon".

John confiava bastante em sua própria capacidade. Foi um aluno excelente em uma universidade bastante exigente em que todos desejavam estudar e estava focado em ser recrutado por alguma grande empresa pública. Em sua opinião, o mundo corporativo possuía treinamento para executivos da mais alta qualidade e grandes oportunidades para jovens brilhantes e ambiciosos.

A seu ver, havia ainda outros problemas na proposta do "Sr. Filé Mignon". Ele desconfiava da produtividade dos executivos contratados com base nos acordos de casamentos. Se os dois genros do "Sr. Filé Mignon" deixassem a desejar em termos de competência, quem levaria a empresa para a frente? O bom-senso estava lhe mostrando que o nepotismo não era a melhor forma de selecionar e promover executivos. Ficou principalmente impressionado com a quantidade de problemas domésticos potenciais que poderiam ocorrer. John e Becky ganhariam uma casa do "Sr. Filé Mignon", mas em nome de quem estaria a escritura? Como se resolveriam os desentendimentos domésticos? Seria muito fácil Becky dizer:

> *John, esta casa é minha. Esta é a casa que papai comprou [...] então, se você não estiver gostando da forma como as coisas estão correndo, pode ir embora.*

Naturalmente seria difícil para um genro do "Sr. Filé Mignon" sair. Significaria mais do que mudar de casa, traria consigo a desistência da carreira como executivo na administração das carnes selecionadas do "sS. Filé Mignon". John compreendeu que sob tais condições ele nunca seria chefe da sua própria família. Os desentendimentos provavelmente seriam resolvidos fora de casa, dentro do tribunal do "Sr. Filé Mignon". Ele também compreendeu que tinha feito uma má avaliação de Becky. Ele nunca pensou que ela estaria disposta a viver sob tais condições.

Claramente ela tinha mais afinidade com os pais e com o estilo de vida dominador de seu lar de origem do que com a perspectiva de seu futuro marido.

Tendo em vista a ambição de John e sua necessidade de independência, é claro que ele tomou a decisão correta. Hoje ele é um executivo muito bem-sucedido e alcançou o status de milionário que venceu na vida pelos próprios esforços. John compreende que foi sua luta, sua própria jornada para vencer na vida e atingir o sucesso que lhe deu força. A ajuda do "Sr. Filé Mignon" só o tornaria dependente. E se ele falecesse repentinamente? E se não tivesse afinal a intenção de passar o negócio para seus genros? Pior ainda, e se ele estivesse apenas buscando patetas para dominar? Quantas vezes o "Sr. Filé Mignon" seduziu os candidatos esfregando em seus narizes a futura posse do negócio? Quantos desses candidatos estavam procurando amor e casamento, mas não castração?

Meu levantamento é bastante claro quando mostra que pessoas que escolhem o cônjuge levando em conta o fator riqueza tendem a se desapontar. Algumas vezes os pais do(a) companheiro(a) deixam pouca ou nenhuma herança. Outras vezes os pais somente aparentam riqueza, mas na realidade são do tipo que apenas "arrotam grandeza". É melhor casar-se por amor, respeito e ambição do que pelos ancestrais do cônjuge e as aparências de opulência.

# 7

# Uma Casa Economicamente Produtiva

*Dr. Stanley [...] o senhor precisa entrevistar meus pais [...] milionários com os pés no chão. Minha mãe leva o carrinho de supermercado que ela já tem há dez anos com a caixa de sapatos cheia de cupons de desconto ao seu lado, no banco do passageiro do carro. Quando a loja Macy pede US$ 20 por um par de abotoaduras, ela corre para a loja de artigos de usados em busca de uma barganha. Chego a pensar que, apesar do meu marido e eu nos sentirmos pobres muitas vezes, realmente não somos. Somos ricos com relação a propriedades e pobres de recursos em dinheiro vivo; vivemos um estilo de vida bastante simples (apesar de não sermos obrigados a ter esse tipo de comportamento).*

OS MILIONÁRIOS SÃO PRODUTIVOS NÃO SOMENTE EM termos de acumular riquezas, gerir um negócio de sucesso e ter uma alta renda — eles também tendem a administrar seus lares de uma maneira produtiva. A maioria das pessoas fica chocada quando descobre que muitos milionários aumentam a produtividade de suas casas com as seguintes práticas:

- Reformar a mobília em vez de comprar uma nova
- Comparar preços e escolher a operadora que oferece ligações mais econômicas para ligações interurbanas

- Nunca comprar através de vendas telefônicas
- Consertar sapatos no sapateiro
- Usar cupons de descontos
- Comprar suprimentos domésticos no atacado

Pessoas que assistem às minhas palestras perguntam-me frequentemente por que um milionário perderia tempo juntando cupons de desconto. Não é apenas para poupar 50 centavos hoje, mas, sim, quanto pode ser poupado e investido ao longo de uma vida inteira. A típica família rica nos Estados Unidos gasta cerca de US$ 200 por semana em alimentação e suprimentos domésticos. Corresponde a mais de US$ 10 mil por ano. Ao longo de toda vida adulta isso se transforma em quantias entre US$ 400 mil e US$ 600 mil. Uma economia de 5% nessa quantia equivale a algo como US$ 20 mil a US$ 30 mil, que aplicados em um fundo de investimentos de primeira linha, às taxas dos últimos anos, poderiam representar mais de US$ 500 mil.

A maioria dos milionários olha o futuro. Eles são capazes de computar os custos e os benefícios ao longo de uma vida inteira, tendo em vista as diversas atividades com algum potencial de obter economia de dinheiro. Esse tipo de comportamento tem uma alta correlação com a acumulação de riquezas e é apenas um dos elementos no simples jogo do planejamento dos milionários de uma maneira geral.

Aqui está o ponto-chave. Mais de dois terços dos que fazem compras em supermercados nos Estados Unidos hoje são os compradores compulsivos. Aparecem no supermercado sem uma lista do que comprar ou com uma lista bem pequena. Passeiam pelos corredores sem planejar, provavelmente vão passar a maior parte do tempo procurando. Quanto mais tempo se leva, mais dinheiro se gasta. Esse é um fato já comprovado inúmeras vezes. Sem uma lista, as pessoas compram coisas que só vão precisar futuramente, ou mesmo nunca. E é também um engano pensar que os milionários têm uma empregada para fazer as compras no supermercado. A grande maioria faz as compras sozinha.

Qual é, então, o melhor modo de comprar em um supermercado? Um dos casais de milionários que entrevistei tem um sistema ideal. Eles mapearam o interior de dois supermercados incluindo os nomes e a localização de cada categoria de produto. Depois copiaram os dois mapas para que servissem de lista semanal de compras e modelo de planejamento. Quando determinado item de consumo se esgota durante a semana eles traçam um círculo em volta do nome do item no mapa e assim vão planejando suas compras do menu das refeições. Claro, os itens do menu são os mais incluídos por causa dos cupons e de outras promoções.

Esse procedimento parece dar um bocado de trabalho. Na verdade, eles o veem de forma diferente. Suponha que você não tenha feito uma lista ou um planejamento para as compras. Então pergunte a si mesmo: qual a minha satisfação em passar mais 20, 30 minutos ou mais no meu supermercado favorito a cada semana? Isso é o que acontece quando não se planeja antecipadamente. Trinta minutos por semana durante toda a vida adulta significam de 62.400 a 78.000 minutos, ou de 1.040 a 1.300 horas, ou, ainda, de 65 a 81 dias de trabalho.

Não é muito produtivo passar mais do que 62 mil minutos de sua vida dentro de um supermercado. Será que seu tempo não seria mais bem aproveitado se fosse gasto planejando investimentos, assistindo a seus filhos praticar esportes, tirando férias extras, agradecendo a Deus por tantas bênçãos, melhorando seus conhecimentos sobre o funcionamento do seu computador, fazendo exercícios, tornando seu negócio mais produtivo ou escrevendo um livro?

## Cupons... Se Fossem Só para as Crianças

Existe outra razão importante que leva tantos milionários a preparar listas detalhadas para compras em supermercados; é a mesma razão pela qual eles usam os cupons de desconto quando compram as mercadorias. Seus filhos e netos observam esse procedimento e acabam compreendendo como deve funcionar um lar bem planejado.

Visualize uma típica mesa de cozinha na casa do Sr. e Sra. Milionários dos Estados Unidos — há um jogo em andamento. As crianças estão procurando nos jornais e nos folhetos os cupons que a mamãe e o papai podem usar e são recompensados com mais do que um simples sorriso. Praticam uma importante lição que os ajudará quando adultos. A mamãe não só está ensinando as crianças a procurarem os cupons como também está lhes mostrando princípios básicos de organização. Ela reservou uma pasta com divisórias em ordem alfabética para guardar os cupons e ensina as crianças como arquivar e classificá-los.

Essa experiência também lhes ensina a ter sensibilidade para preços e a jogar na defesa. Nunca é cedo para aprender a proteger o próprio dinheiro. Esse comportamento também é útil para que as crianças aprendam a preparar uma lista de compras, associando os cupons aos itens correspondentes que aparecem nos anúncios. O aprendizado de como organizar, planejar e integrar informação é útil para o futuro das crianças.

A maioria dos milionários que venceram na vida pelo próprio esforço diz que saber planejar e ser organizado são qualidades de importância vital para explicar o sucesso econômico que tiveram. E adivinhem só! Eles também vão dizer que seus pais, especialmente suas mães, souberam fazer planejamento e organizar.

Como discutido no Capítulo 4, "Relação entre Coragem e Riqueza", quatro em cada cinco milionários acreditam que ser bem organizado ao lidar com assuntos de grande importância e saber planejar são os principais fatores para a superação do medo e preocupações que aparecem quando a carreira principal, os negócios e os recursos financeiros estão em jogo.

Pense em seus filhos preparando a lista do supermercado associando o que lhes é dito ser necessário comprar com os cupons que têm à frente. Eles estão elaborando um plano estratégico para alocar recursos financeiros adequadamente e selecionar fornecedores. Você pode até mesmo pedir que eles façam mapas do interior dos supermercados com detalhes da localização dos produtos nas prateleiras. Primeiro eles assinalam os itens necessários, depois entregam-lhe o mapa e ordenam que você vá ao supermercado, como se fossem altos executivos.

Mesmo que você não economize muito juntando cupons, mesmo que você pense que preparar uma lista de compras não seja produtivo, o simples fato de trabalhar lado a lado com a criança no papel de "instrutor de planejamento" vai trazer benefício a ela algum dia. O mesmo se aplica quanto a manter uma agenda de contas domésticas, de atividades familiares e de tarefas de casa. As agendas são ideais para todos, não importando a idade, e algumas têm até espaço onde as crianças podem fazer anotações.

Tão logo as crianças fiquem um pouco mais velhas, os pais deveriam despertar nelas o interesse para as vantagens de usarem um sistema de planejamento com uma agenda mensal. As crianças deveriam ser instruídas a usar sua própria agenda, onde listariam não só as tarefas como também as diversões, como festas de aniversário e outros eventos sociais.

Lembre-se de que as crianças têm a tendência de imitar exemplos de organização e disciplina. Se seus exemplos forem de desordem no ambiente doméstico seus filhos poderão copiá-los. É mais eficaz ensinar pelo exemplo do que ficar apenas falando sobre as virtudes de ser organizado e disciplinado.

Durante muitos anos ministrei aulas em um curso de planejamento de marketing estratégico cujo requisito principal era um projeto de planejamento valendo 50% da nota final do aluno. Cada um era obrigado a desenvolver um plano para uma empresa real que operasse em nossa área de mercado. Para a maioria dos estudantes a parte mais difícil dessa atribuição era a preparação de um cronograma diário mostrando a implantação do plano por partes. Para facilitar isso, cada aluno do MBA era obrigado a trazer sua agenda preenchida a lápis com os passos da implantação do plano. Não era permitido o preenchimento a caneta porque normalmente era necessário corrigir erros durante o processo de planejamento. O aluno tinha de colocar cada evento, ação e tarefa em cartões de 8 × 13 cm — e eram cerca de 200 cartões, cada qual correspondendo a uma atividade. Eles deveriam então colocar as tarefas na agenda.

Sempre perguntava aos meus alunos se eles já haviam feito alguma coisa semelhante antes. Quase todos diziam que não. Independentemente da inteligência analítica desses alunos, eles não tinham experiência alguma em organização. Mesmo sem terem capacidade de organização ou sem terem recebido treinamento, ganhavam os pontos da graduação fazendo exatamente o que os professores lhes diziam: quando deveriam estudar, conhecer tarefas específicas e fazer testes. Não é necessária muita organização quando outra pessoa faz o planejamento. As pessoas bem-sucedidas são capazes de planejar e de organizar.

## CARL, O MENTOR

Alguns dias antes do Natal, um mensageiro apareceu em minha casa com uma grande caixa para minha esposa e mais algumas garrafas de bebidas finas. Os presentes tinham sido enviados por Carl, um aposentado que tinha antes sido CEO de duas empresas importantes. Carl havia me telefonado para pedir um favor depois de ouvir a gravação de uma palestra que eu proferira no Rotary, no centro de Atlanta, no início do ano. Ele me disse que estava com vontade de fazer uma proposta para seus três netos em idade escolar. Ele tinha a intenção de pedir aos netos que lessem O *Milionário Mora ao Lado* e então escrevessem um breve resumo do livro focalizando os pontos-chave que tivessem captado dessa tarefa de leitura. Os trabalhos seriam avaliados e receberiam uma nota. O neto que recebesse a maior nota ganharia um prêmio de US$ 500. Os dois outros receberiam US$ 250 cada um, em dinheiro. Mas se vovô Carl fizesse as avaliações poderia ser criticado por escolha tendenciosa de favoritos. Então ele pedia para que eu desempenhasse o papel de terceira parte imparcial, dando notas nos três trabalhos. Aceitei a tarefa.

Os resumos foram muito benfeitos. Francamente, fiquei surpreso como três alunos do ensino médio eram capazes de interpretar e escrever tão bem. A neta de Carl recebeu a nota máxima e os outros dois, bastante competitivos, receberam um ponto a menos.

Carl demonstrou visão, pois sabia que *O Milionário Mora ao Lado* poderia ensinar aos netinhos muitos fatos importantes sobre a acumulação de riqueza e sobre os fatores que levam ao sucesso financeiro. Ele sabia que jovens, ainda que em seus primeiros anos do ensino médio, poderiam aprender bastante sobre as vantagens de planejar o próprio futuro financeiro.

Os pais deveriam treinar as crianças na arte do planejamento. Muitos jovens e adultos de hoje não têm a menor ideia de como se preparar para o futuro, assim, como podemos esperar que se tornem financeiramente independentes? Devemos ser mentores, como Carl, devemos desempenhar o papel de modelos e ser capazes de ensinar como planejar, aos nossos filhos e netos. Também temos que tornar o aprendizado divertido, até mesmo uma experiência imediatamente compensadora. Carl sabia disso intuitivamente e acho que foi por qualidades como essa que duas grandes empresas uma vez o contrataram para ocupar o cargo de CEO.

## Encanador Profissional *Versus* Amador

O encanador que instalou a água quente ganha mais por hora do que quem o chamou. Será que foi um erro contratá-lo em vez de fazer o serviço? Em alguns estados dos Estados Unidos a lei exige que somente o encanador licenciado pode fazer instalações de aquecedores a gás, e eu não acho que você tenha estudado sobre encanamentos ou que seja licenciado. O que sugerem os milionários que entrevistei?

Os milionários, e aqueles que tendem a ficar ricos algum dia, não têm sensibilidade para os "custos iniciais"; eles raciocinam mais em termos de custos durante a vida útil. Os "custos iniciais" referem-se aos dólares poupados se a gente mesmo instala o aquecedor de água quente em vez de chamar um encanador habilitado. Pode-se economizar US$ 150 no processo, mas essa cifra é enganadora.

Veja, o preço do encanador incluía um aquecedor de água de alta eficiência. Sua pesquisa resultou na aquisição de um aquecedor mais barato (custo inicial) para a mesma capacidade mas, ao longo da vida útil dos aquecedores, aquele do encanador lhe traria uma economia maior do que os US$ 150 em custos operacionais. Além disso, o aquecedor do encanador duraria mais e aqueceria a água mais rapidamente. O aquecedor que não foi instalado pelo profissional não tem garantia. Tal instalação pode estar incorreta e estragar todo o sistema. Pior ainda, uma instalação incorreta pode deixar o gás escapar e asfixiar o dono da instalação e toda a família. Tudo isso se relaciona à economia real de custos quando se comparam os custos iniciais aos custos ao longo da vida útil do sistema. Qual o valor de sua vida e da vida de seus familiares? São elementos que não têm preço na equação de custos.

Outro aspecto refere-se à inviabilidade de fazer seu trabalho normal e, ao mesmo tempo, instalar aquecedores. É claro que o encanador ainda cobra mais por hora do que o que você ganha com uma hora do seu trabalho normal e, fazendo o serviço sem chamá-lo, poderia resultar em alguma economia. Mas isso apenas se não considerarmos as diferenças de custo a longo prazo. Você não está pensando como um milionário. Veja a coisa do seguinte modo: se você tomar a decisão de instalar o aquecedor, deve sair para comprar uma unidade, tarefa que consumirá tempo e energia. Esse tempo e energia poderiam ser usados para a melhoria de habilidades profissionais ou estudo de investimentos ou, ainda, poderiam ser empregados para conquistar novos clientes. Um único cliente novo pode valer muito mais do que US$ 150. Além disso, seria necessário estudar as técnicas de instalação de água quente e obter um jogo de ferramentas adequado. Quer as ferramentas sejam alugadas ou compradas, mais tempo e dinheiro seriam gastos. Finalmente, quantos outros aquecedores você pretende ainda instalar durante a vida toda? Aposto que nunca mais vai querer instalar outro depois desta primeira campanha para economizar US$ 150. Por que estudar encanamentos se sua atividade principal não é a de um encanador? Depois de tudo isto, pergunte a si mesmo quanto economizou realmente. Pensando na análise dos custos ao longo da vida útil do aquecedor, não tenha dúvida: chame o encanador!

Tenho falado repetidamente que os milionários são pessoas simples, mas muitos pensam que o conceito do faça-você-mesmo é que define a moderação. Os milionários são simples quando a moderação se traduz em aumento real da produtividade econômica no lar. O dicionário define *moderação* como sendo "caracterizada por ou refletindo economia no gasto de recursos". A palavra-chave aqui é *recursos* e não apenas despesas iniciais ou recursos financeiros. Deve-se pensar globalmente na vida útil inteira dos recursos implicados pela compra ou por qualquer outra decisão econômica. A grande maioria dos milionários não é do tipo faça-você-mesmo. Eles argumentam ser mais produtivo ganhar dinheiro executando os trabalhos para os quais têm vocação e contratar profissionais como pintores, marceneiros e encanadores. Uma vez perguntei a um ilustrador, cartunista e pintor de muito sucesso e altos rendimentos sobre a questão do faça-você-mesmo. Estava hospedado na casa dele, uma luxuosa residência inglesa do estilo Tudor com vista para o vale do rio Hudson. Enquanto conversávamos percebi que um grupo de pintores de parede estava armando seus andaimes em volta da casa. Perguntei-lhe quanto ia gastar para ter uma casa tão grande toda pintada. O preço me pareceu tão espantoso que não pude evitar o comentário: "Mas você é pintor, por que não pinta sua própria casa?"

Ele me respondeu indo diretamente ao ponto que interessava. Disse-me que podia ganhar mais fazendo seu próprio trabalho do que gastaria com a equipe de pintores de parede que estava pintando a casa. Mais importante ainda foi quando disse o seguinte:

> *E se eu caísse de uma escada enquanto estiver pintando a casa? Poderia morrer ou ficar permanentemente incapacitado, sem condições de viver bem a vida.*

O cartunista nesse caso procedeu como a maioria dos milionários que venceram na vida pelo próprio esforço: não são muquiranas nem iludidos facilmente.

Os milionários aumentam a produtividade econômica de seus lares observando sempre o reflexo do que decidem em termos de ciclo de vida útil e assim reduzem o custo operacional da residência. Pendurar-se em uma escada poderia colocar em risco sua capacidade de ganhar milhões de dólares futuros na execução do seu próprio ofício. É mais do que provável que realizem reformas em suas casas melhorando o isolamento térmico ou instalando sistemas de aquecimento ou de ar-condicionado de alta capacidade. Deve-se lembrar que os milionários normalmente vivem na mesma residência durante mais de 20 anos. O custo inicial dessas reformas é plenamente diluído e compensado ao longo dos anos.

## ESCREVER LIVROS OU SE DESLOCAR ENTRE A CASA E O TRABALHO?

Posso usar a análise dos meus próprios recursos mostrando minha motivação para escrever livros. Quanto tempo levei para concluir *O Milionário Mora ao Lado?* Escrevi o livro de mais de 400 páginas em cerca de 180 dias, ou seja, 43.200 minutos. Todos os dias escrevia cerca de 4h, ou 240 minutos por dia, durante 180 dias.

Isso pode parecer um bocado de tempo e esforço, mas não a meu ver. E foram mais do que apenas 43.200 minutos: foram um milhão e meio de símbolos feitos à mão com uma caneta esferográfica. Vejo essa tarefa do mesmo modo que pessoas produtivas veem o trabalho que fazem. Elas se motivam escolhendo dentre várias alternativas de alocação de tempo.

Quando considerei a possibilidade de escrever *O Milionário Mora ao Lado*, disse a mim mesmo:

> *Tommy, você vai levar menos tempo para escrever esse livro do que gastaria no trânsito durante 13 anos, deslocando-se entre sua casa e a universidade onde você dava aulas antigamente.*

A tarefa cotidiana de deslocamento para o trabalho consumiria muito mais minutos e muito mais energia física e mental do que o que eu gastaria para escrever um livro. Apenas durante poucas horas por dia é possível trabalhar no pico de eficiência mental máxima. No meu caso isso se restringe a cerca de 4h, de modo que decidi se queria passar 50 mil minutos dentro do automóvel ou escrevendo um livro. Quanto de direitos autorais equivale o trabalho de deslocamento entre a casa e o trabalho? Qual o aumento de produtividade eu poderia ter se parasse de me deslocar entre a casa e o trabalho? Infelizmente, milhões de norte-americanos gastam suas energias físicas e mentais fazendo coisas improdutivas.

É uma boa ideia portanto destinar alguns poucos minutos por mês para aumentar nossa produtividade. Tente responder algumas questões simples sobre alocação do seu tempo:

- Quanto tempo eu gasto fazendo cada tarefa durante minha vida inteira?
- Existe alguma forma de reduzir a duração dessa tarefa?
- Existem melhores formas de empregar meu tempo do que fazendo as tarefas que executo habitualmente?
- Existe algum trabalho que posso realizar e pelo qual possa ser pago o resto da vida?

## Construir, Incorporar ou Alugar

Recentemente conversei com o Sr. D.D. Thompson, um renomado construtor de residências. Ele trabalha com outros membros da família e faz a maioria das obras nas casas que constroem. O negócio da família é produzir com alta qualidade.

O Sr. Thompson fez uma comparação do trabalho dele com o meu, enfatizando que tinha martelado 250 mil pregos na construção de uma das casas enquanto pessoas como nós apenas sentávamos para escrever. Achei divertido seu comentário e lhe respondi que "é comum acharmos que chove mais na horta do vizinho".

*Precisei fazer 1,5 milhão de símbolos (letras) à mão para concluir o original do meu livro, além de todo esforço mental para escolher as letras que usaria.*

Achei que o Sr. Thompson poderia achar graça na minha resposta. Não estou certo de que ele a tenha compreendido inteiramente. Martelar pregos exige esforço, assim como escrever livros, mas há muita diferença entre uma coisa e outra. E se uma letra colocada em uma página se tornar algum dia parte de um best-seller? É como se cada letra tivesse seu próprio fluxo interior, ao contrário dos pregos colocados pelo Sr. Thompson. Quando são colocados são pagos, mas não produzem direitos autorais, direitos autorais não incluem pregos.

Pior ainda, o Sr. Thompson constrói para um incorporador e consegue um lucro de 20%, o incorporador fica com o restante. É como ser um *ghostwriter* que recebe um honorário fixo e nenhum dividendo futuro. O Sr. Thompson estaria bem melhor construindo casas que ele próprio incorporasse, talvez melhor ainda se decidisse construir para alugar pequenos prédios de apartamentos. Isso é semelhante a ganhar pregos como pagamento de anuidades. Entretanto o Sr. Thompson não possui capital para incorporar suas próprias construções, nem tem disciplina para fazer uma poupança planejada que o habilitasse a reservar fundos suficientes para se tornar um incorporador algum dia. Talvez ele não tenha ainda martelado pregos suficientes. Pode ser que algum dia fique realmente cansado de gastar os dias e toda a energia martelando pregos que não pagam dividendos.

Acho que muitos diplomados em universidades estão empregados em posições onde apenas batem pregos. Considere, como exemplo, a maioria dos contadores dos Estados Unidos. São profissionais inteligentes que trabalham arduamente e preparam uma quantidade enorme de declarações de imposto de renda todos os anos. Mas você não pode fazer estoque de declarações de imposto de renda. Cada ano é uma nova tarefa.

Alguns contadores públicos foram além do conceito de martelar poucos pregos por ano. Desenvolveram programas de sorte para declaração de impostos, venderam milhares de cópias desses programas e ainda venderão mais no futuro. Os programas são equivalentes à galinha dos ovos de ouro que em vez de ovos põe direitos autorais e pagamentos afins. A boa notícia é que esses produtos podem acumular rendimentos, geram receitas sem que seus criadores tenham que martelar mais uma declaração de impostos.

O ponto-chave é o seguinte: não importa a alternativa escolhida, o trabalho duro é indispensável. Pode-se martelar pregos que serão pagos uma única vez ou pregos do outro tipo, que lhe pagarão cem vezes, depende da escolha. Se o caminho escolhido for semelhante ao do Sr. Thompson, será sempre um pagamento para cada prego. Se ele gastasse algumas horas a mais por semana planejando a construção de uma casa para especulação, em parceria com um investidor que participasse do retorno do investimento, ele faria a transição entre a situação de receber por prego colocado para a de receber o equivalente a muitos pregos, continuadamente, como retorno do capital.

Muitas vezes me perguntam sobre os altos salários de jogadores profissionais de futebol. Creio que recebem o que merecem; não tenho inveja alguma dos atletas que ganham grandes quantias. A maioria tem carreiras curtas, fazem seus gols e estes não podem ser estocados. Ainda que recebam uma quantia de dinheiro muito maior pelas suas marteladas, trata-se do mesmo velho jogo de martelar pregos. O quanto você recebe hoje pelos pregos que martela importa menos do que quanto você receberá no futuro pelos esforços que faz hoje.

A imprensa gosta de expor quanto o jovem jogador está ganhando com seu contrato. Mas quando seus dias de jogar bola terminam, quanto ele ganhará por ano? Absolutamente nada. Os realmente inteligentes com relação ao atletismo profissional são os clubes e os agentes.

Os agentes são especialmente espertos, eles mesmos não têm muito talento, não fazem belas jogadas nem marcam gols, não cantam nem dançam, ainda assim permanecem ativos. Não importa que você seja um excelente jogador profissional, pois se tiver uma contusão séria no joelho seus dias de glória estão terminados. Seu agente, por outro lado, construiu sua própria segurança. Fez seu negócio florescer como as pessoas que cultivam macieiras: uma vez plantadas no pomar não cessam de dar frutos. E quando não for mais possível produzir maçãs ou bater pregos, a carcaça inútil é removida do campo. Uma macieira substituta é colocada no lugar, exatamente como se faz com as partes intercambiáveis de uma máquina.

## Um Casal Produtivo e Moderado: O Sr. e a Sra. Point

O Sr. e Sra. Point são um casal de aposentados que vivem em uma magnífica casa de quatro dormitórios em um dos melhores bairros de Austin, Texas, nos Estados Unidos. Possuem uma renda líquida anual de sete dígitos. São moderados e tomam extremo cuidado no momento de gastar.

Como diz a Sra. Point: “Meu marido e eu crescemos durante a Depressão, por isso somos cuidadosos com nosso dinheiro”. Ainda que atualmente vivam em uma casa que vale US$ 800 mil, ela já se pagou ao longo dos anos pela valorização.

Para os Ricos no Balanço Patrimonial, ter cuidado significa ter escolhido uma casa e um bairro muito cuidadosamente. Pode também significar ter pago mais pela casa no momento da compra e ter pago impostos prediais mais altos. Uma boa escolha pode fazer com que a propriedade se valorize acima do valor de compra, descontada a inflação. A Sra. Point assim se expressa a respeito disso:

*Acredito viver na melhor área da cidade [...] localização é tudo [...] posso passar sem automóveis caros mas não abro mão de ter a melhor casa possível.*

Certamente o casal Point pode ter ambos, comprar roupas e automóveis caros e ainda viver na liga dos milionários, mas ao estilo deles. A Sra. Point delineou, com muita elegância, a filosofia que ela e o marido têm sustentado.

Eles acreditam ser muito importante conservar a sensibilidade de preços com relação aos produtos que perdem todo ou a maior parte do valor inicial tão logo são comprados. Em termos de valor monetário, esses itens são muito perecíveis. Roupas, por exemplo. Se hoje você pagar caro por um terno ou vestido, por quanto poderá vendê-los em um brechó? Talvez por 5%, ou 10%, ou ainda menos, do valor da compra original.

A Sra. Point nunca desejou gastar muitos dólares em roupas, porque a depreciação do valor de compra é muito rápida. São gastos que fazem um furo na poupança de qualquer um. Mas como ela sempre quer se vestir bem, adota a seguinte solução:

*Uso roupas de alta-costura compradas na loja Junior League. A maioria foi doada pelos__________ (nome de uma das famílias mais ricas dos Estados Unidos) das marcas Yves Saint Laurent, Armani, Valentino, Oscar de la Renta, Gucci [...] eu adoro roupas. Na realidade, você poderia dizer que eu as coleciono. Tenho até Balenciaga.*

Se alguma dessas roupas não se ajusta bem, ela e o Sr. Point fazem o que cerca de quatro em cada dez milionários costumam fazer para resolver o problema: reformam as peças em vez de comprar novas. A poupança que a Sra. Point consegue como resultado de sua inclinação para compras econômicas é empregada na aquisição de itens que duram bastante e que, na realidade, valorizam com o tempo.

*Estou consciente do fato de que vivemos em uma época de milagres médicos. Costumo investir em ações relacionadas à medicina.*

A Sra. Point acredita que a compra de ações melhora o patrimônio líquido do casal e que a compra no varejo de roupas caras tem efeito oposto. Não é que os Point sejam miseráveis, eles não são. Querem apenas ser financeiramente independentes. Também pensam em outras pessoas quando agem no sentido da alta produtividade: planejam deixar para os seis filhos uma herança considerável.

Pensemos novamente sobre o estilo da Sra. Point. Ela acredita em comprar uma casa que será valorizada com o passar dos anos e não acredita em comprar roupas e outros itens que acabam valendo uma fração do preço original. Acreditam ser válido o investimento em ações de longo prazo ligadas à medicina.

Existe uma outra razão pela qual a Sra. Point investe em ações ligadas à medicina. Sendo muito consciencioso com a saúde, ela faz leituras de tópicos ligados a uma vida saudável e frequenta seminários e programas sobre saúde e medicina. É bastante produtiva em termos de matar dois pássaros com um único tiro: ao mesmo tempo que melhora suas condições físicas também melhora seu bem-estar econômico através da leitura e do estudo de medicamentos que fazem bem à saúde, das novas drogas e descobertas patenteadas.

A maioria dos itens alimentícios é perecível. Será que isso significa que ela é mesquinha ao comprar alimentos com o intuito de melhorar sua situação econômica?

*Eu acredito profundamente na alimentação sadia e na prática de exercícios, e tenho muito cuidado com a compra de alimentos. Coleciono e organizo cupons, cozinho minha própria refeição etc.*

Estou certo de que a Sra. Point aparenta ser uma mistura confusa de muitas pessoas. Usa roupas caras mas não gasta muito em automóveis, usa cupons de desconto mas vive em uma residência dispendiosa localizada em uma região luxuosa. Seria possível pensar que ela e o marido estão apenas conseguindo se virar financeiramente, mas as aparências enganam.

*Possuímos terras, operações de mineração e royalties sobre petróleo. Não comentamos com nossos amigos a respeito de nossas posses porque muitas pessoas do nosso relacionamento não têm tanto quanto nós.*

A Sra. Point se assemelha a muitos milionários no que diz respeito à compra de imóveis e a acessórios domésticos. Ela gasta em mobília de qualidade duradoura. Móveis que são "altamente perecíveis", que praticamente se dissolvem caso um pouco de café seja derrubado sobre eles, nunca entraram em sua casa.

*Compramos móveis de boa qualidade e fazemos com que durem bastante. Compramos mobília do século XVIII em antiquários!*

Pessoas como a Sra. Point são ricas porque grande parte do alto valor de seus móveis deve-se ao valor duradouro que possuem. Uma mesa acompanhada de cadeiras de antiquário comprada por US$10 mil tem dupla finalidade: pode ser usada para refeições, mas ao mesmo tempo conserva vivo um bom investimento.

A maioria dos decamilionários, ricos que venceram na vida pelo próprio esforço, frequenta regularmente feiras de antiguidades. Seus pais e avós não fizeram fortuna, fazem parte do que se pode chamar de preservadores e colecionadores, uma característica cultivada de uma geração para a seguinte no seio de famílias cujos membros têm boa convivência. Os milionários de hoje têm em suas casas o inestimável baú da vovó, a máquina de costura manual da Singer que era da bisavó, a carabina Winchester modelo 70 anterior a 1864 do vovô e a coleção de moedas do tio Bill.

Algumas pessoas acreditam que coisas herdadas são trastes. Para essas pessoas o novo é sempre melhor, é o símbolo do sucesso. O velho sinaliza os golpes da vida e o fracasso econômico. Mas não é assim que pensam milionários como a Sra. Point. Ela é muito segura de si e sente-se bastante orgulhosa da forma como chegou a acumular uma riqueza tão grande. Ninguém da Madison Avenue lhe dirá, algum dia, como deve pensar. Ela tem suas próprias ideias sobre o valor comparativo entre o velho e o novo, entre a madeira real e o compensado, e é por esse motivo que ela e o Sr. Point ficaram tão ricos.

## Reciclagem: Mocassins *Versus* Tênis

Será que as pessoas ricas dos Estados Unidos são do tipo que compram hoje para descartar amanhã? Pode-se imaginar, talvez, que elas abominem o conceito de reutilização, especificamente de mandar colocar solado novo em sapato usado? Mas não é isso o que indica o resultado do meu levantamento em âmbito nacional: 70% dos milionários da pesquisa mandam colocar solados em seus sapatos usados. E este é um número subestimado, porque cerca de 20% são milionários aposentados que já não usam roupas sociais e sapatos adequados para receberem outra sola.

Estes sapatos são muitas vezes chamados de "sapatos sociais" ou "calçados de executivos", usados por quatro de cada cinco milionários participantes do levantamento. As marcas são Alden, Allen Edmond ou Johnson-Murphy e são vendidas em sapatarias especiais e lojas de departamento luxuosas. São mercadorias especiais, provavelmente difíceis de serem encontradas em uma residência qualquer dos Estados Unidos.

Sapatos desse tipo são os preferidos pelos jovens executivos de empresas públicas, pelos donos de empresas privadas, por profissionais de renome e bem-sucedidos como médicos, advogados, banqueiros e corretores de ações. Por que razão eles concordam em pagar US$ 200, US$ 300 ou até mais por um par de sapatos? É uma questão de percepção e preferência. A maioria das pessoas, especialmente os homens, toma a decisão de comprar sapatos com base no preço de venda, no seu custo inicial. Quando precisam de sapatos sociais adquirem um par de sapatos pretos com o mais baixo preço possível. São pessoas que têm sensibilidade para o custo inicial e são a maior razão da existência de tantas lojas de sapatos baratos nos dias de hoje.

O outro segmento do mercado para sapatos sociais, onde muitos multimilionários podem ser encontrados, é relativamente insensível ao custo inicial da mercadoria. Essas pessoas preocupam-se menos com as variações nos preços dos sapatos e mais com a qualidade dos sapatos sociais. Meu par de sapatos Alden tem mais de dez anos e já recebeu solado completo duas vezes. Nunca ficam fora de moda. São os sapatos mais confortáveis que já tive. Depois de muitos dias de trabalho de 12 horas meus pés nunca me incomodam quando uso os sapatos Alden. Foram feitos para durar, dar conforto e sustentação para o peso de nosso corpo, assim não são caros quando comparados a outros tipos de sapato oferecidos no mercado. Se você trabalha como executivo ou professor de administração deve se habituar ao uso do "uniforme". Também quem usa sapatos próprios para a prática de esportes não economiza nem usa adaptações baratas. Um dos entrevistados da pesquisa resumiu bem suas experiências com calçados baratos:

Sapatos baratos deixam seus pés com dor de cabeça!

Permita-me me estender um pouco mais sobre o custo do sapato do ponto de vista de sua vida útil. Durante os dez anos em que fiz uso do meu par de Alden, eles estiveram a serviço dos meus pés cerca de 1.600 dias. Comprei os sapatos por US$ 100 e gastei US$ 50 cada vez que mandei colocar um solado novo, e foram duas vezes. Ao todo, US$ 200 saíram do meu bolso. Somando ainda as duas fôrmas que comprei para conservá-los, o custo total atingiu US$ 220. As fôrmas são muito importantes para aumentar a vida útil de sapatos de boa qualidade.

Dividindo 1.600 dias de uso por US$ 220, chega-se ao custo de US$ 0,14 por vez que o calçado foi utilizado. A comparação com o custo dos sapatos de meu filho adolescente é surpreendente. Ele consome, isto é, gasta pelo uso ou por enjoar do modelo cerca de seis pares de Nike ou Adidas por ano. São gastos principalmente apenas caminhando em volta do imenso *campus* da faculdade, embora também costume praticar futebol de areia com ele. A mãe de Brad estima que ele consegue usar entre oito e cem vezes um par, cujo custo oscila entre US$ 65 e US$ 85. Mesmo considerando o melhor cenário de 100 utilizações, o cálculo indica o custo de US$ 0,65 para cada uso.

Considerando esses números, eu lhe pergunto: quem paga mais pelos sapatos, o executivo milionário que gasta US$ 300 no seu par de cromo de couro de bezerro ou o estudante universitário com seus calçados esportivos de US$ 85? As aparências podem enganar bastante, assim como os custos iniciais ou o preço de compra. Para muitos produtos o custo durante a vida útil é um critério muito mais relevante no momento da compra.

## É Possível Fazer Acabamento na Madeira, Mas não no Compensado

Olhe o interior da casa de um milionário e você poderá ficar bastante surpreendido se estiver esperando uma casa finamente decorada com móveis e acessórios da última moda. É mais um mito sobre as pessoas ricas. A decoração de interiores e os hábitos de compra de móveis dos milionários não são os que são mostrados no cinema ou na televisão. Eles não trocam de mobília como as estrelas e astros de Hollywood trocam de maridos e de esposas.

A maioria dos milionários vive em residências unifamiliares de projeto tradicional, casas bem construídas do estilo colonial, incluindo as do tipo Tudor inglês. O interior está repleto de móveis tradicionais, com prevalência dos primeiros estilos dos Estados Unidos. Os norte-americanos não são consumidores importantes no que se refere ao segmento da mobília moderna. Preferem os móveis tradicionais de alta qualidade que nunca saem de moda. Seus móveis têm ainda uma outra característica notável, usualmente são feitos de madeira, e não de aglomerados ou compensados. Os milionários preferem móveis fabricados de madeira sólida ou, em alguns casos, de revestimentos de boa qualidade forrando legítima madeira de lei.

Para conhecer o estilo real, não necessariamente as marcas que essas pessoas usam, basta visitar as lojas de móveis locais. Procure nas Páginas Amarelas sob o título "Mobília" e observe as lojas que vendem móveis de alta qualidade do século XVIII e outros móveis tradicionais. Procure palavras-chave como *Baker Williamsburg, Councill Craftsmen* e *Henkel-Harris.* Esses não são os únicos fabricantes que podem ser encontrados dentro das casas dos ricos, mas é um bom começo.

Os milionários não somente tendem a possuir mobília tradicional, mas também têm maior tendência do que a população não milionária em adquirir móveis "antigos" mesmo, ou antiguidades.

Pergunte aos comerciantes de artigos antigos genuínos sobre as características do mercado-alvo principal em que atuam e eles lhe dirão que a maior parte é composta de pessoas ricas com gosto tradicional, mais sensíveis à qualidade dos móveis do que a variações nos preços.

Existem várias fontes para a mobília tradicional comprada pelos milionários. Em primeiro lugar, eles compram reproduções de alta qualidade, fabricadas em madeira de lei, a maioria de antiquários. Alguns têm mobílias feitas sob encomenda. Em segundo lugar, os milionários têm propensão para comprar mobília antiga de alta qualidade e de estilo tradicional. Em terceiro, eles adquirem alguns móveis originários de presentes entre gerações e de produtos de segunda mão.

Independentemente da fonte, a mobília é do mesmo nível. Tem projeto tradicional e é bem construída com madeira de verdade. Aos olhos do milionário, esse tipo de móvel está na categoria de alta qualidade. A qualidade não se refere apenas à construção, tem algo a ver com a grande durabilidade da peça. O melhor móvel, ainda que não esteja bem cuidado, durará um século ou mais, e o tópico da longevidade física é importante. Mas quanto tempo uma mobília tradicional se manterá na moda e, portanto, em alta demanda pela população rica?

Ninguém pode ter certeza, mas tendências passadas frequentemente preveem o futuro. Os móveis de alta qualidade provavelmente serão valorizados. Quais bens de consumo comprados hoje estarão valorizados no futuro, o automóvel que lhe custou US$ 30 mil há quatro anos, o terno, comprado por US$ 500 ou US$ 800? Isso contrasta bastante com uma mobília Henkel-Harris e Baker, apenas para mencionar duas marcas, que já vi sendo vendida após 10 ou 20 anos de uso por mais de duas vezes o preço de compra original.

Por definição, os milionários tendem a ser acumuladores, uma característica que herdaram dos pais, colecionadores. Os pais e avós se fixavam em coisas que tinham valor. Dessa forma, a maioria dos milionários tem um legado de família abrangendo coleções, poupanças e preservação. Não desperdice e não deseje é o lema da primeira geração de milionários hoje em dia. As posses legadas de seus ancestrais são cheias de valor sentimental e monetário. Intuitivamente, eles conhecem o valor de colecionar e preservar objetos que tendem a se valorizar. Suas previsões sobre a valorização de certas peças não foram os únicos motivos — mesmo hoje seus filhos e filhas, também milionários, compram tendo em vista o valor que a compra poderá ter para outros. Adquirem móveis hoje que podem passar para a geração mais jovem amanhã. Esse é, em essência, o conceito que eles fazem dos móveis de qualidade. Ultrapassarão a longevidade de uma pessoa adulta normal e, provavelmente, irão se valorizar com o tempo.

Pense no processo de seleção para a mobília do ponto de vista dos milionários. Eles veem o benefício real de mobiliar suas casas com os móveis que descrevi. Podem pagar duas ou três vezes mais por uma cômoda ou armário de qualidade do que por uma peça de imitação, feita de aglomerado ou compensado. Se a cômoda de preço inferior for feita com uma laminação de madeira ou feita de compensado, pode não durar meia geração. Basta que um pouco de água ou café caia na laminação para que ela se separe do compensado. Portanto:

Não é possível serrar a serragem, não é possível nem mesmo lixar a serragem!

Uma mobília de alta qualidade pode ser reformada muitas vezes. Por que os ricos mandam reformar seus móveis? Eles não veem a mobília como um bem de consumo ou um bem transitório, não compram mobília nova logo que a antiga ganha um arranhão. Praticamente metade (48%) dos milionários que responderam minha última pesquisa relatou que:

Tem o hábito de reformar ou mandar estofar a mobília em vez de comprar uma nova.

Uma vez, a Sra. Claurice Rector, uma multimilionária, disse-me que reforma e manda estofar novamente "tudo na casa", porque:

É muito mais conveniente do que perder horas correndo lojas para comprar mercadorias de baixa qualidade por altos preços!

A Sra. Rector guarda uma lista de especialistas em reforma e estofamento de móveis.

*Telefono. Eles me mandam um mostruário de retalhos. Depois vêm buscar. Nada* de shopping center. Nada de transtorno.

Seus tapeceiros favoritos trabalham com uma grande variedade de tecidos. De acordo com a Sra. Rector, a escolha dos tecidos é muito mais fácil do que a escolha de móveis novos. Ela já reformou seu sofá favorito cinco vezes nos últimos 30 anos e na mesma loja familiar de tapeceiros.

De acordo com essa linha de pensamento, James R. Hagerty e Robert Berner perguntaram em artigo recente: "Enquanto repousam no sofá favorito, já lhes ocorreu perguntar por que comprar móveis pode ser tão penoso? (*Wall Street Journal,* 2 de november, 1998, p.1A, 18A). O artigo fala sobre a dificuldade que as pessoas têm em encontrar móveis para comprar. Mesmo depois de horas de procura o comprador pode se ver obrigado a esperar semanas, até meses, pela entrega. Existem tantos estilos e cores de móveis hoje em dia que a compra consegue ser bastante confusa, até mesmo para o comprador experiente. O *Wall Street Journal* menciona uma companhia que ofereceu 1,7 bilhão de combinações possíveis de sofás e de cadeiras estofadas. Considerando a variedade de tecidos e modelos, não é de estranhar que muitos milionários prefiram reformar ou trocar os tecidos de seus móveis em vez de sair procurando entre tantas alternativas de compra possíveis.

## PROCURANDO PISTAS

Existem determinadas atitudes que revelam muito a respeito de nossas casas e se elas são economicamente produtivas. Quando comecei a estudar as características das residências ricas, mais de 200 procedimentos e hábitos foram propostos para análise. Com isso, elaborei uma lista a partir principalmente de meus grupos de discussão e das entrevistas pessoais com milionários. Treze procedimentos acabaram sendo incluídos no questionário empregado nesse levantamento nacional de milionários, como mostra a Tabela 7-1.

Por que apenas 13 procedimentos? Porque os padrões de resposta desses procedimentos poderiam fornecer a previsão de respostas a outras atitudes. Quatro padrões principais emergiram dos dados levantados. Considere o padrão 1, *ampliar a vida útil.* Cerca de metade dos milionários (48%) indicou que trocam o tecido de seus sofás ou que reformam seus móveis para reduzir custos e aumentar a produtividade da administração da casa. Esses mesmos entrevistados também responderam que "mandam colocar solados novos em seus sapatos ou mandam consertá-los" e que "consertam e/ou reformam suas roupas".

Considere agora o padrão 2, *reduzir as despesas mensais.* De uma forma geral, as respostas aos três procedimentos sob esse título são independentes dos itens incluídos como *ampliar o ciclo de vida*. Em outras palavras, as respostas a "procurar ligações interurbanas mais baratas trocando de operadoras" não são significativamente associadas às respostas ao item "reformar/trocar os tecidos da mobília em vez de comprar móveis novos".

Tabela 7-1 Procedimentos adotados por milionários para reduzir a razão custo/aumentar a produtividade na administração de uma residência

| | % de milionários (N=733) |
|---|---|
| 1. AMPLIAR A VIDA ÚTIL | |
| Colocar sola nova em sapatos velhos e consertar sapatos | 70 |
| Reformar/trocar os tecidos da mobília em vez de comprar móveis novos | 48 |
| Reformar roupas em vez de comprar novas | 36 |
| 2. REDUZIR AS DESPESAS MENSAIS | |
| Aumentar a regulagem do termostato do aparelho de ar-condicionado durante o dia ou no verão | 57 |
| Procurar ligações interurbanas mais baratas trocando de operadoras | 49 |
| Liquidar a hipoteca da casa própria antes do prazo | 48 |
| 3. PLANEJAR COMPRAS | |
| Nunca comprar nada oferecido pelo telefone | 74 |
| Fazer uma lista de compras antes de ir ao supermercado | 71 |
| Usar cupons de desconto quando comprar mercadorias | 49 |
| Comprar aparelhos e/ou veículos a motor de primeira linha de acordo com a literatura especializada | 44 |
| Sair das lojas de departamentos logo que a compra é feita | 36 |
| 4. USAR DESCONTOS INSTITUCIONAIS | |
| Comprar suprimentos domésticos por atacado em lojas de departamentos, como Sam's Club | 49 |
| Fazer cada vez mais negócios com corretoras de valores que operam com *discount brokerage* (comissões baixas)* | 25 |

* *Discount brokerage*: Compra e venda de papéis negociáveis cobrando comissões menores do que as da corretagem habitual por prestação de serviço limitado e que não inclui aconselhamento de investimentos aos clientes (N. do T.).

Para compreender melhor os milionários, é necessário que se analisem as várias respostas diferentes. Existem quatro fatores ao todo, os dois mencionados, o padrão 3, *planejar compras*, e o padrão 4, *usar descontos institucionais*. Determinei que de todos os procedimentos existem dois que representam melhor a abordagem dos milionários para reduzir custos e aumentar a produtividade da administração de uma residência. As duas atitudes-chave para uma melhor compreensão dos milionários são:

- Procurar ligações interurbanas mais baratas trocando de operadoras
- Reformar/trocar tecidos da mobília em vez de comprar móveis novos

Examinei duas amostras de milionários. O primeiro grupo continha apenas entrevistados de residências economicamente produtivas que procuravam fazer ligações interurbanas mais baratas trocando de operadoras ou reformando/trocando o tecido da mobília em vez de comprar móveis novos. A outra amostra continha entrevistados de residências não produtivas que não assumiam nenhum desses dois procedimentos.

Como os milionários do grupo 1, que administravam residências economicamente produtivas (REPs), se distinguiam dos milionários que administravam residências economicamente improdutivas (REIMs)? Os dois grupos têm estilos muito diferentes no que se refere à acumulação de riqueza. Os do tipo REPs são ricos por diversas razões. Naturalmente, eles administram residências produtivas, como mostra a Tabela 7-2, mas têm também uma abordagem muito mais decisiva no momento de comprarem uma casa e gastam mais tempo estudando e planejando investimentos.

## SR. OAKS *VERSUS* SR. O'TOOLE — AS FATURAS PRÓ-FORMA

O Sr. Oaks tem um patrimônio líquido de aproximadamente US$ 7,5 milhões, mas não pertence ao grupo REP. Ele e outros membros de sua residência nunca assumiram as duas atitudes-chave, isto é, nunca procuraram trocar de operadoras ou tentaram reformar ou trocar tecidos da mobília. O Sr. O'Toole vale cerca de US$ 5 milhões e adota praticamente todos os procedimentos delineados. O Sr. Oaks recebe anualmente uma renda de US$ 829 mil. Trabalha muito exercendo advocacia, tem grande poder de concentração e centraliza seus esforços na carreira. Como é uma referência em sua atividade, acredita que a riqueza nunca lhe faltará como uma decorrência natural. O Sr. Oaks e a esposa creem que a maioria, se não todos os procedimentos relacionados na Tabela 7-2, consome tempo e energia que ambos preferem aplicar em uma ocupação profissional bem remunerada. Eles têm a firme convicção de que a melhor estratégia para se tornar rico é manter o foco do seu intelecto superior no exercício da lei.

Tabela 7-2 Residências economicamente produtivas *versus* residências economicamente improdutivas: procedimentos adotados pelos milionários para reduzir o custo/aumentar a produtividade da administração de uma residência

| | (% EXECUTANDO OS PROCEDIMENTOS) FUNCIONA COMO RESIDÊNCIA ECONOMICAMENTE PRODUTIVA | |
|---|---|---|
| | Sim (N=182) | Não (N=190) |
| 1. AMPLIAR A VIDA ÚTIL | | |
| Colocar sola nova em sapatos velhos e consertar sapatos | 81 | 55 |
| Reformar roupas em vez de comprar novas | 62 | 17 |
| 2. REDUZIR AS DESPESAS MENSAIS | | |
| Aumentar a regulagem do termostato do aparelho de ar-condicionado durante o dia ou no verão | 76 | 36 |
| Liquidar a hipoteca da casa própria antes do prazo | 57 | 44 |
| 3. PLANEJAR COMPRAS | | |
| Nunca comprar nada oferecido pelo telefone | 77 | 74 |
| Fazer uma lista de compras antes de ir ao supermercado | 84 | 57 |
| Usar cupons de desconto quando comprar mercadorias | 65 | 33 |
| Comprar aparelhos e/ou veículos a motor de primeira linha de acordo com a literatura especializada | 58 | 31 |
| Sair das lojas de departamentos logo que a compra é feita | 50 | 26 |
| 4. USAR DESCONTOS INSTITUCIONAIS | | |
| Comprar suprimentos domésticos por atacado em lojas de departamentos, como Sam's Club | 57 | 41 |
| Fazer cada vez mais negócios com corretoras de valores que operam com comissões baixas | 35 | 13 |

O Sr. O'Toole segue uma orientação bastante diferente. Ele é um empreendedor do negócio de reciclagem de sucatas metálicas. Sua renda anual é de US$ 544 mil e seu patrimônio líquido pode ser estimado na casa dos US$ 5,2 milhões.

Ele tem um patrimônio líquido inferior ao do Sr. Oaks, em grande parte por causa das diferenças de renda. O Sr. O'Toole seria consideravelmente menos rico se não tivesse uma residência economicamente produtiva. De fato, desde o seu casamento, há mais de 25 anos, ele e a esposa sempre administraram a própria casa de uma maneira produtiva. Foram obrigados a isso, ou não teriam sido capazes de montar o negócio da reciclagem.

O Sr. Oaks e sua esposa fazem parte de um tipo diferente de administração familiar. Ele se formou em uma faculdade bem conceituada, nos primeiros lugares de sua turma tanto na graduação como na escola de direito. Foi imediatamente contratado por um escritório de advocacia renomado. Em pouco tempo era sócio da empresa. Trabalhar semanalmente 60, 70, até mesmo 80 horas, não é incomum para o Sr. Oaks. Ele trabalha duro e é muito firme. Tem uma resposta pronta quando indagado sobre procedimentos que poderia adotar para diminuir seus custos de administração domésticos:

---

Quem economiza em ninharias depois esbanja em porcarias.

---

Ele sustenta o ponto de vista de que os custos de administração de uma residência estão na categoria das pequenas quantias. A categoria das grandes quantias pede sua concentração de energia intelectual para ajudar um cliente a fazer um acordo de US$ 100 milhões. Se o cliente ganhar, a renda do Sr. Oaks para o próximo ano será superior a US$ 1 milhão. É por isso que ele tem pouco interesse em ler sobre variações nos preços de fogões e máquinas de lavar roupa em folhetos.

Os Oaks simplesmente compram o eletrodoméstico mais caro que encontram, teoricamente o melhor de todos.

Existem aqui diferenças interessantes entre o Sr. Oaks, um típico REIM, e o Sr. O'Toole, um REP. Quando indagados por que achavam que eram bem-sucedidos, viu-se que ambos compartilhavam determinadas características, como ocorre com a maioria dos milionários. Os dois alegam que contribuem para o sucesso o fato de serem disciplinados, trabalharem arduamente, terem bom relacionamento com as pessoas e serem competitivos. Mas o Sr. Oaks, o advogado com altos rendimentos, também atribui seu sucesso a:

- Ter elevado QI/um intelecto superior
- Ter frequentado uma excelente faculdade
- Ter concluído o curso entre os primeiros lugares de sua turma

O Sr. O'Toole tem seu próprio conjunto de explicações específicas para seu sucesso:

- Ter investido em um negócio próprio
- Contar com o apoio da esposa
- Desejar assumir riscos financeiros desde que existam boas perspectivas de retorno

E ainda existe um outro fator de sucesso muito importante para o Sr. O'Toole:

---

Viver abaixo de suas posses.

---

Mais de metade (53%) dos milionários na categoria REP classifica esse fator como muito importante ou como importante. Somente cerca de um em três dos REIMs classifica esse fator de forma semelhante. O Sr. O'Toole e seus companheiros REPs têm um estilo de vida diferente do Sr. Oaks e dos REIMs. Os REPs têm mais propensão para:

- Frequentar cultos religiosos
- Ler a Bíblia
- Fazer compras em supermercados mais populares
- Comer em lanchonetes tipo McDonald's ou Burger King
- Envolverem-se em atividades tipo faça-você-mesmo ligadas à carpintaria
- Fazer compras pela Internet
- Aparar o próprio gramado
- Fazer jardinagem
- Frequentar antiquários e feiras de antiguidades
- Procurar a opinião de consultores de investimentos

O Sr. Oaks e os REIMs tendem mais a:

- Assistir aos principais eventos esportivos de seus times
- Frequentar bailes para levantamento de fundos

Faz parte do estilo de vida dos REPs os comportamentos ligados aos hábitos de compras e de investimentos. Os REPs compram suas casas de forma agressiva e veem seus lares como pertencentes às suas carteiras de investimentos. Muitos REIMs não pensam da mesma forma. Cerca de 81% dos REPs, mas somente 52%

dos REIMs, dizem que "levaram semanas, até mesmo meses, procurando pelo melhor negócio", como mostra a Tabela 7-3.

Tabela 7-3 Procedimentos adotados durante o processo de compra de uma casa: milionários das residências economicamente produtivas *versus* milionários das residências economicamente improdutivas

| | REP% | REIM% |
|---|---|---|
| 1. AO PLANEJAR E DECIDIR | | |
| Nunca aceitar o preço inicialmente pedido pelo vendedor da casa | 91 | 80 |
| Estar disposto a abandonar qualquer negócio em qualquer ocasião | 84 | 77 |
| Procurar preços de casas vendidas recentemente nas redondezas | 89 | 72 |
| Levar semanas, até mesmo meses, procurando o melhor negócio possível | 81 | 52 |
| Nunca comprar uma casa decidindo rapidamente | 64 | 44 |
| 2. AO PESQUISAR | | |
| Procurar vizinhanças com excelentes escolas | 80 | 74 |
| Comprar uma casa que possa ser paga com facilidade | 66 | 53 |
| Procurar uma casa com sistema de energia eficiente e com baixo custo de manutenção | 42 | 20 |
| Procurar uma casa "galinha morta" de uma execução hipotecária, de um acordo de divórcio ou de leilões de propriedades de espólios | 45 | 14 |
| Procurar um bairro com impostos prediais razoáveis | 39 | 21 |
| 3. AO NEGOCIAR | | |
| Testar o preço do vendedor fazendo uma oferta muito abaixo do preço | 55 | 36 |
| Pedir ao corretor uma redução de sua comissão para que o vendedor possa reduzir seu preço | 35 | 27 |
| Comprar um lote e mandar construir a casa | 27 | 25 |
| Pedir que o construtor ou o proprietário venda a casa pelo preço de custo ou por um preço próximo ao de custo | 21 | 13 |

Esses procedimentos não sugerem que um desses dois grupos tomou uma má decisão em termos financeiros quando comprou a casa onde estão morando. Suas residências foram compradas por volta de 1988, e desde aquela época, em média, o valor das casas adquiridas pelos REIMs mais do que duplicou. O grupo do Sr. O'Toole saiu-se melhor ainda, suas casas praticamente triplicaram de valor. Os REPs acreditam profundamente que é economicamente produtivo comprar casa de forma agressiva. Ambos compraram casas excelentes em bairros de alto padrão, o que caracteriza uma sábia decisão tomada por ambos. Mas o Sr. Oaks e os REIMs passaram pouco tempo procurando o melhor negócio possível. Essencialmente, compraram uma ótima residência, mas pagaram por qualidade. Os O'Toole, como REPs que são, pesquisaram bastante antes de comprar e mostraram grande paciência. Compraram ótimas residências, mas com descontos obtidos depois de uma negociação agressiva de preço, após execuções hipotecárias e de pesquisa de outros imóveis anunciados para venda às pressas.

Tanto o Sr. Oaks como o Sr. O'Toole são muito conhecedores do mercado imobiliário. Os O'Toole se saíram melhor, mas gastaram mais tempo e energia no processo. O Sr. Oaks, o advogado de altos rendimentos, detesta fazer pesquisa de mercado para comprar imóveis e não tem tempo para procurar "a compra da década".

De acordo com essas circunstâncias, pessoas como o Sr. Oaks conseguem residências de destaque em bairros de destaque. Geralmente lidam com a nata do mercado imobiliário das imobiliárias da região. Dizem ao corretor: "Encontre uma residência de destaque para mim em uma semana ou um mês". A longo prazo, suas casas valorizam e continuarão valorizando. De modo que se pode examinar a seguinte regra de tipos semelhantes aos Oaks:

---

Quando há falta de tempo, é melhor comprar uma casa de boa qualidade por um alto preço do que uma casa de má qualidade por preço reduzido.

---

Examinando-se o patrimônio líquido e as características de renda dos tipos REIMs e REPs, percebe-se que são bastante semelhantes. Os REIMs dos Oaks têm uma renda anual de US$ 830 mil, que pode ser comparada com à dos REPs dos O'Toole, de US$ 544 mil. Os Oaks têm um patrimônio líquido de US$ 7.550 mil, que se compara com a média de US$ 5.200 mil acumulada pelos O'Toole. Isso se traduz em dólares de patrimônio líquido para cada dólar de renda realizada no valor de US$ 9,56 para os O'Toole e US$ 9,10 para os Oaks.

Compare US$ 9,56 e US$ 9,10 em termos de medições de produtividade. Os REPs a US$ 9,56 são ligeiramente mais produtivos do que os REIMs a US$ 9,10. É uma diferença de apenas 5%. Essencialmente, os dois grupos são produtivos em gerar altas receitas e elevados níveis do patrimônio líquido correspondente. Cada um, por sua vez, adotou a estratégia de formação de riqueza mais adequada às respectivas capacidades e interesses.

E se o Sr. Oaks, o advogado bem remunerado, e o Sr O'Toole, o negociante de sucatas de metal, trocassem entre si seus estilos? Provavelmente ambos passariam por grandes reduções de renda e de patrimônio líquido.

---

Nunca tente adotar uma orientação econômica que seja incongruente com suas capacidades e aptidões.

---

Cerca de 80% dos dois grupos sugeriram que suas respectivas ocupações profissionais atuais lhes permitem usar plenamente as próprias aptidões e capacidades, o que também ocorre com suas respectivas filosofias sobre como aumentar a produtividade ao administrarem seus lares.

# 8

# A Casa

*P: Será que o senhor realmente é rico morando em uma casa de US$ 1,4 milhão? Isso é um risco muito grande.*

*R: Só paguei 40% desse valor quando comprei a casa. Risco é comprar uma casa em um lugar no qual nada se valoriza.*

ATÉ AGORA APRENDEMOS COMO O ESTILO DE VIDA MILIONÁRIO resulta em lares economicamente produtivos. Mas e quanto às casas deles propriamente ditas? Qual a aparência de suas casas e de seus vizinhos? Como elas são compradas e vendidas? Este capítulo aborda respostas a essas questões resultantes do estudo e os muitos mitos existentes sobre pessoas ricas nos Estados Unidos. A seção seguinte descreve as casas dos milionários em suas próprias palavras.

## Bem-Vindo ao Bairro

Eu sou um milionário típico, pode me chamar de Brian Abel. Vivo em um bairro dos Ricos no Balanço Patrimonial (RB) dos Estados Unidos, áreas que concentram casas de milionários. Quase 80% de meus vizinhos são milionários. Chama a atenção que esse grupo de residências milionárias seja de apenas 5% das 100 milhões de casas dos Estados Unidos. Desta forma, como residentes nesta área, temos uma probabilidade 16 vezes maior de sermos ricos do que a média nacional.

Comprei minha casa há cerca de 12 anos e minha família tem vivido nela desde então, como mostrado na Tabela 8-1.

Tabela 8-1 Ano de compra da casa atual (N=733)

| Ano da Compra | % dos Que Adquiriram Casa Antes do Ano Indicado ou Depois | |
|---|---|---|
| | Antes | Depois |
| 1968 | 10 | 90 |
| 1977 | 25 | 75 |
| 1986 | 50 | 50 |
| 1993 | 75 | 25 |
| 1995 | 90 | 10 |
| 1996 | 95 | 5 |
| 1998 | 99 | 1 |

O valor aproximado da compra ficou um pouco abaixo de US$ 560 mil, como indica a Tabela 8-2.

Tabela 8-2 A casa do milionário: preço original da compra *versus* valor atual (N = 733)

| Preço Pago pela Casa Atual | % de Casas Compradas pelo Preço Indicado |
|---|---|
| Abaixo de US$ 300.000 | 29,7 |
| De US$ 300.000 — US$ 399.999 | 7,8 |
| De US$ 400.000 — US$ 499.999 | 9,2 |
| De US$ 500.000 — US$ 999.999 | 28,1 |
| Por US$ 1.000.000 ou mais | 25,2 |
| **Valor Atual da Casa** | **% de Casas Avaliadas Atualmente pelo Preço Indicado** |
| Abaixo de US$ 300.000 | 0,6 |
| De US$ 300.000 — US$ 399.999 | 2,0 |
| De US$ 400.000 — US$ 499.999 | 4,9 |
| De US$ 500.000 — US$ 999.999 | 31,2 |
| Por US$ 1.000.000 ou mais | 61,3 |

Estimativas conservadoras indicam que elas seriam vendidas hoje por um pouco menos do que US$ 1,4 milhão. Aumentei minha riqueza em termos nominais de US$ 850 mil aproximadamente, ou de cerca de US$ 70 mil por ano. A maioria de nós tem a mesma orientação antiquada: compramos casas e tendemos a ficar presos a elas por muito tempo. Entretanto, todos os anos, cerca de 20% de norte-americanos mudam de residência. Somos um tipo diferente de pessoas, mais da metade do nosso grupo (53%) não mudou uma única vez durante os últimos dez anos. Cerca de um em cada quatro (24%) fez apenas uma mudança nos últimos dez anos e aproximadamente 80% dessas mudanças foram dentro da mesma região. Como grupo, temos uma clara tendência de ficar no mesmo lugar.

Uma razão pela qual raramente nos mudamos é que muitos de nós somos profissionais que trabalham por conta própria ou proprietários e gerentes de nossos negócios. A mudança para longe de nossos clientes, pacientes ou fornecedores principais traria uma significativa influência negativa na produtividade de nossas empresas. Só o processo de nos prepararmos para a mudança pode ser extremamente desgastante, especialmente tratando-se de mudanças de longa distância. Como membros da categoria RB, a Sra. Abel e eu notamos uma mudança no padrão de mobilidade do nosso grupo. Muitos estão procurando se "atualizar" cada vez mais, na esperança de se capitalizarem no crescente mercado da própria área geográfica. Vendem as casas compradas por US$ 500 mil há dez anos por US$ 1,4 milhão hoje e reinvestem "localmente" em residências mais caras ainda. Esperam que essas "atualizações" se valorizem mais rapidamente do que suas residências anteriores.

Muitos dos partidários de "atualizações" têm conhecimento considerável do mercado imobiliário de suas áreas e promovem essas "atualizações de patrimônio" com mudanças dentro da mesma vizinhança em que se encontram. Esse tipo de mudança é mais comum nas cidades mais novas do sul, sudoeste e oeste. Na maioria de outras áreas, especialmente no centro-oeste e nordeste, a filosofia de "comprar-manter" está bem viva e é a que prevalece.

A maioria das vizinhanças RBs foi estabelecida há décadas. Em termos nacionais, 1958 foi o ano em que as casas dos milionários foram construídas, como mostra a Tabela 8-3.

Na realidade, dois terços do nosso grupo vivem em uma casa construída antes de 1973, enquanto somente um em cada 20 vive em casas construídas antes dos últimos cinco anos.

A maioria de nós tem o privilégio de viver em vizinhanças de boa qualidade. Não há nada de chamativo ou mesmo de moderno sobre o estilo das casas nessas redondezas. Nossas casas são como nós, a maioria tem estilo conservador, semelhante aos nossos estilos de vida.

Tabela 8-3 Ano de construção das casas de milionários (N=733)

| | % de Casas Construídas Antes do Ano Indicado | % de Casas Construídas no Ano Indicado ou Depois |
|---|---|---|
| 1922 | 10 | 90 |
| 1935 | 25 | 75 |
| 1958 | 50 | 50 |
| 1978 | 75 | 25 |
| 1989 | 90 | 10 |
| 1993 | 95 | 5 |
| 1997 | 99 | 1 |

Nossas casas oscilam entre as bem construídas e projetadas dentro do estilo colonial-tradicional e as do estilo Tudor inglês. Ainda que sejamos majoritariamente milionários, não vivemos em mansões de grande porte normalmente. Somente cerca de dois em cem (1,7%) moram em casas com oito ou mais quartos, como indica a Tabela 8-4.

Tabela 8-4 Quantidade de dormitórios e banheiros completos nas casas de milionários (N=733)

| | DORMITÓRIOS | |
|---|---|---|
| NÚMERO | PORCENTAGEM | % ACUMULADA |
| 1 ou 2 | 2,1 | 2,1 |
| 3 | 14,1 | 16,2 |
| 4 | 35,9 | 52,1 |
| 5 | 30,2 | 82,3 |
| 6 | 11,8 | 94,1 |
| 7 | 4,2 | 98,3 |
| 8 ou mais | 1,7 | 100,0 |

| | BANHEIROS COMPLETOS | |
|---|---|---|
| NÚMERO | PORCENTAGEM | % ACUMULADA |
| 1 ou 2 | 12,7 | 12,7 |
| 3 | 33,9 | 46,6 |
| 4 | 28,2 | 74,8 |
| 5 | 15,8 | 90,6 |
| 6 | 5,5 | 96,1 |
| 7 | 1,7 | 97,7 |
| 8 ou mais | 2,3 | 100,0 |

Mais da metade (52%) de nós vive em casas que têm quatro ou menos dormitórios.

Os casais com dois ou três filhos são mais comuns em nosso grupo. Afinal, quem precisa de oito quartos ou mais? Somente 2,3% dos RBs vivem em casas com oito quartos ou mais, praticamente a metade (46%) de nossas casas têm três quartos ou menos.

## MUDANÇAS PARA A PRÓPRIA VIZINHANÇA

O Sr. e a Sra. Abel notaram recentemente algumas mudanças na vizinhança da sua típica residência RB. Seus vizinhos, os proprietários RBs, estão vendendo suas casas, porém os novos donos não procedem como os antigos. Para que fique mais claro, consideremos a declaração de renda de um típico casal da categoria Ricos na Declaração do Imposto de Renda (RR), o Sr. I. Steve Adams e sua esposa.

Em todas as vizinhanças RB dos Estados Unidos de hoje, RR estão comprando casas. Os chefes de família como Steve têm 35 anos de idade, são corretores de valores mobiliários e ganharam cerca de US$ 500 mil no último ano. O casal ficou eufórico por ter tido uma renda tão alta que comprou uma casa de US$ 1,4 milhão. O proprietário original pagou menos do que US$ 400 mil pela casa há 15 anos.

Steve fez sua compra mediante uma hipoteca especial de US$ 1,2 milhão. Apenas um em cada 20 vizinhos do casal tem uma liquidação futura de uma hipoteca mastodôntica, da ordem de US$ 1 milhão ou mais, como mostra a Tabela 8-5.

**Tabela 8-5** Liquidação de hipotecas subtanciais referente a casas milionárias (N=733)

| Quantia Não Paga de Hipotecas Substancialmente Grandes | Porcentagem de Milionários | % Cumulativa de Milionários |
|---|---|---|
| Nenhuma hipoteca | 39,9 | 39,9 |
| Abaixo de US$ 100.000 | 10,2 | 50,1 |
| US$ 100.000 a US$ 299.999 | 15,9 | 66,0 |
| US$ 300.000 a US$ 499.999 | 13,0 | 79,0 |
| US$ 500.000 a US$999.999 | 16,3 | 95,3 |
| US$ 1.000.000 ou mais | 4,7 | 100,0 |

É comum que pessoas da idade e grupo profissional do casal Steve comprem casas de milhões de dólares com hipotecas especiais. Realmente, meus dados dizem que pessoas de alta renda, com cerca de trinta e muitos ou quarenta e poucos anos, optam claramente por hipotecas especiais tipo "mastodôntica" na compra de suas residências.

O casal Steve não é milionário, não chega nem mesmo perto da definição básica de RB, isto é, ter um patrimônio líquido dez vezes superior à renda recebida anualmente. Eles podem constatar que mesmo hoje a maioria de seus vizinhos são RBs que não dependem de uma comissão de vendas ou mesmo de uma valorização expressiva do mercado acionário para se sustentarem.

---

Nunca faça empréstimos a longo prazo com base em perspectivas de rendimentos de curto prazo.

---

Os Steve esperam somente que suas comissões de venda e sua base de clientes não diminuam. Se o mercado acionário declinar ou se a renda cair para a metade o casal abrirá falência. E quem comprará a casa que possuem com um grande abatimento no preço da venda? Provavelmente um casal da categoria RB. Serão os únicos com uma pilha de dólares poupados que adoram procurar os "ninhos que caem das árvores". Essas pessoas não permitem que a euforia das melhorias na receita os intoxique levando-os a negócios desfavoráveis e a compras com empréstimos desvantajosos.

Não são apenas os corretores que tentam alavancar as comissões de vendas. A categoria genérica dos profissionais de vendas de alto desempenho, com seus trinta e tantos e quarenta e poucos anos, está chegando nas vizinhanças onde moram os RBs, pegando o final da alta de preços das moradias. As casas que eles estão adquirindo já duplicaram, até mesmo triplicaram de valor nos últimos dez ou doze anos. Eles chegaram tarde porque tiveram que aguardar até que a economia estivesse se reerguendo. Eles ganham comissões somente depois que fazem uma venda, e o volume de vendas aumenta com a expansão econômica. Mas os preços dos imóveis são diretamente dependentes das mudanças na economia. Quando a economia e o mercado de ações correspondente encontram-se em expansão, os preços das casas nas vizinhanças dos RBs também assumem uma curva ascendente.

Os profissionais de venda raramente ocupam cargos financeiros que lhes permitam agir em outra oportunidade. Nos bons tempos, têm alta receita mas ainda assim contam com poucos recursos porque gastam sem parar e pedem empréstimos, muitos empréstimos, tanto quanto podem.

A maioria dos RBs é bastante diferente. Compram as casas somente depois de terem acumulado riqueza e somente depois de terem estabelecido um Balanço

Patrimonial previsível e confiável. Suponha, por um instante, que você reside há bastante tempo em uma vizinhança de RBs. Lembre-se da última vez em que a economia esteve sem rumo e que o mercado de ações enfrentou uma calmaria. Quem comprou casas perto da sua?

- Um proprietário ou funcionário de uma agência funerária
- Um negociante de sucatas de metal
- Um proprietário ou gerente de um estacionamento
- Um cirurgião cardíaco
- O sócio sênior de um importante escritório de advocacia

Esses RBs compraram uma casa quando sentiram que estavam plenamente qualificados para fazê-lo — uma casa dentro do orçamento que haviam programado.

## ENCONTRANDO A "CASA DOS SONHOS"

Já empregou seu tempo procurando uma casa para comprar? Muitos dos entrevistados às minhas entrevistas me disseram que comprar uma casa "nova" pode ser frustrante. É como se todas as casas à venda apresentassem desvantagens significativas. Muitas já estão no mercado há meses, onde foram parar todas as vendas daquelas casas verdadeiramente "dos sonhos"?

"Casas dos sonhos" vendem rapidamente na maioria das vezes. Uso o termo "dos sonhos" para definir aquelas casas em excelentes condições, finamente decoradas, bem situadas em um lote de qualidade, localizadas em um ótimo bairro e com boas escolas públicas. Essas casas são vendidas, muitas vezes, em poucos dias depois de anunciadas pelo corretor de imóveis, e algumas são vendidas antes de divulgadas ao público. Em algumas circunstâncias, as "casas dos sonhos" são vendidas sem a ajuda de terceiros, isto é, de um corretor de imóveis profissional.

O mais sábio dos compradores, quando procura ajuda de um corretor de imóveis de primeira linha, vai logo avisando:

1. Não temos pressa em comprar. Podemos esperar, mas temos intenção de fazer negócio.
2. Quando uma "casa dos sonhos" é anunciada queremos ser avisados o mais cedo possível. Mas lembre-se dos nossos parâmetros, ela deve estar em excelentes condições e ser bem localizada.

A maioria dos milionários se encontra nessa categoria. A maioria dos participantes do levantamento apontou que:

---

Jamais tente comprar uma casa em um prazo curto.

---

Não significa que desprezem a oportunidade de uma boa compra se ela aparecer, apenas ficam satisfeitos esperando que a casa certa apareça. Os milionários nunca se colocam em uma posição em que são forçados a aceitar uma casa abaixo dos padrões. Esta situação contrasta nitidamente com os muitos empregados que devem se mudar para uma nova cidade tendo dois dias ou menos para encontrar uma casa, ou que aceitam "novos" trabalhos exigindo a mudança. É de se espantar que a mobilidade geográfica seja um fator negativo para a acumulação de riquezas? Como já mencionado, mais da metade dos milionários dos Estados Unidos não mudou de endereço nos últimos dez ou mais anos. Mais de cinco estão morando na mesma casa comprada pelo menos há 25 anos.

Digamos que sua procura por uma casa resuma-se a duas opções. Uma casa com 25 anos habitada pelo proprietário original, e outra, na mesma área, mas ocupada por oito moradores diferentes. A probabilidade maior é de que, como a maioria dos milionários, sua escolha recaia sobre a primeira residência ao considerar que oito moradores deixaram suas características de ocupação na casa. Os compradores experientes preferem ter o modelo "um só dono e baixa quilometragem".

Como alguém descobre uma casa de baixa quilometragem? Um dos métodos consistiria em contratar um corretor conceituado. Mas existem muitas situações em que a escritura de uma "casa dos sonhos" é transferida literalmente sem nenhum anúncio, nenhum corretor e nenhum desfile de possíveis compradores passeando pela casa.

Por exemplo, quando meu pai morreu, sabíamos que minha mãe acabaria sendo obrigada a vender a casa da nossa família. Tudo na casa estava de acordo com a definição de "casa dos sonhos": bem construída, bem projetada, bem conservada em uma boa localização, com apenas dois proprietários anteriores em 45 anos. Minha mãe só avisou aos vizinhos que estava vendendo a casa uns seis ou sete meses antes do dia em que pretendia mudar. Dizia não aos corretores quando ligavam e perguntavam sobre a colocação do imóvel no catálogo que lhes poderia trazer os 7% de comissão. Juntamente com a divulgação da notícia, minha mãe deixou claro aos vizinhos que ela não tinha pressa em vender. Ela transpirava confiança de que venderia a casa rapidamente, o que favorecia a imagem da residência. No final, podiam-se ver vários compradores ávidos e ela acabou concretizando a venda gastando menos do que US$ 1.000 em despesas gerais.

A lição a tirar é que, à semelhança de muitos compradores ricos, você pode fazer uso da vizinhança para chegar aos compradores sem pagar comissão alguma a corretores.

Meu amigo Billy Gilmore adotou outra técnica bem-sucedida. Quando estava à procura de uma "casa dos sonhos", ele se aproximou de um incorporador local que tinha várias unidades de condomínio à venda. Raciocinou que o incorporador podia ter um inventário de compradores potenciais que não desejavam assinar nenhum contrato de venda sem antes vender seus imóveis. O incorporador apresentou vários a Billy e um deles era dono de uma residência que atendia plenamente às necessidades do meu amigo. A compra e venda se concretizaram e todos saíram ganhando.

Já encontrei situações em que diversos compradores potenciais bastante agressivos escrutinaram a vizinhança meramente batendo de porta em porta das residências que lhes interessavam comprar. Eram casas sem anúncios de venda, sem qualquer indicação de intenção de venda, os compradores simplesmente as procuravam porque pareciam corresponder ao que procuravam. Sim, até mesmo esse marketing porta a porta pode funcionar. Mas acho que levaria muito tempo para encontrar aquela "casa dos sonhos" de alguém residente há muito tempo que esteja começando a sentir a necessidade de vender.

## PESQUISA PROATIVA

Pode parecer lógico que os menos ricos sejam mais cautelosos e conscientes no momento de adquirir uma propriedade do que os mais ricos. Se os mais afortunados tomarem a decisão errada, não abrirão falência. Na realidade, os milionários são muito mais conscienciosos do processo de compra do que os não milionários. Mesmo na classe milionária observa-se, entretanto, uma correlação interessante.

Qual dos grupos teria maior propensão em procurar por uma pechincha na compra de uma casa pertencente a uma execução hipotecária, acordo de divórcio ou venda de espólio, os de patrimônio líquido na faixa de US$ 1 ou US$ 2 milhões ou o grupo de decamilionários?

---

Mais de um em cada três (36%) dos decamilionários demonstrou interesse pela "compra de uma pechincha" ao adquirirem uma propriedade pertencente a uma execução hipotecária, acordo de divórcio ou venda de espólio. Menos de um em cada cinco (18%) dos milionários na categoria de US$ 1 a US$ 2 milhões mostrou-se disposto a comprar sua casa dessa forma.

---

Observe que esses milionários e decamilionários estavam respondendo a perguntas sobre como buscavam residências para eles próprios morarem, não apenas casas precisando de reformas para compra e posterior renda proveniente de aluguel.

Pode parecer surpreendente que alguns compradores potenciais fiquem pesquisando obituários na busca de indícios de que uma venda de espólio poderá ocorrer brevemente. A esposa empreendedora de um milionário decidiu não esperar que proprietários de residências cobiçadas como verdadeiros objetos de desejo viessem a falecer. Colocou o seguinte anúncio nas caixas de correio de residências de um bairro nobre:

---

**AVISO**

Gostaria de comprar uma casa nesta redondeza. Se tiver algum interesse em possivelmente concretizar a venda de sua residência no próximo ano, entre imediatamente em contato comigo pelo telefone indicado abaixo.

---

Obteve um apreciável volume de respostas dentro de poucos dias.

## DIRETRIZES DE COMPRADORES MILIONÁRIOS

Como os milionários compram suas casas, segundo eles próprios contam? As diretrizes a seguir apoiam-se nas respostas de 733 milionários, em um grupo de discussão e em resultados de entrevistas pessoais. A maioria dos milionários atribui pelo menos seu sucesso financeiro a uma criteriosa seleção do imóvel. Eles dizem que as casas adquiridas valorizaram-se bastante. Não é necessário ser um milionário para usufruir da recomendação que fazem. Em expressiva maioria são ricos que venceram na vida pelo próprio esforço e que saíram do nada. Compram casas geralmente como parte de um plano global de investimentos. O estudo e o planejamento de oportunidades de investimento é uma tarefa regular para nove de cada dez milionários.

**1. Ser capaz de se afastar de qualquer negócio a qualquer tempo.** Para cada 100 milionários que dizem não gostar de buscas demoradas para comprar uma casa existem 456 que afirmam peremptoriamente nunca entrarem em negociação para comprar um imóvel sem estarem com disposição para abandonar a ideia a qualquer momento. Em outras palavras, 82% desses milionários sentiram que podiam simplesmente dizer não ao vendedor, como se vê na Tabela 8-6.

Tabela 8-6 Procedimentos adotados: o processo de compra de uma casa (N=733)

| | Porcentagem de Milionários |
|---|---|
| PLANEJAMENTO E DECISÃO | |
| Estar sempre pronto a se afastar de qualquer negócio a qualquer momento | 82 |
| Nunca pagar o preço pedido inicialmente por qualquer casa | 86 |
| Pesquisar os preços de venda das casas da redondeza | 79 |
| Nunca tentar fechar a compra de uma casa em um prazo curto | 54 |
| Levar semanas, até mesmo meses, procurando o melhor negócio que seja possível fazer | 65 |
| PESQUISA | |
| Procurar uma vizinhança com excelentes escolas públicas | 79 |
| Comprar uma casa dentro das possibilidades de seu orçamento | 58 |
| Procurar uma casa eficiente em termos de consumo de energia e de gastos com manutenção | 25 |
| Procurar uma casa que tenha imposto predial razoável | 26 |
| Procurar uma casa com preço baixo pertencente a uma execução hipotecária, acordo de divórcio ou venda de espólio | 25 |
| NEGOCIAÇÃO | |
| Testar a sensibilidade do preço do comprador concedendo um grande desconto no preço oferecido | 46 |
| Pedir ao corretor para reduzir sua comissão de modo que o vendedor possa reduzir o preço de venda pedido | 32 |
| Empreitar a construção da casa | 27 |
| Pedir que o construtor/vendedor venda a casa a preço de custo | 18 |

Essa porcentagem também se relaciona com o patrimônio líquido. Os decamilionários constituem a maior parte de todos os grupos de milionários que acreditam na importância de ter "vontade de procurar a pé".

Um decamilionário que venceu na vida pelo próprio esforço certa vez me deu um sábio conselho. Disse-me que nunca começava a negociar para comprar qualquer coisa se sentisse que poderia ter dificuldade de "desistir a qualquer momento". Esse era seu estilo personalizado de realizar suas compras. Ele insistia em dizer que era uma má ideia deixar as emoções ditarem a compra. De acordo com esse decamilionário, não se deve nunca ficar enamorado de coisas, e isso inclui casas.

**2. Nunca pagar o preço pedido inicialmente por qualquer casa.** Alguma vez você já pagou o preço inicialmente pedido por uma casa? Se já, é pouco provável que tenha ficado milionário. Para cada 100 milionários que pagaram o preço pedido, encontramos 614 que nunca, de maneira alguma, fizeram isso. Oitenta e seis por cento desses milionários pediram desconto e até mesmo os outros 14% não viraram as costas simplesmente pagando cegamente o "preço de varejo". Passaram um tempo considerável estudando preços e quando uma verdadeira pechincha surgiu pagaram o que era pedido.

Holly e seu marido, Bill, tinham cerca de quarenta e poucos anos e se ajustavam perfeitamente à imagem do milionário caseiro que "vive abaixo de suas posses", mas sempre reconheceram o valor de possuir uma casa "objeto de desejo" em um bairro "objeto de desejo".

Casas desse tipo sempre estiveram em falta para atender à demanda de seu mercado específico e frequentemente conseguiam ser vendidas no primeiro dia que eram anunciadas no jornal. Algumas nem chegavam a ser anunciadas porque eram vendidas no dia em que o vendedor chamava o corretor. Os corretores sempre têm uma lista de espera de potenciais compradores para essas casas especiais.

Holly jogava bridge com vários proprietários que viviam nessa vizinhança privilegiada e durante uma partida um dos jogadores mencionou que o vizinho ao lado estava se mudando. A casa seria vendida dentro de uma ou duas semanas.

Duas horas depois de ter a notícia que o "objeto de desejo" estava disponível, Holly estava batendo à porta do vendedor. Ela imediatamente reconheceu que o preço era uma pechincha, de modo que ela e Bill juntaram uma entrada à vista e compraram a casa no dia seguinte.

O caso de Holly e Bill não é típico para a maioria dos milionários. Quando compram casas eles geralmente fazem o jogo da competição. Em geral selecionam pelo menos duas casas que satisfazem suas necessidades iniciando então as negociações de preço. A chave é conhecer o mercado e o valor das casas e estar decidido a não pagar o preço integral pedido para a "venda no varejo". Isso requer algum tempo e pesquisa de preços recentes de vendas de casas em vizinhanças selecionadas. Quase cinco em dez milionários (46%) dizem que, na realidade, fazem um teste de sensibilidade entre os vários vendedores de casas pedindo grandes descontos nos preços oferecidos. Esses compradores em potencial dão notas às respostas dos vendedores. Muitos desses "aplicadores de teste" dão um passo além, pedem ao corretor para dar um desconto na comissão de vendas. Eles esperam que isso aumente a probabilidade de o vendedor também reduzir seu preço de venda.

Em sua opinião, qual tipo de comprador assume essa atitude agressiva ao comprar uma casa? Não é uma questão de pessoas que normalmente têm dificuldade de aceitar propostas prontas, tendendo sempre a contraofertas apenas por um "espírito de contradição". Existe uma forte correlação positiva nos campos das negociações entre o patrimônio líquido do comprador e a comissão e/ou preço agressivos. O levantamento indicou que 42% dos decamilionários são do tipo "negociadores agressivos quanto a comissões e preços". Apenas 29% dos milionários com patrimônio líquido entre US$ 1 e US$ 2 milhões de dólares negociam dessa mesma forma.

**3. Nunca tente fechar a compra de uma casa em um prazo curto.** A pressa gera o desperdício? Na maior parte dos casos a resposta é sim. Apesar disso, todos nós podemos aprender com nossos erros. Engane-me uma vez e a culpa é sua, engane-me duas vezes e a culpa é minha. Mesmo os milionários admitem ter tomado decisões não otimizadas de compra de casas algumas vezes no passado e com frequência essas decisões foram apressadas.

Se a situação for tal que exija a compra da casa em pouco tempo, assegure-se de contar com a ajuda do melhor corretor de imóveis que for possível. Um corretor habilidoso, acostumado a ter uma alta produtividade, é uma base de dados falante e ambulante. Ele ou ela deve ser capaz de prever quanto valerá uma casa vendida hoje no ano que vem e daqui a cinco ou dez anos. Peça referências e entre em contato com pessoas que compraram casas do corretor há anos, e confirme se as previsões de valores de casas feitas na época foram boas.

Essas pessoas têm um histórico de encontrar casas que são ótimo negócio e de vender bem mesmo com o mercado em baixa. Lembre-se de dois números: 10 e 65. Na minha longa vivência estudando as pessoas ricas e os profissionais de venda que os representam descobri que cerca de 10% dos corretores são os responsáveis por 65% dos negócios com casas milionárias. Encontrei bastante coerência na afirmativa de que as pessoas ricas sustentam os profissionais mais produtivos de contabilidade, advocacia, medicina e de compra e venda de imóveis. Os milionários têm um talento especial para encontrar grandes talentos e conseguiram desenvolver um forte senso de avaliação dos diversos fornecedores.

O que se deve fazer para encontrar um ás da corretagem de imóveis? É possível que seu empregador, empresário de uma grande companhia, tenha um banco de dados e muita experiência em lidar com esse tipo de talento. Compre a edição de domingo de um jornal ou procure na Internet empresas corretoras de imóveis. Entre em contato com os gerentes dessas companhias, descubra quem são seus ases de compra e venda e faça contato com eles. Descubra a precisão de suas estimativas sobre valores de imóveis, perguntando a seus clientes se eles acertaram razoavelmente o futuro que previram.

Outra técnica usada pelas pessoas economicamente bem-sucedidas relaciona-se à orientação legal que obtêm dos seus escritórios de advocacia preferidos, que contam com múltiplos escritórios, geralmente empresas bem conhecidas de médio e grande portes. De modo que se eles se mudam de Nova York para Atlanta ou de Chicago para Denver, podem pedir a seus advogados que os apresentem a um associado que viva na cidade de destino, bem como solicitar a este último referências sobre empresas corretoras de imóveis.

Não é necessário ser milionário para contratar escritórios de advocacia de médio e grande portes. No mínimo, eles podem ser contratados para fazer um testamento do casal. Na maioria das vezes é possível não somente contar com um núcleo de profissionais capazes de prestar excelente serviço como também ter acesso a uma rede de informações. Esses escritórios de advocacia têm parceiros e associados que são especializados em negócios imobiliários e que podem lhe indicar corretores extremamente produtivos. Seu advogado deve lhe orientar no fechamento dos contratos e lhe mostrar os prós e os contras do contrato de compra. Mas isso não é tudo, existe ainda um outro benefício em trabalhar intimamente ligado a escritórios de advocacia bem qualificados, como mostrado a seguir.

**4. Procure uma casa com preço baixo pertencente a uma execução hipotecária, acordo de divórcio ou venda de espólio.** Alguma vez você já comprou uma casa de um banco? Eu já, e gostaria de lhe dizer que estava procurando uma verdadeira pechincha, mas não estava. Apenas vi um anúncio "vende-se" no gramado e, posteriormente, descobri que a casa completamente nova era uma venda de espólio. Mas alguns milionários do meu levantamento são ainda mais proativos do que eu fui.

---

Um em cada quatro milionários afirma que está habituado a procurar casas que são parte de uma execução hipotecária, acordo de divórcio ou venda de espólio.

---

Nos 36 meses que se seguiram à queda da Bolsa de Valores em 1987, 37% dos que compraram casas pertenciam ao grupo "procurando execuções hipotecárias". Muitos estão esperando apenas uma nova queda no mercado.

Alguns milionários descobrem oportunidades como essas mediante suas ligações com escritórios de advocacia renomados. Por que não fazer algumas perguntas criativas ao seu advogado:

- Existe alguém em seu escritório especializado em execuções hipotecárias, espólio ou acordos de divórcio?
- Seria possível me avisar, considerando que sou um cliente da sua empresa, os casos de possíveis pechinchas na venda de casas que precisem ser liquidadas?

De acordo com meu levantamento, os advogados têm maior probabilidade do que qualquer outro grupo profissional de dizer que procuraram casas por preços de pechincha de proprietários em dificuldades. Nem todas as casas nessa situação encontram-se em mau estado de conservação, nem necessariamente estão sendo vendidas por preços baixos. Os construtores e compradores lidando com casas luxuosas não estão imunes às leis da economia e à bancarrota. Existem muitos desses aventureiros da especulação morando em casas de milhões de dólares e ganhando tão pouco que o que recebem nem sempre é suficiente para cobrir hipotecas de longo prazo. Existem muitas vendas a crédito de residências caras mesmo em tempos de economia saudável.

Veja por exemplo um anúncio publicado: "Leilão de uma Propriedade Privilegiada — As Três Melhores Residências de Atlanta" (*Wall Street Journal,* 26 de fevereiro de 1999, p. W13). Parece que os leiloeiros das residências privilegiadas dos Estados Unidos têm uma definição diferente da minha sobre o que é uma propriedade do tipo "objeto de desejo". Para mim, significa algo como "essa 'casa dos sonhos' de 3, 4 ou 5 dormitórios" localizada em uma ótima e antiga vizinhança. Não se trata de mansões, mas seus proprietários são muito ricos. Entretanto, as três mansões anunciadas podem um dia ter pertencido a pessoas que atualmente não são mais ricas. O que mais poderíamos concluir do aviso: "O banco solicita a venda dessa propriedade"? Será que alguém gastou mais do que devia? Por qual outra razão eles se desfariam de:

- "A mansão mais imponente de Buckhead"*
- Um "opulento palácio da Renascença francesa com um grande salão"

---

* Buckhead é uma comunidade reunindo várias vizinhanças e que compõe cerca de um quinto da área ao norte de Atlanta (N. do T.).

- "Acessórios de banheiro em ouro de 24 quilates"
- "Piscinas de forma livre com quedas-d'água e spa"

**5. Siga as diretrizes dos milionários para fazer uma casa adaptada ao seu gosto.** Somente uma minoria (27%) de milionários decidiu, um dia, construir suas próprias casas. A maioria comprou casas de proprietários anteriores, embora alguns tenham adquirido novas casas construídas, ou quase terminadas, para fins especulativos de um empreiteiro ou incorporador.

Realmente, pelo menos uma vez na vida, um em cada cinco milionários comprou uma casa tendo em vista especular o preço. Existem várias razões, detalhadas mais adiante neste capítulo, que tornam os milionários avessos à rotina usual.

Para os que têm intenção de obter uma casa construída a seu gosto, costumo dizer que construir é como entrar em um negócio sobre o qual se sabe pouco ou nada. Não se trata somente de entrar no negócio, muitas vezes fica-se obrigado a negociar com um completo estranho. Um estranho, esse empreiteiro de construções, poderá ser seu parceiro, mas será frequentemente um parceiro limitado. Como você está patrocinando o empreendimento, a maior parte do risco econômico é de sua responsabilidade.

Recomendo que, primeiro, explore as peculiaridades do seu patrocínio aconselhando-se com um contador e um advogado. Ambos os profissionais e seus respectivos colegas têm um bom conhecimento sobre vários empreiteiros de residências, sabem quais são os bons, os ruins e até quem são os ótimos.

É bom contar com profissionais experientes e espertos ao seu lado antes de se associar a um empreiteiro. Ele pode ajudá-lo a compilar uma boa lista de candidatos a parceria e a filtrar essa relação de nomes. Só depois de conseguir uma lista de dois ou três nomes a negociação com o empreiteiro deve começar. Não seja o negociador líder. Defina certos parâmetros relacionados a orçamento, prazo e projeto da obra e deixe que seu contador e advogado cuidem do restante.

Esses profissionais têm uma habilidade extraordinária para atender a uma ampla gama de necessidades. Considere o papel, por exemplo, que um competente contador desempenhou recentemente auxiliando seu cliente rico interessado em construir uma casa a seu gosto. Não se pode esquecer que o contador, o Sr. Art Gifford, é um negociador experiente e habilidoso. Frequentemente negocia e compra tudo, de empresas a automóveis.

*Enquanto falava com um cliente, um neurocirurgião, percebi que ele estava prestes a fazer um contrato desvantajoso com um empreiteiro, pois não tinha nenhuma experiência nesse tipo de negociação.*
*Existiam muitos e muitos problemas. O construtor queria fazer um contrato adicionando ao preço mais 15% de honorários. Isto é salgado quando se está falando de uma casa em torno de US$ 1,1 milhão.*
*Havia também outros problemas. O construtor queria que meu cliente pagasse uma comissão de 5% sobre o valor do terreno de US$ 300 mil quando a casa estivesse pronta.*
*O empreiteiro queria agir como um corretor [...] Meu cliente também era o proprietário do lote e ele queria receber US$ 15 mil de comissão de vendas sobre o valor do lote. Mais os 15% sobre o gasto de US$ 1,1 milhão. Isto significaria US$ 15 mil, mais US$ 165 mil dos honorários, ou seja, US$ 180 mil de lucro, sem falar no lucro de US$ 100 mil apenas com a venda do lote.*
*Eu o fiz ver [ao empreiteiro] que o cliente havia me dado plena autoridade para negociar, que o contrato deveria ser compatível com o preço que a outra, [...] ah!, concorrência estava propondo para empreitadas semelhantes no mercado atual. E acrescentei que vários de meus clientes eram construtores. Eles teriam muita satisfação, muita mesmo, em construir uma casa desse valor por apenas 10%.*
*Disse-lhe que não deveria ser cobrada nenhuma comissão sobre o lote e que 10% sobre a casa seria mais do que razoável.*
*Meu cliente [o neurocirurgião] detesta ser pressionado, não tem tempo para esse tipo de discussão. Muitas pessoas, especialmente médicos, acham degradante a ambiguidade com relação a preços. De modo que me ofereci para negociar em nome dele.*
*Gostei muito do processo da negociação, especialmente por representar o cliente. Faço isso frequentemente.*
*A primeira coisa que providenciei falando com o construtor foi cortar a comissão de 5% sobre a venda do lote. Fiz com que meu cliente poupasse US$ 15 mil com apenas alguns momentos de dedicação ao assunto. Depois de várias conversações, o construtor concordou com os honorários de 10% em vez de 15% e meu cliente foi poupado de uma despesa de US$ 70 mil.*

O Sr. Gifford me disse não ter cobrado honorários de seu cliente, o neurocirurgião, pela negociação feita.

*Trata-se de meu cliente. Ele paga para ter um planejamento contábil e de impostos. Todo o restante é gratuito, faz parte dos nossos serviços. Mas digo a eles, mandem-me negócios, falem a seus amigos sobre nosso trabalho. É assim que fazemos negócios.*

Essa é uma das razões para o crescimento do escritório de contabilidade do Sr. Gifford, mas existem outras. O construtor acabou se tornando um dos clientes dele porque fez excelente trabalho e foi recomendado a vários outros de seus clientes ricos fazendo novos contratos de construção. Essencialmente, o Sr. Gifford sabe como fazer seus amigos e clientes ficarem satisfeitos e nunca tentou passar a perna em um fornecedor ou sugar o lucro de um construtor até o osso.

*Mas nunca se deve fechar um contrato em que a parte do fornecedor, construtor ou quem quer que seja fique ressentida. Eles querem um contrato justo. E lembre-se, se o contrato sugá-los os ossos eles provavelmente ignorarão seus pedidos de voltar e consertar algumas coisas depois que a casa estiver pronta.*
*O mesmo ocorre com vendedores de automóveis. É sempre possível fazê-los vender ao preço de custo, até abaixo, mas eles me detestarão e aos meus clientes. Tente voltar exigindo algum serviço dentro do período de garantia, ou peça por um carro enquanto consertam o seu, sob essas circunstâncias dificilmente lhe prestarão qualquer serviço de pós-vendas. Por outro lado, é sempre possível se abster e deixar seus clientes serem depenados. Ninguém deveria ser obrigado a pagar 15% para construir uma casa ou o preço de catálogo de um automóvel. Quem é justo e equilibrado ganha e faz com que todos ganhem a longo prazo.*

Se estivéssemos considerando a construção de uma casa dispendiosa eu pediria ao meu advogado que fizesse um contrato com o construtor. Minha inexperiência é muita para ir contra um construtor que já negociou centenas de contratos. Faria também meu contador fazer parte do time, detalhando a matemática do contrato juntamente com o construtor.

Por que reunir todos os terceiros? Porque a longo prazo é possível poupar muitos dólares. Mesmo que seu contador e advogado lhe cobrem várias centenas de dólares por hora de consultoria e seu gasto atinja US$ 5 mil ou mesmo US$ 10 mil, profissionais habilitados podem poupar cinco, dez e até mesmo vinte vezes o valor de seus honorários fazendo contratos razoáveis para seus clientes.

Existe algo mais que também deve ser incluído nesta equação. Os construtores e outros fornecedores tendem a se desempenhar mais eficazmente quando compreendem que o cliente está bem representado por profissionais esclarecidos. Alguns desses fornecedores se referem a esse cliente dizendo:

---

Ele é um homem de negócios!

---

As pessoas tendem a respeitar mais homens e mulheres de negócios do que os consumidores Sr. e Sra. "R. Ingênuos", de modo que devemos estar voltados para os negócios quando estivermos pensando em realizar grandes despesas como a construção de uma casa.

**6. Compreenda a importância de comprar uma casa dentro das possibilidades de seu orçamento.** Alguma vez você já comprou uma casa com gastos compatíveis com seu orçamento? Se sua resposta for afirmativa, provavelmente você é rico ou encontra-se no processo de ficar rico. Muitas vezes os milionários já compraram, em algum momento de suas vidas, casas que não foram fáceis de ser pagas. Realmente, cerca de quatro em cada dez milionários (42%) já passaram por essa situação.

Como é possível que alguém compre uma casa com dificuldades para amortizar os pagamentos da hipoteca e ainda assim consiga ficar rico? O segredo é que o preço da casa não importa tanto como o fato de ela se valorizar ou não com o tempo.

Outra consideração é saber se a renda do comprador aumentará significativamente, descontada a inflação.

Algumas coisas precisam ser lembradas quando se pensa em comprar uma casa que esteja um pouco fora de suas posses. Será que o pagamento da hipoteca representará dificuldades? E quanto ao amanhã, sua renda aumentará ou diminuirá? O valor pedido pela casa aumentará substancialmente no futuro próximo? A resposta honesta a tais questões e a outras relacionadas evitará que graves erros financeiros sejam cometidos.

E se você não for direto nem consigo mesmo, e se você se convencer de que não há nada de errado em comprar uma casa de US$ 1,2 milhão com apenas 10% de sua poupança e com pagamento à vista? Só que, depois de fazer o pagamento mensal da hipoteca e desembolsar os custos domésticos operacionais, você conclui que consumiu toda sua receita do mês. Os "valentes compradores de casas de luxo" ficam convencidos de que esse é somente um problema transitório e me dizem:

- Minha renda continuará aumentando todos os anos.
- A valorização da casa será explosiva dentro de poucos anos.

- Sou um investidor experimentado. É por essa razão que não estou arriscando muito do meu próprio dinheiro, apenas 10%. Este é um contrato de alavancagem ideal.
- Com apenas US$120 mil dos meus próprios recursos tenho controle sobre praticamente US$ 1,1 milhão do banco.
- O valor da casa vai dobrar dentro de cinco anos, posso sentir isto. De modo que, para um investimento de apenas US$120 mil, bem cedo terei uma casa de US$ 2,4 milhões. Depois de pagar a hipoteca, sairei com um lucro de US$ 1 milhão.

Minha resposta a esse raciocínio é dar a esses valentões os nomes e endereços dos melhores advogados especialistas em falência do país. Em marcante contraste com a filosofia desses valentões, a maioria dos milionários já era rica antes de comprar suas casas atuais, adquiridas quando tinham quarenta e poucos anos ou logo depois de completarem os 50 anos.

Quando as pessoas me perguntam sobre o significado de "compatível com o orçamento", dou uma resposta simples: antes de comprar sua próxima "casa dos sonhos", suponha que após um ano de sua compra sua renda total anual seja reduzida à metade. Por quanto tempo você acha que será capaz de continuar pagando a hipoteca e os demais pagamentos associados considerando a redução de sua renda? Passe para a próxima etapa e suponha que seus investimentos também declinem 50%. Será que você conseguiria ainda equilibrar suas finanças pelo menos por mais cinco anos? Se a resposta for negativa, então a casa que você deseja comprar *não é facilmente compatível com seu orçamento!* É difícil convencer um valentão para negócios de que os maus tempos se alternam com os bons tempos. A maioria nunca se viu obrigada a obter receita durante os maus tempos. Quando veem a economia em expansão pensam que durará para sempre, o que não corresponde à realidade. Mas tente dizer isso a um jovem corretor que ganhou US$ 300 mil de comissões no último ano. Estes profissionais de venda são os mesmos que compram casas pagando acima do valor de mercado e exageram nos gastos durante a época em que sopram os bons ventos. Eles julgam sua capacidade de comprar casas caras e de levar um estilo de vida cheia de fartura com base na renda de um único ano.

Não é de surpreender que muitos profissionais de vendas produtivos e experimentados tenham sentimentos confusos a respeito de quando a economia está atravessando bons tempos. Eles gostam de participar de uma economia próspera, mas conseguem produzir mesmo durante maus tempos. Gostam dos maus tempos porque os valentões, especialmente os jovens, são eliminados, e os veteranos experimentados têm menos concorrentes.

O mesmo se aplica aos compradores de casas. Os que são espertos sabem que baixas taxas de juros e rápido crescimento da receita doméstica são traduzidos por aumentos significativos no preço de compra das casas. O alto preço das casas hoje é função direta do número de valentões que recebem altos rendimentos. O maior número de valentões nasceu em 1957. Hoje, na meia-idade, parecem estar presentes em todos lugares onde existam, em altas concentrações, hipotecas e casas de milhões de dólares.

## Green ou Blue?

Por qual razão o Sr. Green tem um patrimônio líquido expressivamente maior do que outros que se encontram na mesma faixa de receitas? Ele afirma que a explicação está no fato de ser um investidor extremamente produtivo. Ele é rico hoje porque tem um processo plenamente integrado de alocar recursos em investimentos e não se limita a investir no mercado de ações. O Sr. Green reconhece que existem muitas outras ótimas oportunidades. Ele acha que investir em ações de empresas públicas foi de grande valia para que ele se tornasse rico, mas existem outros fatores que são significativos para seus hábitos de investimento. Tem um faro de caçador, pode fiscalizar seu investimento e ainda procurar ou reconhecer outras boas oportunidades de investimento. Conforme ele próprio diz na resposta ao questionário:

> Procuro oportunidades que outros não veem.

O Sr. Green tem um considerável conhecimento real das tendências do mercado imobiliário em sua região. Ele me escreveu o seguinte comentário:

> O Milionário Mora ao Lado *é uma publicação importante. Minha esposa e eu gostamos muito de lê-la, discuti-la com os amigos e com a família e de compará-la com nosso procedimento habitual.*
> *O ponto de divergência está em concentrar nos investimentos imobiliários nossa principal oportunidade de investimento. Não estamos presos à nossa casa, mas gostamos dela e esperamos vendê-la dentro de um ou dois anos. Temos a expectativa de lucrar US$ 2,1 milhões, ou 125% sem a incidência de impostos. Vamos construir uma outra, menor, pagar uma hipoteca relativamente pequena, pagar os impostos e ainda ficar com mais de um US$ 1 milhão. Seja bem-vindo a Greenwich, Connecticut, nos anos 1990!*

Os Green construíram há seis anos a casa onde moram hoje e a um custo de US$ 1,7 milhão, incluindo o terreno. Quanto ela valia cinco anos depois? De acordo com o Sr. Green, US$ 3,8 milhões. Mas, de acordo com meu próprio levantamento, esta é uma estimativa muito conservadora; a propriedade deve estar valendo mais de US$ 4 milhões. Os Green são sócios-fundadores da categoria dos Ricos no Balanço Patrimonial (RB).

Observar o Sr. Green enquanto ele compra uma casa pode nos ensinar como melhorar nosso Balanço Patrimonial. Nos últimos dez anos, o casal Green comprou e vendeu casas quatro vezes e, a cada operação realizada, aprenderam alguma coisa nova. Hoje eles compram quando sentem que será relativamente fácil vender com lucro algum dia. Sabem que quanto mais estudarem o negócio e negociarem como compradores, melhor resultado terão quando venderem a mesma propriedade. Compare agora seus métodos com os Blue, sócios-fundadores do clube dos Ricos na Delaração do Imposto de Renda. Eles têm um patrimônio líquido equivalente a cerca de duas vezes a renda anual e passariam apertado vivendo dele em poucos anos. Os Blue são consumistas, ganham para gastar e gastam para ganhar. Compraram sua "casa dos sonhos" por US$ 2,5 milhões com uma hipoteca multimilionária.

Os procedimentos adotados pelo Sr. Green e pelo Sr. Blue para a compra de suas casas podem ser vistos examinando-se a Tabela 8-7. Durante a vida adulta ambos sempre compraram as casas onde moraram, mas recentemente decidiram construir suas próprias casas. Quer seja o caso de comprar uma casa pronta ou de construir uma, a comparação dos estilos e procedimentos pode ser útil. Observe que o Sr. Green, dos 14 procedimentos listados anteriormente, adotou 13 deles para fazer o melhor negócio possível na compra da casa, ao passo que o Sr. Blue adotou apenas quatro dos procedimentos listados. O Sr. Blue compra casas que não são compatíveis com seu orçamento e evita testar a sensibilidade do vendedor quanto a uma alteração no preço; como muitos do grupo do RR, ele é impaciente. Ele acredita na filosofia "compre agora, pague depois". Hoje os RRs estão eufóricos por causa dos surpreendentes aumentos nos seus rendimentos. Por que esperar então até que fiquem ricos no que diz respeito ao Balanço Patrimonial? Eles gastam com base na expectativa de se tornarem ricos amanhã, mentalmente já se consideram ricos com base em sua declaração de rendimentos. O Sr. Blue está convencido de que pode pagar sua casa de US$ 2,5 milhões, afinal de contas o gerente de sua conta aprovou o empréstimo bancário.

O Sr. Blue considerou os dólares que ele esperava receber durante os próximos dez anos e calculou as entradas, que seus clientes pagariam pelos honorários e comissões, para amortização de sua hipoteca. Este extraordinário e produtivo vendedor previu tudo na sua equação de compras.

Tabela 8-7 Procedimentos adotados pelo Sr. Green e pelo Sr. Blue ao comprarem suas respectivas casas

| | TIPO DE RIQUEZA | |
|---|---|---|
| | Rico no Balanço Patrimonial: Sr. Green | Rico na Declaração do Imposto de Renda Declarada: Sr. Blue |
| PLANEJAMENTO E DECISÃO | | |
| Nunca pagar o preço pedido inicialmente por qualquer casa | Sim | Sim |
| Estar sempre pronto a se afastar de qualquer negócio a qualquer momento | Sim | Sim |
| Pesquisar os preços de venda das casas da redondeza | Sim | Sim |
| Levar semanas, até mesmo meses, procurando o melhor negócio que seja possível fazer | Sim | Não |
| Nunca tentar fechar a compra de uma casa em um prazo curto | Sim | Não |
| PESQUISA | | |
| Procurar uma vizinhança com excelentes escolas públicas | Sim | Não |
| Comprar uma casa dentro das possibilidades de seu orçamento | Sim | Não |
| Procurar uma casa eficiente em termos de consumo de energia e de gastos com manutenção | Sim | Não |
| Procurar uma casa com preço baixo pertencente a uma execução hipotecária, acordo de divórcio ou venda de espólio | Sim | Não |
| Procurar uma casa que tenha imposto predial razoável | Não | Não |
| NEGOCIAÇÃO | | |
| Testar a sensibilidade do preço do comprador concedendo um grande desconto no preço oferecido | Sim | Não |
| Pedir ao corretor para reduzir sua comissão de modo que o vendedor possa reduzir o preço de venda pedido | Sim | Não |
| Empreitar a construção da casa | Sim | Sim |
| Pedir que o construtor/vendedor venda a casa a preço de custo | Sim | Não |

O Sr. Blue vê a concessão de crédito como uma ferramenta para melhorar seu balanço patrimonial. Ele acredita na utilização do dinheiro de outras pessoas levantado com base na hipoteca do seu imóvel. Ele prevê que a casa de US$ 2,5 milhões valorizará substancialmente, mesmo no curto prazo. Como muitos do tipo RR, ele acredita fielmente que "fez um bom negócio" comprando a casa, mas, infelizmente, vai ter uma surpresa.

Quem realmente consegue "bons negócios" no ramo imobiliário? Não são os Blue, os RRs, são os Green, os RBs.

Depois de terem decidido construir a casa, o Sr. Blue quis fechar negócio imediatamente. O experiente empreiteiro percebeu que o Sr. Blue era "um cachorro no cio", que o "cachorro" precisava da casa imediatamente. Por definição, custos e preço não eram relevantes, mas importavam muito tamanho, fachada, estilo, banheiras Jacuzzi e outros itens caros.

O Sr. Green nunca pagaria US$ 2,5 milhões pela casa ocupada atualmente pelo Sr. Blue. Ele é muito experiente para pagar o preço pedido no anúncio da venda e é extremamente paciente. Os construtores também têm sensibilidade nesse ponto. O Sr. Green pediu e convenceu o construtor a trabalhar com um preço próximo ao de custo. Fez sua parte, estimou razoavelmente bem os custos e simplesmente perguntou ao construtor os dados reais de custo das casas que ele construíra recentemente. O Sr. Blue estava com pressa e não tinha a menor ideia do quanto realmente custaria construir sua casa!

Há um outro elemento em jogo. O Sr. Blue quer experimentar essa sensação inédita. Ele sente uma compulsão interior em passar pela experiência única de ter uma casa especial que ele mesmo construiu. Essa necessidade de novas experiêcias pode ser satisfeita, mas o custo é alto. O sonho do Sr. Blue é tão especial que nenhum construtor pode fazer uma analogia de custo que se aproxime da sua idealização. Sendo assim, como é possível que um construtor possa dar uma estimativa de custo confiável? Sem estimativas confiáveis você não pode negociar e nem chegar próximo do custo de construção. Alguns construtores trabalham apenas sob as condições de administração contratada, custos mais honorários. Trata-se então do custo de construção do Sr. Blue, o grande desconhecido inicialmente, somado a, digamos, 20% de honorários. O que pode acontecer quando você faz um construtor construir uma casa tão singular, tão personalizada, de arquitetura tão moderna que cada dia ele tem uma nova situação a aprender? Você está pagando um preço muito alto para movê-lo na curva da aprendizagem.

Se, posteriormente, sua casa custar mais do que o habitual os possíveis compradores não vão se interessar por ela quando chegar o momento de vendê-la.

Não se importarão com as atualizações feitas no projeto durante a fase de construção. Não se sensibilizarão com problemas enfrentados pelo construtor, com as tarefas que começaram e recomeçaram repetidas vezes, voltando à estaca zero na curva de aprendizagem da obra.

O Sr. Green tem sido capaz de fechar negócios muito melhores, em parte por causa de sua grande experiência com construtores e imóveis residenciais na sua área. Ele insiste com o corretor do imóvel para que reduza o preço de forma que aquele que está vendendo possa reduzir ainda mais o custo de venda. Como experiente negociante, acredita no poder da concorrência entre os atores dessa peça. Ele é muito mais paciente do que o Sr. Blue, não é um "cachorro no cio". O construtor, o corretor e o vendedor da propriedade descobriram isso porque o Sr. Green deixou claros seus motivos e necessidades como comprador de casas:

- Nunca, nunca mesmo deve-se tentar fechar a compra de uma casa em um prazo curto. Sempre procuro uma grande oportunidade. Posso examinar um terreno livre para construção durante muitos anos antes de tomar a decisão de construir nele.
- Levo semanas, meses, até mesmo um ano ou mais procurando pelo melhor negócio. Nunca tenho pressa.
- Sempre procuro uma pechincha, uma casa com preço baixo que faz parte de uma execução hipotecária, acordo de divórcio ou venda de espólio.
- Sr. Construtor, se quiser trabalhar para mim pelo meu preço, posso contornar suas dificuldades com o prazo. Quando tiver mais tempo disponível talvez se interesse em fazer minha obra.
- Não sou um cliente comum. Compro imóveis residenciais não apenas para moradia, mas também como investimento. Sempre compro com a ideia de poder vender algum dia. Reduza sua comissão na venda e estou certo de que o vendedor da propriedade também oferecerá um desconto adicional.
- As pessoas me veem como um formador de opiniões, sempre me pedem para recomendar corretores.
- Conheço muitas pessoas nesta comunidade e elas constantemente me pedem ajuda na escolha de um construtor.

Existem vários fatores a considerar quando se pensa no sucesso do Sr. Green como construtor de casas. Ele é sensível à vida útil da obra, não ao argumento do preço inicial. O custo inicial é o preço que ele paga pelos lotes, pelas casas e pela construção. O custo ao longo da vida útil diz respeito aos custos diretos e indiretos associados a uma determinada casa ao longo do tempo.

E quanto ao Sr. Blue? Ele é relativamente mais sensível ao custo inicial do que ao custo ao longo da vida útil, porém, de uma forma geral, é menos sensível do que o Sr. Green a ambos aspectos. Os RRs sempre se iludem quando tomam a decisão de comprar casas, porque pintam um quadro excessivamente otimista tanto com relação aos custos iniciais como quanto aos custos de manutenção. É a variação nos custos de manutenção que mostra o maior contraste entre os grupos RBs e RRs. Por exemplo, considere os diversos custos relativos à escolha de um bairro que tenha escolas públicas excelentes. O Sr. Green sempre escolhe um desse tipo, mas o Sr. Blue, não. Antes de mudar para um novo bairro, o Sr. Blue não procurou saber como eram as escolas. Quando compreendeu que as escolas públicas tinham um padrão abaixo da média da região, a matrícula na escola particular tornou-se indispensável. O Sr. Blue percebeu que seus filhos não seriam aceitos em faculdades de boa qualidade. Somando o custo de US$ 33 mil por ano da matrícula aos outros custos de manutenção relacionados a "fazer um bom negócio", teremos o custo total do lote.

Não é verdade que todos os milionários tendem a utilizar as escolas particulares e que são avessos à educação da escola pública para seus filhos. Realmente não é assim. A maior parte indicou que a qualidade das escolas públicas foi um fator significativo para tomarem a decisão quanto ao bairro. Aproximadamente 8, em 10 (79%), afirmaram que um critério de decisão importante na escolha da residência foi:

Procurar um bairro que tivesse excelentes escolas públicas.

Não é difícil compreender a relação entre riqueza, valores de casas e qualidade das escolas públicas. Considere por um instante quanto custa mandar três crianças para uma escola particular. O milionário típico tem três filhos. Por que ele iria viver em uma área onde fosse obrigado a matricular seus filhos em escolas particulares? Ele não faz isso, prefere pagar preços maiores por residências vizinhas a escolas públicas de alta qualidade.

Como evidência adicional, apenas 26% dos milionários pesquisados afirmam:

Ter procurado uma casa que tivesse um imposto predial razoável.

A maior parte dos RBs, como o Sr. Green, compreende que existe um certo equilíbrio entre pagar altos impostos prediais e ter escolas públicas de boa qualidade. O Sr. Green nunca pensou em se mudar para um bairro porque os custos das escolas eram razoáveis. No seu modo de pensar, baixos impostos significam escolas públicas de baixa qualidade.

A maioria das pessoas nos Estados Unidos nunca pagaria US$ 1,7 milhão por uma casa de cinco dormitórios. Mesmo que pudesse comprá-la, a maioria construiria em outro lugar. Está claro que o Sr. Green poderia ter comprado uma casa de cinco dormitórios com um projeto semelhante e mesmo espaço por muito menos se apenas ele e sua esposa concordassem em viver em uma outra cidade da região. Mas eles sabiamente queriam permanecer em Greenwich. Eles teriam comprado uma casa por menos da metade de US$ 1,7 milhão, mas não teriam a mesma ou semelhante qualidade no bairro.

O Sr. Green recusou-se a ser condescendente. Nunca considerou um risco sua decisão de investir US$ 1,7 milhão em uma casa. Para ele, arriscado teria sido comprar uma casa por US$ 700 mil em um bairro de menor qualidade do que aquele que ele tinha escolhido. O investimento de US$ 1,7 milhão do Sr. Green mais do que dobrou em apenas seis anos porque ele possui uma casa privilegiada em um bairro privilegiado. A região e a casa são cada vez mais desejáveis para um número sempre crescente de compradores ricos de casas.

Para o Sr. Green o risco tem outra face. Encontrar e comprar uma casa em um bairro que não seja privilegiado é relativamente fácil, mas o risco real é a dificuldade de vendê-la, especialmente se ela estiver localizada em uma área cujas escolas públicas sejam abaixo da média. De modo que, se o Sr. Green tivesse liquidado apenas uma parte do US$ 1,7 milhão, cinco anos depois o investimento poderia ter sido valorizado apenas no seu valor nominal. As escolas públicas têm relação direta com o retorno real do investimento.

Por que pessoas como o Sr. Green são mais capazes de tomar decisões sábias acerca de comprar casas do que pessoas como o Sr. Blue? O Sr. Blue tem visão estreita, é um investidor fanático por vendas. Ele negocia investimentos no mercado de ações e é desta forma que consegue altos rendimentos. Envolve-se por completo na forma de travar batalhas ao telefone e, como resultado, despreza outras oportunidades que sejam capazes de gerar receitas realizadas ou não realizadas.

O Sr. Blue não está sozinho. Um dos fatores subjacentes ao comportamento dos RRs é que eles tendem a ser *wokaholics*. O trabalho os consome. Seria possível presumir que esses tipos que obtêm altos rendimentos talvez adotassem o estilo de vida "trabalhe duro, divirta-se bastante" mas, em geral, eles se envolvem relativamente em menos atividades sociais, religiosas, civis e de diversão do que os RBs. Eles tendem a trabalhar mais e se divertir menos, e de todos os grupos de altos rendimentos são os que têm a menor probabilidade de dizer que "gostam do trabalho que fazem".

Observe que muitos RBs trabalham muitas horas de maneira intensiva, mas não são *workaholics* quando se trata de trabalhar no que não gostam. Não há nada mais cansativo do que trabalhar com algo que você não goste.

Os RRs podem ganhar e gastar bastante, e é pouco provável que adotem procedimentos defensivos para reduzir o custo operacional de suas casas, por causa do modo como veem as coisas. Eles acreditam que tais procedimentos não compensam os esforços necessários. A redução dos custos operacionais e a compra de residências seguindo o processo do Sr. Green também são vistas como trabalho, e o retorno financeiro é bem menor do que se estiverem exercendo suas ocupações profissionais principais.

Em algumas situações, o argumento pode ser válido. Você pode não ficar rico usando cupons de desconto para compras nos supermercados, mas atividades como essa, quando vistas em conjunto, têm uma influência significativa sobre o balanço patrimonial de qualquer pessoa. Os RRs não têm um argumento válido no que se refere a comprar casas, ficou bastante claro no levantamento nacional de RBs que uma casa pode ser mais do que o castelo do homem.

Se um comprador não planeja e não estuda as oportunidades que aparecem, uma casa pode ser um péssimo investimento. Muitos casais RBs descobriram que, no processo de compra de uma casa, a pressa gera desperdício. Isso fica ainda mais evidente quando se tenta vender com pressa a casa que compraram muitos anos antes.

## O Faro do Caçador

Na década de 1980 as taxas de juro americanas eram sempre muito altas. Até mesmo o mercado de fundos mútuos de investimento pagava 20% ou mais. As pessoas saíam do mercado de ações porque estavam recebendo retorno garantido pelo dinheiro vivo. Como estava o mercado imobiliário nessa época? Com as hipotecas em algumas áreas custando 20% a.a. ou mais, as pessoas não se sentiam inclinadas a comprar, e isso amortecia as variações nos preços dos imóveis. Os vendedores imploravam, mas não conseguiam vender suas casas, que permaneciam desocupadas vários meses ou, até mesmo, anos.

Nessa mesma época queríamos comprar uma casa que ficasse mais próxima do centro. Meu trajeto para o trabalho era de 45 km e a pior parte era o engarrafamento em uma ponte de duas pistas. Parecia que todos os meus vizinhos e eu ficávamos para-choque contra para-choque todos os dias úteis quando nos aproximávamos daquela ridícula ponte. Enquanto esperava, não podia deixar de pensar, "se eu pudesse viver do outro lado deste rio eu pouparia uma hora todos os dias". Mas pensava em seguida, "é uma bobagem pensar em vender uma casa e comprar outra quando as taxas de juro estão tão altas". Este raciocínio se repetiu durante meses.

O dilema terminou quando entrevistei dez multimilionários. Os resultados desse grupo de estudo deixaram-me uma forte impressão sobre o mercado imobiliário. Como parte de minha apresentação, mencionei que morava em Atlanta, Geórgia. Eles, por outro lado, viviam e trabalhavam na área metropolitana de Nova York, todos ricos de primeira geração e proprietários dos próprios negócios.

Estranhamente, um dos entrevistados referiu-se a Atlanta como terra da oportunidade. Houve um coro com outros repetindo: "Atlanta, Atlanta". Durante o intervalo e seguindo-se à conclusão das entrevistas, vários entrevistados se aproximaram com o estado da Geórgia em mente. Começaram a me perguntar se eu estava comprando imóveis em Atlanta e comentaram sobre as grandes perspectivas que a cidade oferecia para investimento em imóveis.

Isso não fazia o menor sentido para mim. Primeiro, que nenhum desses milionários era profissional do mercado de imóveis. Na ficha resumida de apresentação mencionavam outros setores, como gráficas, suprimentos de escritórios, avaliações, fábricas e assim por diante. Segundo, que eu estava confuso sobre o entusiasmo deles em investir em imóveis. Parecia uma tolice considerando-se as atuais taxas de juro. Por que essas pessoas estavam interessadas no mercado imobiliário, e justamente em Atlanta?

Eu lhes disse que não estava interessado em comprar imóveis por causa das altas taxas de juro e das inversões em geral do mercado. Sim, até mesmo a tão agradável Atlanta sofria com as altas taxas de juro. Um dos participantes externou um ponto de vista que me deixou profundamente impressionado:

SR. BROWN: Tom, esta é a melhor hora para comprar!

DR. STANLEY: Mas as taxas de juro estão muito altas. Quem está comprando?

SR. BROWN: Nem sempre as pessoas espertas precisam de empréstimos. Nunca pensou em comprar?

DR. STANLEY: Sim, muitas vezes, na realidade estávamos pensando em comprar uma casa. Mas começamos a considerar o velho problema da taxa de juros.

SR. BROWN: Seus recursos são suficientes para comprar um lote em uma boa área?

DR. STANLEY: Sim.

DR. BROWN: Então não deixe de comprá-lo. Nunca siga a multidão. Olhe nos classificados e entre em contato com alguns bancos que tenham execuções hipotecárias.

No dia seguinte a essa lição, comecei a procurar um lote. O Sr. Brown estava certo e existia uma quantidade considerável de lotes à venda anunciados nos classificados. Prontamente comprei um, mas considerei uma grande variedade de ofertas e visitei muitos vendedores. O lote que escolhi tinha cerca de 4 mil $m^2$ e estava localizado onde já havia sido uma plantação. Custou US$ 29.500. Dois anos antes, um lote desse tipo tinha sido vendido pelo dobro do preço. Durante a alta seguinte do mercado imobiliário, lotes semelhantes foram vendidos por US$ 100 mil.

Quem estava vendendo na época que eu estava comprando? Vários construtores estavam sofrendo com as más condições financeiras, mais ainda tinham contas e débitos a pagar. Alguns deles tinham casas muito boas e que estavam havia muito tempo à venda. Muitos também possuíam lotes. Existiam poucos compradores, a despeito do fato de que essas casas e lotes estavam com preços muito abaixo do custo de construção.

Havia um outro grupo interessante de vendedores que se encaixava na definição de Ricos na Declaração do Imposto de Renda. Tinham comprado lotes não como investimento, mas para construir suas "casas dos sonhos" justamente naquele período em que a euforia econômica havia infectado Atlanta. Pagaram preços com ágio no mercado vendedor. A economia estava produzindo uma quantidade excessiva de corretores, profissionais da venda de seguros de vida, executivos de escritórios de incorporações, engenharia e empreiteiras, profissionais da área da saúde, todos auferindo altas rendas ou altas comissões. A maioria dessas pessoas fez suas compras a crédito enquanto simultaneamente aumentavam seus bens de consumo e seus volumes de empréstimos.

Compravam e pediam empréstimos como se seus tempos felizes fossem durar para sempre. Estavam comprando de um mercado vendedor.

E quanto aos Ricos no Balanço Patrimonial? Nessa época estavam vendendo seus lotes. Quando o mercado virou, os Ricos no Balanço Patrimonial estavam comprando de novo. Alguns ficaram com seus lotes durante anos, atravessando várias subidas e descidas da economia. Então, justamente no pico dos preços dos imóveis, eles colocaram suas casas à venda. Muitos construíram casas em lotes comprados por preço de pechincha. Alguns negociaram a troca de seus lotes na compra de casas prontas diretamente de seus construtores. Outros encontraram pechinchas em áreas residenciais que eles rotineiramente monitoravam. Alguns deliberadamente esperaram que o mercado chegasse ao fundo do poço para empreitar a construção de suas casas, em uma época em que os construtores se sentiam mais do que satisfeitos em construir quase pelo preço de custo, apenas para se manterem ativos.

Essa é a razão pela qual os milionários da cidade de Nova York que faziam parte do grupo de discussão estavam tão interessados em imóveis, particularmente nos imóveis de Atlanta. Muitos no grupo disseram ter filhos ou netos frequentando o instituto de tecnologia da universidade de Emory, na Geórgia. As visitas que fiz com esses estudantes me deram a chance de conhecer o mercado de Atlanta. Outro marco das pessoas ricas é a produtividade. Essencialmente, eles matam dois coelhos com uma cajadada, provando mais uma vez a característica produtiva da mente milionária.

## IMÓVEIS COMO PARTE DO PORTFÓLIO DE INVESTIMENTOS

Existe algo mais sobre a categoria dos Ricos no Balanço Patrimonial: eles não colocam todos os ovos numa cesta só. O maior mito existente acerca dos ricos é o pensamento de que eles "aplicam todos os seus recursos nos próprios negócios". Nem que chova canivete. Tampouco a maioria dos milionários confia plenamente no mercado de ações, ou no mercado imobiliário, ou no mercado de frutas e vegetais, ou no mercado de aparelhos domésticos. A maioria diversifica bastante e tem algum tipo de investimento no mercado imobiliário. Mesmo aqueles com muita afinidade por ações ordinárias mantêm parte de seus recursos em imóveis.

---

Existe uma forte correlação entre o patrimônio líquido e a proporção da riqueza que se aplica no mercado imobiliário.

---

Aprendi isso no início de minha carreira. Fui contratado por um grande escritório de investimentos para estudar os hábitos de investimento de multimilionários. Quando perguntei ao grupo de disucssão sobre os investimentos que estavam habituados a fazer, descobri que a maioria tinha uma parte da riqueza em investimentos financeiros convencionais, mas a maior parte estava aplicada em ações e títulos. A maioria era constituída de astutos investidores privados. Os que mantinham negócios próprios eram donos de alguma propriedade industrial, outros possuíam complexos de escritórios, fábricas, clínicas médicas, propriedades para aluguel, propriedades para aluguel de temporada, *shopping centers* e assim por diante.

Muitos entrevistados ocasionalmente investiam em residências unifamiliares, e um desses participantes, Alvin, tinha um faro de caçador. Embora tivesse abandonado os estudos na escola secundária, possuía um negócio de distribuição que valia mais de US$ 30 milhões. Vivia em um excelente bairro fora da cidade de Nova York. Deixou bastante claro que sua casa tinha sido adquirida depois que ele se tornara multimilionário e que a compra fora feita na fase compradora do mercado de imóveis. O valor da casa tinha quase triplicado ao longo de 15 anos.

Alvin teve um mérito maior por alguns outros investimentos relacionados a imóveis. Ele observara que mesmo na excelente redondeza de seu bairro ainda existiam bolhas de oportunidades econômicas. Seu primeiro alvo foi uma casa, próxima à sua, que havia sido desocupada cerca de um ano antes por causa de um divórcio. Durante esse período, a casa tinha sido negligenciada. Finalmente foi colocada à venda, mas o mercado imobiliário não estava comprador.

Depois de algum tempo Alvin conseguiu comprar a casa por uma pechincha. Tratou da limpeza, pintura e reformas em geral. Durante muitos anos ele a deixou alugada para um parente até que a tendência do mercado mudasse. A quantidade de compradores passou a superar a de vendedores e ele colocou a casa à venda por um preço 20% maior do que tinha sido avaliada.

Alvin pertence ao tipo Rico no Balanço Patrimonial e RBs vendem para fazer o lucro, não porque estão em uma necessidade desesperada. Ele não precisava do dinheiro, sabia que o mercado estava em alta, levou isso em consideração quando fixou o preço de sua propriedade. Em um mercado em alta o valor da casa aumentava diariamente, tudo que ele precisava era de um comprador que quisesse pagar muitos dólares por uma casa que pudesse ser considerada "um objeto de desejo".

Alvin vendeu a propriedade praticamente pelo preço que queria e ganhou mais de 50% sobre o que havia investido. Naquela época ganhou mais do que teria ganho se tivesse investido no mercado de ações.

Nem todas as pessoas podem fazer como Alvin. Lembre-se de que ele era dono da sua própria empresa e possuía uma equipe de funcionários administrativos e de manutenção que devia pagar pontualmente. Ele não estava começando da estaca zero na curva de aprendizagem e havia me dito que se o estivesse nunca teria pensado em comprar casas para investir. Quem se encontrar em uma posição semelhante deve pensar duas vezes antes de seguir seu exemplo, mas mesmo aqueles sem a equipe e experiência de Alvin acreditam que é produtivo comprar casas para uso pessoal em bairro conhecido.

Um número crescente de milionários pertencentes à categoria de Ricos no Balanço Patrimonial estão fazendo o que Alvin fez, colocando preços em suas casas como se fossem "objetos de desejo" e esperando para conseguir o preço que desejam. Vendem quando o mercado está vendedor, compram quando o mercado está comprador. Muitas vezes conseguem comprar por uma pechincha em bairros vizinhos ou no próprio bairro. Alguns moram nessas casas, avaliadas como se fossem "objetos de desejo", outros as veem puramente como veículos de investimento.

## Jogar em Casa *Versus* Jogar Fora de Casa

Os RBs estão se tornando cada vez mais peritos em determinadas áreas. Quando veem uma oportunidade de aumentar o patrimônio líquido com uma casa em um bairro que conheçam bem não hesitam em comprá-la. Atualmente não é incomum encontrar uma residência cara que tenha sido trocada uma ou mais vezes por outra, muitas vezes dentro da mesma comunidade ou em uma área residencial nas proximidades. Quando os RBs descobrem uma casa por um preço de pechincha na "área em que se especializaram" apoderam-se dela.

Muitas vezes uma casa que acaba de entrar no mercado foi descoberta não pelos classificados, mas, sim, durante uma partida de baralho ou em conversa durante uma reunião de pais e mestres. Chamo isso de *jogo em casa ou no próprio campo*. Quem joga no próprio campo conta com a torcida de casa. O caso de Alvin tem bastante a ver com este conceito. Ele levava a vantagem de jogar em casa contra muitos compradores potenciais que não conheciam tão bem a redondeza quanto. Eles podiam estar escolhendo a casa para uma compra relacionada a uma mudança de emprego. Pense duas vezes antes de comprar uma residência luxuosa "num fim de semana". Se não houver alternativa, pelo menos contrate um corretor muito bom e que trabalhe na mesma área onde você tem interesse em comprar a residência para lhe assessorar. Frequentemente são esses tipos, incluindo alguns outros que trabalham registrados como funcionários, que são colocados em situações de *jogar no campo adversário*.

### VENCENDO AS PARTIDAS FORA DE CASA

Você não precisa contar com a vantagem de campo se você jogar como o Sr. Dye joga. O Sr. Dye é um empregado que já trabalhou para duas empresas grandes durante sua longa carreira. Em todas as suas mudanças de residência de longa distância tanto ele quanto sua esposa lucraram sem uma única exceção. Embora tenha ficado em Chicago por muitos anos, em Houston também, por um longo período, e depois ter sido transferido para Orlando, o Sr. e a Sra. Dye sempre conseguiram ganhar algum dinheiro toda vez que se mudavam. Eles compravam barato e vendiam caro. Como é possível que ele tenha conseguido converter seis em seis chutes ao gol *jogando fora de casa*?

Em todas as ocasiões o Sr. e a Sra. Dye se transformavam em membros do time da casa, como tinham feito no mais recente negócio de compra e venda. O Sr. Dye me disse que jamais se colocava em uma situação de ter de comprar ou vender uma casa sob pressão. Assim como muitos RBs, ele e a esposa eram muito pacientes. Tinham um plano e fixavam metas para serem atingidas.

Quando o Sr. Dye era notificado pela sua empresa Fortune Fifty que estava designado para um novo lugar, ele e a esposa já estavam bem preparados. Não permitiam que a euforia de mais uma mudança para uma nova cidade se transformasse em uma má decisão.

No seu mais recente empreendimento, o casal levou seis meses para vender a antiga casa e tomar a decisão de comprar uma nova. O empregador do Sr. Dye foi bastante justo, até mesmo generoso. Ele conta que seus empregadores se ofereceram para comprar cada uma das seis casas que ele precisou vender, e todas elas pelo preço justo de mercado. Mas o Sr. Dye recusou todas as ofertas e foi sábio em fazê-lo. Cada vez que o casal vendia uma casa, conseguiam pelo menos 15% a mais do que o valor justo de mercado. O valor justo de mercado muitas vezes é estimado por analogia, os avaliadores confiam nos preços de venda que as casas de uma área específica vêm obtendo no mercado, a partir de parâmetros como tamanho e estilo.

O Sr. e a Sra. Dye se saíram melhores do que os peritos, experimentados avaliadores, e conseguiram um excelente preço para cada casa vendida. Eles acreditam profundamente que:

---

A limpeza faz milagres!

---

Suas casas sempre foram muito limpas, por dentro e por fora. Os Dye não faziam uma limpeza de última hora na expectativa de vender a casa no dia seguinte. Ela sempre estava em condições de entrega das chaves. São extremamente exigentes com as casas que compram, somente compram as que estejam em excelente condição. Dão então um passo ou dois além da excelência. As cores do interior e do exterior e a decoração estão sempre atualizadas. Compram casas apenas quando sentem que podem vender, mais tarde, com lucro.

Quais seriam os compradores mais prováveis de uma casa em excelentes condições, mas custando pelo menos 20% a mais do que seu preço de mercado? Que tipo de comprador aceitaria comprar com ágio para poder se mudar imediatamente? O caso mais recente de venda feita pelo Sr. e Sra. Dye foi o de uma casa para um casal que trabalhava (tanto o marido como a esposa) para uma indústria de computadores. O casal se mudava com frequência. Ambos tinham quase 40 anos e empregos com bons salários, mas que exigiam viagens frequentes. Nenhum deles tinha o menor interesse em reformar ou mesmo em redecorar a casa, nem estavam interessados em comprar uma casa nova ou construir uma personalizada. Presumiram corretamente que novas casas dependem de novos gramados, nova decoração, novas cortinas e outros cuidados. O casal queria exclusivamente trabalhar, seguir agressivamente suas carreiras e ganhar altos salários. Para eles, o tempo e o esforço gastos fora de suas atividades profissionais traziam desvantagens. Eles queriam uma casa que pudesse ser ocupada imediatamente e eram susceptíveis quanto às variações nas condições das casas consideradas. Entretanto, eram muito menos sensíveis às variações de preço entre as casas que podiam comprar. O casal tinha também escolhido um fim de semana para encontrar uma casa adequada, eles não sabiam nada sobre o mercado imobiliário na cidade para a qual se mudariam. Eles eram essencialmente mais um casal tipo RR jogando *fora de casa*. Pagaram o maior ágio de mercado jamais registrado na área, quase 33%. Dezessete meses mais tarde, o casal vendeu a casa por apenas 85% do que havia pago. Mas nessa época a casa não se encontrava em condições excepcionais e o casal tinha pressa em vender. Seus empregadores subsidiaram uma parte da perda.

---

Sempre tenha um plano B para o caso de ter de tomar uma decisão por algum motivo ou caso seu empregador determine que é necessário que você mude de endereço.

---

Faz parte desse plano conservar a casa em excelentes condições, mas é conveniente manter contato com os melhores corretores de imóveis da área. Entre em contato com eles a cada seis meses mais ou menos. Anote periodicamente os nomes dos melhores corretores de imóveis residenciais e conte com eles. Pergunte a seus colegas nos negócios sobre as referências e procure em imobiliárias nomes dos melhores corretores. Quando entrevistá-los, indague sobre as condições de mercado e não seja tímido, procure saber do desempenho em seus últimos negócios. Pergunte principalmente quantas vendas foram realizadas para pessoas que estavam se mudando para a área. Procure descobrir quanto tempo esses clientes dedicaram à procura de uma casa até a decisão.

Os melhores corretores mantêm frequentemente um bom relacionamento com as principais empresas da área. Em San Francisco, por exemplo, é possível pensar em um corretor que atenda empresas da tecnologia de computadores e indústrias de alta tecnologia. Uma grande companhia, quando contrata um empregado importante de outro estado, deseja que a transição seja feita de maneira suave. Faz parte do processo pedir a um excelente corretor da região que dê assistência ao recém-chegado, portanto, seu plano deve incluir a intenção de se ambientar com corretores que tenham excelente referência em satisfazer essas empresas e seus executivos. Considere seriamente a contratação de um deles para anunciar sua casa. Descobri que muitos desses corretores de alta produtividade trabalham com afinco especial para vender as casas que eles mesmos anunciam. Não tenho receio em afirmar que, muitas vezes, é um erro grave contratar um vizinho, um amigo, ou até mesmo um parente, para fazer o papel de corretor de sua propriedade. Negócios são negócios e, hoje mais do que ontem, é indispensável que sua representação seja feita por um corretor de alta produtividade e altamente profissional.

Entendo que exista uma distinção bastante clara entre três tipos de corretores. Existem o que costumo chamar de "ouvintes", depois vêm "vendedores" e, por fim, existem as extraordinárias tropas de choque de vendas e especialistas em marketing, ótimos tanto comprando como vendendo o que eles e outros corretores anunciam. Nem é preciso perguntar qual tipo deve ser o preferido.

Existem alguns ouvintes e vendedores excepcionais. Alguns ouvintes bastante agressivos têm muito boa vontade para com outros corretores, e estes dão uma atenção especial quando o nome deles está em um aviso de "Vende-se". Mas a maioria não é formada de corretores e profissionais de marketing excepcionais, por mais que se queira imaginar isso. De acordo com o ponto de vista deles: "Acho mais fácil incentivar meu vizinho, amigo ou parente para ser anunciado juntamente comigo" (comigo, comigo...). É muito mais difícil concretizar a venda, porque a maioria das vendas é feita para estranhos. Mas raciocinam que o corretor realmente ótimo é capaz de anunciar e vender ao mesmo tempo.

## SEMPRE RECOMENDAREI CONNIE GLENN

Nem todo mundo tem qualificação para vender imóvel. Apenas uma pequena parte de corretores profissionais do mercado imobiliário atinge o nível de EPV (extraordinário profissional de vendas) e consegue manter esse nível durante as quedas do mercado de imóveis. Connie Glenn é um deles.

Uma vez, encontrei-me na posição inviável de ser obrigado a vender uma casa com uma taxa de juros hipotecário quase igual a 20%. Naquela época, o mercado de Atlanta era comprador. Como milhares de outros milionários, cometi o erro de pedir para a primeira pessoa de quem me lembrei — um amigo, um vizinho que, nas horas vagas, fosse um corretor de imóveis — para vender a propriedade para mim. Esta foi a parte mais fácil. Depois de mais de dois meses, o único resultado obtido foi a ausência de ofertas, ninguém mordendo a isca, tráfego baixíssimo.

Ficou evidente que uma mudança deveria ser feita. Chamei o gerente do maior escritório imobiliário de Atlanta: "Quero o nome de seu melhor corretor. Não, não o melhor em Dunwoody ou Rosswell. Quero o nome do seu campeão".

Connie e seu assistente apareceram em minha casa logo em seguida à minha chamada. Ela concordou em pegar meu caso. As visitas aumentaram da noite para o dia. Dentro de um mês a casa foi vendida por 95% do preço pedido. Fiquei impressionado com o sucesso dela, pois não somente o mercado estava difícil como a casa era de cedro, madeira problemática para Geórgia porque perde a cor e tende a mofar. Periodicamente necessita de uma limpeza. Quem poderia pagar 95% do preço pedido? Connie achou um executivo da indústria madeireira que achava o cedro uma madeira magnífica! "Afinal de contas, Tom, onde um perito em madeiras poderia morar, em uma casa de tijolos com arquitetura colonial? Ficaria mal para minha reputação e para a imagem da madeireira."

Minha experiência com Connie me ensinou alguma coisa sobre marketing. Para não perder dinheiro em um negócio imobiliário, chame um EPV (Thomas J. Stanley, *Marketing to the Affluent,* Homewood, IL, Dow-Jones Irwin, 1988, p 40-41).

Observe que a Sra. Gleen anunciou e vendeu a propriedade. Seu gerente havia me dito que Connie estabelecera sua reputação como campeã de vendas por "procurar agressivamente anúncios de casas que outros eram incapazes de vender". Ela acredita que cada casa tem um potencial comprador — o segredo consistia em achar esse comprador, e Connie sempre tivera habilidade para isso.

O segredo de Connie Glenn para se firmar como uma EPV é tão simples que a maioria das pessoas não consegue enxergar. O sucesso em vendas e comercialização é muitas vezes apontado como a mais prática e simples das modalidades de exibir resultados. Connie soube reconhecer que cada mercado apresenta características típicas. Essas características têm papel significativo no comportamento de quem compra casas.

Geórgia é um dos cinco principais estados na produção de madeira, é um estado com grandes extensões florestais. Muitas empresas envolvidas direta ou indiretamente com madeireiras marcam sua presença em Geórgia. O porte dessas empresas varia desde uma Georgia Pacific Corporation até a menor fazenda florestada. É madeira, e um povo voltado para a madeira, inútil tentar outra designação.

Levando em conta que Geórgia é o "estado da madeira", é natural pensar que muitos que chegam de mudança ao estado são ou serão empregados por madeireiras. Connie compreendeu isso e cultivou contatos e uma grande reputação em madeira e em vários outros setores-chave. Ela possui o assim chamado faro de caçador e a determinação de um buldogue.

Quem quer que faça várias mudanças ao longo da carreira e contrate um tipo como Connie Glenn para negociar seus imóveis a cada mudança vai ganhar dinheiro com sua perícia em vendas. Não é difícil que após cinco ou seis mudanças os ganhos acumulados superem a quantia paga pela primeira casa. Corretores tipo Connie podem e fazem vir ao seu bolso centenas de milhares de dólares, em alguns casos, até mesmo milhões de dólares durante a vida de um milionário.

## PLANO OU PÂNICO?

Como parte de seu plano para vender ou comprar uma casa, é necessário fixar o parâmetro prazo. Não se deve entrar em pânico quando surge a obrigação de mudança para outra área geográfica. Conforme-se com o fato de que todo empregado pode ser transferido pelo empregador, se este for o caso. Deve-se decidir previamente quanto tempo será gasto procurando uma casa. Os Dye bem que queriam esperar até seis meses para encontrar uma casa e, naturalmente, vender a casa que tinham, mas esse não é o caso de muitos em situação semelhante. O empregador do Sr. Dye foi generoso e pagou toda a despesa de mudança de Dye, inclusive o aluguel que vigorou enquanto o casal procurava uma casa. Mesmo que seu empregador não seja tão compreensivo, pode ainda ser conveniente alugar, para que tenha tempo suficiente para procurar uma casa para comprar na qualidade de jogador da casa, e não jogador do time visitante. Poucos meses de aluguel não representam um valor muito alto a ser pago, pois vale a pena adquirir uma casa que valorizará e se tornará uma casa de revenda fácil em poco tempo.

## NÃO EXISTE PREVISÃO PERFEITA

É surpreendente que algumas pessoas dediquem mais tempo para comprar um automóvel do que para comprar uma casa. Como diz o ditado, um tolo e seu dinheiro são logo separados um do outro. Antes de pensar em comprar uma casa, dedique algum tempo para estudar algumas indicações práticas. Pergunte por que o dono quer vender. Ele pode não lhe dizer que é porque a casa do seu vizinho começa a estragar a paisagem. É muito fácil fazer vistas grossas à condição das casas que estão em torno daquela que lhe interessa. Muitas vezes as pessoas não prestam atenção às casas ao longo do caminho. Vá mais devagar, passeie pela redondeza e examine de perto as casas vizinhas. Qual porcentagem delas precisa de reparos externos? Quantas precisam de novos bueiros? Até que ponto a grama e as sebes vivas estão bem aparadas? Quem são seus futuros vizinhos? Em que eles trabalham?

Pergunte ao corretor sobre as tendências do bairro. Os valores das casas estão em alta ou encontram-se estacionários ou em declínio? As respostas a tais perguntas só lhe trarão benefícios. O corretor se impressionará com sua perspicácia e poderá ser mais claro nas respostas.

Enquanto estiver dando sua volta pelo bairro, bata nas portas: converse com as pessoas que poderão vir a ser seus vizinhos, examinando-os com cuidado. Indague sobre as escolas na área e pergunte se eles gostam ou não da vizinhança.

Essas perguntas podem ser úteis para uma tomada de decisão quanto à compra. E se o valor das casas no bairro não se mantiver compatível com os dos bairros vizinhos? E se uma em cada cinco casas precisar de pintura externa? E se o proprietário da casa vizinha acaba de perder o emprego de gerência média na sua companhia? Pense seriamente em comprar sua casa em outro lugar.

Muitos bairros se desvalorizam em termos reais de dólares — isso acontece também em áreas ricas. Muitas vezes é impossível prever se um bairro específico se desvalorizará ou será valorizado e isso é especialmente verdadeiro em uma parte ou quase nova da expansão de seu bairro. Com relação a isso, tenho uma regra simples: olhe cuidadosamente as casas em bairros bem estabelecidos. Se mais de uma em cinco precisar de pintura ou jardinagem, evite o risco da compra nesse local.

## Comprar ou Construir

Quando comecei a escrever este capítulo, meu amigo John pediu-me um conselho a respeito de sua dúvida entre comprar ou construir uma casa para a família. Eu lhe disse que ele estava com sorte, pois eu ainda tinha as informações fresquinhas em minha mente. O que os milionários fazem com relação ao dilema "comprar *versus* construir"?

- Apenas cerca de um em quatro (27%) de milionários já construiu alguma vez na vida. É uma afirmativa abrangente de todos os tipos de construção: a casa principal, a secundária, a residência de verão, a de inverno e outras.
- A proporção de milionários que constroem em vez de comprar aumenta de acordo com o patrimônio líquido, mas somente 35% dos decamilionários mandaram construir suas casas.

John ficou surpreso com o que lhe disse. Mas sua reação era previsível, uma vez que ele queria construir por achar que podia poupar e pensava que a maioria dos milionários preferia construir a comprar. Quando lhe passei os dados, ele veio com uma tese inteiramente nova:

*Entendi. Os milionários não precisam poupar construindo. Mas eu não sou rico. É por isso que quero construir em vez de comprar.*

## O MITO DO "EU VOU POUPAR"

Por que a grande maioria dos milionários nunca constrói suas próprias casas? Eles acreditam que existem alguns benefícios em construir em vez de comprar, mas também pensam que esses benefícios não compensam os custos marginais do tempo que gastariam, do esforço que seria necessário dedicar e de outros recursos importantes dos quais lançariam mão.

Essa opinião se destaca das opiniões convencionais. Existe uma crença popular de que as pessoas ricas sentem necessidade de ter produtos personalizados. Por acaso os milionários não têm enormes egos que exigem que possuam coisas especialmente projetadas para seu uso pessoal? Sem dúvida, existem alguns que pensam assim. Para essas pessoas não há substituto para uma casa construída de forma personalizada. A casa desses indivíduos não é apenas uma casa, é um prolongamento do que eles são e do que desejam dizer às pessoas acerca de si mesmos. Uma casa de segunda mão, mesmo sendo excelente, não atenderá ao que precisam. Essa é a opinião de um pequeno segmento da população milionária, menos de um em cada dez.

Muito poucos milionários, menos de 15 em 100, decidiram construir suas residências principais por acreditarem que poderiam poupar dinheiro dessa maneira. Na realidade, esses milionários são muito sensíveis às variações nas diferenças de custo entre construir *versus* comprar uma casa. Alguns agem como se suas horas de trabalho não valessem muito. Acreditam que seja financeiramente benéfico gastar mais tempo no processo de construir do que trabalhando na sua ocupação profissional principal. Este grupo inclui os compradores milionários mais sensíveis ao preço. Eles constroem porque pensam que vão poupar muito com essa decisão. Podem olhar para uma casa de US$ 400 mil e dizer para si mesmos, "poderia construí-la por US$ 300 mil, incluindo o lote".

Consideremos o caso de um jovem advogado em um cargo que lhe ofereça um brilhante futuro pela frente. Se conseguir uma posição de sócio do escritório, sua receita passaria de US$ 78 mil por ano para mais de US$ 300 mil. Será que ele faria bem em construir uma casa? Pense nas centenas de ligações telefônicas chegando ao escritório e que seriam recebidas do construtor, dos fornecedores e dos subempreiteiros, durante seis a dez meses, além das visitas ao canteiro de obras com a periodicidade de poucos dias para se assegurar de que tudo está sendo benfeito.

Admita que existam dois jovens advogados competindo pela posição de sócio do escritório, quem teria a maior probabilidade de conseguir a promoção, o Sr. Construção ou o Sr. Compra? Ainda que o Sr. Construção poupasse US$ 100 mil para obter uma casa semelhante à que conseguiria comprando, ele gastaria muito tempo e energia no projeto, tempo este roubado do que estaria dedicando à carreira e ao plano de se tornar sócio do escritório, posição que perderia para o concorrente.

## UM BOM CONSELHO LEGAL

Existe uma ampla variação entre as diversas categorias profissionais no que se refere ao dilema construir *versus* comprar uma casa. Os milionários de algumas categorias decididamente preferem construir a comprar uma casa usada. Como regra, advogados ricos são avessos à ideia de construir.

- Quase nove dentre dez advogados (88%) nunca construíram uma casa.
- Os milionários pertencentes à categoria empresarial de executivo sênior (32%), os proprietários de negócios próprios e os empresários (31%) tendem mais a construir suas casas (27%).
- Existe relação entre o nível de riqueza e a propensão de construir uma casa. Cerca de um em cada quatro (24%) dos milionários com o patrimônio líquido entre US$ 1 e US$ 2 milhões disse ter construído sua própria casa. Por outro lado, aproximadamente 35% dos decamilionários também construíram suas casas.

Não é provável que advogados ricos construam casas por duas razões. Primeiro, eles são extremamente produtivos, 80% com rendas superiores a US$ 200 mil anuais e cerca de metade recebendo mais do que US$ 400 mil por ano. Pense no tempo e esforço necessários para receber tanto, à luz de um único fato: não é possível fazerem-se estoques de serviços advocatícios, têm que ser prestados continuamente. Muitos entrevistados que trabalham na área jurídica afirmaram não ter tempo para se envolver com construções de casas. Os advogados são bons juízes do tempo que despendem com clientes e construir uma casa é uma atividade que consome tempo.

A segunda razão é que os advogados compreendem os correspondentes riscos econômicos e legais ligados à contratação de um construtor. Pode-se contratar o melhor e mais honesto construtor do estado e ainda assim enfrentar problemas. Se ele ficar incapacitado ou vier a falecer depois de firmar o contrato de construção ou logo depois de receber uma pequena fortuna para iniciar o projeto, quem levará a construção adiante?

A seguir, examine alguns outros "problemas" que os milionários têm compartilhado comigo sobre suas mais recentes experiências:

- "Meu construtor subcontratou a instalação de papel de parede em nossa sala de espera de seis metros. Mais tarde, o subempreiteiro telefonou e perguntou se minha esposa estava satisfeita com o papel de parede depois de colocado. Ela disse que tudo estava muito bem, exceto por uma coisa, o papel tinha sido colocado de cabeça para baixo! Como resultado, nosso construtor nunca pagou seu subcontratado e protestou a duplicata não quitada sobre nossa casa. Isso nos impediu de ter a quitação de nossa hipoteca aprovada. Tivemos que contratar um advogado e pagar a duplicata. Tudo isso consumiu tempo e dinheiro. Todo o papel de parede teve que ser removido e uma nova forração foi feita, e nosso construtor não foi de grande ajuda."
- Com o argumento "a construção em uma colina apresenta uma vista fabulosa" o empreiteiro derramou simplesmente a laje de fundação logo depois de chuvas torrenciais. A coisa toda (a laje de concreto úmido) quebrou-se e o concreto desceu a colina. O empreiteiro disse que era por minha culpa, por eu ter insistido em ter uma fundação completa. Meu advogado o persuadiu a ver o assunto do nosso ponto de vista!

- Nosso empreiteiro nos assegurou que não havia rocha no subsolo do lote. No primeiro dia de escavação ele perguntou: "Já posso fazer a laje sem fazer uma fundação? Encontramos granito logo abaixo do solo superficial". Depois de mais de 200 bananas de dinamite e mais de uma semana de explosões e de remoção de entulhos estávamos no fundo de um poço financeiro. É no que dá os contratos de administração agenciada cobrindo custos mais honorários. Custou mais de US$ 10 mil só para o remover o entulho da rocha demolida!
- Os trabalhadores abriram uma passagem na fundação para tubulações. Fizeram o enchimento em volta do tubo com o tipo errado de argamassa, provocando a trinca da fundação de 2,7 m de cima a baixo. Ainda está trincada e ainda vaza quando chove. Tornei a chamar o advogado.
- O carpinteiro subempreitado superfaturou suas contas cobrando o empreiteiro. O empreiteiro nos repassou o problema e quando nós o questionamos ele se zangou.
- O empreiteiro nos havia dito que o carpinteiro viria na quarta-feira. Pensamos que ele estava se referindo à quarta da próxima semana, não dois meses a partir de hoje.
- O construtor nos disse que nossa lareira estaria terminada logo que seu pedreiro voltasse a trabalhar. Acabamos descobrindo que nosso empreiteiro era seu próprio pedreiro!
- Os instaladores do carpete colocaram sensores de piso para nosso sistema de alarme que permitiam que ouvíssemos a equipe de segurança logo depois de nossa mudança. Chegamos a conhecer vários, logo depois de mudarmos!
- O empreiteiro contratou um novato com um trator de lâmina para completar o nivelamento do terreno. Ele acabou com todas as árvores em nosso quintal de 30 m × 60 m, onde antes havia uma variedade de madeira de lei!
- Quando a construção terminou tínhamos recibos de 360 fornecedores. Provavelmente conversamos com pelo menos metade deles durante a obra.
- Tenho acumulada uma pilha de queixas de meus clientes sobre seus empreiteiros de obras. Foram casas muito caras; muita gente perdeu o bom humor com a história toda.

De modo que se estiver interessado em sua "casa dos sonhos", pense o que aprendi com os milionários. Consulte seu advogado e, se possível, peça-lhe que recomende um construtor. Se seu advogado for sócio de uma grande empresa você está com vantagens. Dentre 50 ou 100 advogados, é provável que você encontre pelo menos cinco ou dez que construíram casas e talvez alguns estejam completamente satisfeitos com seus empreiteiros, ou quem sabe possam ter clientes que já tenham contratado construtores de alto nível.

Converse com seu advogado sobre todos os aspectos legais envolvidos na construção da casa própria. Nunca nem pense em assinar um contrato de construção sem informar seu advogado. Melhor ainda, peça para ele redigir o contrato e deixe que ele trate dos detalhes com seu empreiteiro.

Não saia do sério querendo que a casa reflita sua personalidade. Se insistir para que os menores detalhes da casa sejam especiais e projetados de forma personalizada, prepare-se para os inevitáveis atrasos, frustrações e excessos com relação ao orçamento inicial. Em termos de tempo e dinheiro, é mais produtivo evitar uma casa totalmente personalizada.

## Mais do Que o Preço de Compra

Certa manhã, recebi um telefonema de um parente com um pedido incomum. O Sr. Adam, vamos chamá-lo assim, tinha um patrimônio líquido de US$ 20 milhões e ficou intrigado com meus pontos de vista, conforme o diálogo a seguir:

SR. ADAM: Será que devo comprar uma casa de US$ 425 mil para meu filho Nate?

Disse ao Sr. Adam que primeiro deveria fazer-lhe algumas perguntas e depois poderia passar-lhe alguns dados. Com base nesses dados, presumi que ele pudesse decidir.

DR. STANLEY: Acha que seu filho pode pagá-la?

SR. ADAM: Acho não me expressei bem. Sou eu que vou pagar a casa.

DR. STANLEY: Eu havia compreendido. Não me refiro ao preço de compra. Estava pensando nos custos necessários para fazer uma casa de US$ 425 mil funcionar e no estilo de vida que se leva morando em uma residência dessas.

Expliquei ao Sr. Adam que US$ 425 mil era como uma taxa de admissão a um clube de campo. Os gastos mensais eram outra coisa. O Sr. Adam não parecia entender o que lhe dizia. Ele acreditava que seu filho Nate arcaria com poucos encargos financeiros. Afinal de contas, Nate não teria nenhuma hipoteca para amortizar, receberia o título da propriedade de US$ 425 mil, nada mais simples.

Comecei a pensar que o Sr. Adam já tinha tomado sua decisão. Ele parecia decidido a comprar a casa para Nate e, afinal de contas, US$ 425 mil eram apenas cerca de 2% do patrimônio líquido do Sr. Adam. Mas havia um problema com seu raciocínio lógico. De muitas maneiras, não era relevante quanto de sua fortuna estaria envolvida, pois era Nate e a família que iriam morar na casa.

DR. STANLEY: Quanto seu filho ganha anualmente?

SR. ADAM: Cerca de US$ 30 mil.

DR. STANLEY: Como ele ganha a vida?

SR. ADAM: Recentemente começou uma carreira nova em seguros e investimentos em negócios.

DR. STANLEY: E a esposa dele? Trabalha?

SR. ADAM: Trabalha meio-período como cabeleireira mas deseja se demitir para ser dona de casa em tempo integral.

DR. STANLEY: Em resumo, o casal tem uma renda conjunta um pouco acima de US$ 40 mil? É uma média aproximada do que ganha a maioria dos casais nos Estados Unidos.

Nate e a esposa podem estar na faixa média de renda mensal para um casal, mas seria extraordinário se vivessem em um bairro repleto de casas de US$ 425 mil. Eu estava bem a par das características demográficas do bairro em que Nate e sua esposa estavam procurando casa para comprar e sabia que a renda familiar típica daquela vizinhança era cerca de três vezes mais que a deles.

DR. STANLEY: Você acha que seu filho e a esposa gostarão de morar nos Legacy Estates? Eu lhe afirmo que muitas rendas familiares daquela área estão acima de US$ 100 mil. Diversos proprietários ali são executivos, profissionais ou homens de negócios bem-sucedidos.

SR. ADAM: A ideia é da minha nora, ela gosta bastante do município ao norte dos Legacy Estates. O loteamento tem um clube de golfe, tênis e ela quer ser dona de casa em tempo integral e jogar tênis.

## A DURA REALIDADE

Mesmo depois dessa troca de idéias eu não estava conseguindo convencê-lo. O Sr. Adam ainda achava que, desembolsando de uma única vez os US$ 425 mil, as responsabilidades financeiras da moradia do filho estariam resolvidas. Compreendi que era chegado o momento de usar artilharia mais pesada. O Sr. Adam ainda não tinha se conscientizado da alta probabilidade de o casal necessitar de enormes e ininterruptas mesadas. O Sr. Adam não estava levando em consideração o alto custo em manter uma casa de US$ 425 mil. Exige muitos recursos não relacionados aos pagamentos da hipoteca.

DR. STANLEY: Tem ideia dos impostos para uma casa de US$ 425 mil?

SR. ADAM: Não.

DR. STANLEY: Bem, eles giram em torno de US$ 7,6 e US$ 8 mil e estão sempre subindo. O chefe da família que receba US$ 40 mil brutos provavelmente levará para casa menos do que US$ 35 mil depois da dedução de imposto de renda, da previdência social e de outros. Isso somaria cerca de US$ 7,6 mil, ou aproximadamente 22% de US$ 35 mil.

Depois dessa notícia comecei a fazer alguns progressos. Continuei perguntando sobre outras despesas do dia a dia doméstico.

Apresentei também outros parâmetros para o Sr. Adam considerar. Uma casa de US$ 425 mil corresponde a mais de três vezes o valor atual médio de uma residência unifamiliar nos Estados Unidos. Em base nacional, as pessoas que compram casas de US$ 425 mil têm rendas que superam três vezes a média.

Quanto valem as casas das famílias ricas nos Estados Unidos? Esta não é uma questão fácil de ser respondida com os dados do meu levantamento, porque a maioria é específica para o local. Deliberadamente, utilizei amostras maiores dos bairros com altas concentrações de milionários. Por outro lado, mais da metade dos bairros nos Estados Unidos não foi pesquisada. É uma parte onde não há muitos milionários; pode existir um milionário para cada cem casas. Isso apresenta um contraste vivo com a amostra geoespecífica, que serviu de base para a maior parte deste livro. Em média, mais de 70 em 100 casas levantadas pertenciam à categoria milionária. Não é de surpreender que esses bairros muito ricos tivessem muitas casas caras, mas o mesmo não é verdadeiro em base nacional.

Quem tem os dados mais completos sobre milionários? O Serviço da Receita Federal. Esse departamento forneceu recentemente alguns dados que podem ser usados para estimar o valor das casas de acordo com diversas classes ricas. A maravilha dessas informações é que são simples de serem avaliadas. Inclui todos os milionários, não apenas aqueles que vivem em áreas residenciais exclusivas, e abrange todos, dos fazendeiros multimilionários do interior dos Estados Unidos aos ricos negociantes de sucata de metal vivendo nos bairros de executivos ricos (e repletos de casas multimilionárias).

Minha análise desses dados pode ser usada como uma arma defensiva eficaz. E se seu filho e nora lhe pressionassem a comprar a casa luxuosa dizendo "todos vivem em casas desse valor" e "trata-se apenas de uma pequena parte de sua fortuna"? O Sr. Adam e outros responderiam com um fato simples, o mesmo que apresentei a ele: a maioria dos milionários, em âmbito nacional, vive em casas que valem muito menos do que US$ 425 mil. Ora, se um milionário típico se sente bem em uma casa dessas, seus filhos e noras menos ricos também deveriam se sentir.

Observe os dados da Tabela 8-8.

De acordo com a base de dados do Serviço da Receita Federal abrangente de todos os domicílios milionários em âmbito nacional (por conseguinte incluindo certas categorias não cobertas pelo meu levantamento, tais como fazendeiros e outros), o valor médio da casa de um milionário nos Estados Unidos pode ser estimado em US$ 277.640. Os milionários com patrimônio líquido entre US$ 2,5 e US$ 5 milhões vivem em casas que valem em média US$ 354.043. Nate está propondo viver em uma casa de custo maior do que a maioria das casas dos milionários!

Tabela 8-8 Casas de milionários nos Estados Unidos: valor médio conforme o patrimônio líquido*

| Patrimônio Líquido | Patrimônio Líquido Médio | Valor Médio da Residência |
|---|---|---|
| De US$ 1.000.000 — US$ 2.500.000 | US$ 1.470.553 | US$ 220.796 |
| De US$ 2.500.000 — US$ 5.000.000 | US$ 3.392.416 | US$ 354.043 |
| De US$ 5.000.000 — US$ 10.000.000 | US$ 6.809.409 | US$ 545.499 |
| De US$ 10.000.000 — US$ 20.000.000 | US$ 14.045.501 | US$ 779.444 |
| De US$ 20.000.000 ou mais | US$ 58.229.024 | US$ 1.073.980 |
| Todos mais de US$ 1.000.000 ou mais | US$ 2.938.515 | US$ 277.640 |

* Fontes: Banco de dados do Mediamark Research Inc. (MRI) de 1999 e estimativas do IRS (Internal Revenue Service) de 1996.

## O MEMORANDUM DE DEFESA

Atualmente existem centenas de casas de pais ricos nos Estados Unidos que estão passando ou vão passar por problemas semelhantes aos que afligiram o Sr. Adam. Que defesa eles têm contra as mesadas como forma de subsidiar a habitação? Agora contam com um contra-argumento que pode ser dado por escrito ou oralmente.

MEMORANDUM
PARA: Os Nates e esposas
DE: Pais ricos
REF.: Seu pedido para subsídio moradia, isto é, de um presente de US$ 425 mil.

Solicitamos que reconsidere seu pedido para que lhe compremos uma casa de US$ 425 mil. Observe os seguintes aspectos:

- Em média, o milionário norte-americano possui um patrimônio líquido um pouco abaixo de US$ 3 milhões e, ainda assim, vive em uma casa que vale apenas US$ 277.640. Você não é milionário. Então, qual a sua necessidade de viver em uma casa de US$ 425 mil? Compare US$ 277.640 com US$ 425 mil e talvez você perceba. Sua proposta de viver assim é 1,53 vez mais cara do que um típico milionário gasta para morar.
- Em média, o milionário típico que vive em uma casa de US$ 277.640 tem uma renda anual de cerca de US$ 145 mil. Sua renda familiar anual é de cerca de US$ 40 mil, apenas 27,6% do que o milionário ganha em média. Talvez você possa usar esses números para determinar o valor de uma casa que seja mais adequada, considerando sua renda atual. Por que não considerar uma residência de custo igual a 27,6% (proporção de sua renda quando comparada com a do milionário) de US$ 277.640 (valor típico da casa de um milionário)? Isso significaria uma propriedade em torno de US$ 77 mil.
- Existem algumas pequenas casas para quem está começando a vida, distantes cerca de 30 ou 50 km daqui, que estão sendo vendidas nessa faixa de preços. Uma casa com um valor desses é bem adequada para alguém com renda na faixa de US$ 40 mil. Se insistir em morar em uma residência mais dispendiosa, nossa ajuda para vocês ficará limitada a US$ 77 mil, e o adicional a esse valor correrá por sua conta. Sugiro adiar sua compra até que tenha adquirido mais capital.

O caso do Sr. Adam não é incomum. Ele é um pai dedicado para Nate e ainda se encontra no estágio em que tem dificuldade de ver a realidade. Acredita, ainda, que se o filho tiver uma casa de US$ 425 mil conseguirá viver de forma independente. Infelizmente, mesmo com uma renda duas vezes maior do que a de Nate e sua esposa, o casal teria dificuldade em se sustentar.

O que provavelmente acontecerá quando Nate tomar posse de sua casa de US$ 425 mil? Ele e a esposa exigirão mesadas constantes do Sr. Adam. Tais subsídios podem ter um efeito amortecedor na ambição e na construção de uma autoimagem forte. Sim, o Sr. Adam ainda pensa que o filho poderá ser mais ambicioso e mais autoconfiante se apenas... Se apenas o quê? Se apenas Nate pudesse viver em um bairro cheio de pessoas ambiciosas que conquistam altos rendimentos. Mas ambição e confiança não se contraem como doenças. Viver perto de pessoas ambiciosas e de alta renda não transformará Nate automaticamente em uma pessoa produtiva. Na Tabela 8-9 apresento algumas estatísticas sobre gastos de quem ganha renda familiar igual à de Nate.

Também estão incluídos os dados referentes à renda e às despesas dos moradores da área que seriam vizinhos de Nate, caso ele concretizasse a mudança pretendida. São os que ganham mais de US$ 90 mil anualmente. Observe que a despesa total para esses domicílios é de US$ 80.645, ou mais do que duas vezes a renda atual de Nate e de sua esposa.

## O CUSTO INTEGRAL DA ACEITAÇÃO DA MESADA

Existem sempre pequenas armadilhas à espera de quem aceita mesadas. Considere o caso de um casal de cerca de quarenta e poucos anos que desejava construir uma casa de US$ 570 mil, sem que contassem com o total dos fundos necessários. Nessa situação, o marido decidiu pedir ajuda aos seus pais ricos e já aposentados. Tinham vivido em Ohio a maior parte de suas vidas e estavam interessados em mudar para mais perto do filho e da família. Atlanta era uma cidade que os encantava, mas nunca tinham tido a iniciativa de comprar uma casa na área.

A perspectiva de mudança para Atlanta veio à tona com o telefonema do filho pedindo ajuda financeira, sem a qual nunca poderiam ter a casa que almejavam. Se fosse seu filho, qual seria sua resposta? Mesmo levando em conta sua fortuna de milhões de dólares sua presente situação é de aposentado, seus dias de altos rendimentos pertencem ao passado. Nada mais justo do que aproveitar esses anos dourados sem ser obrigado a gastar algumas centenas de milhares de dólares para sustentar um filho com nível universitário.

Mas como dizer "não" sem ferir os sentimentos do filho? Será que valerá a pena trazer à tona que você também ajudou na compra da última casa? O casal considerou diversas respostas possíveis até se decidir por uma. Disseram ao filho que subsidiariam com uma condição: o arquiteto contratado teria que alterar o projeto da casa.

Tabela 8-9 Gastos médios anuais e características selecionados: domicílios com renda igual ou superior a US$ 90 mil e igual ou inferior a US$ 90 mil*

| Itens | Menos de US$ 90.000: (semelhantes aos Nate) | US$ 90.000 e acima (semelhantes aos futuros vizinhos do Nate) |
|---|---|---|
| Número de domicílios (milhares) | 79.704 | 5.022 |
| Renda bruta | US$ 30.220 | US$ 136.898 |
| Idade do indivíduo de referência | 47,9 | 47,1 |
| Número médio de moradores no domicílio: | | |
| Pessoas | 2,5 | 3,1 |
| Crianças com menos de 18 | 0,7 | 0,8 |
| Pessoas de 65 | 0,3 | 0,1 |
| Mantenedores | 1,2 | 2,1 |
| Veículos | 1,8 | 2,7 |
| Porcentagem dos proprietários: | 61 | 91 |
| Com hipoteca (% do total ) | 36 | 75 |
| Com hipoteca (% de proprietários) | 59 | 82 |
| Inquilinos | 39 | 9 |
| Negros | 11 | 4 |
| Brancos e outros | 89 | 96 |
| Com educação universitária | 46 | 82 |
| Total da despesa | US$ 30.167 | U$ 80.645 |
| Alimentação | 4.331 | 9.010 |
| Alimentação domiciliar | 2.721 | 4.451 |
| Alimentação fora de casa | 1.608 | 4.559 |
| Moradia | 9.448 | 25.121 |
| Prédios de apartamentos | 5.251 | 14.532 |
| Moradias próprias | 3.080 | 11.887 |
| Moradias alugadas | 1.864 | 940 |
| Água e luz, combustíveis e serviços públicos | 2.091 | 3.491 |
| Manutenção doméstica | 423 | 1.876 |
| Suprimentos domésticos | 412 | 967 |
| Móveis e eletrodomésticos | 1.272 | 4.255 |
| Aparelhos e serviços | 1.540 | 4.732 |
| Transportes | 5.690 | 12.521 |
| Compra de veículos | 2.547 | 4.964 |
| Gasolina, óleo e outros | 2.831 | 6.101 |
| Transporte público | 312 | 1.455 |
| Serviços de saúde | 1.696 | 2.747 |
| Diversão | 1.476 | 4.467 |
| Educação | 389 | 1.816 |
| Donativos em dinheiro | 863 | 4.019 |
| Seguros e pensões | 2.870 | 12.614 |

* Fonte: *U.S.* Department of Labor Bureau of Labor Statistics (Gabinete de Estatísticas do Trabalho dos Estados Unidos) para o período 1994 – 1995, conforme o Summary 98 – 10 de novembro de 1998.

Sugeriram que o porão inteiro fosse transformado em um apartamento de dois quartos, cozinha completa, um banheiro completo e um lavabo, um gabinete, acarpetado e com todos os equipamentos. Quando finalmente se decidiram a sair de Ohio, puderam ir morar com o filho e a família sem pagar aluguel. A mudança poderia até ter ocorrido antes se um deles tivesse falecido ou ficado incapacitado. Que grande oferta! O filho não apenas receberia milhares de dólares como também ganharia papai e mamãe. Difícil acreditar, mas o filho recusou a proposta.

# 9

# O Estilo de Vida dos Milionários: Real *versus* Imaginário

*Pensamentos de um milionário ianque de Connecticut:*
*Ouvi dizer que dois amigos estavam passeando por uma calçada quando um deles percebeu o Sr. Crane vindo na direção oposta. Rapidamente ele atravessou a rua. O amigo lhe perguntou: "Por que está evitando encontrar com ele?". O outro respondeu: "Evito porque ele é do tipo que vive além das posses".*
*Ainda que alguns poucos ianques como nós evitem amigos esbanjadores, certamente não vamos ser apanhados de jeito nenhum esbanjando também!*

– W.H.H. , PhD

COMPARE A FILOSOFIA DO IANQUE DE Connecticut com a dos indivíduos que poderíamos chamar de "Srs. Personalidade do Rádio Regional" (PRR). Os PRRs são consumidores por excelência. Um deles perguntou se eu gostaria de entrevistá-lo, e eu aceitei. Era muito persuasivo e tinha uma voz bonita ao telefone — seu programa estava em primeiro lugar na sua área de transmissão.

Fiquei pensando por que ele me convidou para aparecer uma hora antes de o programa entrar no ar, mas logo que cheguei acabei descobrindo. O contrato dele estava prestes a ser renovado e ele passara bastante tempo negociando com o executivo sênior da rádio. Acreditava firmemente na grande economia que fazia não contratando um agente; por esse motivo, ele mesmo desempenhava esse papel. Infelizmente, deixava a desejar como negociador. Em dez minutos o Sr. PRR já me contava seus problemas financeiros. Nessa época já tinha uma dívida no cartão de crédito superior a US$ 30 mil, o que significava mais de US$ 7 mil de juros ao ano.

No caso dele, esses US$ 30 mil não eram algo fora do comum. Ele mantinha esse tipo de fluxo de caixa funcionando por muitos anos, frequentemente com mais de US$ 30 mil. Mas aquela era apenas a primeira parte da jornada do "conte-me sua história". O Sr. PRR ganha mais de US$ 100 mil por ano e está entre os 7% mais bem remunerados dos Estados Unidos. E quanto ao seu patrimônio líquido? Não seria de esperar que esse sujeito já tivesse um patrimônio líquido aos 30 anos de idade valendo várias centenas de milhares de dólares? Na realidade, ele tinha um patrimônio líquido negativo. Como isso se explica? Será que ele sustenta uma família muito grande? Ou está tendo despesas médicas elevadas com algum parente idoso? Ou adquiriu uma casa muito cara? Está pagando todos os empréstimos feitos para completar os estudos?

A resposta a todas essas perguntas e a outras parecidas é: ***não!*** Ele é solteiro, paga aluguel e seus automóveis foram adquiridos por meio de ***leasing***. Mas não é por aí que escoa todo seu dinheiro, e o Sr. PRR não está sozinho. Existem muitos vivendo da mesma maneira e todos possuem uma coisa em comum: acreditam que é preciso gastar muito para aproveitar a vida. O Sr. PRR é o que se pode chamar de "supergastador"; é um procedimento arraigado em sua mente e em seus hábitos. Ele crê que a compra de determinados produtos e serviços influenciam diretamente sua felicidade.

O Sr. PRR e seus companheiros querem ser felizes e aproveitar a vida, mas todos têm o mesmo problema: só podem fazer isso se a renda continuar aumentando. Como o Sr. PRR deveria abordar o tema "remuneração" com o executivo sênior da empresa na qual trabalhava? Sua resposta provavelmente será bem diferente da estratégia que ele seguiu. O Sr. PRR disse ao patrão o que acabei de contar: que tinha dívidas e que estava com dificuldade para equilibrar o orçamento. Mas disse também muitas outras coisas, mostrando que estava cada vez mais preocupado com a perspectiva de não ser feliz e que a única maneira que encontrara para atingir o objetivo era ir pagando enquanto percorria seu caminho rumo ao "mundo da diversão".

Vendo a partir da perspectiva do patrão do Sr. PRR, qual seria sua resposta a uma colocação desse tipo? O empregado precisa de uma remuneração maior porque está quebrado. Talvez, como o patrão dele, sua tendência seja se sensibilizar mais com o aumento da produtividade dele, mas esse fator não fazia parte da argumentação do Sr. PRR. Será que o patrão dele deveria lhe dar um aumento? Tudo volta ao ponto inicial básico: o Sr. PRR precisa de um emprego e tem menos do que zero de recursos. Ele se encontra à mercê do seu empregador, e não o contrário. Não faz diferença alguma que o Sr. PRR tenha uma dúzia de relógios, dois automóveis caros, jante em ótimos restaurantes e possua todo tipo de equipamento de ginástica. Ele não tem riqueza alguma, está se equilibrando em um fio de navalha. Não pode viver por mais de um ou dois meses sem um contracheque de pagamento.

É uma situação bastante grave, mas o Sr. PRR acabou contando ao patrão mais detalhes sobre sua situação econômica. Seria muito difícil dar um aumento a um indivíduo desses. Provavelmente o patrão tomou providências para substituí-lo, pois um empregado que se deixa conduzir por suas posses e por hábitos consumistas não pode ser produtivo. Ter um patrimônio líquido negativo é preocupante e influencia negativamente o desempenho no trabalho.

Trata-se de uma situação ruim para o Sr. PRR — ele acabou esquecendo algumas coisas a respeito da vida. Não é necessário comprar produtos e serviços para aproveitar a vida. Seu estilo de vida resumia-se em comprar e consumir. Para ele é impossível aproveitar o verão sem um ou dois ***jet skis*** (possivelmente comprados a crédito). Como ele pode se distrair sem passar algumas horas saboreando um bom uísque de US$ 7 a dose em um bar da moda? O Sr. PRR gasta, se alimenta, se veste, bebe, viaja, se diverte, tudo com excessos, e ainda é muito tolerante consigo mesmo. Parece que tudo o que ele faz fora do trabalho custa um bocado de dinheiro. Seu foco é o Sr. PRR e os problemas do Sr. PRR e acredita que pode passar o resto da vida no "clube da felicidade".

O estilo de vida do Sr. PRR é muito diferente das atividades e dos interesses da maioria dos milionários. Ele acha que os milionários são ainda mais tolerantes do que ele, mas não poderia estar mais errado. A moderação no consumo e um estilo de vida disciplinado são a marca registrada das pessoas ricas nos Estados Unidos. Seus hábitos de vida combinam com uma tendência de torná-lo cada vez mais produtivo? Para a maioria das pessoas com a mente milionária, a resposta a essa pergunta é "sim!". Para o Sr. PRR, a resposta é "não!".

Mantenha viva sua lembrança a respeito do Sr. PRR e do seu estilo de vida enquanto lê sobre as atividades e os interesses dos milionários neste capítulo.

## Real *Versus* Imaginário

Façamos uma revisão das atividades empreendidas por 733 milionários durante o último mês. Antes de absorver essa informação, imagine com quem se parece um milionário típico. Você acha que ele é muito diferente da maioria das pessoas? Lembre-se de que os milionários descritos neste livro estão entre os mais produtivos homens de negócio, altos executivos, médicos e advogados dos Estados Unidos. Vivem nos melhores bairros das cidades, em casas avaliadas em US$ 1,4 milhão. Têm alto nível de instrução e aproximadamente 90% têm diplomas universitários. Têm renda anual superior a US$ 600 mil e um patrimônio líquido na faixa superior aos sete dígitos.

Como eles passam o tempo quando não estão trabalhando? O conceito de que todos os milionários são ***workaholics*** é errado. A maioria leva uma vida bem equilibrada, com atividades e interesses não tão espalhafatosos como os jornais e os produtores de Hollywood nos levam a crer.

Também é falsa a impressão de que os milionários não frequentam cultos religiosos porque só acreditam em si mesmos para produzir riquezas e conseguir altos rendimentos. Mais um erro seria crer que eles só fazem compras em lojas chiques como a Brooker Brothers ou a Saks, e que dificilmente seriam vistos comendo no Burger King ou no McDonald's.

Não se pode esquecer de uma coisa. Os milionários são extraordinariamente bem-sucedidos em produzir altos rendimentos e acumular riquezas. As atividades relacionadas a esses objetivos, como planejar investimentos e consultar conselheiros, normalmente figuram entre suas prioridades. Em muitos outros aspectos ligados ao estilo de vida dos milionários, pode-se dizer que eles são tudo, menos extraordinários. Na verdade, têm alguns hábitos diferentes da maioria dos não milionários. Os dados comprovam isso. Quando as pessoas me perguntam sobre o estilo de vida dos milionários, tenho uma resposta concisa, com apenas duas palavras. O milionário típico se caracteriza pelo:

---

Gasto moderado!

---

Na Tabela 9-1 estão relacionadas 27 atividades juntamente com as porcentagens dos milionários que participaram em cada uma delas durante o mês anterior. Essas atividades estão classificadas de 1 a 27, de acordo com a porcentagem de milionários que se manifestaram participando em cada atividade. A Tabela 9-2 mostra vários grupos de atividades em categorias mais abrangentes. Qual atividade foi classificada em primeiro lugar?

---

Convivendo com filhos/netos.

---

Tabela 9-1 Estilo de vida dos milionários: um diário de 30 dias (N=733)

ENGAJADO EM ATIVIDADES DURANTE O MÊS ANTERIOR/30 DIAS

| Atividades/Orientação do Estilo de Vida | Porcentagem | Ranking |
|---|---|---|
| Convivendo com filhos/netos | 93 | 1 |
| Divertindo-se com amigos íntimos | 88 | 2 |
| Planejando investimentos | 86 | 3 |
| Estudando oportunidades de investimento | 78 | 4 |
| Tirando fotografias | 67 | 5 |
| Assistindo a seus filhos/netos praticarem esportes | 61 | 6 |
| Aconselhando-se com um consultor de investimentos | 59 | 7 |
| Estudando arte/investimentos | 53 | 8 |
| Participando de cultos religiosos | 52 | 9 |
| Praticando *jogging*/correndo | 47 | 10[1] |
| Rezando | 47 | 10[1] |
| Comendo no McDonald's e/ou no no Burger King | 46 | 12 |
| Jogando golfe | 45 | 13 |
| Assistindo a palestras | 43 | 14 |
| Participando de eventos religiosos | 37 | 15 |
| Tomando conta de parentes idosos | 35 | 16 |
| Fazendo compras no Wal-Mart ou no Kmart | 31 | 17[1] |
| Praticando marcenaria | 31 | 17[1] |
| Apostando na loteria | 27 | 19 |
| Comprando na loja Saks da Quinta Avenida | 26 | 20 |
| Estudando/colecionando vinhos finos | 25 | 21 |
| Jogando tênis | 23 | 22 |
| Comprando pela Internet | 22 | 23[1] |
| Lendo a Bíblia ou outro livro religioso | 22 | 23[1] |
| Comprando no Brooks Brothers | 19 | 25 |
| Comprando na Sears /ou no J.C. Penney | 17 | 26 |
| Dirigindo um utilitário 4 × 4 fora da cidade | 5 | 27 |

[1] Ligada a esta posição por atividade de estilo de vida

Tabela 9-2 Categorias de estilos de vida dos milionários: um diário de 30 dias (N=733)

ENGAJADO EM ATIVIDADES DURANTE O MÊS ANTERIOR/30 DIAS

| Atividades/Orientação do Estilo de Vida | Porcentagem | Ranking |
|---|---|---|
| RELIGIÃO | | |
| Participando de eventos religiosos | 37 | 15 |
| Participando de cultos religiosos | 52 | 9 |
| Rezando | 47 | 10[1] |
| Lendo a Bíblia ou outro livro religioso | 22 | 23[1] |
| Assistindo a palestras | 43 | 14 |
| INVESTIMENTOS | | |
| Estudando oportunidades de investimentos | 78 | 4 |
| Planejando investimentos | 86 | 3 |
| Estudando arte/investimentos | 53 | 8 |
| Aconselhando-se com um consultor de investimentos | 59 | 7 |
| MANTENDO A CASA | | |
| Fazendo compras no Wal-Mart ou no Kmart | 31 | 17[1] |
| Comprando na Sears ou no J.C. Penney | 17 | 26 |
| Praticando marcenaria | 31 | 17[1] |
| Comendo no McDonald's ou no Burger King | 46 | 12 |
| FAMÍLIA | | |
| Convivendo com filhos/netos | 93 | 1 |
| Assistindo a seus filho/netos praticarem esportes | 61 | 6 |
| Tomando conta de parentes idosos | 35 | 16 |
| COMPRAS MAIORES/RECREAÇÃO | | |
| Comprando no Brooks Brothers | 19 | 25 |
| Comprando na Saks da Quinta Avenida | 26 | 20 |
| Jogando golfe | 45 | 13 |
| LAZER | | |
| Dirigindo um utilitário 4 × 4 fora da cidade | 5 | 27 |
| Estudando/colecionando vinhos finos | 25 | 21 |
| AMIGOS E FOTOGRAFIAS | | |
| Tirando fotografias | 67 | 5 |
| Divertindo-se com amigos íntimos | 88 | 2 |
| GINÁSTICA | | |
| Praticando *jogging*/correndo | 47 | 10[1] |
| Jogando tênis | 23 | 22 |
| EVENTOS INDIVIDUAIS | | |
| Jogando na loteria | 27 | 19 |
| Comprando pela Internet | 22 | 23[1] |

[1] Ligada a esta posição por atividade de estilo de vida

## APEGO AOS AMIGOS *VERSUS* APEGO ÀS COISAS

A interação com a família vem em primeiro lugar. Em segundo lugar aparece:

Divertindo-se com amigos íntimos.

Lembre-se de como era divertido brincar com os amigos quando criança. Não custava nada ficar todo sujo nas brincadeiras no *playground*. Os milionários também não gastam muito para se divertir com os amigos. Quanto poderia custar uma partida de baralho ou um convite feito a alguns amigos para jantar? Não é uma grande despesa. É a interação com pessoas importantes para nós que importa.

Muitas pessoas jovens sentem que, para se divertir de verdade, é necessário colocar dinheiro na equação. A diversão se tornou uma ferramenta de marketing para muitos bens de consumo e serviços. Você realmente precisa comprar um bote de US$ 50 mil para sair por aí com os melhores amigos? Será que você não pode viver sem ter um jet ski? Não tendo um, será que ninguém vai querer ser seu amigo? Será que para que haja diversão é preciso gastar uma fortuna na Disney World? Seus amigos vão sumir e não será possível fazer outros salvo se for dono de uma estação para prática de esportes de inverno? Os bons amigos não o procuram para usufruir seus bens. Os verdadeiros amigos querem estar em sua companhia por outras razões.

É importante para a juventude americana saber que os milionários, mesmo os decamilionários, não dependem de bens de consumo para aproveitar a vida. Seus prazeres e sentimentos de autossatisfação estão mais relacionados com a família, os amigos, a religião, a independência financeira, o bom condicionamento físico e, talvez, um pouco de golfe. Vendo a partir de outra perspectiva: não há nada mais digno de pena do que uma pessoa sem amigos, sem uma família para amar, ainda que tenha milhões de dólares para consumir em bens. Pessoas como essas constituem uma minoria da população milionária. Na verdade, existe uma forte correlação positiva entre a quantidade de atividades referentes ao estilo de vida que inclua o contato com pessoas e a grandeza do patrimônio líquido. É como um multimilionário me disse uma vez. Ele fora treinador do time de ***softball*** da filha durante muitos anos e, ainda que sem premeditar, chegou a conhecer muitos pais de colegas dela bem-sucedidos e donos de negócios próprios. Algumas dessas pessoas acabaram fazendo parte de sua clientela. Não importa se sua atividade for a comercialização de imóveis ou de serviços advocatícios, é útil manter-se ativo e não deixar de interagir com outras pessoas bem-sucedidas.

## MAIS DO QUE SIMPLESMENTE OBSERVAR

Muito tem sido escrito sobre a alta propensão das pessoas bem-sucedidas a jogar golfe e a frequentar as quadras de tênis dos clubes de campo. Muitos ricos jogam tênis e golfe e pode-se observar que existe uma forte correlação positiva entre o nível de riqueza e a prática do golfe.

A probabilidade de os decamilionários jogarem golfe é duas vezes maior do que a dos milionários de altos rendimentos.

O golfe é importante para muitos milionários. Como se classifica essa importância comparativamente com o hábito de observar os filhos praticando esporte? O golfe fica em segundo lugar. Mesmo durante a temporada principal de golfe, apenas 45% dos milionários disseram ter jogado golfe no mês anterior. De forma geral, o golfe ficou em décimo terceiro lugar. Comparando-se isso com outro evento relacionado a esportes, verifica-se que 61% dos milionários disseram:

Observar seus filhos ou netos praticando esporte.

Uma porcentagem maior de milionários preferiu observar os próprios filhos praticando esporte (61%) do que jogar golfe (45%) ou tênis (23%). O significado de observar os filhos praticando esporte é maior do que o amor pelas crianças. Cerca de metade dos milionários do levantamento pratica esportes competitivos em alguma época da vida, nem que tenha sido futebol de salão ou ***softball*** de principiante na escola secundária. A maioria dos participantes acredita que se beneficiaram da prática de esportes competitivos. Como resultado, pode ter ocorrido o estímulo da natureza competitiva de cada um. Aprenderam a importância de trabalhar em equipe mediante essas experiências e tiveram um benefício adicional: os dados indicam que quem praticou esporte na idade escolar se exercita com maior frequência na vida adulta. Os benefícios psicológicos e físicos decorrentes da prática regular de exercícios são temas bem documentados.

Muitos pais ricos encorajam os filhos a praticar esporte. Acreditam que faz parte da formação do equilíbrio do indivíduo. É esse o motivo de observarem os filhos praticando esporte, o que não significa que os pais milionários sejam superiores aos outros ou que amem mais aos seus filhos. Trata-se apenas de uma questão de prioridade quanto ao emprego do tempo livre.

Existe uma forte correlação positiva entre o patrimônio líquido e a frequência de observação dos próprios filhos enquanto praticam esporte.

Como isso pode ser possível? A marca registrada da riqueza é saber controlar o emprego do tempo. Dados do meu levantamento indicam que essa relação é marcante e bastante forte. Portanto, não causa surpresa que a quantidade de pais espectadores em eventos esportivos depois das aulas seja maior nos bairros de ricos do que nos bairros de classe operária, porque os ricos são mais senhores do próprio tempo do que os menos ricos. Como muitos milionários são donos do próprio negócio, eles podem fazer sua própria agenda. Até os altos executivos empregados em empresas públicas têm bastante controle sobre o próprio tempo. Eles recebem uma tarefa e podem decidir como cumpri-la. Para os empregados de fábricas trabalhando em uma linha de montagem ou dirigindo um caminhão enquanto o filho está no ginásio, o trabalho vem em primeiro lugar. A diferença principal entre os milionários e os que possuem alguma riqueza é a maneira como são pagos. Os milionários usualmente recebem de acordo com o desempenho e os resultados, enquanto os outros são pagos por hora, por peça produzida, ou por algum outro parâmetro específico relativo ao tempo empregado ou aos movimentos que fazem. Em marcante contraste, o sucesso econômico é caracterizado pela capacidade de definir o emprego do próprio tempo e atividades sem custo.

## HÁBITOS DE CONSUMO MODERADOS

Como não é possível estar em dois lugares ao mesmo tempo, ver seus filhos jogando bola impede a realização de compras na Brook Brothers ou na Saks naquele mesmo horário. Conviver com os filhos ou apenas jogar bola com eles no quintal impede uma ida ao cassino ou ao bingo naquele momento para arriscar a sorte em uma máquina caça-níqueis. Isso faz parte do conceito de "gasto moderado".

Examine os números na Tabela 9-3. Observe as porcentagens de milionários que relataram estarem envolvidos em diversas atividades. As atividades classificadas como as de "gasto moderado" superam as enquadradas como sendo de gasto elevado. Na realidade, trata-se de mais do que apenas analisar o custo da atividade. Muitas vistas como do tipo "gasto moderado" na verdade aumentam a produtividade da pessoa. Observe também na Tabela 9-3 que quase metade dos milionários (47%) dedica-se à oração. Não custa muito consultar Deus e uma significativa porcentagem de milionários tem na fé religiosa a força-motriz de suas vidas. É também um fator importante que enfatiza o sucesso econômico e espiritual dos milionários, como foi detalhado no Capítulo 4, "Relação entre Coragem e Riqueza".

Tabela 9-3 "Gastos moderados" ***versus*** gastos elevados: realidades do estilo de vida diário dos milionários (N=733)

| Atividade de "Gasto Moderado" | Porcentagem | *versus* Atividade de Gasto Elevado | Porcentagem | Diferença Porcentual Absoluta | Razão entre a Porcentagem Maior e Menor | Atividade com Maior Porcentagem |
|---|---|---|---|---|---|---|
| Assistindo a seus filhos/netos praticarem esporte | 61 | Comprando na Brooks Brothers | 19 | 42 | 3,2 | "gasto moderado" |
| Planejando investimentos | 86 | Comprando na Saks da Quinta Avenida | 26 | 60 | 3,3 | "gasto moderado" |
| Fazendo orações | 47 | Comprando na Brooks Brothers | 19 | 28 | 2,5 | "gasto moderado" |
| Divertindo-se com amigos íntimos | 88 | Comprando pela Internet | 22 | 26 | 4,0 | "gasto moderado" |
| Estudando oportunidades de investimentos | 78 | Estudando /colecionando vinhos finos | 25 | 53 | 3,1 | "gasto moderado" |
| Participando de cultos religiosos | 52 | Jogando na loteria | 27 | 25 | 1,9 | "gasto moderado" |
| Convivendo com filhos/ netos | 93 | Comprando na Brooks Brothers | 19 | 74 | 4,9 | "gasto moderado" |
| Tirando fotografias | 67 | Dirigindo um utilitário 4 × 4 | 5 | 62 | 13,4 | "gasto moderado" |

Existem várias outras características embutidas no conceito de "gasto moderado". A maioria dos milionários não são do tipo faça-você-mesmo, em especial no caso de tarefas que levam mais do que algumas horas para serem finalizadas. Eles sabem que tempo é dinheiro. O milionário típico ganha mais de US$ 320 por hora quando trabalha em sua ocupação profissional principal. Para instalar uma prateleira, despenderiam cerca de uma hora apenas para serrar, lixar e dar acabamento, isso sem mencionar o tempo necessário para comprar a peça de madeira. E ainda há o tempo gasto na instalação propriamente dita. Isso totalizaria perto de três ou quatro horas para colocar no lugar uma peça de madeira de US$ 10 na parede, o que significaria um gasto de US$ 1.050 a US$ 1.400 em oportunidades perdidas.

Não é apenas o enfoque econômico que dita a aversão do milionário pelas tarefas tipo faça-você-mesmo. Qual tarefa substitui em primeiro lugar as atividades desse tipo para os milionários? É a tarefa de jogar golfe. Existe uma correlação negativa muito pronunciada entre o tempo dedicado a jogar golfe e as atividades do tipo faça-você-mesmo. O golfe pode ser caro, considerando-se o custo do título do clube, os salários pagos, o equipamento e as roupas. Mas os milionários justificam essas despesas e os custos de oportunidade inerentes ao esporte.

***Não é o golfe. O jogo real na parte lisa do campo é conquistar novos clientes e contentar os atuais.***

O golfe ocupa a décima terceira posição na escala de atividades, bem abaixo de "planejando investimentos", que está em terceiro lugar. O planejamento de investimentos é um esporte individual e nenhum equipamento é necessário. Basta perguntar aos milionários encontrados em uma livraria. Estou lá fazendo a pesquisa para meus livros e lá estão eles prontos para rever os últimos relatórios ***Line*** e ***Standards*** & ***Poors***.

Não custa um centavo entrar na livraria, não é necessário nem ao menos um cartão da livraria para ter acesso a tantos veículos de pesquisa de investimento excelentes.

## UM DIÁRIO DE 12 MESES

Existe algum benefício em estudar atividades do estilo de vida ao longo de 12 meses porque podemos incluir atividades anuais como férias e declaração de imposto de renda. A Tabela 9-4 relaciona 30 atividades relacionadas com o estilo de vida, juntamente com as porcentagens da ordenação preferida pelos milionários para se engajar em cada atividade pelo menos uma vez durante os 12 meses anteriores. A Tabela 9-5 agrupa essas atividades em categorias de objetivos semelhantes.

Muitas dessas atividades são diferentes do estilo de vida esbanjador que muitos imaginam, mais comum entre os não milionários com altos rendimentos do que entre os milionários de primeira geração. Esse mesmo estilo de vida pseudorrico entre os não-milionários dos Estados Unidos explica por que a maioria das pessoas de alto padrão de vida nunca enriquece.

Tabela 9-4 Atividades dos estilos de vida dos milionários: um diário de 12 meses (N=733)

ENGAJADO EM ATIVIDADES DURANTE OS 12 MESES ANTERIORES

| Atividades/Orientação do Estilo de Vida | Porcentagem | Ranking |
|---|---|---|
| Consultar especialista em impostos | 85 | 1 |
| Visitar museus | 81 | 2 |
| Atividades comunitárias e cívicas | 68 | 3 |
| Jardinagem | 67 | 4 |
| Levantar fundos para obras de caridade | 64 | 5 |
| Assistir a um evento esportivo da liga principal | 62 | 6 |
| Atividades de associações comerciais e profissionais | 61 | 7 |
| Assistir a uma peça na Broadway | 60 | 8 |
| Frequentar bailes para levantamento de fundos | 57 | 9[1] |
| Tirar férias no exterior | 57 | 9[1] |
| Frequentar feiras de antiguidades | 49 | 11 |
| Comprar objetos de arte | 42 | 12 |
| Jogar na loteria | 33 | 13 |
| Preparar suas próprias guias de impostos | 30 | 14[1] |
| Pescar | 30 | 14[1] |
| Fazer consertos em encanamentos | 27 | 16 |
| Fazer acampamento e montanhismo | 25 | 17[1] |
| Jogar em cassinos | 25 | 17[1] |
| Esquiar na neve das Montanhas Rochosas | 22 | 19 |
| Tirar férias em Paris | 20 | 20[1] |
| Velejar em um iate | 20 | 20[1] |
| Aparar o próprio gramado | 19 | 22 |
| Assistir a concertos de rock | 17 | 23[1] |
| Tirar férias em Palm Springs | 17 | 23[1] |
| Pintar a parte externa da casa | 13 | 25 |
| Assistir à final do torneio de tênis | 11 | 26[1] |
| Praticar tiro ao alvo e fazer caçadas | 11 | 26[1] |
| Praticar esportes aquáticos | 9 | 28 |
| Esquiar nos Alpes | 4 | 29 |
| Fazer um cruzeiro pelo mundo | 3 | 30 |

[1] Ligada a esta posição por atividade de estilo de vida.

Tabela 9-5 Atividades dos estilos de vida dos milionários: um diário de 12 meses agrupado por atividades semelhantes (N=733)

ENGAJADO EM ATIVIDADES DURANTE OS 12 MESES ANTERIORES

| Atividades/Orientação do Estilo de Vida | Porcentagem | Ranking |
|---|---|---|
| Orientação do Estilo de Vida | | |
| RESPONSABILIDADES CÍVICAS | | |
| Levantar fundos para obras de caridade | 64 | 5 |
| Atividades comunitárias e cívicas | 68 | 3 |
| Frequentar bailes para levantamento de fundos | 57 | 9[1] |
| ARTE, DIVERSÕES E/OU VIAGENS | | |
| Comprar objetos de arte | 42 | 12 |
| Frequentar feiras de antiguidades | 49 | 11 |
| Visitar museus | 81 | 2 |
| Assistir a uma peça na Broadway | 60 | 8 |
| Passar férias no exterior | 57 | 9[1] |
| Passar férias em Paris | 20 | 20[1] |
| PRATICAR O FAÇA-VOCÊ-MESMO | | |
| Jardinagem | 67 | 4 |
| Aparar o próprio gramado | 19 | 22 |
| Fazer consertos em encanamentos | 27 | 16 |
| Pintar a parte externa da casa | 13 | 25 |
| Preparar suas próprias guias de impostos | 30 | 14[1] |
| ESPORTES | | |
| Esquiar na neve das Montanhas Rochosas | 22 | 19 |
| Esquiar nos Alpes | 4 | 29 |
| Assistir à final do torneio de tênis | 11 | 26[1] |
| Assistir a um evento desportivo principal | 62 | 6 |
| ATIVIDADES AO AR LIVRE | | |
| Fazer acampamento e montanhismo | 25 | 17[1] |
| Praticar esportes aquáticos | 9 | 28 |
| Assistir a concertos de rock | 17 | 23[1] |
| ESPORTES MASCULINOS | | |
| Pescar | 30 | 14[1] |
| Velejar em um iate | 20 | 20[1] |
| Praticar tiro ao alvo e fazer caçadas | 11 | 26[1] |
| JOGOS DE AZAR | | |
| Jogar em cassinos | 25 | 17[1] |
| Jogar na loteria | 33 | 13 |
| Atividades de associações comerciais e profissionais | 61 | 7 |
| PROGRAMAS DE LUXO | | |
| Tirar férias em Palm Springs | 17 | 23[1] |
| Fazer um cruzeiro pelo mundo | 3 | 30 |
| IMPOSTOS | | |
| Consultar especialista em impostos | 85 | 1 |

[1] Ligada a esta posição por atividade de estilo de vida.

Quando o termo ***milionário*** é mencionado, a maioria visualiza um estilo de vida nobre, altamente consumista. Pergunte à população em geral sobre as atividades e interesses preferidos pelos milionários considerando o ano todo. Quais atividades figurariam nos primeiros lugares entre as relacionadas a seguir?

- Esquiar nas Montanhas Rochosas
- Esquiar nos Alpes Suíços
- Velejar em um iate
- Jogar em cassinos
- Fazer um cruzeiro ao redor do mundo
- Tirar férias em Palm Springs
- Assistir à final do torneio de tênis de Wimbledon
- Passar as férias em Paris

Se sua opinião foi a favor de qualquer uma dessas atividades, ela não está correta. Todas estão no final da escala de preferência.

A atividade número 1 é consultar um especialista em impostos!

É essa sua visão dos milionários e multimilionários dos Estados Unidos? Por que tantos milionários participam dessa atividade? Pode ter alguma coisa a ver com o fato de que o milionário típico do estudo pagou mais de US$ 300 mil de impostos sobre a renda do ano anterior. Praticamente um em cada cinco pagou mais do que US$ 1 milhão. Os ricos nos Estados Unidos pagam muito mais do que seria justo em termos de impostos. Os que possuem uma renda anual superior a US$ 1 milhão ou mais correspondem a menos de um décimo de 1% dos domicílios nos EUA, mas são responsáveis por cerca de 14,7% de todo o imposto de renda cobrado. Obviamente, a maioria dos milionários percebe os benefícios da consulta aos especialistas em impostos. Até mesmo uma redução de apenas 5% ou 10% nos impostos equivale a pagar o total ou uma grande parte da matrícula do filho em uma faculdade.

Observe mais um aspecto com relação ao imposto de renda: somente 30% dos milionários que participaram do levantamento elaboram suas próprias declarações e um terço dos que o fazem são contadores ou advogados especialistas em impostos. Observa-se aqui um padrão interessante. Existe uma correlação marcante e estatisticamente significativa entre atividades relacionadas do tipo faça-você-mesmo e riqueza. Na ordem de classificação de acordo com sua importância, podem ser citadas:

1. Aparar o próprio gramado
2. Consertar encanamentos
3. Preparar suas próprias guias de pagamento de impostos
4. Pintar a parte externa da casa

Os menos ricos apresentam tendência maior a realizar grande parte dessas atividades. Deve ser enfatizada a forte correlação existente entre o nível de riqueza de uma pessoa e a contratação de um profissional para calcular as guias do imposto a pagar.

Talvez os multimilionários tenham feito muitas tarefas do tipo faça-você-mesmo antes de se tornarem decamilionários. Em geral isso não ocorre e nem a idade explica bem as variações entre optar ou não pela atividade faça-você-mesmo quando são comparados os grupos de alta renda ou de alto patrimônio líquido. Realmente, existe forte evidência de que essas atividades substituem a construção de riqueza.

Na realidade, essa afirmativa não é inédita. Minha esposa foi a primeira pessoa a quem comuniquei essa correlação, assim que imprimi e examinei os resultados. Ela não se deixou abalar pelos dados empíricos.

SRA. STANLEY: Acho estranho que os milionários não consertem coisas dentro de casa! O que será que fazem nas horas de folga?

DR. STANLEY: Eles se engajam em atividades que os deixam mais ricos ainda.

SRA. STANLEY: Para mim continua algo inexplicável.

O SUBSTITUTO MAIS SIGNIFICATIVO

Dentre as 30 atividades de estilo de vida relacionadas no diário dos 12 meses, uma sobressai como tendo a mais importante relação inversa com o patrimônio líquido.

JOGAR NA LOTERIA

Quanto mais alto for o padrão de riqueza de uma pessoa, menos provável é que ela venha algum dia a jogar na loteria.

## FORA DO ESCRITÓRIO

Dos jovens que obtêm altos rendimentos para si mesmos hoje, quais têm probabilidade de se tornarem milionários amanhã? Os que trabalharem duro e ainda tiverem escolhido a ocupação profissional ideal. Porém, se tiver como objetivo também melhorar seu patrimônio no futuro, deve se envolver em atividades extras. Em primeiro lugar, ter contato com consultores de impostos e com os que entendem a respeito de impostos sobre investimentos realizados. Em segundo lugar, ser ativo em sua comunidade, participando sempre. Não há nenhuma atividade ligada ao estilo de vida que seja mais nobre do que:

Levantar fundos para obras de caridade.

Quase dois terços dos milionários (64%) se dedicaram a essa atividade nos últimos 12 meses e constatou-se uma correlação positiva muito forte entre essa atividade e o patrimônio atribuído.

Alguns talvez digam que o levantamento de fundos é uma atividade para os que já são muito ricos. Ou então podem sugerir que o levantamento de fundos para caridade é uma atividade típica de pessoas que herdaram as fortunas. Na realidade, dedicar tempo ao levantamento de fundos para caridade não tem relação com a idade ou a riqueza herdada nem tampouco é uma atividade típica de multimilionários idosos. Também não é domínio dos que já são ricos. A maioria dos milionários de hoje já levantava fundos para boas causas antes de se tornarem financeiramente independentes, e a maior parte fazia isso movida por sentimentos nobres.

As boas ações recebem recompensa mesmo aqui na Terra. As pessoas que já são bem-sucedidas financeiramente e a próxima geração das que serão bem-sucedidas se apresentaram voluntariamente. Quando se viam envolvidas em várias situações coletivas de levantamento de fundos, começaram a se conhecer umas às outras. Pede-se sempre o que as pessoas têm de melhor quando se encontram empenhadas em causas nobres pelo efeito benéfico dessas causas sobre suas reputações e integridade.

Ao longo dos anos estudando pessoas bem-sucedidas descobri uma regra simples:

Quem quer se tornar rico se associa a pessoas economicamente produtivas.

## ARTE, DIVERTIMENTO E VIAGENS

Além do levantamento de fundos, existem outras atividades relacionadas ao nível de riqueza? Quanto mais rico alguém se torna, mais provável é que se interesse por arte, diversões e viagens. Cinquenta e sete por cento dos milionários tiraram férias durante o ano passado, mas os decamilionários tendem mais a fazer viagens internacionais — sete entre dez se dedicaram a esse item da lista de atividades.

Isso contradiz a teoria de que os milionários somente gastam dinheiro com o propósito de aumentar a própria riqueza? É lógico assumir que as férias foram feitas para diversão, não para trabalho, para fins de estudar investimentos ou para tirar vantagens no pagamento de impostos. Para muitos milionários, as férias contribuem para aumento do patrimônio, principalmente quando são tiradas com viagens para o exterior. Considere o médico que trabalha por conta própria. No último ano sua renda líquida foi de cerca de US$ 1 milhão. O Dr. Edwards é um médico importante em parte porque constantemente se mantém atualizado com as mudanças e inovações da Medicina. Ele também escreve e publica artigos relativos ao próprio trabalho e muitas vezes é convidado a apresentar estudos em convenções médicas regionais, nacionais e internacionais.

Existem muitas convenções e oportunidades para as palestras do Dr. Edwards, razão pela qual ele sempre recebe convites de diferentes associações. Algumas chegam a lhe oferecer uma modesta remuneração de US$ 1.000 e pagar a hospedagem. Ele tem muitas milhas obtidas devido às viagens que fez no passado, o suficiente para levar a família inteira para qualquer lugar do mundo de graça.

Considerando que ele pode escolher entre Chicago em fevereiro ou Paris em maio, não é de surpreender que o Dr. Edwards tire férias e viaje para o exterior frequentemente. Ele pode matar dois coelhos com uma cajadada: pode proferir suas palestras, fazer seus negócios durante uma parte do tempo e ainda o que tantos casais fazem quando passeiam pela Europa: comprar ou investir em arte original e frequentar leilões de antiguidades.

O caso do Dr. Edwards é típico entre os multimilionários. Somente uma minoria de multimilionários viaja ao exterior com o único propósito de tirar férias. Para a maioria existe outro assunto envolvido, geralmente uma mistura de negócios, investimentos e prazer — não necessariamente nessa ordem. Existem certas vantagens tributárias em misturar negócios com prazer, mas antes de planejar sua viagem ao exterior com o objetivo de usufruir de vantagens nos negócios e no pagamento de impostos, consulte um contador ou um advogado tributarista. Existem muitas áreas nebulosas quando se misturam negócios, prazer, investimentos em arte e antiguidades.

Em geral, as pessoas produtivas têm mais oportunidade de realizar tudo isso e muitas vezes conseguem subsídios para tirar as férias.

## À PROCURA DE MILIONÁRIOS

Imagine que sua obrigação seja entrevistar milionários, embora tenha pouca experiência em pesquisas de mercado. Sua folgada conta para cobrir despesas faz com que seja possível viagens para todas as partes do mundo, sempre encontrando alguns milionários onde quer que vá. O patrão, porém, não está muito satisfeito com seu serviço.

Seu relatório conta o encontro ocorrido com milionários tirando férias em Paris, mas ele lhe mostra a Tabela 9-6, indicando que apenas 20% estavam tirando férias e indo para lá no ano anterior. O patrão pergunta então se você agendara um encontro com algum consultor de impostos que os milionários normalmente utilizavam.

Então você percebe que esse ângulo lhe escapara porque, como a maioria das pessoas, seu foco era encontrar pessoas ricas gozando férias luxuosas. Nunca passara pela sua cabeça que eles poderiam estar sentados ao lado de um consultor examinando questões tributárias, mas era quase quatro vezes mais provável encontrá-los lá do que aproveitando férias em Paris.

Assim, seu patrão não estava de todo satisfeito com seus esforços para encontrar milionários que estivessem esquiando nos Alpes. Somente quatro em cem tinham feito isso no ano anterior. Havia muitos milionários naquele cruzeiro do último ano, mas não constituíam amostra representativa. Somente três milionários em cem estavam a bordo daquele cruzeiro. Seu patrão sugeriu insistentemente outra forma de ganhar a vida. Na verdade, sua substituição por outro é iminente. Ele acaba de contratar uma jovem mulher muito ativa no levantamento de fundos para obras de caridade. Ellen persuadiu o patrão a contratá-la porque ela alega que a maioria dos milionários é eficaz na arrecadação de fundos para causas nobres e ela já trabalhava com muitos deles. Como os números da Tabela 9-6 sugerem, Ellen está certa em sua afirmativa de que o consumo extravagante é ***out*** e arrecadar fundos é considerado ***in*** entre os milionários. A arrecadação de fundos supera a preferência pelos itens seguintes:

- Passar férias em Paris 3 a 1
- Esquiar nos Alpes Suíços 16 a 1
- Assistir à final do torneio de tênis de Wimbledon 6 a 1

- Velejar em um iate 3 a 1
- Fazer um cruzeiro ao redor do mundo 21 a 1

Tabela 9-6 "Encontro" com o tributarista e com o responsável por arrecadar fundos ***versus*** atividades "da moda": realidades do diário de 12 meses dos milionários (N=733)

| Atividades "da moda" | Porcentagem | % de consultas com um perito em impostos (em relação às atividades "da moda") | % de levantamento de fundos para obras de caridade (em relação às atividades "da moda") |
|---|---|---|---|
| Passar as férias em Paris | 20 | 85 (4,3) | 64 (3,2) |
| Esquiar nas Montanhas Rochosas | 22 | 85 (3,9) | 64 (2,9) |
| Esquiar nos Alpes Suíços | 4 | 85 (21,3) | 64(16,0) |
| Assistir à final do torneio de tênis de Wimbledon | 11 | 85(7,7) | 64(5,8) |
| Velejar em um iate | 20 | 85 (4,3) | 64 (3,2) |
| Passar férias em Palm Springs | 17 | 85(5,0) | 64(3,8) |
| Fazer um cruzeiro pelo mundo | 3 | 85(28,3) | 64(21,3) |

## UMA CHAMADA PARA DESPERTAR

É verdade que Deus ajuda quem cedo madruga?Talvez. Mas nem todos acordam tão cedo. Se tornar-se um milionário estivesse diretamente relacionado a levantar mais cedo do que os outros, muitos motoristas de ônibus e entregadores de leite estariam ricos. A maioria não é milionária. Se fosse só isso seria muito fácil. Vejamos de outra forma. Não existe certeza sobre tornar-se rico ou não. Determinados fatores podem explicar variações na riqueza e algumas conclusões sobre probabilidades podem ser tiradas. Não é possível afirmar com 100% de segurança que Fulano ou Sicrano vão ficar ricos se acordarem cedo todas as manhãs.

Houve uma ocasião em que acreditei no que meus pais me ensinaram: acordar primeiro do que os outros melhoraria minha renda e acabaria resultando no aumento do meu patrimônio. Naqueles tempos eu passava meus fins de semana carregando tacos de golfe. Durante meu primeiro ano, o carregador de tacos mais antigo teve alguns problemas. Vários carregadores se queixavam de que ele estava apostando nos favoritos e contaram a algumas pessoas importantes do clube sobre a política de alocação dos carregadores entre os sócios.

Não estou certo se havia ou não uma distribuição política, mas o carregador mais antigo estava na berlinda. Francamente, eu não estava muito preocupado, pois era o mais jovem e menos experiente nos meus 12 anos de idade, de modo que sempre me davam as bolsas de tacos de dois sujeitos que não me sacrificavam muito. Eu sempre terminava com "os velhos Bob e Andy", ou um de seus parentes. Ambos tinham quase 90 anos. Eu não apenas tinha de carregar suas bolsas de taco, mas também levava seus assentos dobráveis. Como regra, eram necessárias de seis a oito horas para jogarem 18 buracos, incluindo o tempo do almoço, que era de 90 minutos. Mesmo com muitos ***mulligans***, repetindo saídas no primeiro buraco, eles nunca faziam 110!

Na verdade, a atuação dos irmãos nunca me aborreceu muito. Eu estava no mais baixo nível dos carregadores de tacos e eles eram multimilionários, nomes conhecidos em toda área industrial dos Estados Unidos. Então, suspeitei que pudessem achar que estavam me pagando demais. Alguns carregadores mais antigos detestavam trabalhar para eles. Alguns sentiam que o carregador-chefe destinava os bons jogadores de golfe a parentes seus e aos amigos do filho.

Para resolver esse problema, o clube concordou com um método objetivo de distribuição do trabalho: a regra do "primeiro a entrar, primeiro a sair". O carregador que chegasse primeiro de manhã acompanharia a primeira partida de dois ou de quatro jogadores. Bastante simples, muito democrático mas, apesar de tudo, bastante improdutivo.

O sistema não durou muito. Os melhores e mais competitivos jogadores de golfe foram os primeiros a protestar. Antes eles sempre conseguiam os melhores e mais experientes carregadores para trabalhar para eles. Insistiam nisso e sempre usavam os mesmos carregadores cada vez que jogavam. Frequentemente eram generosos distribuindo as gorjetas de acordo com o desempenho dos carregadores dos tacos. Porém, ser um carregador significa mais do que simplesmente carregar a bolsa dos tacos.

Um bom carregador é um instrutor, um consultor, um treinador e um motivador ao mesmo tempo. Quando os melhores jogadores ficavam presos a carregadores sem essas qualidades, enfureciam-se. Detestavam a filosofia do "primeiro a entrar, primeiro a sair".

De certa forma, isso é análogo ao processo de se tornar rico nos Estados Unidos. As pessoas mais produtivas, sejam elas carregadores ou advogados, ganham mais do que as menos produtivas. Na há garantia de que um advogado vá vencer uma causa apenas porque sobressaiu mais do que outro durante determinado procedimento na Justiça.

De qualquer forma, o sistema de carregadores baseado no horário de chegada foi um grande fracasso em longo prazo. No primeiro sábado em que começou a vigorar, cheguei no ponto de reunião dos carregadores às sete da manhã. O lugar já estava repleto de carregadores. Então, no sábado seguinte, eu já estava de pé às quatro da madrugada pedalando minha bicicleta até o clube, tendo chegado lá antes das 5h30. Ainda assim não fui o primeiro da fila, pois cinco ou seis chegaram antes de mim, aguardando diante da casa dos carregadores. Os que realmente chegaram cedo estavam dormindo no piso do banheiro masculino, aguardando desde as 11 horas da noite anterior.

Como seria possível alguém ganhar essa competição? Será que essa era a forma mais eficaz de usar a energia e de empregar o tempo das pessoas? É a mesma resposta com relação a acumular riquezas. Quem conseguiu ficar milionário pelo próprio esforço teve de descobrir uma maneira de se tornar financeiramente independente. Escolheram um ofício que os recompensasse por serem produtivos durante as horas dedicadas à sua execução. Essencialmente, não é a hora em que as pessoas acordam ou começam a trabalhar que as torna financeiramente bem-sucedidas. O importante é a produtividade que conseguem quando estão trabalhando.

Será que os professores mais bem preparados, mais competentes e produtivos são mais bem pagos do que os menos eficientes? Geralmente não. Somente nas faculdades e universidades mais competitivas os membros mais eficientes são recompensados pelo desempenho superior. Em outras escolas é apenas uma questão de quantas horas, dias ou anos um professor é membro da faculdade. A mentalidade do "primeiro que chega" não é tolerada pelas pessoas ambiciosas e produtivas. Isso só deve ser relevante quando medidas objetivas de aferição do desempenho dão maior peso à alocação de recursos econômicos. Sem esses incentivos, as pessoas produtivas tendem a se tornar menos produtivas. Os que restam são aqueles escravos do relógio ou dos calendários. Qual é a importância de terem sido contratados antes se produzem menos?

O que tudo isso tem a ver com o tornar-se milionário? Quem trabalha em um ambiente que prioriza o desempenho provavelmente será motivado por oportunidades econômicas se conseguir ter excelente desempenho.

Levantar mais cedo do que os outros não é difícil e não requer muita inteligência. Mas ser o primeiro é importante de outra forma. Ser o primeiro em lançar um novo produto significa superar os que se levantam cedo porque esses dão mais importância ao horário de chegada ao serviço do que ao lançamento de um produto inovador. Deixe os que quiserem oferecer produtos "maria vai com as outras" levantarem antes da aurora. Trabalhar 12 horas por dia pode até ser um requisito apenas para conseguir sobreviver na competitividade industrial feroz dos tempos atuais.

Lembre-se de uma coisa a respeito da mentalidade "do primeiro que chega", esse sistema que invadiu o setor de serviços públicos da economia. Poucos milionários são servidores públicos e têm uma orientação completamente diferente. Dsejam ser recompensados com base no desempenho. Não aceitam nenhuma outra forma. Nunca seriam capazes de se motivar se trabalhassem em um ambiente onde o primeiro a chegar ou o primeiro a ser contratado estivesse destinado a receber a parte do leão do ganho econômico.

Em termos de milionários e de não milionários com altos rendimentos:

---

Não existe correlação estatisticamente significativa entre a hora de despertar e a conquista da riqueza.

---

O milionário típico levanta-se às 6h40 e a média é às 6h25. Apenas cerca de um em cada cinco se levanta antes das 5h40. Eu costumava me levantar muito mais cedo e também estava habituado a trabalhar oito ou dez horas por dia quando não estava lecionando. Foi quando descobri que meus livros e documentos eram produzidos com maior rapidez quando escrevia apenas três ou quatro horas por dia. Ultimamente é a qualidade do que é escrito, e não a produção de dez horas diárias, que é capaz de tornar um livro um *best-seller*. Se o cérebro do escritor, o berço das ideias, tranca-se depois de três ou quatro horas, trabalhar seis horas pode produzir apenas coisas inúteis.

Embora muitas vezes se ouça falar dos milionários empreendedores que se levantam às três horas da manhã diariamente, isso é apenas a voz corrente, porque não há diferença estatisticamente significativa entre milionários dos vários grupos ocupacionais com relação à hora do início das atividades diárias. Os altos executivos de empresas levantam-se um pouco mais cedo em média do que outros, mas a diferença não é significativa.

## UMA HOMENAGEM AO DR. BILL

Um dos meus mentores foi o Dr. Bill Darden, uma das maiores autoridades no campo de pesquisas sobre estilos de vida. Sua sala ficava bem em frente à minha quando eu estava fazendo meu doutorado. Nessa época, Bill era professor associado. Percebia que ele chegava todos os dias mais ou menos no meio ou no final das manhãs. Sua porta estava sempre aberta enquanto trabalhava, ele era extremamente amável com os estudantes que pediam ajuda e dedicava muito do seu tempo àqueles que o procuravam. Quando, então, ele conseguia tempo para pesquisar e escrever? Um dia descobri.

Entrei na central de computação cerca das duas horas da madrugada para executar alguns programas de longa duração de processamento e que tinham sido deixados para o último turno. Não havia muitas pessoas lá, mas Bill estava rodando seus programas. Ele me confidenciou que quase todas as manhãs estava trabalhando, escrevendo programas e "manipulando números". Ele não tinha nenhum assistente para fazer aquilo por ele.

Meus alunos de pós-graduação pensavam que o Dr. Bill Darden iniciava seu dia às 10 ou 11 horas da manhã, mas estavam um pouco enganados. Na realidade, ele tinha dois períodos de trabalho matutinos. O primeiro começava aproximadamente à uma da madrugada e durava até que acabasse de processar seus programas, quando ia para cama, por volta das três horas. Ele então se levantava às nove horas e chegava ao escritório entre dez e onze da manhã. Em muitas universidades e faculdades de primeira linha, o corpo docente trabalha intensamente, mas é raro encontrar um de seus membros antes das oito da manhã. Eles trabalham quando querem trabalhar e fazem os próprios horários. Assim acontece com muitas pessoas ricas e produtivas. Quem consegue controlar o dia útil e fazer o próprio horário provavelmente percebe que trabalhar das 8h até as 17h não é a solução ideal. Desde que haja produtividade, interessa pouco se a "manipulação de números" começa às duas e meia da madrugada ou às dez da manhã, mas não tente fazer isso se seu patrão estipular que seu horário vai das 8h às 17h.

Por qual razão tipos como o Dr. Bill Darden algumas vezes produzem mais às duas e meia da madrugada em vez de às nove da manhã? No caso, ele descobriu que o centro de computação ficava muito congestionado durante o período normal de trabalho, distraindo sua atenção caso o usasse naquele período. Ele se tornou um professor de destaque em parte por causa de suas publicações em jornais acadêmicos de primeira linha. As pessoas que julgaram seu trabalho nunca se incomodaram em saber se o autor trabalhava das 8h às 17h ou das duas da madrugada às nove da manhã. Nem todo mundo consegue o melhor de seu preparo físico e mental entre 8h e 17h. Bill me disse que suas melhores e mais produtivas idéias lhe ocorriam antes da aurora, quando a maioria das pessoas estava dormindo. A que horas sua produtividade é maior? Ocorre dentro do seu horário de trabalho? Se não, pense em mudar sua agenda, o que será bem mais factível se ela lhe pertencer!

# 10

# Uma Observação Final Sobre a Mente Milionária

O QUE OS MILIONÁRIOS ME CONTARAM TER APRENDIDO QUANDO ERAM JOVENS? Eles aprenderam a:

Pensar diferente da multidão.

Grande parte deste livro foi desenvolvida em torno de um tema central: compensa ser diferente. Nunca me interessei em estudar o que um dos meus entrevistados chama de "pessoas do grupinho da elite". Ele as descreve como pessoas fadadas a ter sucesso na vida. Supostamente possuem um QI alto, sempre tiraram notas 10 desde o maternal até a faculdade de Direito, de Medicina, pós-graduação ou outras graduações; formaram-se nas melhores escolas e faculdades americanas; possuem ótima aparência e olhos azuis; fizeram parte do primeiro time em todos os esportes universitários; seus ancestrais fazem parte das mais nobres origens; nunca suaram a camisa, mas ganham milhões de dólares por ano; jogam golfe; sempre estão à frente de causas nobres; não têm cáries nem problemas físicos; foram casados cinco vezes; todos eram modelos famosos, e assim por diante.

Por que não me interesso pelos grupos de elite? Nunca encontrei um milionário que possuísse essas qualidades. Ainda assim, a maioria dos não milionários acha que os grupos de elite formam o grosso da população milionária dos Estados Unidos. Não penso assim e ainda estou procurando um milionário com essas características. Entretanto, estou mais interessado em pessoas como Paule Rossmann, o piloto de combate, um ás com o braço ferido. Lembre-se do que narrei no Capítulo 1, relatando como ele compensou sua deficiência e como conseguiu se ajustar ao seu problema. Na realidade, foi sua deficiência que catalisou a estratégia que decidiu empregar. Ele se tornou um ás porque conseguiu canalizar a própria criatividade. Encontrou um modo de derrotar os competidores pertencentes aos grupos de elite, que, no contexto dos pilotos de combate, eram perfeitos fisicamente.

A perfeição física pode ser importante em batalhas aéreas, mas Rossmann evitava esse tipo de competição. Ele vencia porque sabia selecionar o alvo, o momento, o lugar e o ângulo de ataque — era simplesmente proativo. Pergunto-me o que pensariam os do grupo de elite abatidos por ele se soubessem que o adversário tinha apenas um braço funcionando perfeitamente. Rossmann foi também preceptor de Erich Hartmann, o ás dos ases, o detentor do recorde de vitórias em batalhas aéreas.

Quem estaria mais qualificado como melhor mentor? Certamente alguém que não pertencesse ao grupo de elite. É mais desejável receber instrução de quem tem uma ou mais imperfeições para aprender como se tornar economicamente produtivo: são os que descobriram como vencer. A maioria dos ases da produtividade econômica tem poucas características típicas dos que pertencem aos grupos de elite. É interessante observar que a maioria dos meus entrevistados chegou a me afirmar que, se por acaso pertencessem parcial ou totalmente aos grupos de elite, nunca teriam aprendido a ser produtivos. Por que não? Porque nunca seriam obrigados a ter tanto cuidado na importantíssima escolha da própria ocupação profissional.

Considere o seguinte estudo de caso e opine se Donald e Winifred Sonner pertencem ou não a um grupo de elite. Quem sabe eles sejam um pouco parecidos com Paule Rossmann.

## PERFIL DE DONALD E WINIFRED SONNER, DA SOUTHERN BLOOMER MANUFACTURING COMPANY

Pela maneira como Donald Sonner, de 64 anos, conta, ele nunca teve realmente um emprego na vida — pelo menos nunca trabalhou para outra pessoa. De acordo com o depoimento do dono da Southern Bloomer Manufacturing

Company em Bristol, no Tennessee, ele tem tido altos e baixos frequentes em sua vida profissional, desde que se tornou milionário aos 24 anos.

O que o levou a trabalhar por conta própria? Como teve a ideia de fabricar roupas de baixo para penitenciárias e panos de limpeza para armas — tudo feito com retalhos de pano?

Lembrando-se do passado, ele recorda: "Os jovens que como eu viviam em fazenda trabalhavam duro, de sol a sol".

> *Naquela época tínhamos de pegar nossa correspondência no correio regional, pois era lá que apanhava minhas cartas.*
>
> *Muitas vezes, enquanto estava na agência da concessionária, encontrava vendedores de luvas, de tubulações, de meias, de uma variedade de coisas. Sempre que recebiam o pagamento do gerente, enfiavam aquele grosso maço de notas no bolso. Sempre tinham dinheiro, enquanto nós voltávamos para a fazenda de mãos abanando. Eles tinham todo dinheiro do mundo.*
>
> *Quando completei 15 anos (nessa época tinha uma velha caminhonete), ia para a Carolina do Norte comprar meias. Eu tinha vendido duas novilhas e estava buscando meias que fossem baratas. Quando voltei, compreendi que tinha comprado artigos de segunda mão e que não podiam ser vendidos para as lojas. Fui então à procura das serrarias no campo para tentar vendê-las. Finalmente consegui e tive um bom lucro. Da próxima vez comprei mais um pouco, pois já sabia o que devia procurar.*

A partir dessa experiência, o Sr. Sonner fez (e algumas vezes perdeu) sua fortuna mergulhando em mercados de bens de qualidade não tão boa.

> *Estou no negócio das sucatas. Compro, de segunda mão, tamanhos diferenciados de roupas e tecidos de queima de estoque. Sou o homem do bota-fora e desenvolvi um negócio que diz respeito a esse tipo de mercadoria.*
>
> *O que faz um negócio como o meu funcionar é que temos o capital para comprar a roupa usando-a no local ou não, semelhante a um negócio de ferro-velho. Tentamos vender o máximo possível e, para o que sobra, temos ainda o último recurso de transformar em trapos para consumo das indústrias.*

Por exemplo, os Sonners quase colocaram contra a parede o mercado de panos para limpeza de armas. Eles fabricam os panos dos retalhos coletados das salas de costura dos tecidos e até do piso das salas de costura depois da fabricação das roupas, feitas, evidentemente, de tecidos com defeito. Seu comentário sobre os panos de limpeza para armas é o seguinte:

*No início as pessoas riam e diziam: "Isso não vai muito longe". Entretanto, tratava-se de um dinheiro caído do céu: meu suprimento não tinha fim! Depois cresceu, proporcionando um negócio substancial.*

Meias de segunda mão, panos para limpeza de armas — foi apoiado nesse tipo de negócio que ele construiu a Southern Bloomer, tendo em mente um mercado para tecidos de baixa qualidade que jamais passou pela cabeça de outros: penitenciárias e instituições para doentes mentais.

Ele começou fabricando cuecas para prisioneiros depois de perder toda a sua fortuna. Tal escolha de mercado significava que ele não tinha obrigação de usar uniforme nem bens de primeira qualidade, de modo que podia começar produzindo em pequena escala.

*Havia um sanatório por onde eu passava e logo me veio à mente: "Há mulheres ali". Precisavam de um tecido que aguentasse o forte vapor da lavanderia. Comprar minhas roupas de tamanho pouco comum seria bastante compensador para eles. Com essa pequena operação podia empregar bem meu tempo de costura.*

*Quando se tem algo para vender, a primeira coisa a fazer é descobrir onde está o mercado consumidor.*

De acordo com seu ponto de vista, no mercado de aparelhos de hoje em que as grandes cadeias de lojas destruíram o mercado de pequenas lojas, um pequeno negócio deve ser criativo e as ideias a implantar não podem exigir muito capital.

A esposa do Sr. Sonner, Winifred, é sua sócia no negócio, a seu ver uma verdadeira aliada na comercialização do produto, deixando-o livre para gerenciar a fabricação. "Ela é uma mulher encantadora, não só nos gestos como também em seu íntimo", diz o Sr. Sonner, "querendo lutar para ganhar".

*Os negócios exigem que façamos muitos sacrifícios. Minha primeira esposa era uma jovem crescida nas montanhas e, quando rapaz, eu ganhava muito vendendo roupas de mulher. Quanto mais ganhávamos, mais mimada ela se tornava. O dinheiro não afeta todas as pessoas da mesma maneira.*

*Winifred e eu nos sentíamos bem um com o outro, independentemente de onde nos encontrássemos. Formamos um ótimo time. Não sei quem é o patrão, mas há algo mágico entre nós.*

Então, o que é importante na vida e nos negócios? Amar o trabalho, ter dinheiro ou ter uma boa educação? O Sr. Sonner responde:

*É necessário gostar daquilo que fazemos, como quando brincamos com um cãozinho. Esquecemos de tudo enquanto corremos tentando pegá-lo. Temos de fazer o trabalho, mas também temos de ficar felizes quando ele é bem-sucedido.*
*Não tive uma educação completa, cursei apenas um ano da escola secundária. A gente aprende a perceber as ideias que não requerem muito dinheiro para serem colocadas em prática. Não acho que o histórico escolar seja mais importante, em muitos casos, do que a vontade de vencer.*

Fazer dinheiro enquanto se acompanha o custo de ganhá-lo foi uma lição difícil para o Sr. Sonner, e é algo que ele não deixa de recomendar aos jovens que desejam trabalhar por conta própria.

*Muitas pessoas com as quais não tenho nada em comum contam sobre os pagamentos que são obrigadas a fazer. Eu não tenho nada pelo qual já não tenha pago. Pedir dinheiro emprestado foi um desastre para mim. Hoje eu não peço nem um centavo emprestado.*
*Uma pessoa que consegue se fazer por conta própria geralmente não está tentando causar boa impressão em ninguém. Eu poderia dirigir qualquer automóvel, mas guio uma minivan de 1988. Está em bom estado. Comprei usada em 1990 por US$ 5 mil. Tenho também um Volvo de 1982, em ótimo estado, um bom carro, comprado por US$ 3 mil.*
*É melhor optar por uma das duas coisas: ou conquistar o mestrado em um bom campo de trabalho, ou trabalhar bastante e usar a cabeça para começar alguma coisa pensando produzir em pequena escala.*

Pedir muito dinheiro emprestado é algo que se encontra em primeiro lugar em sua lista de ideias ruins para um início.

*Pedir muito dinheiro emprestado para um novo negócio é a pior coisa do mundo. Não tendo dinheiro, aprende-se como fazer as coisas sem ele. Tendo, cometem-se erros. Quanto mais dinheiro, maiores serão os erros.*

*A obrigação de pagar juros existe 24 horas por dia, sete dias por semana. Talvez não seja possível fazer tanto sem ter muitos bancos pressionando-o, mas pelo menos não custará tanto alimentá-los.*

Outra armadilha muito comum é começar empreendimentos com muito imobilizado.

*O imobilizado é a morte do pequeno negócio. Sempre achei que produzir é melhor porque ou a produção é vendida, ou fica sob suas vistas, o que é um estímulo para aprender como se ver livre dela.*
*Os sacrifícios são indispensáveis. É necessário saber produzir com poucos recursos e, em contrapartida, ver o negócio crescer. Este é o motivo pelo qual os filhos da segunda e da terceira geração não conseguem continuar fazendo o negócio dos seus crescerem. Seus pais tomaram cuidado com as armadilhas, os filhos não têm essa experiência.*

## OS OITO PONTOS

O caso de Donald e de Winifred Sonner constitui exemplo de um verdadeiro sucesso econômico. Detalha a importância de se trabalhar arduamente mantendo o foco, de ter coragem, de pensar diferente — evitando oferecer produtos que todos fornecem — e de escolher uma boa pessoa como parceira de jornada. A economia dos Estados Unidos recompensa os que possuem uma mente milionária. Lembre-se sempre dos oito itens importantes da equação do sucesso econômico:

1. Não perca de vista os fatores de sucesso que nossa economia recompensa e continuará recompensando no futuro: trabalho duro, integridade e foco nos objetivos.
2. Nunca permita que históricos escolares ruins se interponham em seu caminho, impedindo que se torne economicamente produtivo.
3. Tenha a coragem de assumir alguns riscos financeiros e aprenda a superar a derrota.
4. Escolha uma ocupação profissional que seja não apenas especial e lucrativa, mas da qual você também goste.
5. Tenha cuidado na escolha do parceiro. Os bem-sucedidos procuram pessoas que possuem características compatíveis com uma vida de sucesso.

6. Administre sua casa de forma economicamente produtiva. Muitos milionários preferem mandar consertar ou dar novo acabamento em vez de comprar coisas novas.
7. Siga o exemplo dos milionários quando compram uma casa. Estude, pesquise e negocie de maneira dinâmica.
8. Adote um estilo de vida equilibrado. Muitos milionários são considerados "pães-duros". Não é necessário gastar muito para aproveitar a companhia da família e dos amigos.

# Apêndice 1

# Em busca dos Ricos no balanço Patrimonial

## Tendo como Alvo a Vizinhança

Foi estimada a incidência de milionários por moradia para cada um dos 226.399 blocos censitários por bairro dos Estados Unidos. As moradias dos milionários foram definidas em termos de patrimônio líquido. A proporção delas em cada bairro foi determinada mediante o emprego de uma metodologia desenvolvida por Jon Robbin.

Essa metodologia faz induções ajustando rendas a apropriar e calculando a capitalização dessas rendas pela taxa racional de retorno real e pela estimativa do patrimônio líquido. Procede a um ajuste não linear à curva de Lorenz e expressa a proporção do patrimônio líquido atribuível às fontes aferidas, fazendo uso do censo como função do porte de renda a ser apropriada (dividendos, juros). A base empírica para o modelo foi o levantamento das finanças do consumidor executado pelo serviço do imposto de renda dos EUA, e a amostra superdimensionada usada no levantamento. A série de receitas e os estudos do serviço de estatística fundamentaram a estimativa da taxa real de retorno.

Usando essa metodologia, Jon fez uma classificação ordenada de todos os 226.399 bairros, na ordem decrescente da incidência de milionários. Isso possibilitou a seleção específica das áreas de maiores incidências e a identificação da amostra das residências milionárias dos respondentes com maior probabilidade de serem residências de milionários, como definido acima.

Os respondentes potenciais foram selecionados aleatoriamente de bairros com mais de 30% de incidência de milionários dentro de cada extrato de incidência de milionários. Essa amostra estratificada foi projetada de modo que houvesse uma proporção mais alta de milionários selecionados nos bairros com maior incidência de residências milionárias, isto é, 50%, 60%, 90% e assim por diante. Os 2.487 bairros selecionados foram tidos como os que possuíam as mais altas concentrações de residências na categoria milionária.

Mediante listas comerciais de consumidores foi possível obter os nomes e os endereços dos chefes de família para cerca de 95% do número de casas constantes das tabelas do censo desses 2.487 bairros. Os endereços com mais de três linhas e com mais de um nome correspondente ao mesmo número de telefone foram excluídos devido à alta probabilidade de que se tratassem de organizações comerciais. Mais de 5.000 residências foram selecionadas aleatoriamente para uso em levantamentos das casas discriminadas nos bairros.

O levantamento com base geodemográfica foi levado a cabo de maio de 1998 a 24 de agosto de 1998. Cada chefe de família nas 5.063 residências recebeu um questionário de nove páginas, um formulário-padrão solicitando sua participação e uma nota de um dólar como incentivo de resposta. Foi incluído também um envelope de resposta comercial para devolver o questionário preenchido. Foram concluídos 1.001 levantamentos a tempo de serem considerados na análise. De forma global, a taxa de respondentes atingiu 19,8%. Dos 1.001 respondentes, 733, ou 73,2% do total, tinham um patrimônio líquido igual ou superior a US$ 1 milhão.

## UMA AMOSTRA DE PRÉ-TESTE

Completei essa pesquisa com uma outra, alternativa. Pesquisas *ad-hoc* desse tipo são úteis porque até os mais sofisticados métodos de geocódigo normalmente ignoram milionários que residem em áreas contendo concentrações pequenas de casas com alto valor patrimonial. Esse levantamento foi também utilizado como pré-teste para o projeto de questionário e para a metodologia global da pesquisa. Todos os 638 milionários que responderam tinham demonstrações de lucros e perdas e balanços patrimoniais que os qualificariam, caso desejassem, a assumir hipotecas mastodônticas.

# Apêndice 2

GERENCIAMENTO E POSSE DE NEGÓCIOS POR MILIONÁRIOS
(AMOSTRA EM ÂMBITO NACIONAL FUNDAMENTADA GEODEMOGRAFICAMENTE )

| O patrimônio líquido deste respondente foi _____ vezes o valor esperado[1] | Tipo de negócio indicado pelo respondente |
|---|---|
| 17[2] | Siderúrgica |
| 14 | Banco comercial |
| 13 | Empreiteiro de construção |
| 12 | Produção de óleo combustível |
| 9 | Software de computador |
| 7 | Roupas de varejo |
| 7 | Anúncios em *outdoors* |
| 7 | Fabricação de elementos de ligação |
| 6 | Distribuição de madeira |
| 6 | Incorporação imobiliária |
| 6 | Paisagem |
| 5 | Empreitadas em geral |
| 5 | Montagem de computadores |
| 5 | Companhia de investimentos em imóveis |
| 5 | Salões de beleza |
| 5 | Mercado varejista |
| 5 | Fabricação de tecidos |
| 5 | Incorporação imobiliária |
| 5 | Fábricas de alta tecnologia |
| 5 | Serviços |
| 5 | Capital de risco |
| 4 | Projeto industrial |
| 4 | Serviços funerários |
| 4 | Exportação de serviços |
| 4 | Marketing |
| 4 | Investimentos bancários |
| 4 | Assistência médica |
| 4 | Distribuição |

| O patrimônio líquido deste respondente foi _____ vezes o valor esperado[1] | Tipo de negócio indicado pelo respondente |
|---|---|
| 4 | Consultoria gerencial |
| 4 | Exame de solos/Engenharia |
| 4 | Consultoria gerencial |
| 4 | Comunicações e marketing |
| 4 | Contabilidade |
| 4 | Projeto de fabricação de aparelhos |
| 4 | Compra e venda de autos |
| 4 | Agente de talentos/músicas |
| 4 | Produtos automotivos OEM |
| 4 | Impressões/artes gráficas |
| 3 | Processamento de alimentos |
| 3 | Fabricações |
| 3 | Fabricante de equipamentos de segurança |
| 3 | Incorporações |
| 3 | Negócios com automóveis |
| 3 | Fabricação de roupas |
| 3 | Negócios com automóveis |
| 3 | Fabricação de produtos de madeira |
| 3 | Empreiteira de construções |
| 3 | Distribuidora petrolífera |
| 5 | Capital de risco |
| 3 | Fábricas |
| 3 | Contratação de executivos |
| 3 | Incorporações |
| 3 | Fábrica eletrônicos/ produtos aeroespaciais |
| 3 | Hipotecas |
| 3 | Fabricação de malas |

1 Patrimônio líquido esperado = idade x 0,112 x renda. A renda refere-se à renda familiar comprovada anual total do respondente.

2 Por exemplo, o patrimônio líquido desse respondente, proprietário e gerente de uma empresa de aluguel de equipamentos, excedeu o valor esperado em 11 vezes.

| O patrimônio líquido deste respondente foi ______ vezes o valor esperado[1] | Tipo de negócio indicado pelo respondente |
|---|---|
| 3 | Fabricação de plásticos |
| 3 | Exploração/geologia de petróleo |
| 3 | Logística/comércio |
| 3 | Fabricação e vendas/ produtos aeroespaciais |
| 3 | Empreiteiro de construções de edifícios |
| 3 | Empreiteiro de construções |
| 3 | Gerência de investimentos |
| 3 | Fábrica |
| 3 | Restaurante |
| 3 | Peças de caminhão |
| 3 | Fabricação de arte/ artesanato |
| 3 | Fundição de alumínio e magnésio |
| 3 | Incorporações |
| 3 | Industrial/eletrônica |
| 3 | Móveis e distribuição de eletrodomésticos |
| 3 | Fabricação de autopeças |
| 2 | Publicidade/comercialização de produtos de tecnologia de ponta |
| 2 | Companhias financeiras e de concessão de empréstimos |
| 2 | Companhia de seguros |
| 2 | Fabricação de embalagens |
| 2 | Imóveis comerciais |
| 2 | Corretagem de imóveis |
| 2 | Restaurante |
| 2 | Empreiteira e incorporadora de construções |
| 2 | Fábricas |
| 2 | Energia |
| 2 | Instituição financeira |
| 2 | Pesquisas de mercado |
| 2 | Distribuição de suprimentos médicos |
| 2 | Seguros e pensões |
| 2 | Consultoria administrativa |
| 2 | Gráficas |
| 2 | Negócios com automóveis |
| 2 | Negócios com automóveis |
| 2 | Hipotecas bancárias |
| 2 | Negócios de automóveis |
| 2 | Fabricação de tecidos |
| 2 | Empreiteira e Incorporadora de construções |
| 2 | Obtenção de recicláveis legais (Comprehensive Procurement Guideline Products – CPG) |

| O patrimônio líquido deste respondente foi ______ vezes o valor esperado[1] | Tipo de negócio indicado pelo respondente |
|---|---|
| 2 | Fábrica |
| 2 | Fábrica |
| 2 | Distribuição de produtos promocionais |
| 2 | Comércio de artigos de primeira necessidade |
| 2 | Engenharia de instalações elétricas |
| 2 | Viagens |
| 2 | Investimentos imobiliários |
| 2 | Gráficas |
| 2 | Comunicações por fax |
| 2 | Mercado varejista |
| 2 | Consultoria de planos de saúde |
| 2 | Crédito e cobrança |
| 2 | Equipamentos e instrumentação para indústrias de processos: petrolíferas, farmacêuticas, químicas e de energia. |
| 2 | Corretagem de imóveis |
| 2 | Empreiteiro de construções |
| 2 | Fábrica de roupas |
| 2 | Agência de publicidade |
| 2 | Fábrica de tecidos |
| 2 | Fábrica de móveis |
| 2 | Fábrica de produtos químicos |
| 2 | Gráficas |
| 2 | Empreiteira e incorporadora de construções |
| 2 | Soldagens |
| 2 | Relações públicas |
| 1 | Incorporação de edifícios |
| 1 | Consultoria administrativa |
| 1 | Empreiteiro de construções |
| 1 | Comercial internacional de artigos de primeira necessidade no atacado |
| 1 | Corretagem de imóveis |
|  | Administração/investimentos |
| 1 | Administração de imóveis/ investimentos |
| 1 | Aciarias |
| 1 | Negócios com automóveis |
| 1 | Tecidos |
| 1 | Projetos de computadores |
| 1 | Importação/exportação |
| 1 | Salas de exibição cinematográficas |
| 1 | Desconto de duplicatas |
| 1 | Imóveis comerciais |

| O patrimônio líquido deste respondente foi _____ vezes o valor esperado[1] | Tipo de negócio indicado pelo respondente |
|---|---|
| 1 | Fábricas |
| 1 | Fábricas |
| 1 | Aviação |
| 1 | Imóveis comerciais |
| 1 | Fábricas |
| 1 | Comércio varejista de sapatos |
| 1 | Construções |
| 1 | Gráficas e publicações |
| 1 | Empreiteiro e incorporador |
| 1 | Franquia de *fast-food* |
| 1 | Fábricas |
| 1 | Fabricante de fluidos de controle |
| 1 | Prestação de serviços industriais |
| 1 | Seguros de vida |
| 1 | Empreiteira e Incorporadora de construções |
| 1 | Distribuição de vinhos |
| 1 | Comércio varejista de móveis |
| 1 | Computadores/*software* |
| 1 | Negócio de moedas raras |
| 1 | Corretagem de imóveis |
| 1 | Empreiteira de construções |
| 1 | Seguro de transporte marítimo |
| 1 | Distribuição de joias |
| 1 | Engenharia e consultoria de planejamentos |
| 1 | Manufatura de vestidos de noite para senhoras |
| 1 | Investimento em imóveis |
| 1 | Negociantes de automóveis |
| 1 | Consultoria/engenharia |

| O patrimônio líquido deste respondente foi _____ vezes o valor esperado[1] | Tipo de negócio indicado pelo respondente |
|---|---|
| 1 | Assistência médica |
| 1 | Exportação de itens militares |
| 1 | Radiodifusão |
| 1 | Design e ciência dos cosméticos |
| 1 | Montagem de paisagens |
| 1 | Distribuição |
| 1 | Fabricação e distribuição de lâmpadas e luminárias |
| 1 | Empreiteiro de construções |
| 1 | Consultoria administrativa |
| 1 | Restaurantes |
| < 1 | Investimento em imóveis |
| < 1 | Fabricante de produtos eletrônicos |
| < 1 | Assistência médica |
| < 1 | Publicidade |
| < 1 | Empreiteiro de construções |
| < 1 | Agência de publicidade |
| < 1 | Fabricação de tecidos |
| < 1 | Varejo |
| < 1 | Hotéis e aluguéis de temporada |
| < 1 | Fabricantes de eletrônica |
| < 1 | Construção, arquitetura e incorporações comerciais de imóveis |
| < 1 | Indústria alimentícia |
| < 1 | Seguradora |
| < 1 | Imóveis para locação |
| < 1 | Empreiteira de perfurações petrolíferas |
| < 1 | Manufatura de trajes de esporte femininos |
| < 1 | Sistemas de tratamento de água |
| < 1 | Distribuição de cosméticos |

# APÊNDICE 3

GERENCIAMENTO E POSSE DE NEGÓCIOS POR MILIONÁRIOS
(AMOSTRA *AD-HOC*)

| O patrimônio líquido deste respondente foi ______ vezes o valor esperado[1] | Tipo de negócio indicado pelo respondente |
|---|---|
| 11 | Loja de roupas/Imóveis |
| 8 | Negócios de automóveis |
| 8 | Empreiteira de instalações elétricas/construções |
| 8 | Arrendamento/ financiamento |
| 7 | Fabricante de ferramentas e plásticos |
| 6 | Bancos comerciais |
| 6 | Loja de móveis e eletrodomésticos |
| 6 | Gráficas |
| 6 | Assistência médica |
| 6 | Companhia de dragagem |
| 6 | Empreiteira de construções /incorporações |
| 6 | Companhia de investimentos |
| 5 | Incorporação de imóveis |
| 5 | Fazendas |
| 5 | Investimentos bancários |
| 5 | Controle de pragas |
| 5 | Cultivo de cogumelos |
| 5 | Restaurantes – massas – doceria |
| 5 | Casa de enfermagem |
| 5 | Empreiteiro de construções |
| 5 | Negócios de automóveis |
| 5 | Distribuição |
| 5 | Fábricas |
| 5 | Móveis de escritório |
| 4 | Assistência médica |
| 4 | Engenharia/construções |
| 4 | Agência de publicidade |
| 4 | Agência de seguros |

| O patrimônio líquido deste respondente foi ______ vezes o valor esperado[1] | Tipo de negócio indicado pelo respondente |
|---|---|
| 4 | Incorporador de hotéis/ apartamentos |
| 4 | Gráficas |
| 4 | Serviços de consultoria em investimentos |
| 4 | Construtoria de estruturas metálicas |
| 4 | Madeireira |
| 4 | Bancos |
| 4 | Seguradora |
| 4 | Instituição financeira |
| 3 | Recrutamento de empregados |
| 3 | Pesquisas econômicas |
| 3 | Fabricante de equipamentos da indústria alimentícia |
| 3 | Hotéis |
| 3 | Informações de mercado |
| 3 | Gerenciamento de informações por computadores |
| 3 | Relações públicas |
| 3 | Fábricas |
| 3 | Agricultura |
| 3 | Empreiteira de construções |
| 3 | Representações |
| 3 | Capital de risco/patrimônio privado |
| 3 | Negócios de mercearias |
| 3 | Criação de carneiros |
| 3 | Transportes |
| 3 | Companhia de investimentos imobiliários |
| 2 | Companhia de investimentos imobiliários |
| 2 | Gases industriais/produtos químicos |
| 2 | Importador de vinhos |
| 2 | Farmácia |

1 Patrimônio líquido esperado = idade x 0,112 x renda. A renda refere-se à renda familiar comprovada anual total do respondente.

| O patrimônio líquido deste respondente foi ______ vezes o valor esperado[1] | Tipo de negócio indicado pelo respondente |
|---|---|
| 2 | Companhia de transportes oceânicos |
| 2 | Empreiteiro de construções |
| 2 | Fábrica de produtos químicos |
| 2 | Imóveis |
| 2 | Empreiteira de construções |
| 2 | Saúde e condicionamento físico |
| 2 | Serviços |
| 2 | Investimentos em imóveis |
| 2 | Seguradora |
| 2 | Agência de seguros |
| 2 | Aluguéis de carros e utilitários |
| 2 | Varejo de materiais de construção |
| 2 | Tecnologia de ponta |
| 2 | Investimentos bancários |
| 2 | Incorporações imobiliárias/ Advocacia |
| 2 | Companhia de produtos químicos |
| 2 | Companhia petrolífera |
| 2 | Fábrica de produtos farmacêuticos |
| 2 | Jogos |
| 2 | Companhia de investimentos imobiliários |
| 2 | Companhia de vendas imobiliárias |
| 2 | Bancos comerciais |
| 2 | Gerenciamento de investimentos |
| 2 | Artes gráficas |
| 2 | Hipotecas bancárias |
| 2 | Distribuidora de pneus |
| 2 | Serviço de bufê |
| 2 | Corretagem de imóveis |
| 2 | Investimentos bancários |
| 2 | Aluguéis de temporada |
| 2 | Engenharia de tráfego |
| 2 | Agência de publicidade |
| 2 | Agência de seguros |
| 2 | Negociantes de automóveis |
| 2 | Madeireira |
| 1 | Financiamento especial |
| 1 | Fabricação de cerâmica |
| 1 | Consultoria administrativa |
| 1 | Investimentos imobiliários |
| 1 | Agricultura |
| 1 | Consultoria administrativa |

| O patrimônio líquido deste respondente foi ______ vezes o valor esperado[1] | Tipo de negócio indicado pelo respondente |
|---|---|
| 1 | Fabricação de bens duráveis |
| 1 | Companhia imobiliária |
| 1 | Distribuição de equipamentos cirúrgicos |
| 1 | Negócios com arte |
| 1 | Finanças/transportes/ imóveis |
| 1 | Imóveis |
| 1 | Lojas de conveniência |
| 1 | Produção de óleos combustíveis e de gás |
| 1 | Empreiteira |
| 1 | Imóveis |
| 1 | Crédito e cobrança |
| 1 | Tecnologia de informações |
| 1 | Mercadorias esportivas |
| 1 | Negócios de computadores |
| 1 | Mercadorias esportivas |
| 1 | Televisão |
| 1 | Tecnologia de base |
| 1 | Produtos eletrônicos |
| 1 | Fábricas e construções |
| 1 | Óleos combustíveis e gás |
| 1 | Assistência médica |
| 1 | Empreiteiro de instalações elétricas |
| 1 | Suprimentos médicos |
| 1 | Agência de publicidade |
| 1 | Consultoria administrativa |
| 1 | Administração de assistência médica |
| 1 | Pesquisas executivas |
| 1 | Fabricação de equipamentos médicos |
| 1 | Varejo de materiais de construção |
| 1 | Seguros |
| 1 | Radiodifusão |
| 1 | Imóveis comerciais |
| 1 | Varejista de vinhos e bebidas |
| 1 | Capital de risco |
| 1 | Tecnologia de ponta |
| 1 | Varejo de mercadorias esportivas/Advocacia |
| 1 | Computadores |
| 1 | Corretagem de imóveis |
| 1 | *Software* |
| 1 | Franquia de agência de imóveis |

| O patrimônio líquido deste respondente foi ______ vezes o valor esperado[1] | Tipo de negócio indicado pelo respondente |
|---|---|
| 1 | *Software* |
| 1 | Gráfica/embalagens |
| 1 | Estratégias políticas/ relações públicas |
| 1 | Negócios automotivos |
| 1 | Consultoria de gerenciamento de negócios |
| 1 | Fabricação de produtos de consumo |
| 1 | Vidros |
| 1 | Companhia de pesquisas executivas |
| 1 | Fábricas |
| 1 | Pesquisas aeronáuticas/ espaciais |
| 1 | Assistência médica/ Administração de serviços de saúde |
| 1 | Tecnologia de ponta |
| 1 | Óleos combustíveis e gás |
| 1 | Publicidade |
| 1 | Companhia atacadista |
| 1 | Semicondutores |
| 1 | Consultoria de computadores |
| 1 | Psicologia industrial |
| 1 | Computadores |
| 1 | Estaleiros navais (Marinha) |
| 1 | Processamento de plásticos |

| O patrimônio líquido deste respondente foi ______ vezes o valor esperado[1] | Tipo de negócio indicado pelo respondente |
|---|---|
| 1 | Manufatura de roupas |
| 1 | Siderúrgica |
| > 1 | Distribuidora de embalagens |
| > 1 | Diversões |
| > 1 | Telecomunicações |
| > 1 | Consultoria |
| > 1 | Consultoria |
| > 1 | Companhia financeira |
| > 1 | Fabricação e venda de produtos químicos especiais |
| > 1 | Produtos de cuidados pessoais |
| > 1 | Indústria aeroespacial |
| > 1 | Publicidade |
| > 1 | Diversões |
| > 1 | Diversões |
| > 1 | Investimentos bancários |
| > 1 | Papel |
| > 1 | Corretor do mercado de opções de ações |
| > 1 | Radiocomunicações |
| > 1 | Consultoria de marketing |
| > 1 | Telecomunicações |
| > 1 | Produtos de televisão |
| > 1 | Plásticos |
| > 1 | Seguradora |
| > 1 | Mercearia |
| > 1 | Seguradora |